올 댓 청소년 음악치료

All That Adolescents Music Therapy

| 황은영 · 장문정 · 이은선 · 위아름 · 박지선 · 고은진 공저 |

학지사

추천사

"타오른다는 것,
아니면 깊이깊이 고요해진다는 것,
어떤 충만함으로 타오르며 그 속에서 파르라한 自己 존재의 떨림을 감지한다는 것,
그게 시보다는 춤이나 음악 속에서 훨씬 용이하리라는 생각에는 아직도 변함이 없다.
나는 나의 삶이 음악 같아지기를 매일 꿈꾼다.

음악이 가지 못할 곳은 없다.
문맹자의 가슴속에서까지 음악은 쉽게 웅덩이를 파놓는다."

–장석남의 첫 시집 『새떼들에게로의 망명』 중 에필로그

음악은 고대부터 현대에 이르기까지 가장 강력한 치유의 샘이었습니다. 그것은 장석남 시인이 말한 것처럼 음악이 가지 못할 곳이 없기 때문이라고 생각합니다. 언어 이전의 리듬과 멜로디는 우리의 생체 운동을 반영하고 이 음악의 요소들은 심리적 안정의 과정에 아주 중요한 역할을 합니다. 그래서 심리적 안정을 목표로 하는 여러 치료요법이 음악의 힘을 빌리는 것은 일상적입니다. 그래서 음악은 치료의 환경이 되기도 하고 직접적인 치료의 내용이 되기도 합니다.

여러 세대와 발달 주기가 있지만 음악이 강력한 치유의 도구가 되는 시기는 특히 청소년 시기라고 생각합니다. 폭발적인 감성의 출현을 때로 언어가 잘 따라가지 못하는 전형적인 시기인 청소년기에는 음악이 강력한 역할을 한다는 것을 우리는 잘 알고 있습니다. 그래서 많은 아이가 이어폰을 귀에 꽂고 살다시피 하는 것을 보게 되기도 하고, 기타, 드럼 등 다양한 악기를 이 시기에 시작하기도 합니다. 그런 점에

서 이 청소년 시기의 아이들에게 음악치료는 가장 강력한 치료 중 하나라고 생각합니다.

그렇기에 유능한 음악치료사 여섯 분이 함께 모여 청소년들의 가슴과 행동, 자기 이해에 다리를 놓아 주는 음악치료에 관한 교과서를 내 주신 것에 깊이 감사드리고, 또 내용을 검토하면서 매우 유용한 지침이 될 것을 확신하기에 기쁜 마음을 갖게 됩니다.

청소년들의 특성부터 음악치료의 특성, 그리고 다양한 대상별로 음악치료를 통해 접근하는 것을 이해하도록 돕고, 실제 세션을 예시로 제시해 주어서 현장에 계신 음악치료사들에게 더없이 활용도가 높을 것으로 생각합니다. 아울러 수록된 음악극은 학교나 청소년 기관에서 다양하게 활용할 수 있는 아주 충실한 자료가 되지 않을까 생각합니다.

음악치료의 강력한 특성을 잘 활용할 수 있도록 안내된 이 책을 통하여 많은 음악치료사와 그 관계자 분들이 음악치료를 현장에 더 많이 접목시킬 수 있는 좋은 계기가 되고, 음악치료가 확대되는 데 충실한 기여를 할 것으로 기대합니다.

저자들이 이해하고 서술한 대로 청소년들을 잘 이해하는 것 또한 음악치료를 잘 이해하는 것만큼 중요한 작업임을 강조해 주신 것도 감사 드리는 바입니다. 끝으로 머리말에서 저자들이 밝혔듯이 이 음악치료의 활성화를 통해 대한민국 청소년들의 행복감이 향상될 것을 기대합니다.

김현수(정신과 전문의, 성장학교 별 교장, 『중2병의 비밀』 『무기력의 비밀』 저자)

머리말

국내 아동 청소년 삶의 질 OECD 국가 중 꼴찌(2014. 11. 04. 보도자료)

韓 아동 교육지표 OECD 최고지만 자살, 흡연율, 약물남용 등 위험수위(2016. 5. 25. 보도자료)

청소년 절반이 가정폭력 경험(2016. 7. 14.)

⋮

이제 이런 기사들에 놀라지도 않을 만큼 최근 우리 주변에서 쉽게 들을 수 있는 내용들입니다. 미래의 희망이라던 우리의 청소년들이 이제 더 이상 밝고 행복하지 않다는 소식을 우리는 쉽게 접할 수 있습니다. 우리의 아이들이 언제부터 이렇게 된 것일까요? 많은 청소년 관련 전문인은 청소년 문제에 관심을 가지고 있으며 또한 이들을 돕기 위해 최선을 다하고 있습니다. 하지만 그들이 모두 공통적으로 말하는 것은 이들과 함께하는 것이 쉽지 않다는 것입니다.

청소년들은 음악을 통해 위로를 받고, 음악을 통해 자신을 표현하며 음악을 통해 꿈을 키우고 있습니다. 이들에게 음악은 매우 친밀한 경험이며 음악은 자신의 삶의 일부이며 친구와 같은 존재라고 말하는 것을 종종 들어 왔습니다. 이 책의 저자인 음악치료사들은 그동안 청소년들과 함께 작업을 하면서 음악을 통한 이들의 변화를 경험하였고 또한 돕고자 하는 마음으로 이 책을 구성하게 되었습니다.

이 책은 총 3부로 구성되어 있습니다. 제1부는 청소년과 음악치료에 대한 개괄적인 내용을 다루고 있습니다. 기본적인 청소년의 특징, 그리고 음악치료가 낯선 독자들을 위해 간단한 음악치료의 정의, 과정, 목적 등을 설명하고 있습니다.

제2부는 대상별 음악치료의 이론과 적용을 다루고 있습니다. 특히 이 책은 대상별 음악치료의 목적과 함께 실제 적용 프로그램 그리고 치료사의 사례를 다룸으로써 더욱 현실적으로 도움을 주고자 하였습니다. 대상은 일반적으로 음악치료를 많

이 적용해 온 장애청소년, 학교부적응 청소년뿐만 아니라 일반청소년, 그리고 탈북 청소년과 함께하는 음악치료 적용도 다루고 있습니다. 구체적으로 일반청소년들을 위해서는 학업에서 오는 스트레스 감소를 위한 음악활동 적용, PTSD를 경험한 청소년을 위한 음악활동 적용, 그리고 마지막으로 진로탐색을 위한 음악치료 적용을 다루고 있습니다. 학교부적응 청소년을 위해서는 최근 문제가 되고 있는 중독문제, 그리고 학교폭력 피해, 가해, 방관자들을 위한 음악활동 적용, 위기청소년을 위한 음악활동 적용을 다루고 있습니다. 장애청소년을 위해서는 ADHD, 지적장애, 전반적 발달장애 청소년을 위한 음악활동 적용을 다루었습니다. 마지막으로 탈북청소년의 경우는 흔하지 않은 대상이지만 최근 사회적으로 증가하고 있는 이들을 위한 음악치료의 목적과 실제 사례를 다루고 있습니다.

제3부에 등장하는 「어른이 되었다고 생각했어」는 청소년들을 위한 음악극입니다. 이 곡은 청소년들이 내면의 갈등을 경험하면서 점차 어른이 되어 가는 모습을 그리고 있습니다. 청소년들이 좋아하는 음악적인 요소를 다양하게 반영하여 이들에게 친근하게 다가갈 수 있도록 하였습니다. 또한 청소년에게 도움을 줄 수 있는 음악목록도 함께 제시하고 있습니다.

부디 이 책이 청소년들에게 관심이 있는 치료사를 포함한 전문가들을 도울 수 있는 작은 방법을 제시할 수 있기를 희망합니다. 마지막으로 이 책이 나올 수 있도록 배려해 주신 도서출판 학지사 대표님과 편집을 위해 애써 주신 모든 분께 감사드립니다. 그리고 이 책의 추천사를 써 주신 명지병원 정신건강의학과 교수 및 성장학교 '별' 스타칼리지의 교장이신 김현수 교수님께도 감사드립니다. 또한 자신의 사례를 공유해 주신 음악치료사들, 바쁜 와중에도 청소년을 위한 음악극을 작곡해 준 준재활의학과 남진이 음악치료사에게도 감사의 마음을 전합니다. 이 땅의 모든 청소년들이 희망을 갖고 다시 행복한 삶을 살 수 있기를 바라며 이 책이 그런 일에 작은 씨앗이 될 수 있기를 다시 한 번 기도하며 희망합니다.

저자 황은영, 장문정, 이은선, 위아름, 박지선, 고은진

차례

제 1 부

청소년 음악치료의 개요

제1장

청소년의 이해

1. 청소년의 정의

청소년은 청년과 소년의 합성어로 인간의 발달과정에서 보면 아동기와 성인기의 중간단계로 볼 수 있다. 청소년이라는 용어 adolescence의 어원을 살펴보면 adolescere라는 라틴어에서 유래된 것으로 이는 '성장한다.' 혹은 '성숙되어 간다.'라는 의미를 갖는다. 청소년기가 중요한 만큼 청소년을 지칭하는 용어 역시 '소년(juvenile)' '십대(teenager)' '젊은이(youth)' 혹은 '미성년자(minor)' 등 다양하게 불리고 있지만 연령적으로 혹은 사회적으로 명확하게 청소년기를 정의하는 것은 쉬운 일이 아니며 또한 학자들 간에 통일된 의견도 없는 상태다. 청소년기의 개념은 사회적 흐름, 학문영역의 변화, 관련 법규의 규정에 따라 달라지기 때문이다.

대표적으로 에릭슨(Erick Erikson)은 청소년기를 정체성의 확립과 혼미 사이에서 갈등하는 시기라고 하였으며 심리학자인 오수벨(Ausubel)은 청소년기를 완전 상황으로 보지 않고 계속 성장하는 과정이며 생물학적으로는 육체적으로 균형 있게 발달하는 시기로 사회문화적 특성과 성별에 따라 다르게 나타난다고 보았다. 한편,

사회학자 셸스키(Schelsky)는 청소년기를 14~25세로 발달단계에 있어서 아동의 역할은 더 이상 수행하지 않으나 성인의 역할을 수행하기에는 아직 이른 단계라고 하였다. 또한 사회교육학자인 푀겔러(Pöggeler)는 청소년기를 따로 정의하기는 어렵고 단지 청소년기는 성취인이 되어 가는 과정이라고 보았다. 그리고 홀링 워스(Holling Worth)는 청소년기를 심리적 이유기(psychological weaning)라 하였는데 이는 부모나 교사 등 성인의 보호, 감독, 간섭으로 벗어나서 독립적으로 행동하고자 하는 심리적 경향을 띠는 시기이기 때문이다. 홀(Stanley Hall)은 꿈과 이상, 실망과 좌절의 양방향성이 교차하는 청소년의 격정적인 감정을 표현하는 시기로 '질풍과 노도의 시기'라고 하였다(권이중, 김용구, 2007; 신성철, 이동성, 장성화, 김정일, 임순선, 2014).

국내의 경우 연령에 따라 청소년을 정의하고 있는데 「청소년 기본법」에 의하면 9세 이상 24세 이하를 청소년으로 규정하고 있지만 「민법」과 「소년법」에서는 19세를 상한으로 하고 있다. 사회적인 통념상 청소년기는 중 · 고등학생으로 인식되고 있지만 이처럼 청소년기를 구분하는 것은 단순히 어느 한 가지 기준에 의해서만이

〈표 1-1〉 국내 청소년기의 법적 연령기준

구분		조항	연령	규정내용
일반법상	「민법」	제4조	만 19세 미만	사람은 19세로 성년에 이르게 된다.
	「형법」	제9조	14세 미만	14세가 되지 아니한 자의 행위는 벌하지 않는다.
	「소년법」	제2조	19세 미만	소년이란 19세 미만인 자를 말한다.
	「청소년 기본법」	제3조 제1항	9~24세	청소년이란 9세 이상 24세 이하의 사람을 말한다.
특별법	「청소년 보호법」	제2조 제1항	만 19세 미만	청소년이라 함은 만 19세 미만인 사람을 말한다.
	「식품위생법」	제44조	19세 미만 (청소년 보호법에 따른 청소년)	유흥 접객원 고용금지, 단란주점 유흥주점 영업소 출입금지
	「근로기준법」	제64조	15세 미만	15세 미만인 자는 근로자로 사용하지 못한다.

출처: 법제처 www.moleg.go.kr(2016년 1월 기준).

아닌 상황에 따른 종합적인 평가가 필요하다. 따라서 청소년을 이해하기 위해서는 단지 연령만이 아닌 그들의 특징을 이해하는 것이 필요하다.

2. 청소년기의 특징

청소년기의 기준이 다양하게 구분되는 것처럼 청소년기를 바라보는 시각 또한 다양하다. 일반적으로 청소년기는 아동기를 벗어나 신체적 · 지적 · 사회적으로 성인기로 전환하는 과도기라고 인식되고 있다. 따라서 아동의 특성과 성인의 특성을 부분적으로 가지고 있지만 둘 중 어디에도 속하지 않는 존재로서 성장을 하고 있는 과정이며 이로 인해 여전히 안정되지 않은 존재다. 따라서 청소년들은 이 시기 독립된 인격체로서 지녀야 할 성인의 특징을 갖추는 것이 필요하다. 청소년기의 성장과 변화는 서로 직 · 간접적으로 영향을 미치면서 내적으로는 자아상을 형성하는 데 영향을 미치며 외적으로는 사회적 관계에도 영향을 미친다. 일반적으로 청소년기의 특징은 다음과 같다.

1) 신체적 특징

청소년기는 신체적으로 급격한 변화를 보이는 시기다. 또한 성적으로도 성숙하여 이성에 대해 눈을 뜨고 2차 성징이 뚜렷하게 나타나 남 · 여 간의 차이를 보여 주는 시기이기도 하다. 청소년기는 흔히 사춘기와 혼용되어 사용되고 있지만 개념적으로는 차이가 있다. 사춘기는 생물학적인 생식능력을 갖게 됨으로써 성인으로 발달이 시작됨을 의미하는 반면, 청소년기는 사춘기가 시작되는 11~12세부터 법적 성인의 연령인 19세까지를 의미한다.

사춘기는 성장이 가속화되면서 신체적으로 변화가 매우 큰 시기다. 이 시기에는 체중과 신장이 급격이 증가하여 신체적으로는 성인에 비슷한 수준에 이르며 성적으로는 호르몬의 변화와 함께 2차 성징이 나타난다. 사춘기의 신체적 변화는 그 자체만으로도 의미가 있지만 변화를 주는 자극가치의 의미는 더욱 크다고 할 수 있다. 즉, 사춘기의 성장이 같은 성별, 같은 연령의 다른 청소년에 비해 얼마나 빠른

가 혹은 얼마나 느린가는 개인이 경험하는 사회적 발달에 영향을 미친다(현영미, 2000). 일반적으로 여자 청소년의 경우 남자청소년보다 사춘기가 대체로 2년 정도 먼저 급격한 성장을 하며 성장의 멈춤도 조금 늦다고 알려져 있다(유안진, 1999). 최근에는 사회 환경이나 가정환경 및 영양상태의 호전으로 인해 성장과 성숙이 더욱 빠르게 나타나고 있다.

이러한 청소년기 신체발달은 유전과 환경의 영향으로 발전하는데, 단순히 육체적인 성장과 변화만을 의미하지는 않는다. 이 시기 신체의 급격한 변화는 심리적인 불안의 원인이 되기도 하지만 자신의 신체에 대한 관심을 갖게 됨으로 새로운 자아상을 형성하는 기초가 될 수 있다.

2) 심리적 특징

청소년기는 급격한 신체적 변화와 함께 심리적으로도 변화가 큰 시기다. 구체적으로 과거 일방적으로 부모에게 의존하던 관계에서 벗어나 정신적으로 독립을 하고 싶어 하며 자아정체감을 형성하려는 노력이 강해지는 시기라고 할 수 있다. 따라서 아동기에 비해 감정 작용이 복잡하고 다양하게 나타나면서 공상이 많아지고 마음의 동요가 많이 나타나는 시기다. 정서적으로 불안하고 혼돈된 정서를 보이기도 하며 또한 주변사람들에게 중요한 존재로 인식받고 싶어 하게 됨으로 인해 자신이 타인에게 어떻게 받아들이는지에 대해 매우 민감하게 반응하는 시기다.

청소년기의 정서적 특징에 대해 홀(Hall)은 초기, 중기로 구분하였다(김정희, 1982). 구체적으로 초기에는 강하고 심한 정서를 경험하며 낙관이나 비관, 사랑과 증오의 극단적인 정서를 경험한다. 이 시기에는 또한 급격한 신체 발달과 함께 성적 의식이 높아짐에 따라 수치심이 강해지고 이성에게 끌리면서도 반발하기도 하며 또한 외부에 대해 허세적이며 반항심도 커진다. 공포와 근심이 많아지고 열등감, 정서의 불안정, 감정표출의 어려움, 산만 등 충동적이며 반항적인 정서가 강하게 나타난다.

반면, 중기에는 분노, 질투가 강해지는 시기다. 이는 자신의 욕구 충족 방식에 대한 이해 부족, 사회적 압력에 의해 자신의 욕구 저지와 갈등 등으로 정신적 긴장도가 높아지면서 발생하는 정서다. 이러한 정서를 외부로 과격하게 표출하기도 하지만 또한 자신의 내면으로 감정을 감추는 시기이기도 하다.

이 시기는 또한 신체적 성장으로 인해 자신의 신체적인 매력과 자신의 모습에 관심을 갖게 되며 이로 인해 자신에 대한 정체성의 변화가 일어난다. 특별히 이 시기는 외모에 지나치게 가치를 부여하면서 열등감을 느끼거나 자신의 신체에 대한 왜곡으로 인해 자존감이 낮아지기도 한다. 이러한 신체상에 대한 기준은 가족, 또래집단, 대중매체에 의해 영향을 많이 받게 된다.

이때 신체적인 조숙과 만숙이 청소년의 심리에 미치는 영향은 성별에 따라 다르게 나타난다. 일반적으로 조숙한 남자 청소년의 경우 긍정적인 신체상을 가지고 있으며 자신감이 있고 사회적응능력이 뛰어나다는 우월감을 갖는 경우가 많다. 반면, 조숙한 여자 청소년의 경우는 사회의 부정적 인식으로 인해 부정적인 신체상을 형성하고 우울하고 위축되며 내성적인 특징을 보인다. 또한 만숙한 남자 청소년의 경우는 반대로 부정적 신체상을 형성하고 자신감이 없으며 낮은 성취감을 보이는 반면 만숙한 여자청소년의 경우에는 정서적으로 안정적이고 사회적응력이 높아 주도적인 성향을 보이는 경우가 있다(정순례, 양미진, 손재환, 2015).

3) 사회적 특징

이 시기 청소년은 신체적으로는 성인의 모습을 갖추고 있지만 아직 사회적으로는 아동기의 범주를 벗어나지 못하고 있다고 할 수 있다. 청소년기는 특히 타인으로부터 인정받고자 하는 욕구가 강하게 나타남으로 인해 이들은 특정 집단에 속할 때 더욱 안정감을 느끼게 된다. 따라서 이 시기 또래와의 집단은 청소년에게 있어서 매우 중요한 의미를 갖는다. 하지만 지나치게 집단에 순응하게 될 경우 타인에게 의존적이 되어 사고와 행동에 있어서 독자성을 잃어버리게 될 수도 있다.

청소년 초기에는 가족보다는 자신과 친구에게 더욱 의존하기 시작한다. 또한 다양한 다른 집단과 접촉을 하면서 새로운 의미의 관계들을 정립하기 시작한다(김태련 외, 2004). 이 시기에는 같은 가치관, 같은 이상을 갖는 또래집단을 만드는 성향이 있으며 이로부터 사회적 성숙을 이루어 가기 시작한다. 반면, 후기에는 신체적 성숙이 완성되면서 심리적으로도 많이 안정되어 가면서 자신을 둘러싼 더 많은 사회적인 관계를 형성하게 된다. 이 시기에는 자신의 인생관이 확립되고 또한 자기

역할을 자각하게 되며 외부상황에 대한 통찰을 통해 자신을 바라볼 수 있게 된다. 이러한 관계의 확대를 통해 사회적으로 발달을 이루어 가게 된다.

4) 행동적 특징

청소년기의 행동적인 특징은 호르몬과 뇌의 성장으로 설명될 수 있다. 이 시기는 성호르몬 분비가 왕성한 시기로 지나친 자기주장과 과격한 감정표현을 하는 경향이 많다. 또한 뇌의 미성숙으로 합리적이고 논리적이기보다는 자기중심적이며 흑백논리에 지배되는 경향이 있다. 먼저 사춘기 호르몬의 과다 분비는 공격성을 증가시키는 요인이 됨으로 인해 충동적이며 공격적이고 행동이 거칠며 욕설을 하는 등 지나치게 과도한 행동을 보이기도 한다. 또한 도파민의 분비가 활성화되어 자극적인 쾌락을 추구하는 경향이 높아 모험적인 행동을 즐기기도 한다.

그리고 청소년기에는 전두엽이 급속하게 발달하는 시기이며 이로 인해 전두엽 신경세포들이 지나치게 과잉 연결되어 정보를 효율적으로 전달하기 못하게 하여 정확한 판단을 어렵게 한다고 한다. 즉, 이성적인 판단을 하는 전두엽은 급격하게 성장하지만 이에 따라 과잉 신경세포 생성 및 과잉 연결로 인해 비효율적인 정보전달 체계를 갖게 된다는 것이다. 이 밖에도 청소년기의 문제행동에 영향을 미치는 요인으로는 분노나 낮은 자존감 같은 개인적인 특성, 우정, 해체된 가정, 열악한 주변환경, 그리고 매스미디어(mass media) 같은 생태학적인 요인들에 의해 서로 영향을 주게 된다(Dishion & Kavanagh, 2003).

3. 청소년기 경험하는 문제들

1) 학업 및 진로문제

학업 및 진로문제는 청소년이 고민하는 가장 큰 문제 중 하나이며 학업의 문제는 이후 진로와도 관련이 있기 때문에 청소년의 미래에 큰 영향을 미친다. 청소년기의 학업문제는 곧 학업성적과 관련이 있다. 학업성적은 청소년에게 스트레스를 주는 가장 큰 요인이지만 또한 그들이 직면하고 해결해야 할 큰 과제이기도 하다. 일반적으로 학업성적이 상위권인 청소년들이 중하위권 청소년들보다 더 높은 수준의 스트레스를 받는다고 한다. 청소년들이 고민하는 학업문제의 유형은 다음과 같다(정순례, 양미진, 손재환, 2015).

첫째, 학업성적 저하로 인한 정서적인 불안이다. 성적저하는 청소년들에게 불안과 좌절을 가져오며 부모나 선생님으로부터 이에 대한 질책으로 인해 스트레스를 경험한다. 둘째, 시험에 대한 불안이다. 시험기간이 다가오면 불안과 초조로 인해 잠을 이루지 못하게 되며 이는 다시 소화불량, 두통 등 신체적인 문제를 가져오게 된다. 셋째, 집중력 부족, 비효율적인 학습방법 등으로 인한 학업능률저하다. 학업에 대한 동기는 있지만 자신이 공부한 만큼 학업성적이 향상되지 않으면 좌절을 하고 자신에 대해 실망을 하게 된다.

청소년들이 고민하는 문제 중 또한 큰 비중을 차지하는 것이 진로문제다. 진로문제는 학업성적과 매우 밀접하게 관련이 되어 있으며 중, 고등학생뿐만 아니라 대학생들에게도 매우 고민이 되는 문제다. 청소년은 스스로 자신의 진로를 탐색할 기회의 부족으로 인해 스스로 자신에게 맞는 진로선택을 하지 못하는 실정이다. 또한 청소년들은 입시 위주의 진로지도, 부모와의 의견차이, 자신에 대한 이해부족, 직업에 대한 이해부족 등의 이유로 적절한 진로를 결정하지 못하고 있다(이재창, 1994). 이로 인해 청소년들은 현실과 이상 사이에서 좌절과 갈등을 경험하기도 하며 미래에 대해 막연하게 불안감과 두려움을 갖기도 한다. 또한 자신의 적성이나 특기를 알지 못한 채 선택하다 보니 진로를 결정할 때 이해부족으로 인해 가족이나 선생님과 갈등을 겪기도 한다.

2) 대인관계 문제

대인관계는 청소년뿐만 아니라 유아, 아동 등 모든 발달단계에서 중요한 영향을 미친다. 특히 청소년기는 친구, 교사, 부모, 형제 등 다양한 대인관계를 통해 긍정적인 정서를 발달시키고 정체성을 확립해 나가는 시기다. 이처럼 자신에 대한 인식을 발달시키고 자아정체성을 찾아가는 이 시기에 타인을 통해 인식되는 자신의 모습은 청소년기 인격형성에 중요한 영향을 미친다.

이들이 경험하는 대인관계 문제들은 사회 불안, 사회적 고립 및 위축, 대인갈등, 공격적 행동, 지나친 의존성, 지배적 성격, 외톨이, 따돌림 등 다양한 형태로 나타난다. 청소년기의 대인관계 문제는 4가지 유형으로 분류할 수 있다(김춘경, 이수연, 이윤주, 정종진, 외웅용, 2010).

첫째, 청소년들이 대인관계 기술의 부족함으로 인해 경험하는 문제다. 즉, 낯선 사람, 낯선 상황을 두려워하거나 회피하면서 부끄러워하고 당황하여 정상적으로 행동하지 못하는 경우가 있다. 이러한 상황에서 청소년들은 대인관계를 기피하면서 이러한 불안을 감소시키려 한다.

둘째, 친구와 적절한 관계형성을 위한 기술부족으로 인해 경험하는 문제다. 친구들과 관계를 적절하게 맺는 방법을 알지 못하고 지나치게 의존적이거나 혹은 지배적인 성격, 자기중심적인 성격 등으로 나타나기도 한다.

셋째, 대인관계에서 발생하는 갈등을 해결하고 대처하는 방법의 미숙함으로 인해 경험하는 문제다. 이 경우 지나치게 공격적이거나 혹은 갈등을 피하기 위해 자기주장을 하지 못하는 경우로 나타난다.

마지막으로 파괴적이고 공격적인 관계에서 자신을 보호하지 못해 경험하는 문제다. 즉, 부모의 폭력, 학교에서의 폭력 등에 노출되었을 때 스스로 자신을 보호하지 못함으로 인해 대인관계 문제를 경험하게 된다.

3) 행동적 문제

청소년들은 성장 발달과정에서 여러 가지 문제에 직면하게 되며 이러한 문제들은 행동적으로 표현되기도 한다. 청소년의 문제행동을 어떻게 분류하는가에 대해서는 학자들마다 차이가 있지만 일반적으로 청소년 초기인 사춘기에는 2차 성징과 함께 호르몬 등의 변화로 인해 특히 충동성, 공격성, 모험적 행동 등이 많이 나타난다고 한다. 이 시기에는 또한 도파민의 과다 분비로 인해 자신의 충동이나 욕구를 조절하고 통제하는 데 어려움을 경험한다. 따라서 청소년기는 정서적으로 예민하고 공격적이며 거친 언어를 사용하고 사소한 자극에도 쉽게 흥분하며 공격적인 태도를 보이는 경향이 있다.

청소년기의 이러한 외현적인 행동을 '비행'이라고 말할 수 있다. 비행이란 법을 위반하는 모든 행동을 말하지만 청소년기 비행은 현재 사회적 규범을 위반하여 이후 사회에서 법을 위반할 가능성이 있는 모든 행동을 의미한다. 청소년 비행은 절도, 강간, 향정신성 약물복용 등과 같은 심각한 문제뿐만 아니라 가출, 무단결석, 음주, 흡연, 동료들 간의 폭행, 성적인 문제 등 일탈적인 행동도 포함된다. 특히 최근에는 이러한 청소년들의 일탈행동이 사회적으로 큰 문제가 되고 있다. 청소년기 비행을 유형별로 살펴보면 다음과 같다(이현림, 홍상웅, 채선화, 이지민, 김순옥, 2015).

첫 번째 유형은 청소년들 사이에 흔한 폭행행동이다. 학교에서 친구들과 싸우고 후배나 동기들을 괴롭히며 상습적으로 금품을 갈취하는 등의 비행이다. 이러한 청소년기의 폭행은 점점 모임을 형성하면서 조직화되어 더 큰 비행을 자행하게 된다.

두 번째 유형은 성범죄 같은 성과 관련된 비행이다. 청소년기 성과 관련된 비행은 언어적인 행위부터 강력범죄에 해당하는 성폭력, 강간에까지 이르고 있다. 최근에는 인터넷 채팅 등을 통해 성적인 일탈이 더욱 심각하고 다양해지고 있다.

세 번째 유형은 중독의 문제다. 술, 본드, 담배, 환각제 등 중독성 물질을 남용하는 청소년의 수가 늘어나고 있을 뿐만 아니라 게임, 인터넷 등 미디어 중독을 보이는 청소년의 수가 급증하고 있다.

네 번째 유형은 가출, 도벽, 도박 등과 같은 비공격적인 일탈행동이다. 대부분 이러한 비공격적인 일탈행동은 호기심과 충동성에서 시작된다. 또한 청소년들은 자신의 행동이 부적절하다는 것을 알면서도 자기 통제력과 조절력이 부족하여 이러한 행동을 멈추지 못하는 경우도 있다. 최근에는 이러한 일탈행동들이 일부 비행청소년들의 문제가 아닌 평범한 일반청소년들도 저지르고 있어 사회적인 문제가 되고 있다.

4) 정서적 문제

청소년기는 행동적인 일탈뿐만 아니라 '질풍노도의 시기'라고 불릴 만큼 정서적으로도 매우 혼란스런 시기다. 청소년기 이러한 심리적 혼란은 심리적인 부적응의 모습으로 나타날 수 있다.

첫 번째 유형은 불안이다. 불안은 대상이 뚜렷하지 않은 채 막연한 상태로 두려움과 초조함을 경험하는 것을 말한다. 때로는 특정한 사물, 사람, 상황에 대해서도 강한 공포감을 느끼기도 한다. 불안장애는 대상이 없이 막연한 불안을 느끼는 범불안장애, 갑자기 매우 강한 불안에 휩싸기에 되는 공황장애, 특정한 대상에 대한 공포증, 충격적인 사건이나 사고를 당한 후 불안을 경험하게 되는 외상 후 스트레스 장애가 있다. 특히 청소년기에는 특정한 생각이나 느낌이 반복되거나 특정 행동을 반복하는 강박증과 같은 불안장애를 경험한다. 학업실패에 대한 두려움, 학교공포증, 대인공포증, 시험공포증 역시 청소년기에 많이 나타난다.

두 번째 유형은 우울이다. 우울은 청소년기에 흔히 나타나는 증상으로 기분이 저조한 상태에서 대인관계 위축, 무기력, 수면장애, 섭식장애 등을 동반한다. 학교생활에서 일시적으로 우울감을 느끼는 것은 흔한 일이지만 이러한 우울이 만성적으로 계속되면 우울장애의 원인이 되기도 한다. 또한 학습된 무기력을 느끼기도 하는데 이는 자신이 통제할 수 없는 상황이 계속되고 이에 따라 계속적으로 실패를 경험하게 되면서 시작된다.

세 번째 유형은 자살이다. 자살은 청소년들이 현재의 불안이나 좌절을 벗어나기 위한 수단으로 선택하는 것이다. 자살이라는 극단적인 행동을 선택하게 되는 이유는 외로움, 소외, 따돌림, 사랑받지 못하다는 생각에서 기인된다. 따라서 청소년의 자살행위는 자신에게 관심을 가져 달라는 표현의 수단으로 생각할 수도 있다.

네 번째 유형은 식이장애다. 청소년기는 자신의 외모에 대해 지나치게 민감하고 예민하게 반응하여 음식을 거부하는 거식증이나 혹은 충동적으로 많은 양의 음식을 먹고 난 후 속을 비우려고 하는 폭식증의 증상을 보이기도 한다. 계속 음식을 거부하는 거식증으로 인해 영양실조에 이르게 되고 결국 사망에 이르기도 하며 폭식증의 경우에는 폭식 이후 죄책감, 불쾌감, 수치심 등을 느껴 의도적으로 토하거나 약제를 통해 체중을 감소시키려는 노력을 계속하게 된다.

다섯 번째 유형은 조현병(정신분열증)이다. 조현병은 10대 중후반부터 발생률이 급증하고 있는 심리적인 부적응으로 비논리적인 사고, 환각, 망상 등의 증상을 보인다. 조현병을 보이는 청소년들은 언어사용의 혼란, 변덕스러운 감정을 보이고 대인관계가 위축되며 자신의 세계에 몰두하는 성향을 보이기도 한다.

여섯 번째 유형은 성격장애다. 성격장애는 자기도취적인 성격장애와 반사회적 성격장애가 일반적이다. 자기도취적인 성격장애를 가진 사람은 지나치게 자신감이 넘치기도 하지만 동시에 열등감을 보이기도 한다. 즉, 자신의 능력과 성취를 과장되게 인정받고 싶어 하면서도 자신을 비판하면 수용하지 못한다. 한편, 반사회적 인격장애는 상습적으로 반사회적인 행동을 하는데, 타인의 권리를 무시하고 충동적으로 불법행위를 하면서도 죄의식을 느끼지 못한다. 최근에는 이러한 반사회적인 성격과 관련된 범죄의 수가 증가하고 있다.

5) 문화 적응 문제

2000년대에 들어서면서 세계화라는 흐름에 따라 우리 사회에도 많은 변화가 있었다. 이 중에서 다문화가정의 증가는 사회적 이슈로 부각되고 있다. 다문화가정이란 한국인과 결혼한 외국인, 즉 결혼이민자와 외국인 노동자, 유학생, 새터민(탈북자) 등으로 구성된 이주민 가정을 포함하여 한 가족 내에 다양한 문화가 공존하는 가정을 말한다. 이러한 다문화가정의 증가로 인해 다문화가정 청소년 역시 증가하고 있다. 다문화 청소년의 유형은 〈표 1-2〉와 같다.

다문화가정 청소년들의 문제는 학교생활과 가정생활이라는 측면에서 생각해 볼 수 있다. 먼저 학교생활에서 가장 심각한 문제는 학업중단으로 알려져 있다(여성가족부, 2012). 학업을 중단하는 원인에 대해서는 친구나 선생님과의 관계에서의 어려움이 가장 많으며(23.8%), 다음으로 가정의 경제적 어려움(16.8%), 학업능력 부족(9.7%) 등의 순이다. 특히 도시의 경우 농촌지역보다 친구나 선생님과의 관계로 인한 학업중단이 더 높은 것으로 알려져 있다.

또한 이들의 학교생활 부적응도 또 하나의 문제가 되고 있다. 다문화가정의 자녀들은 자신의 문화적 배경으로 인해 놀림이나 차별의 경험을 하고 있다. 이러한 문제가 외모나 부모가 외국인이라는 점에서 비롯된다는 것이 더욱 큰 문제라고 할 수 있다(송성진, 2007; 전경숙, 2008). 이러한 차별의 문제는 학교폭력으로 이어질 수 있으며 이러한 문제들로 이들은 불안과 우울 등의 정서적인 문제를 경험하고 또한 피해자에서 다시 가해자가 될 수 있는 문제가 발생할 수 있다는 점에서 이들을 위한 교육적 · 치료적 접근이 필요하다.

또한 다문화가정은 한 가족 내에 여러 문화가 공존함으로 인해 가족 간의 의사소통 부재, 문화차이에 따른 부적응, 부부 및 고부갈등 등 가족 내 갈등, 이들에 대한 사회적인 수용 부족 등을 경험할 수 있다. 다문화가정 청소년의 경우 부모가 사회문화적으로 적응하지 못할 경우 자녀교육에 서투르며 이로 인해 자녀와 의사소통이 원활하지 못할 수도 있다. 이들이 사회적으로 잘 적응하기 위해서는 사회적인 시선이 변화되어 이들을 배려하고 관심을 갖는 분위기가 조성되어야 할 것이다.

〈표 1-2〉 다문화가정 청소년의 정의 및 유형

정의	내용
다문화가정의 청소년	「다문화 가족지원법」 제2조 제1호에 의하면 대한민국 국적자와 외국 국적자 간의 국제결혼으로 이루어진 가정의 청소년을 말함.
외국인 근로자 가정의 자녀	「외국인 근로자의 고용 등에 관한 법」 제2조에 따르면 외국인 근로자란 대한민국의 국적을 가지지 아니한 사람으로서 국내에 소재하고 있는 사업 또는 사업장에서 임금을 목적으로 근로를 제공하고 있거나 제공하려는 사람을 의미함. 외국인 근로자로 이루어진 가정의 자녀를 말함.
중도입국 청소년	결혼 이민자가 한국인 배우자와 재혼하여 본국의 자녀를 데려온 경우와 국제결혼 가정의 자녀 중 외국인 부모의 본국에서 성장하다 청소년기에 재입국한 청소년을 말함.
탈북청소년	북한에서 출생하여 현재 한국에 살고 있는 만 6세 이상 24세 이하의 북한이탈주민을 말함(「북한 이탈주민 보호 및 정책지원에 관한 법률」 제24조 제2항). 북한이탈주민은 외국 국적을 취득하지 않은 사람이라고 정의됨.

제2장

음악치료의 개요

1. 음악치료의 정의

음악치료(music therapy)는 음악을 치료적인 목적으로 사용하는 것으로 사회적 · 문화적 배경에 따라 다르게 정의될 수 있다. 음악치료에서 대표적이며, 영향력을 가지고 있는 2개의 다른 단체는 미국음악치료협회(American Music Therapy Association: AMTA)와 세계음악치료연맹(World Federation of Music Therapy: WFMT)이다. 먼저 브루샤(Bruscia)는 음악치료에 대해 다음과 같이 정의하고 있다.

> '음악치료란 치료사가 클라이언트를 도와 변화의 역동적인 힘을 발달시키는 음악적 경험과 관계를 사용하여 건강을 증진시키는 체계적인 중재의 과정이다.'
>
> (Bruscia, 1998/2003, p. 40).

AMTA는 근거 중심을 언급하면서 음악치료를 단순한 건강 관련 분야가 아니라 의학적 전문 직종으로 보다 엄격하게 규정하고 있으며 그 정의는 다음과 같다.

'음악치료는 승인된 음악치료 과정을 완수하여 자격을 갖춘 전문가에 의해 치료적 관계 안에서 개별적 목적을 달성하기 위해 음악적 개입을 임상적으로 그리고 근거 중심적으로 사용하는 것이다.'

(AMTA, 2012)

한편, WFMT는 앞의 두 정의보다 더욱 확장되어 건강은 물론 삶의 질까지 포함하고 있다.

'음악치료는 삶의 질을 최적화하고 신체적, 사회적, 의사소통적, 정서적, 인지적, 그리고 영적 건강과 안녕의 증진을 원하는 개인, 그룹, 가족, 또는 사회 공동체 구성원에게 의학적, 교육적, 그리고 매일의 환경 속에서 개입하기 위해 음악과 그 요소들을 전문적으로 사용하는 것이다.'

(WFMT, 2011)

이 세 가지 정의에서 살펴보면 음악치료는 전문적인 치료사가 각 개인의 치료적인 목적을 달성하기 위해 음악적 중재를 사용하는 전문적이며 체계적인 과정이라고 할 수 있다. 국내에서는 1990년대 후반 숙명여대를 중심으로 음악치료사를 위한 석사과정이 개설되어 전문 음악치료사를 배출하고 있으며 현재 다양한 영역에서 활동을 하고 있다.

2. 음악치료의 과정

음악치료는 브루샤(Bruscia, 1998/2003)가 언급한 것처럼 체계적인 과정이며 클라이언트에 따라서도, 치료적인 목적에 따라서도 다르게 수행될 수 있다. 그 과정을 살펴보면, 먼저 전문의나 교사를 통해 상담을 진행한 후 음악치료에 의뢰되며 음악치료사는 면담과 진단평가를 통해 클라이언트의 장·단점 등 특징을 파악한다. 진단평가 이후에는 클라이언트에게 적합한 치료적인 목적과 목표를 설정하고 이에 맞는 음악적인 중재를 적용한다. 적용 후에는 그 변화를 양적 또는 질적으로

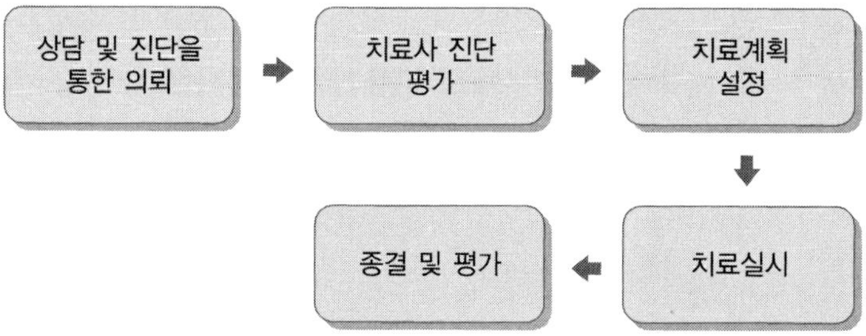

그림 2-1 음악치료의 과정

평가한다. 일반적인 과정은 다음과 같다([그림 2-1] 참조).

한편, 클라이언트에 따라 개별적으로 혹은 그룹으로 치료를 적용할 수도 있다. 일반적으로 음악치료에서 그룹치료가 효과적인 이유 중 한 가지는 그룹은 클라이언트들이 그룹 밖에서 만나게 되는 문제들을 해결할 수 있도록 도와주기 위해 필요한 지원과 안전한 환경을 제공한다는 것이다.

그룹치료의 원칙에 대해 플라츠(Plach, 1980)는 다음과 같이 제안하고 있다.

- 주어진 활동들은 개개인의 증상에 맞아야 하고 개별 및 그룹의 필요와 그룹 내에서 존재하는 개념적 · 통합적 · 신체적 제한이 무엇이든지 간에 적절하게 맞춰져야 한다.
- 세션에서 사용되는 음악은 그룹의 문화적 · 연령적 요인을 고려하여 선택되어야 한다.
- 활동에 포함되는 구조의 분량은 개별 구성원과 그룹의 기능 수준 여부에 따른다.
- 음악치료 활동에서의 리더의 참여수준은 그룹이 지닌 최고의 잠재력을 끌어낼 수 있는 수준의 경험을 할 수 있게 하기 위한 필요에 따라 결정된다.
- 음악활동에 대한 개인과 그룹의 반응들은 유효한 반응들이다.
- 가능하다면 언제든지 그룹 내 개인이나 그룹의 음악활동 안에서의 행동에 대한 즉각적인 관찰을 전달하라.
- 가능하다면 언제든지 초기 활동으로 다시 돌아가고 활동에 대한 그룹이나 개별 반응을 다시 언급하라.

- 가능하다면 언제든지 그룹 밖에서의 상황을 위한 기술들과 새로 발견한 통찰력 있는 행동들을 통합하는 방식으로 그룹 내에서 탐색하라.

출처: Wheeler, Shultis, & Polen(2005/2015).

3. 음악치료의 목적

청소년에게 음악은 매우 친숙하고 일상적인 경험이기도 하지만 청소년들과 치료적 음악활동을 함께 하는 것이 음악치료사에게 쉬운 일은 아니다. 왜냐하면 청소년의 특징에서 이미 언급한 것처럼 이들은 여러 가지 측면에서 변화의 시기이며 스스로 어른들로부터 독립하고자 하는 욕망이 강한 시기다. 따라서 성인인 치료사와 함께하는 활동에 쉽게 참여하려 하지 않는 것이 일반적이다. 하지만 청소년들은 변화가 많고 에너지가 넘치고 열정적임으로 청소년과의 음악치료는 매우 역동적인 과정이기도 하다. 이러한 청소년의 특징을 고려하여 음악치료는 한 가지 목적에 초점을 맞추기보다는 최소한 2~3가지 목적을 위해 다양한 접근을 실시한다.

청소년을 위한 음악치료 목적은 크게 두 가지 영역에서 고려해 볼 수 있다. 첫째,

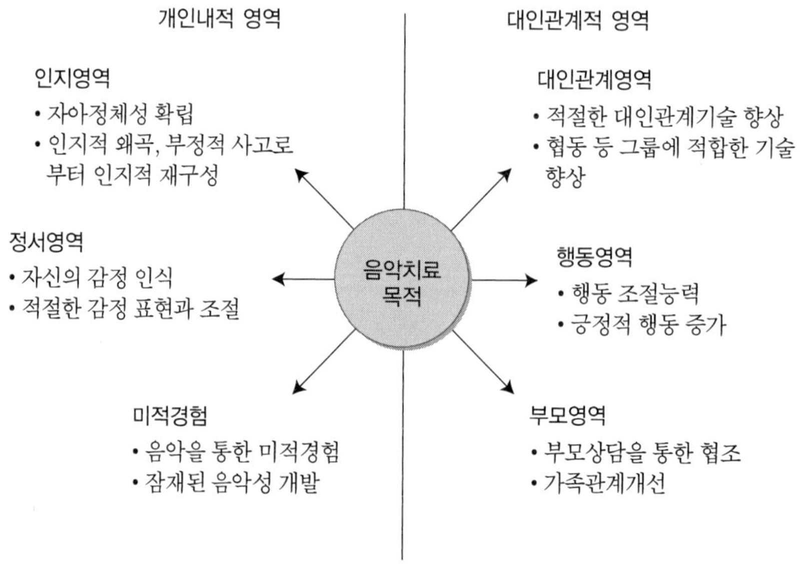

그림 2-2 청소년을 위한 음악치료 목적 영역

대인관계적(inter-personal)인 목적과 개인내적(intra-personal) 목적이다. 대인관계적인 목적으로는 사회성, 대인관계 형성을 목적으로 음악치료를 적용할 수 있으며 개인내적으로는 정체성, 자아와 관련된 목적을 생각할 수 있다. 일반적으로 청소년을 위한 음악치료의 목적은 [그림 2-2]와 같다.

4. 음악치료의 적용

청소년과 관련된 음악치료 문헌을 살펴보면 청소년들을 위해 다양한 음악활동들이 적용되고 있다. 이러한 음악활동은 일반적으로 치료적인 목적에 따라 선택되기도 하지만 또한 치료이론의 틀, 치료사의 입장, 그리고 기대하는 결과에 따라 음악을 다르게 적용할 수 있다. 구체적으로 살펴보면 다음과 같다.

1) 음악치료의 이론과 치료사의 역할

청소년과 함께하는 음악치료에서 적용될 수 있는 이론은 주로 정신역동(Psycho dynamic), 인본주의(Humanistic), 행동주의(Behavioral), 그리고 절충적인(Electric) 접근으로 구분할 수 있다. 밀러(Miller, 2008)의 연구에 의하면 음악치료사들은 절충적인 접근을 가장 많이 적용하고 있으며 국내의 경우도 예외는 아니다(최병철, 2006). 이뿐만 아니라 치료사의 이론적인 체계 안에서 어떤 사상을 지지하는가에 따라 음악중재가 달라질 수 있으며 또한 이에 따라 치료사의 역할도 달라진다고 할 수 있다.

구체적으로 살펴보면 정신역동적인 접근에서는 음악을 개인적인 이해를 증가하는 것과 관련된 목적으로 적용하는 경우가 많다. 예를 들면, 청소년들이 선호하는 음악을 통해 음악적 취향 이상의 내면의 상태를 파악할 수 있으며 악기를 선택하거나 연주하는 방식을 통해서도 심리적인 필요나 방어기제 등을 파악할 수도 있다. 또한 노래를 듣고 토의를 하면서 자신의 무의식적인 생각을 투사하거나 내면을 통찰하기도 한다. 이 접근법에서 음악은 과거 경험을 통해 무의식에 박힌 것들과 투쟁하고 통찰을 발달시키면서 문제를 해결해 나가도록 돕는 것을 강조한다. 이때 치료사는 클라이언트의 감정을 담아 주는 역할을 하기도 하고 또한 내면을 투사를 할 수 있도록 공간을 내어 주는 입장을 취하기도 한다. 구체적으로 클라이언트가 안전한 환경에서 말하고 표현할 수 있는 기회를 제공하면서 전이(transference)와 역전이(countertransference)를 이용하기 위하여 음악을 사용하기도 한다.

이와 달리 행동적인 접근에서는 무의식적인 측면보다는 보여지는 행동적인 측면을 강조하며 주로 인지적인 접근과 결합하여 인지-행동적 치료(Cognitive Behavioral Therapy)로 적용되기도 한다. 즉, 행동주의 접근에서는 음악을 긍정적인 강화재나 자극재로 사용하는 경우가 많다. 예를 들면, 바람직한 행동이 성취되었을 때 선호하는 음악이나 음악적 활동을 보상이나 강화재로 제공하거나 혹은 왜곡된 인지적인 내용을 다시 재구성할 수 있는 노래 만들기를 통해 바람직한 행동 전략 등을 모색하기도 한다. 이때 치료사는 원하는 행동을 달성할 수 있도록 계획을 수립하고 단계적으로 달성하도록 음악을 사용한다. 음악은 청소년들에게 강한 동기부여가 되며 또한 음악은 즐거움을 제공함으로 더욱 행동을 달성할 수 있는 자극재가 될 수도 있다.

한편, 인본주의 접근에서는 각 사람이 스스로 성장할 수 있는 잠재력이 있다고 믿는다(Maslow, 1954). 대부분의 음악치료 접근에서는 인본주의적인 철학을 바탕으로 하고 있지만 특별히 창조적 음악치료(Creative Music Therapy)와 음악중심음악치료(Music Centered Music Therapy)가 인본주의적인 음악치료라고도 할 수 있다. 왜냐하면 창조적 음악치료에서 창조적 경험은 인본주의 접근에서 매우 고차원의 것으로 고려되며 또한 이 접근에서는 각 개인의 자발성과 자유로움을 추구하기 때문이다. 예를 들면, 청소년이 음악활동 안에서 자유롭게 자신의 감정을 창조적으로 표현하거나 창조적인 기술이나 생각을 발전시킬 수 있는 기회를 갖는 것이다. 이때 치료사는 공감, 경청, 지지 등을 통해 청소년들의 지금 여기(here and now)에서의 경험에 더욱 초점을 맞춘다. 과거에 집중하기보다는 현재에 초점을 맞추며 청소년 자신의 존재에 대해 더욱 집중하도록 한다.

2) 치료적인 목적과 기대되는 결과와의 관계

청소년들과의 음악치료에서는 음악치료의 이론, 치료사의 역할, 그리고 치료의 목적에 따라 기대되는 결과를 다르게 예상할 수 있다. 예를 들어, 정신역동 이론을 지향하는 치료사는 클라이언트가 스스로 내면에 대한 이해를 얻을 수 있도록 음악 안에서 지지하며 이를 통해 회복탄력성을 얻는 효과를 기대할 수 있다. 반면, 행동주의 이론을 지향하는 치료사는 클라이언트의 발전을 촉진하기 위해 음악을 적용하며 이를 통해 클라이언트의 역량이 강화되는 효과를 얻을 수 있다. 이들의 관계는 [그림 2-3]과 같다.

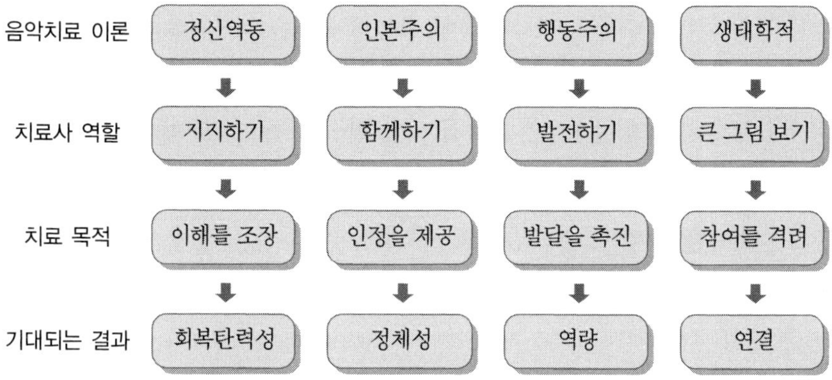

그림 2-3 치료사의 이론과 치료 목적과 결과

출처: McFerran(2010).

(1) 회복탄력성

회복탄력성(Resilience)이란 어려운 상황에서도 긍정적인 의미를 찾으려고 노력하는 것뿐만 아니라 역경, 위험에도 불구하고 정서적 행동적으로 잘 조절해 나가는 것을 의미한다(Block & Kremen, 1996). 또한 외적 · 내적인 스트레스에 맞서 유연하고 풍부하게 적응할 수 있는 일반적인 능력을 의미한다(Klohnen, 1996). 이와 같이 회복탄력성은 스트레스와 일상적인 도전들을 단지 회피하는 것이 아닌 효과적으로 대처하여 실수나 역경으로부터 긍정적으로 되돌아올 수 있는 능력이다. 또한 현실적인 목표를 개발할 수 있고 문제를 해결할 수 있을 뿐만 아니라 타인과 편안하게 상호작용할 수 있는 능력을 말한다.

이러한 회복탄력성은 개인의 특질이 아니며 행동과 생활패턴을 통해 증명할 수 있는 패턴이라고 할 수 있다. 로(Roe, 1987)는 스위스 청소년들의 연구를 통해 청소년들은 음악을 통해 이러한 모습들을 반영함을 보여 주었다. 즉, 청소년들이 자신이 선호하는 음악에 쉽게 접근할 수 있을 때 학교에서 학업성취가 높음을 보여 주고 있으며, 반면 음악으로부터 고립된 생활을 하는 청소년일수록 학교생활도 잘 적응하지 못하는 것으로 보여지고 있다. 이러한 이유는 음악이 '반영적(reflective)'인 역할을 하기 때문이다. 음악에 대한 선호는 내면의 상태를 보여 주며 자신을 이해하면서 탄력적으로 다른 사람과 의사소통할 수 있게 도와주기 때문이다.

또한 회복탄력성이 좋은 청소년들과 그렇지 않은 청소년들은 음악사용에서 차이를 보인다고 한다(Skånland, 2009). 구체적으로 건강한 청소년들은 음악을 사용하여 자신의 부정적인 기분을 전환시킬 수 있으며 그들의 에너지를 적절하게 사용하고 적응하는 데 사용할 수 있다. 국내에서도 음악치료 활동이 인터넷 중독 청소년의 회복탄력성 회복에 긍정적인 영향을 미친 연구가 보고되고 있다(여정윤, 2012). 이처럼 음악은 청소년들의 일상생활에서 긍정적인 경험을 하는 데 도움을 줌으로 회복탄력성을 회복시키는 데 도움을 줄 수 있다.

(2) 정체성

에릭슨(Erikson, 1968)에 의하면 청소년기는 정체성(Identity) 대 혼미의 시기로 정의하고 청소년기를 정체성 형성의 결정적인 시기라고 강조하고 있다. 자아정체성이란 라틴어 'identitas'에서 유래된 것으로 '전적으로 동일한 것이다.' 혹은 '자기 자신' 등의 의미를 갖는다. 이러한 정체성은 몇 가지 특징을 갖는데, 첫째, '~으로서의 나' 간의 통합을 의미한다. 또한 '과거의 나'와 '현재의 나', 그리고 '미래의 나' 사이의 연속성 혹은 일관성을 의미하기도 한다. 그리고 자아정체성은 주체적 자아(I)와 객체적 자아(Me)의 조화를 의미하며 마지막으로 자아정체성은 '나는 나다.'라는 실존의식을 의미한다. 에릭슨 이후 학자들에 따라 정의는 조금씩 차이가 있지만 공통적으로 자아정체성은 나와 타인을 구분할 수 있는 독자성, 일관성, 통일성이라고 할 수 있다.

청소년기는 발달과정상 성인기로 가는 중간 과정이며 이 시기 새로운 가치관을 형성해야 하는 청소년들에게 자아정체성 형성은 자신을 인정하고 미래의 모습을 설계하는 데 있어서 중요한 역할을 한다. 에릭슨은 자아정체성의 형성을 협상의 과정으로 보았는데 내가 나를 보는 것과 다른 사람이 나를 보는 것 사이에 차이가 있을 때 혼란이 발생한다고 하였다. 청소년기는 바로 이러한 관점의 차이 사이에 균형을 맞추어 가는 시기다.

음악은 자아정체성에 관한 경험을 제공하기 위해 사용되어 왔다(Rudd, 1997a). 구체적으로 특정 음악을 선호한다는 것은 친구 사이에 공유될 수 있는 정보를 형성하면서 내가 누구인가를 보여 준다고 할 수 있다. 또한 음악을 선택하는 것은 '진정, 나는 누구인가'와 관련이 있으며 '내가 원하는 것은 무엇인가'에 대한 표현이라고도 할 수 있다. 이처럼 음악선호는 자신의 가치, 태도, 의견을 표현하고 의사소통의 기능을 하면서(Firth, 1981) 정체성을 보여 준다고 할 수 있다. 또한 음악은 다른 사람에 대한 반응을 조정하기 위한 전략으로 사용되기도 하는데, 이는 융(Jung, 1956)이 말한 개별화(individuation) 전략으로 기본가족단위에서 분리를 의미한다고 할 수 있다. 청소년기는 가족에서 벗어나 또래, 친구 집단으로 확장되는데, 이때 음악은 성인들의 사상에 대항한 자신만의 생각이나 의견을 창조할 수 있다. 청소년들은 가족과의 시간에서 분리되어 자신들만의 시간으로 음악을 들으면서 개별화-자아실현을 이루어 간다고 할 수 있다.

(3) 역량

건강한 청소년들의 성장에 있어서 또 하나의 중요한 요인은 역량(competence), 즉 기술과 능력에 대한 것이다. 청소년기는 지식, 경험, 지혜를 얻으면서 지적인 능력을 향상시키는 시기다. 피아제와 인헬더(Piaget & Inhelder, 1958)에 의하면 11세 이후에는 합리적인 추론이 발달되는 시기이며 이러한 능력은 성인기 이후에도 계속 지속되기 때문에 청소년기 인지 발달을 강조하였다. 즉, 건강한 청소년은 자신의 경험 이상의 잠재성을 생각할 수 있으며 주어진 환경에서 다양한 결과들을 상상해 볼 수 있는 능력을 가지고 있다.

음악은 인지영역에서 신경발달을 촉진하는 역할을 한다(Trainor, Shahin, & Roberts, 2009). 음악가와 비음악가를 비교한 연구에 의하면 시공간, 언어, 수리적 수행능력에서 차이를 보임을 알 수 있다(Schlaug, Norton, Overy, & Winner, 2005). 음악활동에 참여하는 것은 이처럼 능력과 관련된 기능을 증가시키는 데 도움을 준다. 청소년들에게 음악은 때로는 감상의 형태로, 때로는 연주의 형태도 다양하게 제시된다. 즉, 음악에 대한 참여 정도에 따라 구분할 수 있다. 하지만 대부분의 청소년들은 수용적인 감상을 혼자서 하는 경우가 흔하다.

음악은 또한 청소년들의 사회성 발달에도 도움을 준다(Laiho, 2004). 청소년들은 그들이 선호하는 음악에 따라 서로 관계성을 맺으며 따라서 음악은 다른 사람과의 관계에 있어서 어떤 방식으로든지 영향을 미친다.

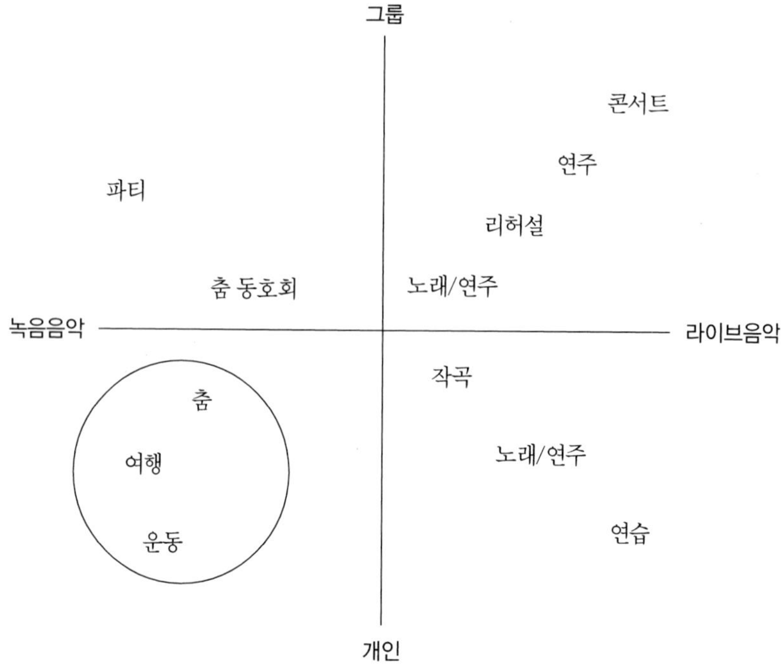

그림 2-4 다양한 수준별 청소년기 음악활동

출처: McFerran(2010).

(4) 유대감

유대감(connectedness)은 청소년들의 삶에 있어서 중요한 사람들 사이에 지지적이며 친사회적이고 돌보는 관계를 포함한다. 청소년들에게 개인, 그리고 타인과의 관계성은 매우 중요한 기술 중 하나이며 발달에 긍정적인 영향을 미친다. 즉, 건강한 청소년들은 자신을 둘러싼 가정, 학교, 더 나아가 문화적으로도 연결을 유지할 수 있어야 한다. 그리고 이러한 문화적 배경 안에 포함되면서 다른 사람에게 영향을 미치고 발달을 이루게 된다.

이러한 유대감은 사회적인 유대감뿐만이 아니라 심리적인 유대감도 반영한다. 즉, 청소년들은 이러한 유대감을 통해 함께 속해 있다는 심리적인 소속감과 안정감을 느끼게 되고 사회적인 통찰력을 기르면서 올바른 대인관계를 형성하게 된다. 이 시기 친구같은 또래집단은 매우 중요한 영향을 미치게 된다. 청소년들은 또래관계를 통해 자신의 역할과 위치에 대한 개념을 형성하고 사회적 역할을 배우기도 한다. 이때 음악은 이들에게 소속감과 일체감을 갖게 하는 중요한 매체가 된다.

문화와 음악은 유사점이 많다. 로맥스(Lomax, 1976)는 노래는 문화적인 정보와 가치의 핵심을 반영한다고 한다. 특히, 랩 음악은 많은 나라의 청소년들을 서로 연결하는 음악장르이기도 하다. 한편, 최근에는 국내 대중가요를 통해 전 세계 청소년들이 서로 연결되기도 한다.

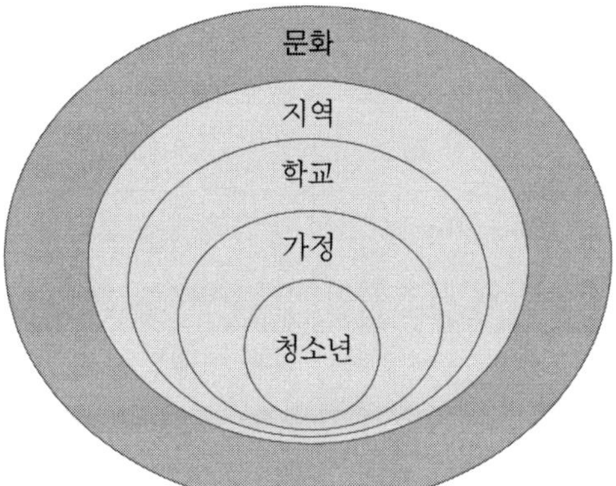

그림 2-5 문화와 청소년의 연결

출처: McFerran(2010).

3) 음악활동

(1) 음악감상

① 개요

청소년들에게 음악은 삶 그 자체이며 음악을 듣는 활동은 청소년들에게 매우 일상적인 경험이다. 음악은 이미 청소년 문화 속에서 그들만의 문화로서 큰 역할과 비중을 갖는다. 청소년들은 음악감상을 통해 그들 상호 간의 공감대 및 공동체 의식, 그리고 신뢰감을 형성하며 낭만과 꿈을 표현하기도 한다. 음악을 듣는 활동은 그들에게 동질감을 갖게 하며 정서적으로 결속시켜 주는 역할을 한다. 이처럼 음악을 듣는 것은 청소년의 정서발달에 영향을 준다고 할 수 있다. 음악감상과 정서에 관한 이론은 크게 환기론, 인지론, 원초적 경험론으로 구분할 수 있다(Jenefer, 2005).

첫째, 환기론은 청소년들은 음악을 들으면서 특정한 정서를 불러일으킨다는 것이다. 즉, 음악을 통해 우울한 분위기를 불러일으키기도 하고 또한 즐거움이나 기쁨 등의 만족을 불러일으키기도 한다는 것이다.

둘째, 인지론이다. 인지론은 청소년들은 음악이 표현하고자 하는 바를 하나의 지각가능한 정서적 속성으로 인식한다는 것이다. 즉, 청소년은 슬픈 음악을 감상할 때 그 음악이 슬픔에 대해 표현하고 있다는 것을 이미 인지하고 감상한다는 것이다. 음악을 들으면서 나 자신의 감정을 불러일으킨다는 환기론적인 입장과 달리 인지론에서는 음악이 주는 외재적인 정서적 특징에 대해 인지함으로 정서에 영향을 준다는 것이다.

마지막으로 원초적 경험론이다. 원초적 경험론에 의하면 인간은 이미 누구에게나 원초적인 정서경험이 존재한다고 한다. 즉, 우리가 음악을 통해 정서를 경험하는 것은 음악을 들은 이후 느껴지는 원초적인 정서적 행위나 느낌, 기분 때문이라는 것이다. 예를 들어, 특정 음악이 들렸을 때 경험하는 맥락들이 음악이 주는 감정과 원초적인 정서적으로 해석함으로 감정변화를 이끌어 낸다는 것이다. 청소년들은 음악을 들으며 이러한 정서변화뿐만 아니라 음악을 통한 연상, 기억 등의 작용을 통해 내면탐구나 자아성찰 등도 가능하다. 이때 음악감상은 좀 더 개인적이며 내면적인 경험 등을 고려하여 선곡하여야 한다. 청소년들은 주로 대중가요나 팝송을 듣는 경향이 있지만 다양한 정서를 경험할 수 있도록 다양한 음악을 듣는 것도 필요하다.

② 방법

청소년들에게는 음악감상은 매우 친숙하며 일상적인 경험이다. 이들은 주로 기분을 전환하기 위해 음악을 감상하기도 하지만 내면을 통찰하기 위해 좀 더 적극적인 의미의 감상인 GIM(Guided Imagery and Music)을 적용할 수도 있다.

㉠ 내면의 통찰을 위한 감상: GIM

이 방법은 1970년대 초반 헬렌 보니(Helen Bonny)에 의해 개발된 것이다. 처음 시작은 정신적 외상을 갖고 있는 청소년을 돕기 위한 것으로 미국음악과 심상협회(Association for Music and Imagery: AMI)는 다음과 같이 정의하고 있다.

> 'GIM은 여행자(traveler)가 정신적 · 정서적 · 신체적 · 영적으로 통합을 이루어 가는 것을 치료 목적으로 특화된 일련의 고전음악 프로그램을 사용하여 내면 경험이 역동적으로 전개되어 갈 수 있도록 자극하고 지속시키면서 클라이언트의 의식을 탐색해 가는 음악이 중심이 되는 초월심리치료다'(황은영, 이유진, 정은주, 2014에서 재인용).

GIM은 총 4단계의 과정으로 진행된다. 첫째, 준비(prelude)단계다. 이 단계에서 치료사는 청소년과 대화를 통해 현재 고민하는 문제 등에 대해 이야기를 나눈다. 청소년의 경우 자신을 개방하고 이야기하는 것을 어색하고 어려워할 수도 있는데, 이때 시각적 이미지 등을 활용하는 등 다른 방법으로 여행의 주제를 정하는 것도 좋은 방법이다. 둘째, 도입(induction)단계다. 이 단계에서 치료사는 청소년의 몸과 마음이 충분히 이완될 수 있도록 하는 것이 필요하다. 이때 여행의 주제에 맞는 이완방법을 사용함으로 다음 단계의 경험에 잘 몰입될 수 있도록 하는 것이 중요하다. 셋째, 감상(listening)단계다. 이 단계는 치료의 핵심단계로 청소년이 음악을 감상하는 동안 치료사는 감상 시 나타날 수 있는 모든 심상(시각적, 촉각적, 후각적, 정서적 등)을 충분히 경험할 수 있도록 안내한다. 이때 치료사는 청소년과 함께 여행하는 가이드로서 역할을 충분히 할 수 있는 자질이 필요하다. 마지막은 마무리(postlude)단계다. 이 단계에서는 음악을 통해 경험한 것들에 대해 간직하고 여행이 끝난 후 그 의미들을 그림으로 표현하거나 연주를 통해 의식화하도록 한다. 이때 치료사는 감상 시 경험했던 심상의 의미를 해석하는 것이 아닌 자신이 스스로 경험을 찾아 의미를 찾을 수 있도록 지지하는 것이 필요하다.

㉡ 정서유발을 위한 감상

청소년은 일상생활에서 주로 자신의 감정을 표현하거나 조절하기 위해 음악을 듣는다. 이처럼 음악감상은 청소년들의 정서와 매우 밀접한 관련이 있다. 사리칼오와 에킬래(Saarikallio & Erkkilä, 2007)는 근거이론을 통해 청소년들이 정서와 관련된 음악전략을 연구하였는데, 그 결과는 여흥(entertainment), 회복(revival), 강한 감각(strong sensation), 전환(diversion), 방출(discharge), 정신적 작업(mental work), 위로(solace)다.

〈표 2-1〉 청소년들이 사용하는 음악전략과 내용

전략	내용
여흥	청소년들은 여행, 독서, 운동 등을 하면서 주변의 분위기를 즐겁게 하기 위해 배경음악으로 음악을 감상한다.
회복	청소년들은 스트레스를 받을 때 긴장이완, 에너지, 회복을 위해 음악을 감상한다. 주로 아침이나 잠들기 전에 음악을 듣거나 이완을 위해 좋아하는 음악을 듣는다.
강한 감각	청소년들은 강한 감각적인 경험을 하기 위해서 음악을 감상한다. 즉, 좋아하는 음악을 들으며 강함 즐거움, 깊은 정서적 경험, 전율적인 경험을 하고자 한다. 강함 감각을 추구하기 위해 음악을 들을 경우에는 매우 집중을 하여 주변의 다른 소리를 듣지 못한다.
전환	청소년들은 현재의 불쾌한 감정, 기분 좋지 않은 느낌으로부터 벗어나기 위해 음악을 듣는다. 학교나 가정에서 스트레스를 받거나 혹은 걱정이나 근심을 잊기 위해 좋아하는 음악을 듣는다.
방출	청소년들은 자신의 감정이나 느낌을 표현하기 위해 음악을 듣는다. 즉, 자신의 감정을 반영하거나 내면의 상태를 대변하는 음악을 찾아 감상한다. 예를 들면, 헤비메탈의 강한 음악을 들으며 분노를 표현하기도 하고 직접적으로 분노를 표현한 가사 등의 음악을 들으며 자신의 감정을 표출하고자 한다.
정신적 작업	청소년들은 음악을 통해 내면의 이미지를 증진하고 촉진하기 위해 음악을 감상한다. 이때 가사는 사상, 생각, 느낌을 불러일으키는 중요한 요인이 된다. 청소년들은 의미 있는 노래를 감상하며 자신의 내면의 생각을 통찰하고자 한다.
위로	청소년들은 내면의 슬픔을 달래 주기 위해 음악을 감상한다. 특히, 가사를 통해 위로를 받기도 하는데 내면의 슬픔이 있을 때 음악을 들으며 행복한 기억을 떠올리며 위로를 받을 수 있다.

(2) 노래

① 개요

노래는 청소년들에게 매우 친숙한 경험이며 다양하게 활용될 수 있다. 즉, 노래를 통해 내가 누구인지, 그리고 어떻게 느끼고 있는지에 대해 표현하게 해 주기도

하며 또한 함께 노래를 부르면서 다른 사람과 친밀감을 갖기도 한다. 노래는 청소년들의 삶을 강조하며 개인적인 이야기를 담고 있다는 점에서도 또한 의미를 갖는다고 할 수 있다.

일반적으로 노래가 갖는 특징은 다음과 같다(황은영 외, 2014).

첫째, 노래는 멜로디와 가사가 결합되어 있다. 노래에서 가사는 특정 메시지를 담고 있으며 인간의 의지, 사고, 생각을 나타냄으로 각 개인의 삶과 연결될 수 있다. 한편, 멜로디는 감정을 대신해 준다. 이를 소리로 낸다는 것은 목소리를 사용하여 감정을 나타낼 수 있기 때문에 더 많은 클라이언트의 내면의 에너지와 연결될 수 있다.

둘째, 노래는 관계형성을 가능하게 해 준다. 동시대의 노래를 함께 부르는 것은 참여하는 사람들에게 친밀감과 만족감을 주기 때문에 심리적으로 안정감을 줄 수 있다.

셋째, 노래는 문화를 반영한다. 특별히 대중가요는 그 시대의 사회상과 문화적인 배경을 반영하기 때문에 클라이언트로 하여금 과거를 회상하는 데 적절한 신호가 될 수 있다. 또한 청소년들은 같은 시대의 노래를 공유함으로 소속감과 동료의식을 느낄 수 있다.

마지막으로 노래는 개인적인 삶과 깊은 관련이 있다. 모든 인간은 태아때부터 음악과 함께하며 생을 마감하는 순간까지도 음악과 함께한다. 따라서 청소년이 듣는 음악에 대한 정보를 아는 것만으로도 그의 삶의 이야기를 추측할 수 있다.

② 방법

청소년에게 노래는 다양한 방법으로 적용될 수 있다.

노래 공유하기(song sharing)

CD 공유하기(CD sharing)

노래분석(Song Analysis)

노래를 기본으로 하는 토의(Song-based discussion)

노래토론(song communication)

노래(가사)토의(song discussion)

노래회상(song reminiscence)

㉠ 노래토론과 가사토의

노래토론(song communication)과 가사토의(song discussion)는 유사하게 사용된다. 즉, 모두 청소년 혹은 치료사가 선곡한 노래를 함께 들으며 심리적 이슈를 탐구하며 찾아 나가게 된다(Grocke & Wigram, 2006). 이 과정에서 청소년들은 노래를 통해 자신을 동일시하거나 혹은 공감하고 노래에 자신을 투사하기도 한다. 한편, 가사토의는 청소년이나 치료사가 심리적인 이슈를 토의하기 위한 방법으로 자신의 심리를 잘 반영할 수 있는 노래를 선택하도록 한다. 노래를 들은 후 청소년과 음악치료사는 가사의 의미를 분석하거나 관련된 가사를 조사할 수 있다. 이러한 방법은 동일한 심리적인 문제를 가지는 청소년 그룹 혹은 개별적으로도 적용될 수 있다. 단계를 정리하면 다음과 같다.

단계 1: 청소년(혹은 치료사)이 치료실에 CD나 MP3 음악을 선택하여 가져온다.
단계 2: 치료사와 청소년이 함께 듣는다.
단계 3: 노래와 그것이 청소년(혹은 그룹)들의 삶에서 어떤 의미를 갖는지 토의하고 가사를 분석한다.

노래토론과 가사분석의 구체적인 과정은 [그림 2-6]과 같다.

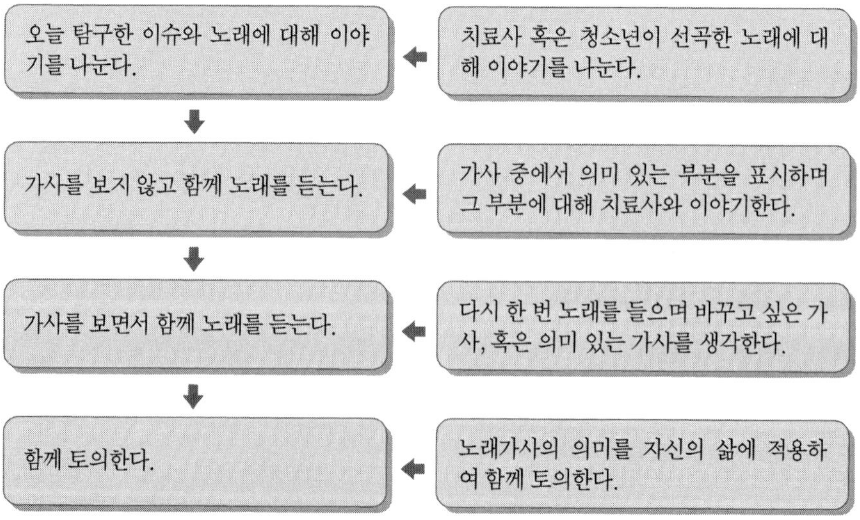

그림 2-6 노래토론과 가사분석 과정

노래토론과 가사토의에서 중요한 것은 노래의 선곡이다. 프리슈(Frisch, 1990)는 노래선곡에 대해 다음과 같이 언급하였다.

음악의 요소는 환자의 현재 기능을 지지하고 달래 주며 혹은 직면하도록 할 수 있다. 환자의 성격, 현재의 분위기, 치료에서의 단계, 그리고 가능한 그 음악에 대한 이전의 지식은 환자가 음악을 만드는 방법과 관련이 있다. 따라서 음악을 사용하기 전에 그 음악의 잠재력이 어떻게 영향을 미치는가에 대해 아는 것이 중요하다.

따라서 청소년과 함께 할 음악을 선택할 때는 다음의 요소들을 확인하여야 한다(Gardstrom, 1998). 첫째, 청소년의 특징을 고려하여야 한다. 즉, 성별, 연령, 성숙도, 인지능력 등을 고려하여 선택하는 것이 중요하다. 항상 청소년이 선호하는 곡을 선택하는 것은 아니지만 선호도과 친숙도는 선곡에 있어서 고려되어야 할 중요한 요소가 될 수 있다.

둘째, 가사의 특성을 고려하여야 한다. 가사는 메시지를 전달하는 역할을 한다. 따라서 청소년들에게 관심이 있는 주제, 예를 들면 우정, 가족, 위로 등 상황에 맞게 선택하는 것이 중요하다.

셋째, 반주의 특성을 고려하여야 한다. 청소년에게 노래는 이미 익숙하고 또한 그들은 높은 수준의 음악적인 정보를 가지고 있다. 따라서 음악을 통해 집중하고 몰입할 수 있는 요소들을 고려하여 음악을 선택하는 것이 중요하다.

넷째, 상황을 고려하여야 한다. 즉, 치료의 상황인지 아닌지, 혹은 개인세션인지 그룹세션인지에 따라 노래 선곡을 고려하여야 한다. 치료의 상황이라면 단계에 따라서 초반에는 관계형성을 위해 안정적이고 지지적인 노래를 선곡하는 것이 좋으며 치료의 후반이라면 보다 내적인 통찰을 할 수 있는 반영적인 노래를 선곡하는 것이 필요하다. 또한 그룹의 상황이라면 그룹 모두에게 관심이 있는 이슈에 맞는 노래를 선곡하는 것이 필요하다. 즉, 수용, 죄책감, 절망, 외로움, 이별(죽음), 술, 부모-자녀 관계, 변화, 자신감, 취미, 목적, 성장, 행복, 확인, 추억, 새 출발, 감사, 인내, 성공, 단결, 느낌 등에 맞춰 선곡한다.

ⓛ 노래 만들기

노래 만들기(song writing)는 자기표현, 그룹응집력, 통찰력, 자신과 삶에 대한 이해, 그룹 간의 교류, 창조성, 현실인식, 문제해결력 등의 목적으로 적용된다. 즉,

노래를 만들고 해결하는 과정을 통해 성취감을 경험할 수 있으며 자아성찰의 기회도 갖게 된다. 노래 만들기는 간단한 가사 채우기(Fill in the blank)부터 기존의 노래에 특정 부분의 가사나 멜로디를 바꾸는 가사 바꾸기, 전체 멜로디와 가사를 만드는 과정까지 참여하는 청소년의 기능과 수준에 따라 다양하게 적용할 수 있다.

노래 만들기를 위한 고려사항은 다음과 같다.

- 치료사는 청소년들의 현재 삶의 상태로부터의 자신의 이야기를 말할 수 있도록 격려하고 또한 노래가 이전의 삶과 현재 삶에 관련이 있는가에 대해 조심스럽게 질문하며 토의한다.
- 창조적인 생각을 격려한다.
- 그룹 안에서 노래를 만들 경우 서로 다른 관점, 스타일 등 차이를 인정해야 한다.
- 청소년들에게 익숙한 여러 가지 기술적 장치 등을 활용하는 것도 좋다.
- 청소년들은 처음에 '싫다.'라고 하는 경우가 있다. 이들이 가치 있다고 느끼는 이슈에 대한 정보를 많이 가지고 접근하는 것이 좋다.
- 노래를 만들기 전에 먼저 관계를 형성할 수 있도록 노래를 듣는 것도 좋다.
- 노래를 만들기 위해서는 시간이 많이 소요된다. 청소년들의 성격과 능력 등을 고려하는 것이 좋다.
- 노래는 청소년들이 서로 네트워크를 형성할 수 있는 의사소통을 위한 강한 매개체가 될 수 있다.

ⓒ 노래 부르기

함께 노래를 부르는 것은 청소년과의 관계를 형성하기 위해 매우 좋은 활동이 될 수 있다. 노래를 치료사와 함께 부른다는 것은 치료에 참여할 의사가 있다는 것을 알려 준다고 할 수 있다. 또한 선호하는 노래를 통해서 청소년의 삶의 경험이나 다른 사람과의 관계에 대해서도 알 수 있다. 노래를 부를 때 고려할 점은 다음과 같다.

- 청소년들은 라이브로 노래하는 것을 꺼려 할 수 있다. 초기에는 이런 점들을 인정하여야 한다.
- 음악치료사는 청소년들이 과묵함을 이해하고 기다릴 수 있어야 한다. 대부분

사람들이 노래를 할 때 긴장한다는 것을 인정하는 것이 필요하다.

- 노래를 부르면서 적극적으로 통찰을 위한 토의를 하게 되더라도 캐묻기보다는 수용하고 인정을 먼저 하는 것이 좋다.
- 함께 노래를 하는 것은 본질적으로 가치가 있다. 이것은 유대감을 증진시키고 청소년 자신에게 집중하기보다는 할 수 있는 것이 무엇인가에 대해 생각할 수 있도록 도와준다.
- 청소년이 쉽게 노래를 선택할 수 있도록 정리된 목록을 만드는 것도 중요하다.

(3) 즉흥연주

① 개요

즉흥연주는 정의상 악보 없이 하는 모든 연주를 의미하며 클라이언트가 소리, 멜로디, 리듬 등의 형태를 통해 즉석으로 노래나 악기연주를 하는 것을 말한다. 청소년과의 즉흥연주는 개별, 혹은 그룹으로 적용할 수 있으며 그 목적은 다음과 같다(McFerran, 2010).

- 악기를 통해 자신들의 감정을 표현한다.
- 경험과 관련된 느낌에 대해 토의한다.
- 음악 만들기를 통해 자신의 정체성을 표현한다.
- 다른 사람의 연주와 언어적인 교류를 듣는다.

개리 앤스델(Gary Ansdell)은 즉흥연주를 시작하기 전에 연주를 위한 4가지 규칙을 제안하였다(Skewes, 2001, p. 193에서 재인용). 즉흥연주는 자유롭게 하는 것이며 맞거나 틀린 것은 없다.

- 연주를 하는 것보다 듣는 것이 더욱 중요하다.
- 계속 연주를 할 필요는 없다.
- 원한다면 악기를 바꿀 수 있다.

따라서 청소년과 즉흥연주를 시작할 때는 먼저 이러한 점에 대해 말하고 이들이 안전한 환경에서 자유롭게, 자발적으로 참여를 유도하는 것이 필요하다.

② 방법

전통적인 음악치료에서 대표적인 방법으로 창조적 즉흥연주와 분석적 즉흥연주가 있다(〈표 2-2〉 참조).

〈표 2-2〉 창조적 즉흥연주와 분석적 즉흥연주의 비교

	창조적 즉흥연주	분석적 즉흥연주
개발자	-폴 노도프, 클라이브 로빈슨	-프리슬리, 피터라이트
과정	-아동을 음악적으로 만나는 단계 → 아동의 음악적 반응을 이끌어 내는 단계 → 아동의 음악적 능력, 자유로운 표현능력, 상호 반응성을 개발하는 단계	-치료 이슈를 정하기 → 역할 정하기 → 표제 즉흥연주하기 → 즉흥연주에 대한 토의하기
목표	-자유로운 표현, 의사소통, 상호반응성을 개발하는 것이다.	-클라이언트의 내면세계를 탐구하고 성장의 기질을 제공하는 것이다.
특징	-2인이 1조가 되어 치료를 수행한다. -내면에 음악에 대해 반응하는 타고난 본능 '음악아(music child)'가 있다.	-개별 치료가 가장 일반적이다.
치료사의 역할	-치료사는 치료음악의 매개자다. -치료사는 음악적 반응성의 중심이다. -치료사는 음악가다. -치료사는 클라이언트를 존중하고 수용적인 태도를 보여야 한다. -치료사는 개인적, 음악적 발전을 위해 노력하여야 한다.	-치료사는 클라이언트의 감정과 정서를 담아 주고 알아챌 수 있어야 한다. -치료사는 클라이언트의 내적 세계를 외적 세계로 이끌어 낼 수 있어야 한다. -치료사는 적당할 때 진실한 반응과 개인적 믿음을 제공할 수 있어야 한다. -치료사는 클라이언트의 불필요한 과거의 패턴을 깨고 새로운 방향으로 나아가도록 해야 한다.
음악의 역할	-음악은 아동의 음악아를 깨우고 자기표현을 유도한다. -음악은 일차적이며 유일한 의사소통 수단이다. -음악은 치료적 변화와 성장의 일차적 수단이다. -음악은 아동의 잠재력을 진단하고 치료의 변화를 평가하는 일차적인 자료다.	-음악은 신체적 · 심리적 에너지의 크기와 방향에 영향을 준다. -음악은 무의식의 감정을 의식의 차원으로 끌어낼 수 있다. -음악은 언어화하기 힘든 느낌을 표현하고 언어화할 수 있다. -음악은 기억과 이미지를 자극한다.

출처: Bruscia, K. E. (1997/1998).

창조적 즉흥연주는 미국의 음악가 폴 노도프(Paul Nordoff)와 영국의 특수교육가 클라이브 로빈슨(Clive Robbinson)에 의해 시작되었다. '창조적' 이라는 의미는 치료사가 음악, 상황, 순서를 창조하는 가운데 클라이언트가 능동적으로 자유롭게 내면의 '음악아(music child)'를 창조적으로 발현하도록 돕는다는 것이다. 창조적 음악치료는 음악이 중심이 된 치료적인 접근이라고 할 수 있다.

반면, 분석적 즉흥연주는 1970년대 프리슬리(Pristlcy)와 피터 라이트(Peter Wright)에 의해 개발된 것으로 심리적인 이론을 즉흥연주에 반영한 것이다. 음악치료는 피터 라이트(Peter Wright), 마조리 와들(Majorie Wardle)이 클라인(Klein)의 이론을 즉흥연주에 도입하면서 개발된 것이다.

한편, 청소년과 즉흥연주를 할 때는 다음의 사항들을 고려하여야 한다. 먼저 처음 즉흥연주를 소개할 때는 너무 말을 많이 하기보다는 빠르게 소개하고 진행하는 것이 좋다. 또한 음악치료사는 청소년들이 모든 악기를 선택한 후 자신의 악기를 선택하는 것이 좋은데, 그 이유는 청소년들이 선택한 악기들을 보충하여 더욱 깊이 있는 연주가 될 수 있도록 하기 위해서다. 그리고 즉흥연주를 할 때에서는 연속적인 세션으로 진행하면 덜 지시적이면서 내관적인(insight) 토의를 가능하게 할 수 있다.

감정을 표현하는 즉흥연주일 경우 지속적으로 진행할 때 '행복-분노-슬픔-행복'의 순서로 진행하는 것이 좋다. 대부분 청소년들은 행복한 감정을 느끼고자 하며 이것이 처음과 마지막이 되는 것이 좋다. 또한 모든 참여하는 청소년들이 즉흥연주에서 자신의 감정을 자발적으로 표현하고 행동하지는 않을 수 있음을 고려하여야 한다. 따라서 처음에 참여를 거부하더라도 인정하여야 하며 언제든 참여할 수 있다는 기회를 열어 두어야 한다.

처음에 즉흥연주와 같은 낯선 환경은 청소년들에게 저항을 하게 할 수도 있다. 하지만 즉흥연주에 사용되는 다양한 악기들은 이들에게 강한 매력이 될 수 있다. 많은 말을 하기보다는 직접 악기를 연주하면서 필요시 토의를 하는 것이 필요하다. 또한 함께 악기연주를 할 경우 소란스러울 수 있지만 이러한 소란과 혼란에 대한 것도 의미 있게 토의를 진행하면 의미가 있을 수 있다. 즉, 어떤 상황도 잘못된 것은 없으며 스스로 의미를 찾아 나갈 수 있도록 치료사는 도울 수 있어야 한다.

㉠ 개별 즉흥연주

음악치료사는 청소년과 개별적으로 즉흥연주를 하면서 친밀하고 의미 있는 경험을 하게 된다. 개별적인 즉흥연주는 다음의 목표를 달성하기 위해 진행될 수 있다(McFerran, 2010).

〈표 2-3〉 개별 즉흥연주의 기법과 목표

기법	목표	고려사항
반영적 즉흥연주 (Reflective improvisation)	무의식 아래 잠재된 감정과 연결하고자 함.	-즉흥연주는 개인적으로 강한 경험이 될 수 있으므로 신중하게 적용하여야 한다. -음악경험과 관련된 통찰을 이해하기 위해서는 안정되고 강한 치료적 관계가 제공되어야 한다. -치료사는 자신감 있게 즉흥연주에 참여하여야 한다. -치료사는 청소년의 어떤 음악적 표현에도 즉각적으로 반응할 수 있어야 한다. -연주 후 언어적으로 표현하고자 하지 않을 경우 시간이 더 필요함을 인정해야 한다.
지지적 즉흥연주 (Grounding improvisation)	친밀감을 형성하고 지지하고 인정해 주고자 함.	-개인의 즉흥연주는 항상 음악적으로 아름다운 소리가 아닐 수 있다. -각 클라이언트는 독특한 스타일을 가지며 즉흥연주에서 분명하게 나타나야 한다. -음악적인 인정은 청소년이 선호하는 음악스타일에 열정적으로 참여할 때 쉽게 전달될 수 있다. -동시대 청소년이 선호하는 광범위한 음악장르는 즉흥연주를 위한 유용한 플랫폼이 될 수 있다. -친숙한 스타일에서 청소년들은 안전하고 편안하게 즉흥연주를 할 수 있다. -종말기 청소년에게는 슬픔과 상실을 작업하기 위해 전문적인 슈퍼비전이 필요하다.
공감적 즉흥연주 (Empathic improvisation)	발달을 촉진하기 위한 보상을 제공하고자 함.	-발달이 항상 성취를 의미하는 것은 아니다. -달성이 가능한 목적으로 즉흥연주를 해야 한다. -신체적인 문제를 가진 청소년의 경우 연주할 수 있는 곳에 악기를 놓아야 한다. -좋은 소리를 위해 적절하게 악기를 선택하여야 한다. -심각한 장애를 가진 청소년의 경우 쉽게 피곤해할 수 있기 때문에 절정의 순간을 경험할 수 있도록 구조화하고 종결을 하는 것이 좋다.

ⓛ 그룹 타악기 즉흥연주-드럼서클

드럼서클(Drum Circle)은 개인으로 구성된 공동체가 원의 모양으로 모여 세계 각지의 타악기를 연주하며 음악을 만드는 과정이다(한국드럼서클연구회, 2010). 드럼서클은 리듬감, 즉흥연주 능력, 앙상블 연주 등의 중요한 음악적 기술을 발달시켜 주며 음악외적인 스트레스 감소, 자기표현 향상, 공동체 내에서의 상호작용을 돕는다. 즉, 드럼서클은 리듬을 바탕으로 즉흥연주를 하는 과정에서 퍼실리테이터(facilitator)의 도움으로 개인의 자기표현기술 향상 및 구성원들 간의 공동체 의식 형성을 통해 사회성을 향상시킬 수 있는 프로그램이다. 드럼서클의 참여 목적은 기술적으로 뛰어난 연주자가 되는 것이 아닌 타악기를 연주하면서 자신에게 내재된 음악을 발견하고 창조적으로 음악을 만들어 가는 과정에서 자유롭게 음악을 경험하는 것이다.

드럼서클에서 강조되는 원리는 동조화다. 즉, 타악기를 연주할 경우 소리의 시간적 배열로 구성된 리듬의 반복을 통해 우리의 몸은 음악의 흐름을 구조로 인식하고 다음을 예측할 수 있다. 또한 명확하고 반복적인 리듬은 서로 다른 리듬을 연주하고 있는 사람들과 동조화되어 연주할 수 있게 한다.

특히, 청소년들에게 드럼서클과 같은 구조화된 그룹 음악 프로그램은 일상에서의 스트레스를 발산하게 하여 잠재된 역량과 창조성을 표출할 수 있게 한다. 또한 드럼서클에 참여한 학생들은 스스로 화합의 리듬을 만들어 가는 과정에서 구성원 간의 내면적 감정교류 및 상호 소통방식을 터득하게 되고, 적응적 행동에 도움을 주어 또래관계 및 학교생활에 긍정적인 영향을 준다. 즉, 타악기 연주를 통해 스트레스 감소, 자기표현기술 향상, 정서차원의 긍정적 변화, 즐거움, 공동체 경험과 같은 효과가 있다.

드럼서클에서 퍼실리테이터는 참가자들의 음악적 잠재력을 이끌어 내기 위해서 프로그램을 이끌어 나가는 안내자다. 즉, 지휘자, 교사와 같은 역할이 아닌 참가자들이 그룹 음악에 쉽게 참여할 수 있도록 돕고, 지지해 주는 촉진자로서 역할을 한다. 드럼서클 퍼실리테이터는 참가자들과 소통하기 위해서 기본적인 신체언어를 익혀야 하는데, 그룹 음악치료에서 드럼서클 및 타악기 합주 프로그램 등에서 활용할 수 있는 신체언어는 다음과 같다(Hill & Hull, 2013/2014).

〈표 2-4〉 드럼서클 신호와 내용

신호	내용
Attention Call 어텐션 콜	그룹을 집중시켜 새로운 퍼실리테이션이 주어질 것이라는 것을 알게 하는 신체신호이며 일반적으로 이러한 신호는 그룹 전체가 연주하고 있는 상태에서 행하게 된다. Full group attention call: 전체 연주를 하고 있는 어떤 시점에서 간단히 두 번째 손가락을 펴서 하늘을 가리킨 상태로 원을 돌아다니면서 그룹 개개인과 눈맞춤을 통해 주의를 집중시킨다. Tempo up or down attention call: 팔을 올렸다 내리는 반복된 동작으로 그룹의 연주속도를 조절한다. 신체신호를 주는 동시에 "빨라집니다."와 같이 언어적 메시지를 전달할 수 있다.
Call to Groove 콜 투 그루브	연주를 시작하는 방법으로 "하나, 둘, 다 같이 연주" "하나, 둘, 즐겁게 연주" "하나, 둘, 신나게 연주"라고 외치며 시작한다. 이때 목소리, 말투, 몸의 움직임이 일정한 박자에 맞추어 유지될 수 있도록 한다.
Stop Cut 스톱 컷	참가자 전체, 또는 개인이나 참가자 일부의 연주를 중단시키기 위한 신호다. 어텐션 콜을 먼저 실시한 다음 확실한 멈춤 신호를 준다. 스톱 컷 신호는 가슴 위치에서 두 팔을 X 형태로 교차시킨 다음 재빨리 풀며 양옆으로 뻗어 주는 동작을 취하는데, 이때 정확한 박자에 맞추어 끝내야 연주가 종료되었음을 확실하게 알릴 수 있다.
Continue to Play 계속 연주하기	원에서 연주를 멈추는 그룹과 계속 연주하는 그룹으로 나누고자 할 때 '계속 연주하기' 신호가 사용된다. 일반적인 '계속 연주하기' 신호는 두 검지를 가슴 앞으로 내어 검지끼리 원을 그리며 돌려 주는 것이다.
Sculpting 조각하기	조각하기는 전체 그룹 중 일부 참가자들에게 다른 참가자들과는 다른 방향을 제시하기 위한 퍼실리테이션이다. 이때 조각하기는 개별, 그룹, 성별, 악기 종류별 등과 같이 다양한 방법으로 구분할 수 있다. -부분 조각하기: 그룹의 일정 부분을 나누고 연주가 계속되고자 하는 그룹에 '계속 연주하기' 신호를 먼저 준 후, 나머지 그룹에게 '스톱 컷' 신호를 주어 연주를 멈추게 되면 연주하는 그룹과 연주를 멈추는 그룹으로 나누어지게 된다. -음색에 따라 조각하기: 퍼실리테이터는 계속 연주되기 원하는 악기를 위로 들고 가리키면서 '계속 연주하기' 신호를 준다. 그리고 나머지 연주자들에게는 '스톱 컷' 신호를 주어 멈추게 되면, 퍼실리테이터가 계속 연주되기를 원했던 음색의 악기와 나머지 악기가 나누어지게 된다.
Call and Response 콜 앤 리스폰스	참가자들에게 리듬을 제시할 때 사용할 악기를 높이 들어 올려 가리키면서 원을 몇 차례 돈다. 이때 "내가 연주한 후에 따라서 연주해 주세요."라고 말한다. 그리고 카우벨(cowbell)과 같은 악기로 리듬을 연주한 후 참가자들이 같은 리듬을 연주할 수 있도록 유도한다.

Accent Notes 액센트 노트	스톱 컷과 달리 액센트 노트는 온몸을 재빨리 숙이거나, 강조된 동작을 통해 특정 박을 강하게 연주하도록 유도하는 신호다. 가장 쉽게 사용할 수 있는 방법은 특정한 박자에 맞추어 액센트를 주거나 간단한 패턴을 만들어 사용하는 것이다.
Rumble 럼블	특정한 패턴 없이 악기를 빠르게 두드리게 하는 신호다. 퍼실리테이터는 손을 앞으로 뻗어 손목을 빠르게 흔들면서 참가자들의 빠른 악기연주를 유도하는데, 이때 혼돈스러운 리듬 속에서 일정한 박 또는 패턴을 유지해야 한다.

출처: Hill & Hull(2013/2014).

(4) 재창조연주

① 개요

재창조연주는 기존의 곡을 활용하여 다양한 악기를 통한 합주를 의미한다고 할 수 있다. 청소년들은 이러한 합주를 통해 자신의 음악적 잠재력을 찾을 수 있으며 연주패턴을 통해 삶의 패턴을 찾아볼 수 있다. 악기연주에서 음악은 청소년의 감정, 에너지, 욕구 등을 담는 용기(container)의 역할을 할 수 있다. 청소년들은 합주를 통해 자신과 타인을 인식할 수 있으며 이러한 합주의 경험은 공연과도 연결될 수 있다. 공연은 그 자체로 청소년들에게 동기부여가 될 수 있으며 완성을 통해 성취감과 긍정적인 피드백을 받을 수 있다. 공연을 준비하는 모든 과정을 통해 청소년들은 자신의 정체성을 확립해 나가고 타인과 연결을 통해 관계를 확장함으로 자신의 역량을 향상시킬 수 있는 경험이 될 수 있다. 이를 통해 삶에 대한 동기부여가 되며 자아존중감 형성에도 도움이 된다.

재창조를 위한 악기선택은 조화를 이룰 수 있는 악기를 선택하며 선곡은 규칙적인 박을 제공하며 다이내믹의 변화 등 음악적인 요소가 다양하여 연주 후 성취감과 미적인 경험을 할 수 있는 것이 좋다.

② 방법

재창조연주는 다음의 방법으로 적용될 수 있다(Bruscia, 1998/2003).

〈표 2-5〉 재창조 연주의 방법과 내용

방법	내용
기악 재창조	악보를 보면서 연주하거나 미리 작곡된 곡을 연주 혹은 연주를 녹음하는 것이다. 악기를 사용하여 조직적으로 음악의 내용을 재현하는 것이다.
발성적 재창작	지정된 방식으로 발성 연습, 노래 부르기, 합창 등 미리 작곡된 노래를 목소리로 재현하는 것이다.
음악 공연	경연대회, 뮤지컬, 드라마 등 청중이 있는 음악연주에 참여하는 것이다. 즉 청중 앞에서 연주하는 것뿐만 아니라 준비하는 모든 과정을 포함한다.
음악게임과 활동	음악 관련 게임(곡명 맞히기 등) 또는 음악으로 구성된 활동에 참여하는 것이다.
지휘	악보와 기타 기본법이 지시하는 바와 같이 연주자에게 몸동작을 사용한 큐를 제시함으로 공연을 지휘하는 것이다.

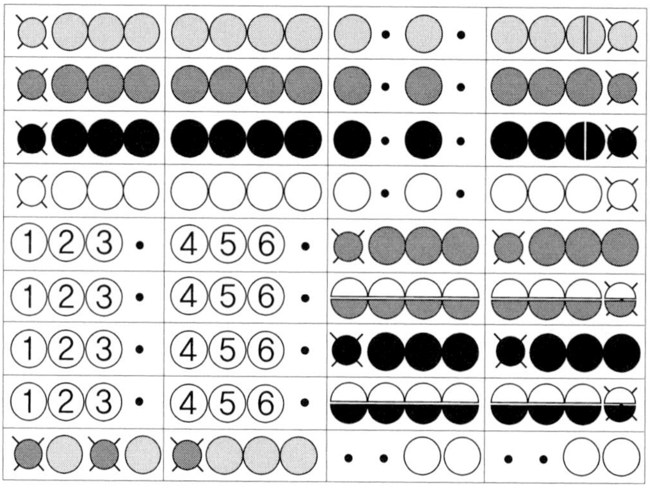

그림 2-7 재창조 악보의 일부

(5) 공연하기

공연은 모든 음악경험을 총체적으로 경험할 수 있는 집합체로서 청소년들에게 완성에 대한 성취감, 그리고 결과물에 대한 긍정적인 피드백이 될 수 있는 좋은 기회가 된다. 공연은 대중 앞에서 연주하는 것도 있지만 녹음 음악을 제작하는 것도 될 수 있다. 청소년들에게 공연을 한다는 것은 그 자체로 동기부여가 될 수 있다. 즉, 공연을 준비하는 과정에서 타인에 대한 배려, 협동, 조직화 등의 기술을 향상시킬 수 있다는 점에서 큰 의의를 찾을 수 있다. 청소년들에게 공연은 이후 삶에 대한 동기부여가 될 수 있으며 또한 청소년기 중요한 자아존중감 향상에도 도움이 될 수 있다.

청소년들이 음악치료에서 경험할 수 있는 공연의 형태는 [그림 2-8]과 같은 것들이 있다.

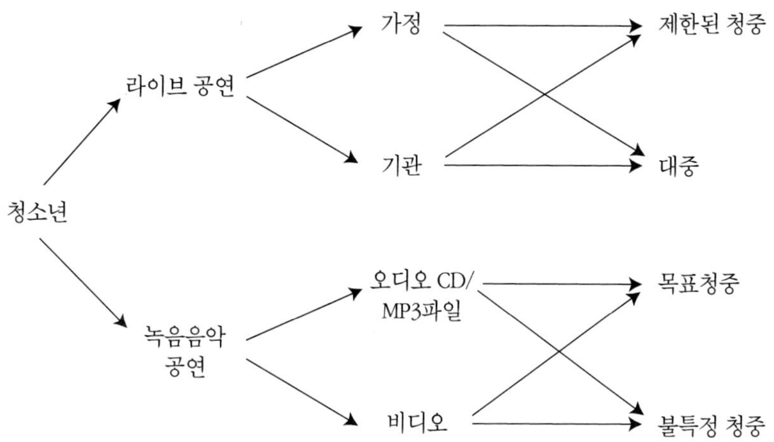

그림 2-8 음악치료에서 청소년들이 함께할 수 있는 공연의 형태

출처: McFerran(2010).

청소년들이 청중을 대상으로 공연을 할 때는 5가지 질문이 고려되어야 한다 (Stige, Ansdell, Elefant, & Pavlicevic, 2010).

첫째, 누구의 아이디어인가? 공연은 치료사가 주도하는 세션과는 다른 경험이다. 따라서 공연을 준비하기 위해서는 많은 노력이 있어야 하며 책임이 있어야 한다. 이때 청소년 스스로 아이디어를 생각하고 실현할 수 있도록 하는 것이 좋다. 치료사는 단지 격려하는 역할만을 담당한다.

둘째, 목적은 무엇인가? 공연은 그 자체로 청중과 연주자 모두에게 긍정적인 경험을 제공할 수 있다. 따라서 개인인지 그룹인지, 혹은 제한된 청중인지 그렇지 않은지에 따라 목적은 달라질 수 있다.

셋째, 어떤 형태의 공연이 가장 적절한가? 공연은 항상 불안과 두려움을 동반한다. 따라서 반복적인 연습을 통해 이러한 불안을 극복하는 것도 의미가 있다. 또한 라이브 음악뿐만 아니라 녹음 음악의 형태로 제공이 될 수도 있다.

넷째, 공연을 위해 이용할 수 있는 자원을 무엇인가? 공연을 위해서는 많은 인적 · 물적 자원이 필요하다. 즉, 청소년들의 음악적인 능력은 어떠한지, 참여의 수준은 어떠한지 등의 개인적인 장단점을 고려하는 것이 필요하다. 또한 장치, 조직, 시간, 돈 등 물적인 자원 역시 중요하다.

마지막으로 공연의 장단점은 무엇인가에 대해 생각해 보아야 한다. 공연은 잠재력을 보여 줄 기회를 갖게 되지만 이로 인해 개인적으로 당황스럽고 두려운 경험이 될 수도 있다. 그리고 공연을 통해 성취감을 통한 긍정적인 피드백도 있지만 한편으로 실패를 경험하게 될 수도 있음을 고려하여 준비하는 것이 필요하다. 따라서 이러한 장 · 단점을 고려하여 공연을 준비하고 기획하여야 한다.

4) 청소년과 음악활동 시 고려사항

청소년과의 음악활동 시에는 먼저 청소년에 대한 이해가 필요하다. 또한 청소년 스스로 치료를 원하고 있는지 그리고 스스로 자신을 개방할 준비가 되어 있는지에 대한 파악이 필요하다. 따라서 음악치료사는 청소년의 특징을 이해하고 이들에게 적절하게 접근할 수 있는 전략이 필요하다. 특히, 청소년기의 가족의 지지는 매우 중요한 요소가 될 수 있다. 비록, 청소년기가 가정에서 독립하는 시기이며 부모를 포함한 어른들의 가치관에 대항하며 자신의 정체성을 찾아가는 시기이지만, 반면 이 시기 청소년에 대한 가족의 지지와 이해는 매우 중요한 요인이 될 수 있다.

또한 치료사는 자신의 역전이에 대해 주의하여야 한다. 자신에게 해결되지 못한 청소년기의 이슈가 있다면 먼저 이를 해결하여 치료에서 객관적인 입장을 취할 수 있어야 한다. 그리고 치료사는 음악적으로 청소년에게 접근할 수 있는 기술과 전문성이 있어야 한다. 즉, 그들이 선호하는 음악, 그들만이 공유할 수 있는 음악 등에 대한 다양한 레퍼토리와 함께 다양한 음악적 경험을 적용할 수 있는 음악적 자질이 매우 요구된다.

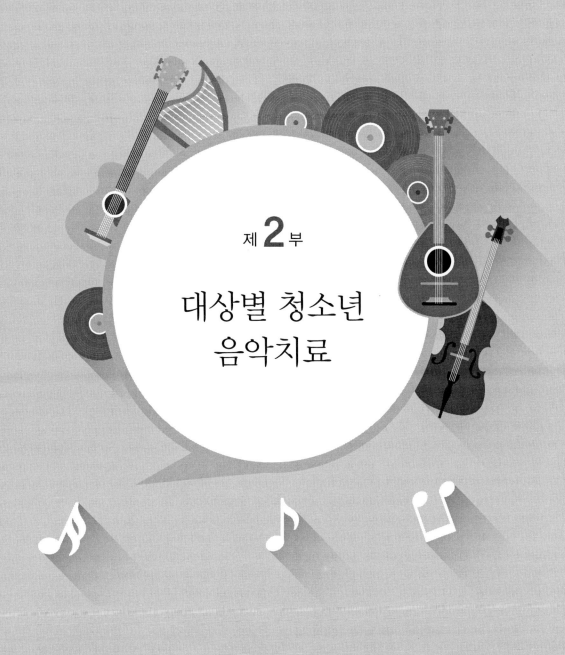

제 2 부

대상별 청소년 음악치료

제3장

일반청소년을 위한 음악치료

1. 청소년 스트레스

1) 개요

(1) 청소년기의 스트레스 특징 및 이해

① 스트레스의 개념과 이해

스트레스는 인체에 주어지는 내적, 외적 자극에 의해 발생하는 어떤 요구에 대한 비특정적인 생리적 · 심리적 반응이다(Selye, 1956). 이는 적응을 요구하는 모든 자극에 대한 반응이지만 이것이 일상적인 한계를 초과할 때에는 신체적, 정서적인 문제가 야기된다. 스트레스의 개념은 크게 자극, 반응, 상호작용이라는 측면에서 이해할 수 있다(김용복, 2001; 김석주, 2001; 이영자, 1995; 장윤정, 2003). 첫째, 자극으로서의 개념은 주로 스트레스를 유발하는 환경자극, 즉 재해, 질병, 은퇴 등의 환경에서 비롯되는 자극이다. 둘째, 반응으로서의 개념은 스트레스 상황에서의 생리적 반응에 대한 것으로 생물학적 또는 의학적인 개념을 포함한다. 셋째, 환경과 사람 간의 상호 작용에서의 개념으로 스트레스 자체보다는 이를 어떻게 해석하고 받아들이는지가 중요하다는 개념이다. 이렇게 이해되는 스트레스는 보통 3단계의 과정을 거친다.

첫째 단계는 경고단계(alarm stage)다. 이것은 스트레스에 대한 초기의 적응반응이다. 어떤 상황을 위협으로 지각하여 도피반응이 유발되고 그에 따른 생리적 각성이 생기는 단계다. 흔히 가슴의 두근거림, 식욕부진, 두피트러블, 위염 및 복통 등 신체적인 질환으로 나타난다.

둘째 단계는 저항단계(resistance stage)다. 이 단계에서는 개인이 가진 내·외적 자원과 에너지가 동원되고 스트레스에 대한 적응반응이 정점에 이르게 된다. 이 단계에서 스트레스가 되는 원인을 지각하고 건강하게 해결하는 노력이 필요하다.

셋째 단계는 소진단계(exhaustion stage)다. 이 단계에서는 개인이 보유하고 있는 자원은 고갈되고 스트레스에 대한 적응반응은 아주 약해진다. 스트레스가 되는 원인이 본질적으로 해결되거나 사라지지 않을 때 소진단계가 빨리 오고 그 지속은 매우 길게 나타난다.

스트레스가 사람에게 나쁜 것만은 아니다. 스트레스로 인한 적절한 긴장은 일에 대한 동기부여라는 긍정적인 측면을 가진다. 약간의 스트레스는 일에 대한 추진력을 주고 성취에 이르게 하는 동원(動原)이 되기도 한다. 캘리 맥고니걸(Kelly McGonigal, 2015)의 『스트레스의 힘』에서는 스트레스를 긍정적인 것으로 인식할 때, 부정적이던 개인의 삶이 놀랄 만한 변화를 갖게 된 수많은 실험결과들을 보여주고 있다. 따라서 긴장상황을 위기로만 인식하기보다는 각자가 가진 적응력을 통해 긍정적인 면으로 전환하는 것도 필요하다. 반면, 스트레스를 잘 다루지 못하면 일상생활은 물론 심리 및 신체적인 상태에 큰 무리를 주게 된다. 같은 스트레스 환경이나 사건에서도 이를 어떻게 지각하는지에 따라 정신적·신체적 반응은 매우 달라진다. 여기서 개인에 대한 사회적 지지체계는 스트레스를 부정적으로 받아들이지 않고 개인을 보호할 수 있도록 하는 주요한 요인이 된다. 특히, 청소년에게 일차적 지지체계인 가족과 이차적 지지체계인 친구관계는 매우 중요한 요인이다. 가족의 갈등, 무관심, 과잉긴장상태, 학대 같은 심각한 스트레스 상황에 놓여 있을 때 개인의 지지체계가 어떠한지에 따라 부정적 사고, 부정적 행동으로의 이행에 큰 차이를 갖게 된다(전혜경, 2007). 이는 청소년의 스트레스 문제를 돕는 데에는 스트레스에 대한 이해뿐만 아니라 청소년의 지지체계에 대한 이해도 필요함을 말해 준다.

② 청소년과 스트레스

제1장에서 언급된 바와 같이 청소년기는 질풍노도의 시기라고 부를 만큼 심리 및 신체에 급격한 변화가 생기며 가족관계, 또래관계, 학업문제 등의 갈등이 빈번하다. 스트레스는 거의 모든 사람들이 경험하는 상태지만 청소년들은 전환적 시점에 있는 환경적 요인으로 인한 스트레스에 지속적으로 노출되어 있다. 미래나 내면의 불확실성은 불안을 갖게 한다. 공부의 목표나 동기가 부족한 채 입시에 매진하게 되다 보니 방향성을 잃기도 하고 자신에 대한 만족도가 상당히 낮아질 수밖에 없다. 청소년들의 과도한 스트레스는 학업에 부정적인 영향을 끼치며 관계에 있어서의 문제도 양산한다. 또한 청소년들은 스트레스를 해소하기 위한 내 · 외적 자원이 성인에 비해 매우 부족하다. 돈, 시간, 자율성, 지위 면에서 스트레스를 지각하고 해결할 수 있는 방법이 성인에 비해 많지 않다는 것이다. 따라서 스트레스의 성숙한 해결보다는 억지로 참거나 잘못된 방식으로 풀려는 시도가 나타나기 쉬울 수밖에 없다. 이는 가정 내의 갈등을 조장하고, 학교와 사회적인 문제로까지 이어질 수 있어 청소년기의 문제는 우리 사회 모두가 풀어야 할 과제이기도 하다.

(2) 청소년 스트레스의 원인 및 분석

다음으로는 청소년기의 스트레스 원인에 대해 살펴보고자 한다. 청소년기의 스트레스에 대한 선행연구들에 의하면 청소년의 일상생활에서의 스트레스 원인은 가정, 학업 및 학교, 친구, 외모, 경제요인들이 주를 이룬다고 한다. 일차적 지지체계인 가족, 이차적 지지체계인 학교와 친구들 간의 문제가 그중 주요한 원인이다(한국보건의료연구원, 2012). 좀 더 자세한 원인을 구체적으로 살펴보면 다음과 같다.

첫째, 가정으로부터의 스트레스는 부모와의 소통갈등, 가정 내의 불화, 부모님의 높은 기대수준에서 비롯된다고 한다(Barnett, 2008; Conger, Wallace, Sun, Simons, McLoyd, & Brody, 2002). 부모님이 가진 전통적인 사고방식과 청소년들의 가치에 차이가 있기 때문에 소통에 문제가 생기게 된다. 부모님들이 자녀를 걱정하는 마음으로 시작된 조언은 지나친 잔소리가 되기도 하고 청소년의 반항을 부추긴다. 이로 인한 갈등은 대립의 양상에서 서로 소통을 거부하는 양상으로 바뀌기도 한다. 부모자식 간의 소통이 단절되는 것이다. 물론 모든 가정들이 이런 것은 아니지만 부모와 자식세대 간의 이해부족은 쉽게 단절을 만든다. 또 부모님들이 학업에 가지는 기대와 청소년의 기대수준이 달라 청소년들은 이에 대한 답답함과 스트레스를 호소한다. 이와 관련하여 김현수(2015)의 저서 『중2병의 비밀』에서는 청소년의 많은 문제 뒤에는 '외로움'이 있다고 말하고 있다. 아이들의 문제행동과 반항에는 뚜렷한 이유가 있으며 이는 가정, 친구들과의 관계에서 오는 '외로움'과 큰 관련이 있다는 것이다. 대개의 부모들이 자식에게 관심을 갖고, 최선을 다해 돕고 있다고 말하지만, 이에 비해 청소년들이 느끼는 가정의 큰 부분이 외로움이라는 것이다. 실제로 상담과 임상현장에서 만나는 청소년들은 외부에서의 태도와 가정에서의 태도가 상반된 경우들이 많았다. 가족과의 소통 부재는 청소년의 정서, 행동문제의 큰 원인이 되는 것이다. 부모가 지각하고 있는 청소년들에 대한 보고도 상당한 차이를 가진다. 예를 들어, 부모님은 아이와 친구처럼 지내기 위해 늘 관심을 가져 준다고 말하는 반면, 아이는 집에서 늘 외롭다고 한다. 또한 부모님이 말하기를 자신의 아이는 집에서는 말이 없고 자기표현을 잘 못하며 자신감이 부족해서 사회생활을 할 수 있을지 걱정이라던 내담자가 있었다. 하지만 실제로 만나 본 학생은 자기 자신에 대해 매우 적극적으로 말하기를 좋아했으며 그룹에서도 리더십을 발휘하는 밝은 학생이었다. 이렇게 집과 학교에서의 모습이 다른 이유에 대해 말하기를, 집에서는 칭찬을 많이 받지 못하고 부정적으로 피드백을 받을까 봐 아예 말을 안 한다는 것이다. 대신 밖에서는 자기가 내는 아이디어들이 상당부분 인정을 받고, 친구들이 자신을 잘 따라 주기 때문에 언제나 자신감이 넘친다는 것이었다. 부모와 자식 간의 소통과 이해부족에 대한 단적인 예일수 있지만 이러한 현상은 생각보다 자주 나타난다. 이처럼 아이들이 나타내는 무기력해 보이는 모습들은 단순한 청소년기의 양상이 아니라 도움을 주어야 한다는 큰 신호다. 이에 대해서는 김현수(2016)의 『무기력의 비밀』을 함께 읽기를 권한다. 청소년의 무기력, 포기, 회피, 거부 등을 이해하고 다루는 데 구체적인 도움을 얻을 수 있을 것이다.

둘째, 학업 및 학교 스트레스는 시험과 성적에 대한 것과 학생신분으로서의 제한점에 대한 것이다. 이는 대부분의 청소년들이 경험하고 있는 스트레스다. 특히 중 · 고등학생들은 나이에 상관없이 학업스트레스를 가장 큰 스트레스로 보고하고 있다. 높은 학업스트레스는 청소년에게 우울감을 주고 비행의 원인이 되기도 한다

(김재엽, 이동은, 정윤경, 2013; Ang & Huan, 2006). 이미 알려진 바와 같이 청소년들은 중학생 때부터 대학입시를 목표로 하는 선행학습으로 인해 학교교과는 물론이며 학원수업에 이르기까지 장시간 동안 학업에 노출되어 있다. 정부 방침에 따라 선행학습이 금지되었음에도 불구하고 학원은 여전히 성행하고 있다. 잦은 입시정책의 변화로 학생은 물론 학부모도 불안을 겪으면서 이를 준비하기 위한 학업은 전쟁이라고 해도 과언이 아니다. 상황이 이렇다 보니 학원을 다니지 않거나 쉬는 기간을 가지면 친구들보다 뒤처질까 봐 큰 불안을 겪는다고 한다. 학교, 학원, 집에서도 학업스트레스로부터 벗어나기가 어려운 실정인 것이다. 매년 조사되어 발표되는 세계 청소년 행복지수에서 우리나라 청소년들이 최하위권을 면하지 못하고 있다는 것도 이를 단적으로 드러내는 사실이다. 정부에서 이에 대한 대책으로 일제고사 폐지, 선행금지, 학군 재조정, 자율형 사립 고등학교 활성화, 자율학기제 등 여러 대책을 내놓고 있지만 여전히 '대학입시'를 중심으로 한 교육과정, 사교육 열풍은 사라지고 있지 않다. 물론 이에 대한 가장 큰 피해자는 청소년들이다. 수행평가도 내신을 위해서 따로 과외선생님을 두고, 논술 중심의 시험을 치르기 위해서는 논술학원을 다녀야 한다. 고등학교 지원을 위한 자기소개서 대필학원은 입학시즌 때가 되면 문전성시를 이룬다고 한다. 이러한 과정에 놓인 학생들의 스트레스를 예측해 볼 때 학업스트레스 관리야말로 청소년들의 중요한 당면과제가 아닐 수 없다. 그리고 이를 돕고 해결해야 할 책임은 학생들에게 있는 것이 아니라 가정과 학교가 함께 가져야 한다고 볼 수 있다.

셋째, 이 시기의 친구관계는 매우 중요한 스트레스 요인이 된다. 최근 왕따(집단따돌림 포함)문제, 학교폭력 문제가 크게 대두되면서 학생들에게 있어서의 친구관계 문제는 사회적으로 심각한 수준이다. 관계와 스트레스에 대한 연구를 살펴보면 친구관계가 좋을수록 스트레스 지각이 낮다고 한다. 이는 인지적 · 정서적 측면에서 친구관계의 만족도는 스트레스를 줄여 준다는 것을 말해 준다(염행철, 조성연, 2007). 청소년기에는 공통 관심이나 주제, 성향에 따라 친구들로 무리를 짓는다. 이러다 보니 무리에 속하지 못하는 청소년들이 생기기 마련이다. 그 이유는 여러 가지가 있겠지만 서로 다른 것을 인정하지 못하고 배척하는 분위기도 그 원인 중의 하나일 수 있다. 친구들과 공감을 나누지 못하고 혼자가 되거나 배척된 청소년은 관계를 기피하게 되거나 비난의 대상이 되기도 한다. 이들은 자존감이 낮아지게 되고 정서적 만족감을 갖지 못하기 때문에 불안, 우울 등의 심리적인 문제를 갖게 된다. 블룸, 첸니와 스노디(Bloom, Cheney & Snoddy, 1986)에 의하면 청소년이 겪게 되는 87가지 스트레스 요인 중에서 대인관계로 발생하는 요인이 69개 항목이며 이 중 특히 친구관계가 주요 요인으로 꼽힐 정도다. 문제는 그리 간단치가 않다. 반항적이고, 자기표현이 강한 청소년의 무리는 외톨이가 된 친구를 괴롭히면서 소속감과 서열, 힘을 확인하려는 왜곡된 모습을 종종 보인다. 이것은 학교폭력으로 이어지기도 한다. 협의적으로는 단순한 놀림이나 욕설부터 시작하여 신체적 폭행이나 금품갈취 같은 불법적인 일들로 확장되기도 한다. 이때에 따돌림을 당하는 청소년이 도움을 요청하지 않으면 개입이 쉽지 않고 청소년기라는 연령적 특성 때문에 법적인 절차를 통해 처벌을 하는 것도 쉽지 않다. 더 큰 문제는 피해 학생이 갖게 되는 심리적인 고통은 학창시절 이후에도 지속되는 경우가 많다는 것이다. 이는 우울이나 자살시도와의 상관관계로도 이어진다(신영훈, 박선영, 2016). 이처럼 청소년기의 또래관계는 단순히 사이가 좋고 나쁨으로 가늠되는 것이 아니다. 따라서 어른들은 청소년들의 교우관계를 예의 주시하며 올바로 소통할 수 있도록 적극적으로 개입하고, 필요시 개인 및 집단 프로그램을 통해 가해 및 피해학생과의 치료를 독려할 수 있어야 한다(네이버 지식백과, 2016).

넷째, 최근의 경향을 보면 외모문제도 비중이 높다. 매체의 영향으로 밖으로 드러나는 외모에 대한 중요성이 더 커지고 또래집단의 관심에서 소외되지 않기 위해 과도하게 외모에 집중한다. 외모에 대한 스트레스는 자아존중감과 매우 밀접하여 그 스트레스 빈도가 보다 크게 나타나는 추세다. 방학기간 중에 성형수술을 하는 청소년들이 급증하고 있으며 여학생들의 화장 연령은 이미 초등학생기로 내려가기도 하였다. 십대들을 위한 미용 및 소비 산업의 성장도 날로 증가되고 있다. 여학생들의 경우 쌍꺼풀 수술, 서클렌즈, 교복 줄여 입기, 화장하기는 이미 자연스러운 것으로 받아들여지고 있다(나윤영, 송선영, 2014). 청소년들이 주고받는 SNS상의 신조어들만 봐도 외모와 관련된 용어들이 크게 늘어나고 있다. 임상현장에서 만나게 된 한 청소년의 경우 검사 소견상으로는 비만이 아님에도 불구하고 자신이 매우 뚱뚱하다고 지각을 하여 여러 다이어트를 시도했다. 하지만 성장이 이루어지고 있는 청소년의 나이에 식욕억제제를 복용하다 보니 성장이 더디고, 침이 지나치게 마르거나 집중이 안 되는 부작용을 경험하여 내원하는 사례도 늘어 간다. 또한 비만과 관련된 시술 부작용으로 신체적인 문제를 갖게 되는 경우도 있다. 그럼에도 불구하고 날씬한 몸매를 포기할 수 없다는 이야기를 들으면 청소년들이 외모에 가지는 관심과 스트레스가 어느 정도인지를 알 수 있다.

다섯째, 경제적 문제는 위축감이라는 큰 스트레스를 만든다. 광고와 연예산업 등에 의해 청소년들의 구매욕구가 높아졌고 이와 함께 고가의 상품들이 쏟아져 나온다. 청소년들의 용돈이 한정적임에도 불구하고 또래들과 함께 고가의 물건들을 구매하기 위해 부모에게 돈을 요구하거나 아르바이트를 하는 경우가 늘고 있다. 빈곤가정의 청소년은 이러한 유행을 따르지 못하는 것에 대한 상실감, 수치심, 반항심을 갖게 된다. 중산층 이상 가정의 청소년 역시 진로와 직업 선택에 있어서 '돈'을 가장 중요한 이유로 꼽을 정도로 경제적인 부분에 관심한다. 이러한 소비문화는 청소년들에게 큰 스트레스가 된다. 특히, 청소년들의 소비문화는 또래집단의 특성에 따라 나타나기 때문에 친구들이 향유하고 있는 소비문화에 소속되지 못하면 낮은 자존감을 가지게 된다. 매년 신학기가 되면 고가의 가방이나 학용품들이 품절상태에 이르고, 친구들이 어떤 옷을 입는다고 하면 전체가 그 브랜드를 구입하는 것은 어제오늘의 일이 아니다. 예전에는 학용품이나 의류 등에 국한되었다면 요즘은 전자기기, 화장품, 스포츠 용품 등 청소년 소비문화의 영역이 매우 넓어졌다. 이를 역으로 말하자면 이러한 문화 속에 소속되기 위해 청소년들이 경제적인 부분에서 느끼는 스트레스는 더욱 커질 것이라는 것이다(강효민, 2013).

앞과 같은 스트레스 원인들을 볼 때 청소년들에게 정신적으로 높은 긴장상태가 유발될 환경적 자극은 너무 많다. 이것은 청소년들에게 내재되는 스트레스로만 남아 있지 않는다. 밖으로 드러나는 부정적 행동에 대한 원인이 된다. 즉, 청소년기의 스트레스 행동들은 부정적인 행동을 수반하는 경우가 많다는 것이다. 우리는 흔히 이것을 '비행'이라고 한다. 물론 청소년기의 비행이 스트레스로 인한 것만은 아니다. 다양한 요인들이 있겠지만 이 시기의 청소년들이 스트레스를 적절히 다루지 못하는 것은 사실이며 비행으로 이어지게 되는 요인 중 하나임에는 틀림이 없다. 이러한 측면을 보다 자세히 이해하기 위해 청소년기의 비행에 대해 간단히 살펴보고자 한다. 청소년기의 비행은 넓게는 지위비행과 중 비행으로 나눌 수 있다.

지위비행은 성인이 했을 때는 문제가 없지만 청소년이기 때문에 문제가 되는 비행으로 음주나 흡연, 가출, 무단결석, 이성과의 성경험 등이 이에 해당한다. 청소년들이 가장 쉽게 행하는 비행의 양상이다. 중 비행은 청소년범죄라고도 부르는데 사회적으로 용인되지 않는 보편적 범죄에 해당한다. 예를 들면, 약물흡입, 절도 및 갈취, 타인에 대한 폭력 및 협박, 집단싸움 등이 해당한다. 처음에는 스트레스, 또래와의 관계에서 오는 경험방식으로 시작되었던 것이 큰 범죄로 이어질 수 있다는 점이 우리가 주목해야 할 부분이다. 정리해 보면, 가정과 학업, 친구관계, 외모 및 경제문제라는 청소년기 스트레스의 원인은 단순히 과도기적 문제에 머물지 않는다는 것이다. 청소년들의 심리적 발달과 성숙에 방해가 될 뿐만 아니라 지나친 비행으로 인한 법적 문제까지 발생할 수 있다. 이를 그대로 방치하거나 잘못된 방식으로 해소할 때에는 청소년의 인생에 큰 오점이 될 수도 있다는 것이다. 따라서 청소년을 다루는 의료진, 교사, 치료사, 사회복지사 등의 관련인은 드러나는 문제의 해결에만 관심을 두기보다는 문제의 원인, 양상 등을 정확히 분석하여 청소년기 스트레스 문제에 접근해야 함을 강조하고 싶다.

2) 청소년 스트레스 감소를 위한 음악치료의 목적

위에서 언급한 바와 같이 청소년기의 스트레스는 학업은 물론 부정적 행동의 원인이 되기 때문에 음악치료에서는 이러한 부분을 고려하여 목적을 설정할 필요가 있다. 물론 청소년기에 나타나는 문제의 양상은 매우 다양하면서 복합적이기 때문에 그 목적을 몇 가지로 한정하여 나누는 것이 쉽지는 않다. 본 장에서는 'Stress management'를 중점적으로 하여 음악이 도울 수 있는 세부목적을 나누었으며 스트레스와 관련하여 전반적으로 드러나는 문제들을 함께 다루었다.

음악은 청소년이 향유하는 문화의 선두에 있다. 따라서 음악은 청소년들의 많은 제반 문제를 해결해 줄 수 있는 쉬운 접근으로 사용될 수 있다. 따라서 음악은 청소년들의 스트레스 감소뿐만 아니라 정서적 · 사회적 목적을 함께 달성할 수 있다. 청소년들이 치료적 음악활동에 참여하는 것이 쉬운 것은 아니지만 음악의 친숙함과 체계적인 치료적 접근은 청소년들에게 효과적인 과정 및 결과를 제공한다(황은영, 2012).

(1) 학업스트레스의 감소

청소년기에 학생들이 지각하는 학업에 대한 스트레스는 매우 지속적이다. 스트레스가 약간 있을 때에는 오히려 학업에 대한 동기부여가 되기도 하지만 지속적인 학업스트레스는 불안을 야기시키고 면역력을 저하시키는 등 심신의 문제를 가져온다. 따라서 이 같은 스트레스가 느껴질 때마다 건강하게 스트레스를 풀 수 있는 방법을 마련해야 하며, 스스로 조절이 어려울 때에는 반드시 부모 및 교사, 전문가의 상담을 받아야 한다. 음악은 이 같은 학업스트레스 감소를 위해 적극적으로 사용될 수 있다. 실제로 청소년들이 스트레스해소를 위해 가장 손쉽게 사용하는 방법은 선호하는 음악을 듣는 것이다. 많은 청소년들이 이미 음악을 통해 스트레스를 관리하고 있기도 하다. 느린 음악이 주는 안정감, 빠른 음악이 주는 에너지, 격려하는 가사가 주는 지지감, 사회구조나 기성세대에 저항하는 내용으로부터 얻는 대리만족이나 쾌감 등 음악은 청소년들 각자가 가진 스트레스 원인에 맞게, 쉽게 적용될 수 있다. 이는 치료현장에서 치료사에 의해 시행될 수도 있고 청소년 스스로 할 수도 있다. 청소년 스스로 사용할 때에는 듣는 음악 또는 교육적 음악형태로 스트레스 감소를 위해 음악을 사용할 수 있다. 음악치료사와 같은 전문가에 의해 시행될 때에는 청소년이 가진 스트레스의 원인, 정도, 나타나는 양상들을 분석하여 필요한 부분에 대해 음악 및 음악활동을 사용하게 된다. 노래나 연주, 감상이라는 형태도 중요하지만 청소년들의 역동적인 에너지를 긍정적으로 표현하고 조절할 수 있도록 '리듬'이라는 음악적 요소를 적극 활용하여 스트레스를 감소시킬 수 있다. 이때에 교훈이나 교육적 내용을 주입시키는 것보다 자연스러운 음악과정 안에서 청소년 스스로가 스트레스를 지각하고 해소할 수 있도록 해야 한다.

(2) 정서적 안정 및 감정조절

청소년기를 질풍노도의 시기라고 하는 것처럼 이때에는 감정의 기복이 크고 부정적인 감정의 폭발이 일어나기도 한다. 자신이 가진 감정이 무엇인지 지각하지 못하고 감정을 누르거나 부정적으로 노출하는 식의 반응들이 잦다. 어떤 청소년들은 부모의 틀이나 주어진 규제에 눌려 감정을 억제하는 방식을 갖는다. 또 다른 청소년들은 정서적으로 매우 예민해서 아주 작은 불편함에도 화를 내거나 짜증을 내는 방식을 갖는다. '중2병'이라는 말이 생길정도로 감정, 특히 분노조절이 되지 않는 청소년들이 상당히 많아졌음을 알 수 있다. 물론 ADHD와 같은 질병에 의한 충동성도 지속적으로 나타나는 시기지만 대부분의 청소년이 '감정조절'에 문제를 보이기도 한다. 이처럼 정서와 감정의 조절은 청소년 스트레스 관리에 중요한 목적이 된다.

음악은 감정반응을 일으킨다. 음악이 가진 화성, 멜로디, 리듬, 템포는 조직화된 음악의 형태로 전달되면서 감정을 불러일으킨다. 단순히 밝은 음악, 어두운 음악으로 나누는 것이 아니라 매우 세분화된 감정을 느끼게 하는 것이다. 음악을 향유하는 사람들 각자의 감정 상태나 경험, 기억 등과 연결된 감정들이다. 이미 두뇌의 연구에서 밝혀졌듯이 음악은 변연계에 대한 자극을 통해 해마와 같은 기억 부분, 편도체와 같은 감정과 안정감의 영역에 영향을 준다(최병철, 문지영, 문서란, 양은아, 김성애, 여정윤, 2015). 따라서 음악 속에서 확인되고 경험되는 감정은 청소년들의 행동에 긍정적인 동기를 유발시키고 정서적 변화를 가지고 온다. 이러한 음악적 과정과 경험은 청소년들의 불안한 정서적 상태를 확인할 수 있도록 돕는다. 수동적 형태(감상)의 음악 속에서 내면의 상태를 탐색할 수도 있고, 적극적 형태(노래나 연주)를 통해 감정을 표현하고 조절하는 능력을 키울 수 있다. 실제로 청소년들이 자기들의 감정이나 생각을 탐색하고 지각한 이후에는 생활에 대한 계획, 감정에 대한 조절이 필요하다는 것에 대해 수용하는 경우가 많다.

(3) 또래관계에서의 긍정적인 상호작용 증진

청소년기에는 또래관계에서 느끼는 안정감, 신뢰감의 획득이 일어나는 시기기 때문에 친구관계를 긍정적으로 유지하는 것이 매우 중요해 보인다. 하지만 서로 사는 환경, 성격, 선호에 차이가 있기 때문에 청소년들이 성숙하게 관계를 만들어 가는 것이 쉽지는 않을 것이다. 특히, 관계에 있어서 갈등이 있을 때에 이것을 해결하는 방법이 미숙함에 따라 일어나는 문제들은 이미 사회적인 이슈가 되고 있다. 따라서 친구들이 서로 다른 생각을 가지고 있다는 것을 알고 받아들일 수 있어야 하고, 문제가 있을 때에 지혜롭게 해결하는 방식을 교육할 필요가 있다. 물론 교육의 관점에서 선결되어야 하는 부분도 있겠지만 학교라는 환경에서 이들이 서로를 이해하고 포용할 수 있도록 하기 위한 치료적 기회가 함께 마련되어야 한다고 본다. 또래관계의 실패에서 오는 우울감은 극단적인 선택, 가출 등에 큰 영향을 주기 때문에 관계에 있어서의 스트레스를 다루는 방법은 매우 중요하다(고은희, 김은정, 2014).

음악에서의 교류는 다양한 성격의 청소년 각자의 정체성을 안전하게 드러내고 상호작용할 수 있도록 한다. 소극적인 성격, 적극적인 성격이 음악을 통해 나타나고 거부 없이 수용되는 경험을 준다. 학교현장에서는 서로 소통이 되지 않던 청소년들도 음악적 환경에서는 서로를 수용해 주는 경우를 임상현장에서 많이 보게 된다. 음악에서 느끼는 만족감은 서로를 평가하거나 경쟁하는 구도 속에서가 아니라 함께하는 것에서 만들어진 성취감에서 비롯된다. 개스턴(Gaston)에 의하면 음악의 힘은 그룹 속에서 극대화된다고 한다. 청소년들이 가진 감정의 에너지들은 역동성을 갖고, 함께 하는 과정 속에서 긴장이 해소되며 서로를 이해할 수 있는 작은 환경이 되어 준다(Gaston, 1968). 음악적 환경 안에서 만들어 가는 음악적 성취는 또래관계를 돈독하게 해 주고 서로에 대한 신뢰를 갖도록 해 준다. 또래문제를 가진 교우들과 함께 서로 다른 부분을 수용하고, 서로 다른 부분들 때문에 오히려 아름다운 음악을 만들어 내고, 음악 안에서의 행복한 경험을 할 수 있다는 것은 관계문제에 대한 긍정적인 방법으로 제시된다.

(4) 긍정적 자아지각 및 자아존중감 향상

우리나라 청소년들이 스스로에 대해 만족하는지에 대한 연구나 조사들을 보면 많은 학생들이 불만족하거나 부정적인 지각을 가진 것으로 보고되고 있다. 이는 부모님들의 높은 기대수준과의 격차에서 오는 스트레스, 또래와의 비교에서 느껴지는 상대적 스트레스를 시사한다. 최근 뉴스 중에 청소년의 자살에 대한 이야기가 종종 보도되고 있다. 학업성적인 뛰어난 학생조차도 석차 몇 개 하락한 것을 보고는 자신이 가치 없는 사람이라 생각하고 목숨을 끊는 경우도 있었다. 자신감의 기준이 성적이 되었기 때문에 성적에 따라 자기지각이 크게 달라지는 것이다. 또한 외모로 인한 부정적 자아지각도 큰 문제가 되고 있다. 앞서 설명한 바와 같이 여학생들의 경우에는 외모가 자아존중감의 큰 부분을 차지하여 화장, 성형 등에 관심을 가지며 왜곡된 방식으로 자아존중감을 높이려 하는 경우가 있다. 아직 신체적 발달이 완성되지 않은 청소년의 나이에 성형을 시도하여 부작용을 겪는 경우가 매스컴에 자주 소개되는데도 청소년의 성형은 점점 늘어 간다. 먼저 음악은 이러한 청소년들이 자신을 어떻게 지각하고 있는지를 탐색하는 과정에 사용될 수 있다. 최근 명상프로그램들이 청소년 및 일반 성인들에게 주요하게 적용되고 있다. 이러한 접근 안에는 자기지각, 마음을 바라보는 것이 긍정적 자기인식의 기본임을 말해 주고 있다(Lawrence & Robin, 2009/2012). 부정적인 자기지각이 어디에서 비롯되었는지, 자기 안의 긍정적인 부분을 확인할 수 있다. 이는 음악이 연상작용을 가지고 있고 음악적 요소가 이끌어 주는 음악환경에서 자신을 충분히 탐색하게 하기 때문이다. 또한 음악적 과정은 시간의 연속성에 따라 과정적이면서 해결을 주어 자연스럽게 자존감에 영향을 준다. 여기서의 음악적 과정은 치료 안에서 개인이 경험하는 노래, 연주, 감상 등의 과정일 수도 있고, 음악의 조성(장조 및 단조), 리듬의 역동성, 음악적 편성에 따라 다르게 느껴지는 긍정적인 감정에 대한 반응일 수도 있다. 이 두 가지 모두 청소년들의 스트레스로 인해 낮아진 자존감을 회복하고 긍정적인 자기지각을 줄 수 있는 음악적 환경이 되어 준다.

(5) 올바른 경제관념의 정립(교육적 견지)

현대사회를 물질만능의 사회라고들 한다. 성공의 잣대가 돈이 되고 그 사람의 가치를 인식하는 기준이 물질적인 것이 되고 있다는 것이 정설이다. 이러한 상황 속에서 청소년들은 어른, 매체의 영향을 더 많이 받을 수밖에 없다. 신상품에 대한 욕구, 브랜드에 대한 소유는 또래들의 관계 속에 소속감을 주는 것처럼 보인다. 부모가 이를 제공하지 않을 경우에는 반항을 하거나 아르바이트를 해서 마련한다. 그것도 가능하지 않을 때에 청소년이 느끼는 위축감, 소외감은 또래관계에까지 영향을 미친다. 상황이 이렇다 보니 경제적 상태는 청소년들에게 큰 스트레스가 아닐 수 없다. 음악은 자연스러운 소통과정을 통해 소속감을 주고 물질이 아닌 정서적 행위가 이를 가능하게 한다는 것을 확인시켜 줄 수 있다. 또한 노래의 가사는 강제적이지 않은 분위기 속에서 이 같은 교육의 내용을 담을 수 있다. 청소년들이 그들이 향유하는 노래가사를 통해 영향을 받고 가치를 만들어 가듯이 음악치료 안에서의 교육적 가사는 보다 친숙하며 수용적으로 사용될 수 있을 것이다. 이때 사용되는 가사는 치료사가 직접 만들기보다는 청소년 자신 또는 또래들과의 토의를 통해 기준을 마련하고, 방향을 제시하여 만들 수 있도록 한다. 이를 통해 경제문제로 인한 청소년들의 스트레스를 감소시킬 수 있고 왜곡된 인지는 긍정적인 방향으로 전환될 수 있을 것이다.

3) 청소년 스트레스 감소를 위한 음악치료 프로그램의 실제

다음은 청소년의 스트레스 조절을 위한 음악치료 프로그램의 예시로 학교현장 및 해당 그룹을 대상으로 시행할 수 있도록 구성하였다. 청소년의 특성과 스트레스 제반 문제에 따라 음악활동을 계획하였다. 청소년 음악치료 적용에 대한 연구에서 악기연주 사례들을 보면, 청소년들이 타악기 연주에 선호를 가지며 연주과정을 통해 많은 부분의 스트레스가 감소된 것을 보고하고 있다(권혜경, 진혜경, 2000). 본 프로그램에서도 이 같은 효과를 고려하여 그룹의 다이내믹을 치료적으로 적용하기 위해 타악기 또는 리듬악기 연주를 강화하였다. 예시된 프로그램은 8회기를 기본으로 하여 구성하였으며 해당 청소년 그룹의 목적에 따라 회기 및 내용은 달라질 수 있다.

(1) 전체 회기 구성(8회기)

회기	목적	프로그램명	내용	준비물
1	감정지각 및 자아탐색	마음과 몸	-이완음악 속에서 몸의 상태를 살핌 -음악과 함께 감정 상태를 확인함 -감정중심 단어들을 노래로 만듦	이완음악 음원플레이어
2	정서지원 및 감정조절	마음을 알아 줘요	-타악기로 스트레스 표현하기 -거울을 사용하여 표정을 탐색하고 타악기로 감정 조절하는 즉흥연주 -지지적인 노래가사로 정서지원	타악기 키보드 가사악보
3	학업스트레스 감소	스트레스 OUT!	-음악과 함께 학업스트레스 요인 탐색 -다이내믹이 있는 음악과 함께 스트레스해소를 위한 심상 갖기 -진짜 좋아하는 것 노래하기	음원 음원플레이어 필기도구 만화영화가사
4	관계스트레스 감소	다른 것이 아름다워	-성격유형 알아보고 친구 탐색 -악기로 친구 묘사하기 -서로 다른 소리로 연주 쌓아 가기 -조화를 가진 리듬연주	성격유형안내지 리듬악기 멜로디 악기
5		함께하는 즐거움	-함께 선호하는 노래 부르기 -노래를 한 사람씩 나누어 부르기 -주제에 맞게 소그룹으로 가사 만들고 부르기 -톤차임으로 역할 나누어 연주하기	음원 가사악보 톤차임
6	긍정적 자아지각 및 자긍심 증진	내 안에서 만나는 또 다른 행복	-스트레스를 견딜 만한 긍정적 자원을 찾고 적어 보기 -노래 안에 넣어 부르고 후렴으로 지지하기 -열등감과 관련하여 평소 듣고 싶던 말을 나누고 노래 '연가'의 가사를 바꾸어 부르기, 후렴으로 지지 -반복되는 재즈 모티브에 친구에게 주고 싶은 말을 넣어 불러 주고 리듬악기로 지지하기	종이와 펜 기타 리듬악기

7	스트레스관리 교육과 나눔	나누면 사라지는 스트레스!	–지지적 음악을 들으며 스트레스 이완 –자신만의 스트레스 해소법을 나눔 –익숙한 노래에 나눈 스트레스 해소법을 넣어 함께 외우며 불러 봄 –음악을 사용할 수 있는 스트레스 해소법을 교육하고 실제로 해 봄	키보드 음원플레이어
8	스트레스 해소 및 정서적 지지	이젠 날 수 있어	–「젓가락행진곡」 구조 즉흥연주 –꿈을 찾는 버킷리스트와 함께 노래 부르기 –「나는 나비」 타악기 연주	자일로폰 키보드 음원플레이어 타악기

(2) 구체적 활동내용 및 방법 예시

〈1회기〉

1. 제목: 마음과 몸을 살펴요
2. 목적: 감정지각 및 자아탐색
3. 내용 및 절차
   1) 내가 생각하는 나, 남들이 말하는 나에 대해 이야기를 나누어 본다.
   2) 조용히 눈을 감고 3회 정도 깊은 호흡을 한다.
   3) 음악을 들으며 머리에서 발끝까지 몸의 상태를 확인해 본다.
   호흡과 함께 음악을 머리 쪽에 보내기—상태확인(두통은 없는지, 머리는 맑은지, 평온한지 등)—호흡을 머리에 보내 주기
   → 위와 같은 과정으로 얼굴, 어깨, 등, 팔, 가슴, 배, 다리, 발끝까지 몸을 살펴보도록 한다.
   4) 머리에서 발끝까지 살펴본 후의 느낌에 대해 함께 나눈다.
   5) 감정을 탐색하도록 편성된 음악과 함께 '오늘 나의 기분은 어떻지?'라는 질문으로 감정을 탐색하도록 한다.
   6) 느껴진 감정과 심상과 최근 생활, 스트레스와 관련된 부분이 있는지 함께 나눈다.
   7) 그룹원이 나눈 감정의 중심단어들을 모아 익숙한 노래에 넣고 후렴부에는 '그것이 바로 나, 그것이 우리, 이런저런 우리의 모습'이라는 가사로 수용

하고 지지해 줄 수 있도록 한다.

4. 소요시간: 60분
5. 준비물: 음악(이완음악, 감정탐색을 위한 음악), 음원플레이어
6. 치료적 의미: 청소년들은 또래집단 및 주변환경에 매우 예민하게 반응하는 특징을 가지고 있다. 자신에 대해 집중하기보다는 남이나 환경에 더 많은 에너지를 쏟기 쉽다는 것이다. 따라서 자신의 신체적 상황은 어떤지, 감정은 어떤지에 대한 탐색은 주변의 환경으로부터 자신에게로 집중을 돌리게 한다. 뿐만 아니라 몸의 상태와 감정 상태를 확인함으로써 자신이 가진 스트레스의 정도를 확인할 수 있어 스트레스 관리의 기초 작업이 된다. 음악은 편안하고 안전한 환경을 제공해 주며, 호흡과 함께 사용하는 음악의 긍정적인 에너지는 청소년의 신체 및 감정에 영향을 주어 외부로부터의 긴장감을 줄여 줄 수 있다.
7. 기타: 서로 이야기를 나누는 부분에서 꼭 자신의 이야기를 길게 표현하도록 독려할 필요는 없다. 음악 안에서 몸과 마음을 탐색하는 것이 목적이기 때문에 음악 안에서 충분히 머무르고 경험하도록 하는 것이 더 중요하다.

〈3회기〉

1. 제목: 스트레스 OUT!
2. 목적: 학업스트레스 감소
3. 내용 및 절차
   1) 호흡을 통해 몸과 마음의 긴장을 이완하도록 한다.
   2) 최근 학업에 있어 가장 스트레스가 되는 부분을 생각해 보도록 한다.
   3) 눈을 감고 호흡을 정리한 후 학업스트레스 요인들을 여러 메모지에 적어 들고 있는 상상을 하도록 한다.
   4) 에너지가 느껴지고 뻗어 가는 느낌의 음악과 광활한 들판에서 말을 달리거나 원하는 교통수단을 타고 속도감 있게 전진하는 이미지를 떠올리도록 한다. 음악 속에서 손에 들고 있던 스트레스가 적힌 종이를 버리는 상상을 하도록 하며 음악 속에서 스트레스를 버리도록 한다.
   5) 심상음악 속에서 했던 것들을 함께 나눈다.
   6) 재미있게 부르던 동요 또는 만화영화 주제가에 어릴 때 성적과 상관없이 좋

아하고 즐겨 했던 것들을 두세 가지씩 넣어 부르도록 한다.

7) 학업에 대한 스트레스가 있을 때마다 이와 같이 스트레스요인들을 버리는 작업을 하고 즐거움이 많았던 때를 기억하며 자신을 격려하도록 권면하며 마친다.

4. 소요시간: 60분
5. 준비물: 음원(andante from flute concerto in d, sun singer), 가사(만화영화 주제가), 필기도구
6. 치료적 의미: 청소년들이 다 같은 학업스트레스를 가진 것은 아니다. 위의 프로그램은 획일적으로 스트레스를 해소하려고 하기보다는 각자가 가진 학업스트레스 요인을 생각해 보고 자신만의 방식으로 해결할 수 있도록 도와주는 활동이다. 편성이 두터운 음악은 에너지를 느끼게 해 주고, 음악의 빠른 속도감과 리듬은 청소년들에게 에너지를 제공해 준다. 이러한 음악 속에서 청소년들은 스트레스를 버릴 수 있는 용기를 내 보게 되고, 학업스트레스에 매여 있기보다는 주도적으로 관리할 수 있다는 것을 배울 수 있다. 또한 어릴 때의 선호, 장점 등을 떠올려 보는 것은 현재 불만스러운 자신을 확인하기보다는 자신의 강점을 확인하고 즐거움을 재경험함으로써 자아존중감에 긍정적인 영향을 미치도록 한다.
7. 기타: 시험기간 2주 정도 전에 시행하면 학업스트레스 감소에 보다 큰 효과를 기대할 수 있다.

〈4회기〉

1. 제목: 다른 것이 아름다워
2. 목적: 관계스트레스 감소
3. 내용 및 절차
   1) 안부를 나눈다.
   2) 사람들이 각자 외모도 다르지만 성격과 가치가 다름을 배울 수 있도록 10분 정도 에니어그램 등의 성격유형에 대해 정보를 전달한다.
   3) 자신은 어떤 유형에 속하는지, 어떤 사람들과 부딪치기 쉬운지 주변 친구들이나 가족들은 어떤 유형인지를 이해하도록 한다.

4) 다양한 리듬악기들을 나누어 준다.
5) 자신의 성격을 대표할 수 있는 단어를 생각해 보도록 하고 한 명씩 나와 악기로 자신을 표현할 수 있도록 한다.
6) 표현한 것에 대해 그룹원의 느낌을 들은 후 어떤 것을 표현했는지 설명하도록 한다.
7) 치료사가 제시한 하나의 단어 또는 상황에 대해 각자의 느낌을 악기로 표현하되 앉은 순서대로 30초 정도의 차이를 두고 연주를 이어 가도록 하여 전체적으로 연주가 확장될 수 있도록 한다. 충분히 연주가 확장되면 하나씩 악기를 소거하여 연주가 정리되게 한다.
8) 서로 다른 생각과 느낌들이 어우러져 만드는 다이내믹의 아름다움에 대해 격려한다.

4. 소요시간: 60분
5. 준비물: 성격유형안내지, 리듬악기, 멜로디 악기(공명폰 또는 낱건반 등)
6. 치료적 의미: 다양한 음색을 가진 악기들과 음악적 다이내믹의 변화는 청소년들에게 다른 것은 틀린 것이 아니라 각자의 개성이며, 이것이 수용될 때 보다 더 좋은 결과들을 만들 수 있다는 것을 경험하게 한다. 또래관계에서 오는 스트레스는 대부분 또래와 똑같이 되고 싶은 것, 같지 않은 친구를 배척하는 것으로 나타나기 때문에 서로 다른 것을 인정하는 활동은 관계에 있어서의 스트레스를 감소시킬 수 있도록 한다.
7. 기타: 리드미컬한 음악에 맞춰 한 사람씩 16박 또는 32박 동안 동작을 만들고 그룹원이 모방하는 구조의 응용활동을 통해 '다름'이 만들게 되는 즐거움의 경험을 줄 수 있다.

〈8회기〉

1. 제목: 이젠 날 수 있어
2. 목적: 스트레스 해소 및 정서적 지지
3. 내용 및 절차
   1) G와 C 코드로 반복되는 「젓가락행진곡」의 화성과 3박 리듬에 한 명씩 나와 자일로폰으로 즉흥연주를 한다.

2) 연주의 뒷부분 끝나는 리듬은 다 같이 지지하며 "랄라"로 노래한다.
3) 「Butterfly」를 들으며 꿈에 관해(꿈의 내용, 계획 등) 적어 본다.
4) 꿈에 대해 나누고 노래로 불러 본다.
5) 「나는 나비」의 음원에 맞춰 타악기로 다이내믹을 표현하며 가사를 자신으로 생각하며 노래하고 마친다.

4. 소요시간: 60분
5. 준비물: 자일로폰, 키보드, 음원플레이어, 타악기(드럼, 심벌즈)
6. 치료적 의미: 3박의 리듬은 움직임을 주고 2코드로 반복되는 화성은 서로 대치되지 않고 자연스럽게 어울려 성취적 경험을 준다. 어려운 상황에서 꿈을 이겨 내는 장면을 그려 내는 영화 〈국가대표〉의 주제곡으로 사용된 「Butterfly」는 청소년들에게 모델이 되는 가사를 제공해 주며 자신의 꿈을 생각해 볼 수 있는 동기부여가 된다. 또한 작은 애벌레에서 나비가 되는 과정을 담은 「나는 나비」의 가사와 역동적인 리듬은 청소년들에게 자신을 격려하고 응원할 수 있는 에너지를 채울 수 있도록 한다.
7. 기타: 세션 안에서의 경험뿐만 아니라 실생활에서 혼자 적용할 수 있는 방법들을 제공한다.

4) 청소년 스트레스 감소를 위한 음악치료 사례

다음은 청소년의 스트레스 감소를 목적으로 한 음악치료의 사례다. 앞서 언급한 대로 청소년들에게 타악기는 스트레스 감소를 위한 유용한 도구가 된다. 아래의 사례에는 타악기를 적극적으로 활용한 전문음악치료사의 특별한 방법과 경험을 현장감 있게 기술하였다. 음악치료 현장에서 청소년들이 음악에 참여하고 역동성을 발휘하는 사례를 통해 청소년의 스트레스 감소에 음악이 얼마나 효과적인지를 느낄 수 있을 것이다.

프로그램 명: 청소년을 위한 문화예술치료교육 '힐링 드럼서클'

글: 음악치료사 송명훈

기간: 2016년 4월(1회기)

치료사 소개: 한국드럼서클연구회(KDRS) 회장

두그루 아동청소년상담센터&뮤직센터 대표

(사)전국음악치료사협회 공인 음악중재전문가(KCMT)

미국 Village Music Circles(VMC) 공인 드럼서클 퍼실리테이터

미국 REMO inc. 공인 International Artist/REMO Endorsee

록밴드 허클베리핀(Huckleberry Finn) 드러머

단국대학교 일반대학원 상담학과 박사과정

참여자 소개: 울산소재 ○○고등학교 2학년 전체 350명

사례

우리에게 이런 일이!!

벚꽃이 만개한 4월 어느 날 울산소재 ○○고등학교의 Wee클래스에서 드럼서클 요청을 받고 나의 고민은 시작되었다. 먼 길을 달려가야 하는 것도 있지만 드럼서클 대상이 2학년 학생 전체 350명이었기 때문이다. 인원이 많아서 문제라기보다는 대상이 모두 청소년인 것이 나에게는 새로운 도전이었다. 또한 진로상담부장님의 말씀은 지방 지역이라서 학생들이 다양한 문화체험을 하는 것이 어렵기도 하고, 2학년 학생들의 학기 초 학업 분위기가 잡히지 않아 예전에 직접 경험했던 드럼서클이 학생들에게 도움이 될 것 같아서 신청했다고 했다.

350명이 모두 연주할 수 있는 악기부터 드럼서클을 위한 사전준비를 철저하게 확인한 뒤 봄바람을 맞으며 울산으로 향했다. 학교에 도착해서 나는 담당 선생님과 함께 교장선생님에게 인사를 드리러 갔다. 이야기를 나누는 중에 교장선생님은 걱정스러운 눈빛이 역력하였다. 과연 한 학급 수업을 진행하는 것도 쉽지 않은데 2학년 전체 학생과 함께한다는 것이 쉽게 이해가 되지 않는 눈치였다. 또한 담당 선생님은 "우리 학교 학생들이 유별납니다. 아마 참여하기 싫어하는 학생들도 많고 튀는 학생들도 많을 겁니다. 선생님이 많이 힘들 것 같은데요. 잘 부탁드리겠습니다."라고 말씀하시며 학생들에 대해서 조언을 해 주셨다. 나는 교장선생님께 꼭 학생들과 드럼서클 진행할 때 오셔서 함께 참여하기를 부탁드리고 교장실을 나왔다. 드럼서클을 진행하게 될 학교 강당으로 온 나는 함께 온 스태프들과 드럼서클을 위한 준비를 시작했다. 의자를 300개 넘게 세팅하는 것도 만만치 않았는데, 어느덧 악기까지 세팅하고 보니 넓은 학교 강당이 의자와 악기로 가득하게 되었다. 알록달록 다양한 크기와 형태의 악기들이 원으로 세팅된 모습은 하나의

예술작품 같다는 생각이 들었다. 잠시 후 나는 기대 반 걱정 반으로 학생들을 기다렸다.

예상대로 참여 학생들은 요란하게 강당에 들어섰다. 몇몇 학생들은 처음 보는 악기에 호기심을 보이기도 했지만 대부분의 학생들은 무기력한 모습으로 각 반 담임선생님의 지시에 따라 점점 질서를 찾기 시작했다. 특히 눈에 띄는 학생들이 있었는데, 거친 말투와 행동으로 봐서는 담당 선생님이 얘기했던 요주의 인물들임을 단번에 알 수 있었다. 자리가 정돈된 후 나는 학생들과 인사를 나누고 드럼서클 프로그램을 시작했다. 본격적인 드럼서클에 앞서 오늘 연주하게 될 타악기에 대한 연주법 설명을 진행하였다. 눈에 익은 악기들도 있지만 처음 보는 악기들도 많아서인지 초반 분위기는 호기심에 가득 차 보였다. 하지만 이미 여러 학생들은 강당의 구석으로 자리를 옮겨 누워서 자거나 장난을 치는 등 담당 선생님이 우려했던 일이 눈앞에 펼쳐지고 있었다. 나머지 학생들은 내가 대표적인 타악기 연주를 시범 보일 때마다 큰 환호를 보내기도 하였다. 10분 정도의 악기 설명 및 주의사항 전달 후 드디어 드럼서클이 시작이 되었다.

고등학교 2학년! 혈기왕성한 시기여서인지 처음에 들려오는 참가 학생들의 악기 소리는 연주라기보다는 화풀이에 가까운 소음이었다. 350명 모두가 자기 악기 연주에 심취해서 주변은 안중에도 없었다. 물론 일정한 박을 유지하는 것도 쉽지 않았다. 나는 삼바휘슬과 카우벨로 일정한 박을 연주하며 한참 동안 원 주변을 돌았다. 그리고 학생들을 계속 관찰하며 그룹의 움직임을 주시하고 있었다. 얼마 지나지 않아 소음에 가까웠던 연주 소리는 안정을 찾아가는 듯했다. 하지만 그룹 안에서의 학생들의 모습은 자는 사람, 잡담하며 떠드는 사람 등 제각각이었다. 나는 먼저 350명이 연주하는 큰 소리를 조절하는 것이 필요하다고 판단했다. 원 안으로 들어가서 신체 신호와 언어적 메시지를 통해 소리를 조금 낮출 수 있었다. 처음으로 등장해서 무언가를 하는 나의 모습을 본 학생들은 호기심 있게 지켜보고 있었다. 그리고 점점 나의 동작에 집중하기 시작했다.

작은 소리로 연주되자 정신없던 강당은 부드러운 타악기 소리로 바뀌게 되었고 학생들도 흥분 상태에서 약간은 진정되는 모습이었다. 나는 학생들에게 엄지손가락을 치켜세우며 학생들의 참여에 보답해 주었다. 다시 소리를 크게 올렸을 때에는 처음과는 다른 안정된 리듬이 흐르고 있었다. 하지만 의자에 앉아 자고 있는 학생, 무기력하게 연주에 참여하지 않는 학생, 그리고 강당 구석에서 누워 있는 학생들은 여전했다. 드럼서클을 시작한 지 15분 정도가 흘렀을 때쯤, 나는 무언가를 결심하고 최대한 과장된 동작과 휘슬을 크게 불며 원 주변을 돌기 시작했다. 연주하던 학생들은 점점 더 나의 행동을 주시하게 되었고, 나는 멈추지 않고 학생들의 주의를 끌고자 노력하였다. 잠시 후 "그래! 이제 시작해 볼까!"라고 속으로 외친 후 손가락 4개를 위로 추켜올렸다. 그리고 학생들을 바라보며 "넷! 셋! 둘! 하나!"라고 외침과 동시에 양팔을 크게 벌렸다. 학교 강당은 무슨 일이 있었냐는 듯이 고요해졌고, 잠시 후 학생들은 "오~~!" 하는 반응과 함께 서로를 쳐다보고 있었다. 그리고 초반에 요주의 인물로 보였던 학생은 장난기 어린 얼굴로 웃으면서 "야! 너희들 왜 그래? 우리 이런 애들 아니잖아!"라고 친구들을 향해 소리쳤고, 강당에 있던 학생들은 모두 한바탕 크게 웃었다. 함께 있던 2학년 담임선생님들도 300명이 넘는 학생들이 한 명도 빠짐없이 동시에 연주를 멈추었다는 사실이 믿기지 않는 듯 놀라워하면서도 학생들을 격려하고 있었다. 작은 변화는 이때부터 시작되었다. 자리에서 자고 있던 학생은 친구들의 웃음소리에 '무슨 일이지?' 라는 의문과 함께 잠에서 깨어났고, 무기력하게 연주하던 학생들은 주변의 호응에 힘입어 연주에 좀 더 적극적인 모습이었다. 그리고 가장 큰 변화는 강당 구석에서 자고 있던 학생들이었다. 선생님들도 참여시키길 포기했던 학생들이었는데 어느 순간 담임선생님 몇 분이 주변에 누워 있던 학생들을 챙기기 시작했고, 그중 대부분은 귀찮다는 표정이었지만 자리에 앉아 악기를 연주하기 시작했다. 단지 모두가 멈추었을 뿐인데, 그 속에서 참여 학생들은 하나 됨을 경험했고 남은 드럼서클 시간이 지루한 것이 아닌 호기심과 즐거움으로 바뀌는 순간이 되었다. 드럼서클은 어느 덧 마지막을 향해 달려가고 있었고 우리의 리듬은 처음과는 확연히 다른 화합의 리듬으로 견고해지고 있었다. 350명의 학생, 교사가 연주한 리듬은 어디에서도 경험해 보지 못한 짜릿한 경험이었을 것이다.

프로그램이 마무리된 후에도 학생들은 드럼서클의 여운이 아직 남았는지 강당을 떠나지 않고 악기, 의자 정리하는 것을 스스로 도와주었다. 그리고 연락처를 묻는 등 "선생님! 이거 너무 재밌어요~ 다음에도 또 오시나요?"라고 하며 아쉬움을 표현했다. 그리고 악기를 정리하고 있는데 누군가 내 곁으로 와서 나를 불렀다. 고개를 돌리자 요주의 인물이자 연주가 멈추고 소리쳤던 학생과 그 친구들이었다. "선생님, 고맙습니다. 재밌었어요!"라는 말을 남기고 강당을 나가는 그 아이들을 보며, 나도 모르게 입가에 미소가 지어졌다.

2. 청소년 PTSD

1) 개요

(1) 청소년 PTSD의 특징 및 이해

① PTSD의 개념과 이해

외상 후 스트레스 장애(post traumatic stress disorder: PTSD, 이하 PTSD)는 심각한 외상을 보거나 겪거나, 직접 관련 또는 간접 경험 후에 불안 증상이 지속적으로 나타나는 것을 말한다. PTSD는 전쟁, 고문, 자연재해, 사고 등의 심각한(충격적인) 사건을 경험한 후 계속적인 공포, 불안, 사건의 재경험과 심신의 고통을 느끼는 것으로, 거기서 벗어나기 위해 매우 많은 에너지를 소비하게 되며 정상적인 사회생활에 부정적인 영향을 끼치게 된다. DSM-IV에서는 PTSD를 생명을 위협할 정도의 극심한 외상을 경험한 후 심리적 반응이 1개월 이상 지속되는 경우를 말하며, 단일하고 파국적이고 예기치 못한 경험들로 심리적 외상에 따른 반응이 사건 발생 후 3~6개월 사이에 발생한 경우에 내려지는 진단명으로 정의하고 있다. 또한 DSM-5에서는 불안장애 범주에 속한 PTSD를 범주7(총 20개)로 독립 분리하여 명칭을 외상 및 스트레스 사건 관련 장애로 구분하였다.

PTSD의 임상적인 특징은 1차적인 증상과 2차적인 증상으로 구분된다. 이에 대한 DSM-IV와 DSM-5의 기준은 다음과 같다. DSM-IV에서는 외상사건 경험 후 나타나는 PTSD 진단준거 B(재경험), 진단준거 C(회피-반응마비), 진단준거 D(과각성)의 증상으로 기술하고 있다. PTSD로 진단을 하기 위해서는 재경험, 회피반응, 과각성 증상이 최소 1개월 이상 지속되어야 한다. 위의 준거진단이 동시에 나타나기도 하고 특정하게 나타나기도 한다. 특별한 사건을 경험한 사람의 심장박동, 호흡, 혈압, 소화기능, 체온조절 같은 생리적 변화는 매우 예민하고 방어적 상태로 변하게 된다. 이는 일반적인 반응이기도 하다. 하지만 상황이 종료되면 원래대로 돌아오는 항상성을 갖게 된다. PTSD 환자들은 이러한 항상성의 기능에 문제를 가진다. 외상(이하 트라우마)의 정도에 따라 차이는 있지만 신경적인 방어체계가 계속 가동이 되어 일상생활이 어렵고 심리적인 불안을 지속적으로 겪게 된다(Johnson, 2009/2013). PTSD 증상들은 일반적으로 트라우마 경험 후 3개월 이내에 발병하는데 그 내용을 살펴보자. 첫째, 재경험(re-experience symptom)은 사건에 대한 고통스러운 기억이 자꾸 떠오르거나 꿈에 등장하는 것이다. 그리고 이러한 재경험이 생각이나 영상과 같은 지각형태로 나타나며 사건이 재발되는 착각을 경험(flashback, 침습)하거나 강렬한 심리적 또는 신체적 고통을 경험한다(Allen, 2010). 이러한 침습은 고통, 두려움, 분노, 슬픔, 혐오, 죄책감 등을 가져온다. 최근에는 침습의 경험 없이 신체화 증상으로 나타나는 사례가 늘고 있으나 현재까지 많은 PTSD 환자들이 침습을 장·단기적으로 경험하고 있다고 본다. 둘째, 회피 증상(avoidance symptom)은 외상적 사건과 관련된 생각이나 대화, 관련 장소, 사람을 회피하고 두려움과 마주치는 것을 피하기 위해 집 안에서만 지내거나 약물에 의존, 일에 집착하는 것을 말한다. 회피가 심각한 경우 고통스러운 기간에 대한 기억을 잃는 경우도 있다. 또 감정이 무감각해지고 사람들과의 관계가 소원해지며 삶에 대한 흥미가 저하된다. 이는 단순히 일상생활을 우울하거나 단조롭게 보내는 것에 멈추지 않고 사회적 관계들에 부정적인 영향을 미치는 2차 피해로 이어진다. 셋째, 과각성(hyper-arousal symptom)은 감각이 예민하고 쉽게 놀라거나 분노의 표출, 불면, 경련, 초조, 과도한 경계, 과잉통제, 두려움, 과민반응 등이 나타나는 것이다. 스트레스 호르몬이 증가함에 따라 혈압의 상승, 호흡항진, 몽롱함, 발한 등이 일어날 수도 있다. 사람은 위험한 상황에서는 주변을 살피고 감각이 예민해지게 됨으로 안전을 지키려고 한다. 하지만 안전하다고 판단될 때에는 다시 편안한 상태가 된다. PTSD 환자들은 그러한 안전인지체계에 문제가 생겨 감각이 매우 예민해져 있다. 특히, 트라우마를 일으킨 유사 장소, 사람들과 관련된 곳에 노출이 되면 과각성은 최대치가 되고 호흡곤란, 어지럼 등의 불편한 증상이 나타난다(김순진, 김환, 2011).

대부분의 PTSD 환자들은 두통, 수면장애, 몸의 놀람, 몸의 뻣뻣함, 우울증, 불안장애, 행동의 과민함, 회피반응, 분노, 위축 등의 문제를 갖게 된다. 회복되는 기간이나 예후가 사람에 따라 상당히 다르지만 일상에서 이 같은 문제를 겪는다는 것은 큰 고통이 아닐 수 없다. 뿐만 아니라 이러한 증상으로 2차, 3차적 문제도 야기된다. 예를 들어, 직업을 유지하기 어려워 경제적인 문제가 발생하고 이는 가족 내의 갈등으로 이어진다. 감정조절이 쉽지 않아 사고를 유발한 가해자에 대한 분노가 가족들에게 노출되기도 한다. 이러한 분노의 폭발은 죄책감과 좌절을 느끼게 하고 우울감과 고독으로 이어진다. 이러다 보니 사람들과의 관계도 멀어지게 되고 사회적으로 고립되기도 한다. 신체적인 긴장이 과잉하다 보니 운동성이 떨어지고 체력이 저하되면서 면역기능도 현저히 낮아진다(김혜림, 2012). 면역이 저하되어 있기 때문에 다른 질환에 걸리기 쉬워지며 알코올 의존 등이나 섭식장애(너무 굶거나 폭식하거나)로 이어질 수도 있다. 이처럼 PTSD는 삶의 질을 저하시키고 일상적인 생활을 하기 어려운 정도로 나타나기도 한다. 물론 트라우마적 사건을 경험했다고 하여 모든 사람들이 PTSD를 갖게 되는 것은 아니다. 성별, 나이, 기질, 불안에 대한 가족력, 부모와의 분리, 만성질환의 여부, 심리적 취약성 등이 영향을 미친다고 한다.

② **청소년** PTSD

9·11 테러 후에 진행된 PTSD 발병 기초조사에 따르면 어릴수록, 여성일수록, 이전에 트라우마적 경험이 있을수록, 삶에 부정적 사건들이 많을수록, 낮은 사회적 지지를 받을수록, 낮은 자존감을 가질수록 PTSD가 될 확률이 크다고 한다(Baschnagel, Gudmundsdottir, Hawk, & Beck, 2009; Cho, et al., 2003; Holmes, Creswell, & O'Connor, 2007; Suvak, Maguen, Litz, Silver, & Holman, 2008). 청소년들은 감정이 미분화되어 있을 뿐만 아니라 스스로 판단하여 결정하기보다는 사회적인 규준이나 가치체계에 의존하여 판단할 때가 많기 때문에 위험상황을 피하거나 극복하는 데 있어 성인보다 미숙함을 보인다. 2014년 4월에 일어난 세월호 사고가 그 대표적인 예다. 이는 여객선이 침몰했을 때 승선해 있던 대부분의 학생들이 배가 상

당히 기울었음을 감지했으나 선장 및 직원들의 방송, 규칙에 따라 배 안에 그대로 있다가 죽음을 당한 안타까운 사고다. 이처럼 청소년들은 반항적인 특성도 가지고 있지만 아직 규율 안에 있으며 학교교육 내에서는 어른들이 만들어 놓은 체계를 지키려는 경향이 있다. 이는 청소년들이 발달연령상 위험에 대처하는 기술을 자율적으로 발달시키기가 어려운 면이 분명히 있음을 말해 준다. 특히, 감정변화가 심한 청소년들에게 있어서 외상적 사건은 생물학적 · 심리적 손상을 입을 수 있으며 인지적인 후유증으로 학업수행 문제를 가질 수 있다. 코프랜드 등(Copeland, Keeler, Angold, & Costello, 2007)의 연구에 의하면 PTSD를 경험한 청소년들이 비경험 청소년보다 자살 시도율이 두 배 정도 높은 것으로 나타났다고 한다. 청소년기에 가지는 발달적 특성과 환경이 성인들과는 매우 다르기 때문에 청소년기 PTSD는 학교, 가정 등의 긴밀한 협조가 필요하며, 치료에 있어서도 접근방법, 치료세팅, 기간 등에 있어 청소년의 상황에 맞게 달라져야 한다.

(2) 청소년 PTSD의 원인 및 양상

청소년기에 겪을 수 있는 PTSD의 다양한 원인들이 있겠지만 몇 가지 대표적인 것을 소개하고자 한다. 물론 다음에 기술된 부분이 청소년에게만 국한된 것은 아니지만 청소년기에 보다 빈번하게 일어나거나 다룰 필요가 있는 부분을 중점적으로 하여 설명하고자 한다. 여기에는 PTSD로 진단받지 아니하였어도 그에 준하는 트라우마로 인정되는 경우를 포함하여 설명한다. 첫째, 학교폭력 및 또래관계 실패에서 얻게 되는 PTSD가 있다. 왕따문제는 생각보다 편만하며 또래관계에서 실패하는 것은 사람과의 관계에 대한 회피반응을 불러일으킨다. 생각과 성격이 다르다는 이유로 쉽게 따돌림을 당하는 청소년들이 늘고 있으며 여기서 오는 거절감은 자기지각에 대한 부정적인 생각을 심어 준다. 반대로 학교에서 자신을 왕따시키는 아이들과 맞서지 못하는 것을 가족이나 동물에게 분노로 표출하기도 한다. 그러나 가족기능이 약화되어 가기 때문에 가족이 문제를 돕기가 쉽지 않은 것이 현실이다(김대제, 2007). 또한 청소년들의 특성상 자신의 가치와 다르다고 하더라고 무리에서 소외되는 것을 원치 않기 때문에 친구 중에 집단따돌림의 가해자가 있다면 자신도 모르게 동조하여 함께 가해가 되는 경우도 있다. 학교라는 특성상 따돌림을 당하거나 문제가 있어도 결석을 하기 어렵기 때문에 억지로 학교에 가는 경우가 많다. 그런 시간을 견디는 것은 매우 힘든 일이지만 문제를 크게 만들지 않기 위해 혼자 겪는 청소년들이 많다고 한다. 이런 상태가 오래되다 보면 가출이나 자살 등 극단적인 문제들로 이어질 수 있기 때문에 부모와 교사가 세밀하게 관찰을 해야 할 필요가 있다. 학교에서의 관계가 PTSD 진단을 받을 정도로 큰 외상적 사건이 아니라고 생각할 수 있지만 청소년들에게 있어 학교, 또래관계는 청소년기 특성상 가정보다 더 큰 무게를 두기 때문에 여기에서 오는 갈등을 방치하지 않도록 해야 한다.

둘째, 성폭력 및 학대로 인한 PTSD가 있다. 13세 이전의 성폭력 양상을 보면, 원치 않는 성적접촉이나 시도가 가장 많으며 이에 대한 감정적 · 물리적 대처를 하지 못한 것에 대한 수치심을 주요한 부정적 감정으로 획득한다. 자신이 당한 일이 충격적이면서 인생에 부정적 영향을 끼치게 될 것을 부모에게 혼날까 봐, 문제를 크게 만들고 싶지 않아서 숨기는 경우가 많다. 실제 임상현장에서 만나는 청소년 성폭력피해자들이 초등학생 시절에 대한 경험을 고등학교 이후에서야 부모에게 말하는 사례들도 빈번했다. 본인의 잘못이 아닌데도 자신이 겪은 일에 대하여 수치심을 갖게 된 청소년들은 사람들 앞에 나가는 것을 두려워하게 된다. 신체적인 위축도 자주 나타나 남자들이 있는 곳에 가면 과도하게 긴장하고 호흡 조절이 어려워지기도 한다. 남성상이 바로 세워지지 않아 남자라는 존재에 대한 두려움도 갖게 된다. 특히 13세 이후의 성폭력 양상은 단순 추행이 아니라 심각한 성폭행으로 나타나는 경우가 많다. 폭력적 상태에서 무방비로 당하게 되는 성폭력은 그 충격이 매우 크다. 자기를 지키지 못했다는 죄책감과 더불어 폭행을 한 사람에 대한 분노를 사회에 표현하기도 한다(장희순, 2014). 많은 학생들은 학업을 놓거나 자신을 방치하는 형태로 분노를 표현하기도 한다. 집단폭행이나 반복적 성폭력에 노출된 경우에는 강박증이 생겨 일상생활에 대한 불편을 겪기도 한다. 성인이 되어서는 이성과 올바른 관계를 형성하는 데 어려움을 겪게 되고 반복적인 실패로 인해 우울을 경험한다. 한편, 가정 내의 학대도 폭력으로 인한 PTSD의 주요한 원인이 된다. 물론 외상적 사건이라고 보기에는 진단준거에 속하지 않는 경우도 있다. 적응장애나 우울증을 함께 진단받기도 하지만 가정 내의 지속적인 학대는 청소년기 PTSD의 분명한 원인이 된다. 부모님 간의 싸움, 부모님에게서 받는 지속적인 언어, 물리적 폭력은 '힘'에 대한 왜곡을 불러일으키고 분노를 내재시켜 학교생활이나 또래관계에 치명적인 영향을 준다. 자신이 받은 학대를 적절하지 않은 방법으로 해결하는 사례도 많다. 예를 들어, 절도를 한다든가, 자신보다 약한 친구를 힘으로 제압하려 한다든가, 동물을 학대한다거나 하면서 비윤리적인 행위를 통해 자신이 받은 학대를 해결하려 하기도 한다. 왜곡된 방식으로 자신이 겪은 일에 대해 반응하기 쉽다는 것이다. 청소년기의 특성 중 하나인 반항심은 외상사건의 해결에 부정적인 영향을 끼친다. 모든 경우가 그런 것은 아니지만 반사회성 인격 장애로 인해 범죄를 저지른 경우에 어린 시절 부모로부터 학대를 받았다는 히스토리를 매스컴을 통해 종종 들을 수 있다. 이처럼 성장기의 학대경험은 신체는 물론이며 심리발달에 매우 부정적인 영향을 끼친다.

셋째, 갑작스런 사고로 인해 얻게 되는 PTSD다. 가장 많이 보고되는 것은 교통사고다. 여기에는 사고를 당하지는 않았어도 관련된 위험에 노출된 사건도 포함된다. 생각보다 많은 학생들이 사고를 당하는 위험에 노출되어 있고 경험을 한다. 교통사고, 운동하다가 다치는 경우, 건물 안에서의 사고 등 사고가 일어난 환경에 따라 크고 작은 트라우마가 생기기도 한다(손승희, 2014). 사고라는 것이 예측이 되는 것이 아니기 때문에 한번 경험을 하면 유사한 장소, 사람에 대한 과긴장이 생기고 재경험하는 것에 대한 두려움을 갖게 된다.

넷째, 자연재해로 인한 PTSD가 있다. 자연재해로 인한 트라우마 경험은 과학기술의 발달로 많이 줄어들었다고는 하지만 한번 일어나는 자연재해의 피해규모는 매우 큰 것이기 때문에 집단적 트라우마로 이어지기도 한다. 지진, 홍수, 폭설, 화재 등 자연재해로 인한 트라우마가 청소년에게만 일어나는 것은 아니지만 이를 경험한 청소년들의 경우 범불안장애와 유사한 패턴을 얻게 된다는 보고가 있다. 이는 청소년의 심리사회적 발달에 심각한 영향을 끼치는 것이기 때문에 청소년이 겪은 재해의 후유증을 충분히 다룰 필요가 있다(서영석, 조화진, 이하얀, 이정선, 2012).

다섯째, 가족이나 지인의 죽음과 관련하여 얻게 되는 PTSD다. 반려동물을 많이 키우고 있는 요즘에는 키우던 동물들의 죽음이 큰 외상적 사건으로 보고된다. 죽음에 대한 두려움과 분리불안을 느끼기도 하고 우울을 경험하는 사례도 늘어 간다. 가족이나 지인의 죽음은 더 큰 충격적 사건이 된다. 이러한 트라우마를 경험한 청소년들은 깊은 우울감을 가지게 되거나 무기력해진다. 반대로 소중한 것을 잃는 경험을 다시 하고 싶지 않은 방어기제로 주변에 대해 아예 무관심해지는 양상도 나타난다(신성숙, 2014).

최근에는 '외상'으로 표현할 수 있는 사건들에 대한 보고가 다양해지고 있다. 청소년의 외상적 경험에 대한 연구들에는 DSM-IV 진단기준에 속하지는 않지만 청소년들이 보고한 외상적 사건들이 보고되어 있다. 그 범주를 살펴보면, 관계 속에서의 실패와 거절경험, 안전에 대한 위험, 무섭고 잔인한 영상에의 노출, 입시에서의 실패, 악몽, 곤충이나 동물에 대한 두려움, 타인의 신체적 이상을 목격(장애, 마비, 시신 등), 부모와의 분리, 이사 및 전학, 경제적 파탄 등이다. 진단을 받지 않았더라도 아동 및 청소년기의 외상은 인지, 정서, 행동적 문제를 야기시키고 성인기에 영향을 준다는 것이다(Burn, Jackson, Hilary, & Harding, 2010; Sun, 2011). 청소년들이 성인들보다 삶에서 겪게 되는 신체적 · 심리적 문제들을 보다 크게 지각하고 영향을 받는다는 것을 단적으로 드러내는 부분이다. 따라서 이 시기에는 진단적인 의미에서의 외상뿐만 아니라 청소년기에 경험할 수 있는 사건들까지 포함하여 도와주고 접근해야 한다.

2) 청소년 PTSD를 위한 음악치료의 목적

다음에 기술하는 음악치료의 목적영역은 청소년만을 위한 것은 아니지만 일반적인 PTSD치료에서의 목적과 더불어 청소년기의 특성을 반영하는 것에 초점을 두어 기술하였다. PTSD로 인해 나타나는 증상으로 인해 학업이나 또래관계에 미치는 영향을 최소화하면서 청소년들이 가진 트라우마가 성인기로 지속되지 않게 하기 위한 치료적 접근에 음악구성의 방향을 가진다. 각 목적영역은 한 가지에만 해당된다기보다는 청소년이 겪고 있는 트라우마의 종류에 따라 여러 가지 목적이 동시에 다뤄지기도 한다. 때에 따라서는 단계적으로 목적을 정할 수도 있고, 같은 중재시기에 여러 가지 목적을 동시에 적용할 수도 있다. 이러한 목적과 접근의 기준은 청소년이 가진 트라우마의 종류와 지지체계, 학교생활 또는 일상생활에의 정상적인 복귀여부에 두며 관련 전문인의 감독하에 진행할 것을 권고한다.

(1) 불안 감소 및 심리적 안정

PTSD의 주요한 증상은 불안의 지속이다. 불안이 병리적인 수준에 이르면 기능상의 많은 장애를 일으킨다. 청소년의 경우에는 지속되는 불안을 견디기가 쉽지 않기 때문에 불안을 지각하지 않기 위한 다른 행동으로 이를 해결하려는 경우가 많다. 대표적인 예로 컴퓨터게임 중독, 과도한 음주와 흡연, 공격적이거나 선정적인 영상물에 대한 중독, 자해 등 유해한 행동으로 이어질 수 있다. 컴퓨터나 스마트폰 중독은 이미 우리에게 널리 알려진 청소년기의 문제이기도 하다. PTSD 청소년들은 불안한 상태를 잊기 위해 여타의 청소년들보다 더 심각하게 게임이나 스마트폰 중독에 빠질 수 있다. 최근에는 불법 사행성 게임이 중·고등학생들에게까지 퍼져 이에 대한 중독의 문제가 대두되고 있다. 또한 PTSD를 겪는 청소년들에게 불안의 원인이 된 사람이나 환경에 대한 분노나 부정적 감정은 내재된 공격성을 만든다. 이러한 공격성을 사회적으로 용인된 방법으로 적절히 표현하기란 쉽지 않다. 그래서 청소년들이 쉽게 빠지는 것이 폭력적이거나 선정적인 영상물이다. 영상물을 통해 대리만족을 느끼기도 하고 고통스러운 상태를 잊기 위해 선정적인 영상물에 더 집착하게 된다. 음주와 흡연의 문제는 이미 보편적인 청소년기 문제행동이기도 하다(하지현, 2012). 트라우마적 사건으로 무기력을 경험하는 청소년들은 자신이 살아 있다는 느낌을 갖기 위해 자해를 하기도 한다. 자해를 하면서 느끼는 고통을 지각하면서 감각에 대한 왜곡된 쾌감을 찾는다. 이렇게 불안은 트라우마를 경험한 청소년들에게 심각한 문제행동을 유발하는 원인이 된다. 음악은 불안한 자신의 문제를 돌아보게 할 수 있다. 음악이 가진 이완적인 요소들은 지속적인 불안을 가진 청소년들에게 안정감을 주며 치료적 환경에서뿐만 아니라 스스로 사용할 수 있는 방법이 되기도 한다. 음악이 가진 변화는 불안을 아주 낮은 단계에서부터 직면하고 극복할 수 있는 안전한 환경이 되어 줄 수 있다. 음악을 통해 자신의 불안을 천천히 직면하고 노출하는 것은 공포, 불안, 각성의 반응을 제압하도록 한다. 특히 청소년들이 안정감을 느끼는 장소나 대상에 대한 심상과 이완음악을 동시에 사용하는 것은 일상생활로의 일반화에도 적합한 방법이다. 이러한 음악적 실행은 매우 안전하며 지지적인 것이어서 불안을 다룰 수 있는 유용한 도구가 된다.

(2) 신체의 과각성 및 제반 증상의 감소

신체의 과각성은 불안의 유형으로 나타나는 증상이다. 그럼에도 불구하고 하나의 목적영역으로 분리하여 다루는 것은 PTSD의 제반 증상이 신체화되어 나타나는 경우가 빈번하기 때문이다. 청소년의 경우 신체적 반응을 심리적인 것과 연관하거나 처리하는 능력이 성인보다 부족하기 때문에 이 부분을 인지하고 해결할 수 있도록 도와줄 필요가 있다. 물론 신체적 반응들에 대해서는 적절한 약물을 통해 치료하고 완화시키는 것이 필수적이다. 하지만 이것과 함께 이루어져야 하는 것이 자신이 가진 트라우마의 영향이 신체에 어떻게 영향을 미치고 있는지를 지각하고 컨트롤할 수 있도록 심리적인 지원을 하는 것이다(Johnson, 2009/2013).

트라우마를 경험한 청소년들은 주변에 위험이 다시 올 것에 대해 걱정하며 과도한 긴장 속에 놓여 있다. 어떤 트라우마를 가지고 있든 간에 신체의 과각성은 공통적인 특징이기도 하다. 교통사고로 인한 트라우마를 가진 사람은 밖에 나가기도 전에, 차를 타기도 전에 식은땀이 나고 어깨가 뻐근하며 어지러움을 느낀다고 자주 호소한다. 이를 억누르고 다시 교통수단을 이용하다가 과도한 긴장에 호흡곤란을 겪는 경우도 종종 있다. 또한 집에 들어온 후에 여러 날 동안 몸살이 나기도 한다. 그만큼 긴장도가 높다는 것이다. 트라우마를 경험할 당시 몸이 느낀 감각들이 유사한 상황은 물론이며, 외부로 나간다는 생각을 한 순간부터 예민해지게 되는 것이다. 성폭력을 경험한 청소년의 경우에는 남자친구들, 남자교사, 지나가는 남자들에 대해 위축되고 호흡이 빨라지는 경험을 한다고 한다. 저 멀리서 남자가 오면 길을 돌아가기도 하고 고개를 숙이거나 빨리 걷는 등의 자동적인 반응이 나타난다. 속이 울렁거리기도 하고 멍해지는 경험도 한다. 때로는 그 자리에 멈춰 서서 이러지도 저러지도 못하는 상황도 발생한다. 음악은 이러한 청소년들에게 자신의 몸과 감각을 살펴보고 집중할 수 있도록 도와준다. 호흡의 속도와 유사한 음악 속에서 현재 몸의 긴장도가 어떤지, 불편한 곳은 없는지를 살필 수 있다. 음악이 주는 아름다움, 편안함을 몸으로 느끼면서 몸의 긴장을 해제하고 편안한 상태로 놓아둘 수 있게 한다. 이러한 편안함을 반복적으로 느끼고 몸이 지각하게 하는 과정은 과도한 긴장을 놓을 수 있게 한다. 음악은 청소년들이 가장 쉽게, 널리 향유하는 문화이기 때문에 매우 친숙한 환경이다. 따라서 치료 안에서 사용하는 음악적 환경은 청소년들의 가정이나 학교생활에서도 적용될 수 있어 청소년들이 신체의 과각성이나 제반 증상이 있을 때 스스로 시도해 볼 수 있다. 신체적 증상들이 나타날 때는 물론이며 증상이 예측되는 상황에서 미리 몸의 반응을 확인하고 편안함을 줄 수 있도록 음악을 사용할 수 있다. 신체적 제반 증상이 일어날 때 불안이나 비정상적인 감각에 집중하기보다는 긍정적인 환기를 주는 데 음악을 사용할 수 있다.

이처럼 음악은 트라우마를 가진 청소년들의 신체적 증상 완화 및 예방에 친숙한 접근이 된다.

(3) 회복탄력성의 향상

회복탄력성은 상실과 트라우마에 마주하게 되는 상황에서 심리적이면서 신체적인 기능의 건강함뿐만 아니라 상대적인 안정성을 유지하는 능력으로 간주될 수 있다. 이는 역경과 스트레스에 직면했을 때 적절하게 수용해 가는 과정이라 할 수 있다. PTSD를 갖고 있는 청소년들의 경우에는 발달과 경험 상이 같은 대처능력, 회복에 대한 탄력성이 낮고 발달되어 있지 않아 회복탄력성의 요인을 증가시켜 주는 것만으로 상당 부분 일상회복에 도움이 된다고 한다. 회복탄력성에 기여하는 요인들에는 긍정적 성격과 정서, 지적기능, 인지적인 유연성, 사회적인 지지, 건강한 애착행동, 자기방어, 이타주의 등이 있다. 음악은 그 자체로 표현적이고 다양한 정서를 가지고 있어 청소년들의 심리적 상태를 반영해 주면서 긍정적인 방향으로 무드(mood)를 옮겨 갈 수 있도록 한다. 또한 자유롭게 변형이 가능한 음악치료의 구조에서 인지적으로 유연성을 가질 수 있도록 할 수 있다.

음악에서의 변화는 음악적인 요소들의 관련성이 있고 심미적인 것으로 허용되는 것이기 때문에 그 변화의 속성 자체가 안전하다. 따라서 변화에 긴장하거나 불안해하는 것이 아니라 변화를 수용하고 안전한 환경을 청소년 스스로 만들어 갈 수 있도록 할 수 있다. 스트레스나 불안에 직면하게 하되 그것이 위협적이지 않기 때문에 청소년들 스스로가 음악적 변화 안에서 해결을 모색하고 안정을 찾을 수 있도록 대처하는 능력을 함양할 수 있는 것이다. 그룹음악치료의 경우에는 사회적 지지감을 공유하고 그룹에서의 역동을 통해 회복의 에너지를 느낄 수 있도록 한다. 음악을 만들어 가는 과정은 성취감을 주며, 희망은 각각의 상황을 바탕으로 미래를 만들어 가는 힘이 된다는 것을 체감하게 한다. 부정적인 에너지는 음악의 흐름 속에서 떠나 보내고 음악의 요소들이 주는 새로운 통찰들을 얻을 수 있을 것이다.

(4) 상황에 대한 인지적 왜곡의 중지

청소년기는 상상력과 창조성을 장점으로 갖는 시기다. 이러한 상상력과 창조성은 새로운 것을 경험하고 만들어 내는 데 큰 도움이 된다. 반면, PTSD 청소년들은 트라우마 경험 때문에 이러한 상상력과 창조성을 부정적으로 사용하기도 한다. 물론 이러한 과정은 의식적으로 일어나는 것이 아니라 자동적 사고에 의해 이루어진다. 자신이 경험한 장소, 사람, 색깔, 온도, 분위기, 옷차림 등 트라우마와 관련된 것들이 있으면 다시 같은 상황을 재경험하게 될 것에 대한 두려움을 가지게 된다. 안 좋은 방향으로의 상상력은 여기에 불안을 가중시킨다. 다시 사건이 일어날 것에 대한 여러 경우의 수를 끊임없이 생각하기도 한다. 부정적인 생각 안에 계속 머무르게 될 수도 있다. 실제로 벌어지지 않을 상황이 당장 일어날 것 같은 사고의 왜곡이 매우 흔하게 나타난다. 이러한 문제들을 치료하기 위해 인지행동치료(CBT)에서는 심리교육, 성동소설, 상상노출, 왜곡된 인지의 재구성 등의 방법을 적용하기도 한다. 유사한 접근으로 음악적 중재는 인지적 문제뿐만 아니라 안전한 경험적 과정으로 PTSD에 효과적으로 접근할 수 있다(이소래, 2014). 음악은 그 자체로 창조적이면서 상상력을 자극한다. 음악이 가진 어울리는 화성, 아름다운 멜로디, 역동적인 리듬은 긍정적인 상상력을 자극하고 창조성을 일깨운다. 트라우마와 관련된 주제를 다루더라도 음악이 가진 미학적 요소를 통해 부정적 사고를 중단하고 있는 그대로의 아름다움을 받아들이고 수용할 수 있도록 한다. 노래의 가사는 왜곡된 부분들을 확인하고 사고중지를 할 수 있도록 하는 직접적인 매개체가 되기도 한다. 가사토의나 가사 만들기를 통해 왜곡된 부분들을 가시적으로 볼 수 있게 되며 이를 통해 적절한 방향으로 사고를 전환할 수 있다.

(5) 분노 및 충동 조절

감정의 기복이 있고 조절능력이 떨어지는 청소년 시기에 트라우마를 경험하는 것은 감정의 폭발 위험을 늘 가지고 있는 것과 같다고 할 수 있다. 자신이 컨트롤할 수 없는 상황에 대한 분노는 자신에게도 타인에게도 위험하다. 직접적으로 사람을 공격하거나 표현하지 않는 경우에도 자신을 공격하거나 주변의 물건에 해를 가하는 방식으로 나타나기도 한다. 자주 나타나는 방식으로는 가족에 대한 분노표현이 잦아지는 것이다. 작은 일에도 예민하고 짜증이 심해진다. 별것 아닌 피해에 분노하고 복수심을 갖기도 한다. 실제 행동으로 옮기지 않더라도 생각으로는 매우 잔인하게 복수하거나 분노를 표현하는 상상을 자주 한다고 한다. PTSD 청소년들의 경우, 의식적으로는 화를 참거나 표현을 참아야 한다고 생각하지만 자신도 모르게 소리를 지르고 있거나 화를 내고 있는 것을 발견하게 된다고 한다. 분노의 감정조절이 그만큼 쉽지 않다는 것이다. 일상생활도 쉽지 않은 자신들과는 다르게 아무 일 없이 행복하게 사는 사람에 대한 분노를 품기도 한다. 기분이 자주 바뀌어 변덕스러워졌다는 얘기를 주변으로부터 듣기도 한다. 이처럼 분노와 충동의 조절은 PTSD를 경험하는 청소년들에게 중요한 과제가 된다. 음악에서의 악기연주는 허용된 방식으로 분노를 표현할 수 있는 구조를 가진다. 타악기는 자신이 강도를 조절할 수 있기 때문에 연주를 통해 분노의 수위를 확인하고 조절하는 과정을 거칠 수 있다. 그룹음악치료에서는 서로의 연주를 듣거나 상호작용해야 하기 때문에 즐거움 속에서 자연스럽게 충동을 조절해 볼 수 있도록 한다. 음악적 편성이나 음악의 볼륨은 청소년들이 가진 분노와 충동의 수위를 감각적으로 느껴 보고 이러한 에너지를 건강하게 표현할 수 있도록 사용될 수 있다. 따라서 음악의 감상과 연주 모두 분노와 충동조절을 위해 효과적인 방법이 될 수 있다.

(6) 죄책감 및 수치심의 감소

성폭력 피해를 입은 청소년의 경우 분노보다 먼저 획득되는 감정이 죄책감이나 수치심이라고 한다. 성에 대해 매우 폐쇄적인 우리나라의 경우에는 더더욱 그럴 수 있다. 자신이 잘못한 것이 아님에도 불구하고 스스로를 지키지 못했다는 죄책감, 사회적으로 용인되지 못하는 분위기로 인한 수치심은 위축을 준다. 부모에게 실망을 안겨 주었다는 생각, 자기가 못나서 이런 일을 당했다는 생각, 다른 사람들이 자신을 이상하게 볼 것 같다는 생각들이 끊임없이 따라온다. 성폭력이 아닌 트라우마를 겪는 경우에도 죄책감과 수치심은 일반적인 주제가 된다. 청소년기에는 자아가 건강하게 확립되고 충분한 독립성을 획득했다기보다는 가정, 학교라는 제한된 환경에 따라 영향을 받는다. 이러한 상대적 의존성과 상대적 독립성은 트라우마를 가진 청소년이 만나는 사람, 가족들의 반응에 따라 죄책감과 수치심의 강도가 달라진다. 따라서 자신의 잘못이 아니라는 것을 허용할 수 있도록 하는 지지적 환경이 제공되어야 한다. 음악은 매우 지지적인 환경이다. 장조의 조성, 내재박, 긴 프레이즈, 느린 템포, 미적인 감정을 주는 화성, 악기들의 음색, 규칙박 등은 충분히 지지적인 환경을 제공해 준다. 이 부분을 적용하기 위해서는 악기연주나 가사분석 등의 활동보다는 적극적인 감상이나 GIM, 성악심리치료 등의 깊은 탐색적인 음악치료의 방법이 효과적이다. 음악 속에서 자신을 용서하고 몸과 마음에 위로를 주는 지지적 방법이 된다.

(7) 긍정적 자아지각 및 자아존중감 향상

PTSD 청소년들은 매우 낮은 자존감을 나타낸다. 자주 위축되어 있고 행동을 개시할 좋은 에너지가 부족하다. 자아존중감 향상은 음악치료의 주요한 목적이 된다. 그만큼 자존감에 긍정적인 영향을 줄 수 있는 것이 음악적인 성취다. 음악에서의 성취는 자긍심 증진으로 이어진다. 치료사의 계획하게 진행되는 치료 안에서의 음악적 행동(연주, 노래 등)은 배경 지식이나 경험이 없어도 할 수 있으며 즐거움을 준다. 음악적 성취과정을 이루고 있는 자신에 대한 정체성을 가질 수 있으며 자아지각에 있어서 긍정적인 변화를 가져올 수 있다.

3) 청소년 PTSD를 위한 음악치료 프로그램의 실제

다음은 8회기로 구성된 청소년의 PTSD를 위한 음악치료 프로그램이다. 그룹과 개인 모두에게 사용할 수 있다. 각각의 회기주제는 서로 다른 트라우마를 가진 그룹에서도 공통적으로 필요하고 적용될 수 있는 것들이며 그룹의 특성이나 환경에 따라 회기를 조절할 수 있다. 청소년들이 다루고 해결하기에는 너무 무거운 주제들로 그룹에 영향을 줄 수 있기 때문에 그룹세팅이라는 특성을 고려하여 트라우마의 상세한 내용을 깊게 다루지는 않았다. 이는 그룹원이 음악이라는 안전한 환경 안에서 공통적으로 필요한 이슈를 해결하기 위함이다. 그룹프로그램을 마친 후에는 청소년 또는 전문가의 의견에 따라 추후 개별치료로 진행하여 도움을 줄 수 있다.

(1) 전체 회기 구성(8회기)

회기	목적	프로그램명	내용	준비물
1	신체적 과각성 및 심리적 불안 감소	나의 몸에게	-이완음악 속에서 몸의 불안을 이완 -음악과 함께 몸과 마음에 위로 주기 -6음 이내의 완만한 멜로디 안에서 몸에게 주고 싶은 가사를 넣어 노래	이완음악 음원플레이어 가사보 필기도구, 기타
2	불안 감소 및 정서적 지지	편안해도 괜찮아	-음악과 스트레칭 -오션드럼으로 평안한 상태를 연주 치료사의 화성과 연주로 통합 -하향 베이스 안에서 지지적 성악즉흥 -수용적 가사를 넣어 정서적 지지	오션드럼 레인스틱 키보드
3	불안 감소를 위한 호흡훈련 및 음악의 적용	편안함을 알려 줄게	-외상적 증상 알아채기 -음악과 함께 호흡법 연습하기 -수면 시 사용할 수 있는 음악과 호흡법 연습 -「널 사랑하겠어」의 송라이팅으로 자신을 격려하는 노래 부르기	키보드 가사보 음원
4	왜곡된 사고의 수정 및 자신을 허용하기	있는 그대로	-하향 음악 속에서 부정적 감정 탐색 -안정감이 있는 음악 안에서 감정 허용 및 객관화 -따뜻한 음악과 함께 격려하기 -모데라토 음악에 맞추어 지지적 연주	심상음악 핑거심벌즈 레인스틱 에너지차임 트라이앵글
5	왜곡된 사고 수정 및 부정적 감정 감소	마음의 짐 내려놓기	-버리고 싶은 생각과 감정 적기 -'강' 이미지의 음악 속에서 보내기 -격려가 되는 색깔을 고른 후 밝은 음악과 함께 가져가기 -타악기로 격려가 되는 단어들의 느낌을 연주하기 -다이내믹이 느껴지는 「나는 나비」에 맞춰 에너지를 느끼도록 함	음원 타악기
6	긍정적 자아지각 및 자아존중감 증진	사랑하고 있어요	-노래 「장미」를 함께 부름 -꽃말 리스트를 나누어 주고 외상 당시의 자신에게 주고 싶은 의미를 선택 -노래의 해당 부분에 넣어 부름 -현재의 나에게 주고 싶은 것으로 위와 같이 반복 -노래 「희망사항」의 가사에 자신의 장점을 하나씩 얘기하고 만든 후 그룹전체가 이어 부름 -잘 할 수 있는 것 3가지를 선택하고 즉흥노래로 동음 제창, 화음 등으로 부르며 자신을 격려하게 함	기타, 키보드 가사보, 꽃말 필기도구

7	회복탄력성 증진	언제 어디서나	–노래「개똥벌레」를 부르고 주인공의 상황에 대해 나눔 –행복한 개똥벌레가 되기 위한 가사로 함께 바꾸어 보고 부름 –내가 행복해지기 위해 필요한 것으로 가사를 바꾸어 함께 부름 –다양한 음악적 요소의 변화가 있는 즉흥연주 구조에 각자 조화, 변화를 택하여 반응하고 연주 –편안한 장소를 생각하고 편안한 음악과 함께 안정된 자신만의 느낌을 가짐	가사보 키보드 음원
8	자아존중감 및 긍정적 정서 함양	다시 시작해 천천히, 꾸준히	–「바람이 불어오는 곳」을 부르며 각 부분에 해당하는 악기 연주 –「슈퍼스타」를 부르고 미래의 자신에게 주고 싶은 단어 넣어 부르기 –에너지가 느껴지는 음악 속에서 긍정적인 감정을 확인하기	음원, 키보드 리듬악기 가사

(2) 구체적 활동내용 및 방법 예시

〈1회기〉

1. 제목: 나의 몸에게
2. 목적: 신체적 과각성 및 심리적 불안 감소
3. 내용 및 절차
   1) 심호흡을 통해 몸과 마음을 탐색할 준비를 한다.
   2) 음악이 시작되면 음악이 주는 편안한 분위기를 불안이 가장 많이 느껴지는 곳에 보내 주도록 한다.
   3) 트라우마와 관련하여 신체 중에 가장 불편하게 느껴지는 곳을 느껴 보고 음악으로 위로를 보내 주도록 한다.
   4) 음악 속에서 몸에게 위로의 말, 격려의 말을 건네도록 한다.
   5) 치료사가 「몸에게 보내는 노래」를 부르는 동안에 청소년은 트라우마 때문에 힘들었던 몸의 한 부분을 생각하며 전하고 싶은 말을 생각한다.
   6) 떠오른 말을 노래의 빈곳에 넣어서 부르고 노래를 부를 때에 해당 신체 부

분에 손을 올려 둔다.

7) 5)번과 6)번에서와 같이 마음에게 주는 노래 가사를 만들고 부른다.

8) 몸과 마음을 자주 확인하고 알아 줄 수 있도록 격려하고 마친다.

4. 소요시간: 60분
5. 준비물: 이완음악(secret garden), 음원플레이어, 가사보, 필기도구, 기타
6. 치료적 의미: 트라우마로 인해 제반 증상을 느끼고 있는 몸의 감각을 음악 속에서 탐색하고 위로해 줌으로써 몸의 과감각을 줄이고 불안을 감소시킬 수 있다.
7. 기타: 첫 회기에 트라우마에 다룰 때 플래시백이 일어나지 않도록 음악은 짧으면서도 편안한 것으로 선곡한다. 노래 역시 가사를 너무 길게 다루지 않도록 그 접근에 있어서의 조심성이 요구된다.

〈2회기〉

1. 제목: 편안해도 괜찮아
2. 목적: 불안 감소 및 정서적 지지
3. 내용 및 절차

1) Relaxation 음악과 함께 간단한 스트레칭과 호흡을 통해 편안함을 가질 수 있도록 한다.

2) 오션드럼을 소개하고 다이내믹의 표현, 소리의 조절에 대해 탐색한 후 마음의 역동과 불안을 표현하도록 한다. 치료사는 청소년의 연주를 그대로 반영하면서 정서적 상태를 청각적으로 확인할 수 있도록 해 준다.

3) 연주가 끝나 갈 무렵에 같은 악기로 마음에 평안을 주는 연주를 하도록 한다. 이때 치료사는 매우 지지적이고 반복적인 멜로디와 화성의 연주를 통해 안정적인 상태를 유지할 수 있도록 해 준다.

4) 4마디씩 반복되는 하향 베이스런, 화성의 노래에 마음의 평안을 줄 수 있는 구음(라, 리, 흠 등)을 선택하여 구조 안에서 즉흥연주를 한다.

5) 이때에 주제를 '나에게 주고 싶은 마음'을 표현하도록 하며 위로와 격려, 편안함을 실어서 노래할 수 있도록 한다.

6) 구음으로 노래하는 것이 익숙해지면 '편안함을 줄게, 편안해도 괜찮아' 등

수용적인 가사를 넣어서 즉흥연주를 하며 안정감을 획득할 수 있도록 한다.

4. 소요시간: 60분
5. 준비물: 오션드럼, 레인스틱, 키보드
6. 치료적 의미: 심리적, 신체적인 안정상태가 일정 시간 동안 충분히 지속될 수 있도록 음악적 환경을 만들어 준다. 오션드럼이라는 악기의 연주구조와 음색은 연주하는 이에 따라 다이내믹이 매우 달라져 역동성과 편안함을 동시에 표현할 수 있다. 트라우마를 가진 청소년에게 감정을 안전하게 표현하게 하고 안정감을 줄 수 있는 연주를 하는 것은 불안을 감소시키고 안정화된 상태를 유지하도록 해 준다. 또한 반복되는 화성에서의 즉흥노래는 안전한 환경에서 부정적인 감정을 밖으로 보내고 위로와 격려를 확인할 수 있도록 한다.
7. 기타: 즉흥노래에서의 주제는 치료 시 나눈 대화에서 주요단어들을 추출하여 제시하고 그것을 감정과 연결해 본 후 정하도록 한다. 치료 참여 당시의 감정 상태가 즉흥노래에서 가장 효과적인 주제가 되는 것이다.

〈4회기〉

1. 제목: 있는 그대로
2. 목적: 왜곡된 사고의 수정 및 자신을 허용하기
3. 내용 및 절차
   1) 하향하는 음악과 함께 현재 자신이 가진 부정정인 감정들에 무엇이 있는지 확인해 본다.
   2) 감정 중에 가장 마음에 거리는 것을 선택한다.
   3) 머무르는 음악과 함께 해당 감정을 도형으로 이미지화하여 만난다.
   4) 자신의 감정에게 해 주고 싶은 이야기를 건넨다.
   5) 느린 움직임과 따뜻함이 느껴지는 음악과 함께 자신에게 위로를 건넨다.
   6) 따뜻함, 편안함을 느낄 수 있는 악기 하나를 선택하고 치료사의 지지적 즉흥연주와 함께 연주한다.
4. 소요시간: 60분
5. 준비물: 심상음악(GIM music program), 편안함을 제공하기 위한 악기(핑거심벌즈, 레인스틱, 에너지차임, 트라이앵글 등)

6. 치료적 의미: 수치심, 죄책감, 슬픔, 억울함 등의 부정적인 감정들은 청소년들이 해결하기에는 매우 무거운 감정들이다. 이 감정들은 청소년의 행동양식이나 신체에 부정적인 영향을 준다. 따라서 이러한 감정들이 자신의 잘못에서 왔다는 왜곡된 생각을 멈추고 스스로 감정을 알아 주고, 위로해 주는 음악적 Ritual은 매우 상징적이라 할 수 있다. 이때에 사용되는 음악은 감정을 다루지만 충분히 따뜻함을 동시에 가지고 있어 청소년이 가진 트라우마를 침습 없이 안전하게 만나고 도울 수 있다.
7. 기타: GIM 세팅으로 다루는 경우에는 해당 반드시 훈련을 받은 심상음악치료전문가에 의해 시행되어야 한다. 특히, 청소년들이 트라우마를 재경험하게 될 수 있는 여지가 있기 때문에 징후를 알아채고 중재하며, 음악으로 충분한 Grounding을 시키는 것이 무엇보다 중요하다.

〈8회기〉

1. 제목: 다시 시작해, 천천히, 꾸준히
2. 목적: 자아존중감 및 긍정적 정서 함양
3. 내용 및 절차
   1) 제이레빗의 「바람이 불어오는 곳」을 함께 들으며 부른다.
   2) 가사 중 바람이 시작되는 곳과 바람이 갈 곳에 대해 이야기하며 자신의 상황과 비교하여 나누어 본다.
   3) 노래의 느린 부분, 나아가는 부분, 멈추는 부분 등을 구분하여 각각에 맞는 악기를 선택한 후 해당하는 부분에 연주한다.
   4) 앞으로 나아가는 부분에서 좀 더 속도감을 가지고 연주할 수 있도록 하고, 해당 부분에서 '앞으로 나아갈 자신'을 주제로 가사를 바꾸어 부른다.
   5) 이한철의 「슈퍼스타」를 함께 듣는다.
   6) '괜찮아, 잘 될 거야' 부분에서 자기의 미래에 주고 싶은 격려로 바꾸어서 부른다. 후렴부는 가사 또는 여흥구로 반복하고, 치료사는 리듬변형을 통해 이 같은 내용을 강화한다.
   7) 청소년이 좋아하는 음악을 선택하고 음악 속에서 신체의 상태와 마음의 상태를 살핀 후 신체와 마음에게 주고 싶은 이야기를 각각 얘기해 주도록 한다.

8) 에너지가 느껴지는 음악을 들으며 신체와 마음에 에너지를 불어넣어 주도록 한다.

4. 소요시간: 60분
5. 준비물: 음원(「바람이 불어오는 곳」, 「슈퍼스타」), 키보드, 리듬악기, 가사
6. 치료적 의미: 노래 「바람이 불어오는 곳」은 토의할 가사를 제공하면서도 음악이 흐르는 분위기라서 너무 무겁지 않은 다짐을 해 보도록 동기부여를 준다. 또한 음악적 역할을 정해 보는 것은 변화에 대해 보다 적극적으로 참여하고 과제를 주도적으로 이끌어 갈 수 있는 기회를 줌으로써 청소년이 트라우마에서 벗어날 수 있는 에너지를 제공한다. 노래 「슈퍼스타」 역시 지지적인 가사를 통해 자존감을 높여 줄 수 있다. 마지막으로 트라우마와 관련되어 지속적으로 다루어야 할 부분이 신체와 마음이기 때문에 음악 속에서 이를 지지하는 것은 트라우마를 극복하기 위한 지속적 연습이 된다.
7. 기타: 음악의 다양한 속도를 연주과정 안에서 충분히 경험하게 한다.

4) 청소년 PTSD를 위한 음악치료 프로그램 사례

프로그램 명: 소중한 나를 위한 만남

글: 음악치료사 장문정

기간: 2015년 7월 25일~8월 15일, 주2회 총 8회기

치료사 소개: 음악치료사 장문정은 음악과 사람이 있어 일상이 행복한 음악치료사다. 물론 만나는 이들은 아픔과 상처와 우울과 불안을 가진 환우들이지만 음악과 함께 변화하는 환우들을 보며 더없이 행복한 인생을 살고 있다. 꽃을 좋아하고 사람들과의 대화를 즐겨하며, 사람에 대한 진심은 지켜져야 한다는 믿음을 한결같이 갖고 살고자 한다. 숙명여대에서 음악치료를 전공하고 박사과정을 하였으며 심상음악치료사(FAMI), 성악심리치료사(AVPT)이기도 하다. 현재, 경기도 고양시 소재의 명지병원에서 정신과 환우들을 위해 일하고 있다. 또한 숙명여대와 경기대에서 음악으로 또 누군가를 돕기 위해 공부하고 있는 학생들을 지도하며 음악치료사로서의 진한 삶의 순간을 나누고 있다.

참여자 소개: PTSD로 진단받거나 트라우마 증상을 보이는 청소년 5명(학교 추천 중 · 고등학생)

A(15세, 남): 아버지가 과로사로 돌아가신 이후 말수가 줄고, 상호작용반응이 거의 없음. 학교를 쉬고 있으며 집 밖에 나오지 않음.

B(17세, 여): 암 투병을 2년 정도 하신 엄마가 돌아가셨으며 엄마에게 잘해 드리지 못한 것에 대한 죄책감을 가지고 있음. 우울로 인해 입원한 경력이 있으며 악몽을 지속적으로 꾸고 있음.

C(13세, 여): 동네 아저씨에게 성추행을 당한 경험이 있으며 이후 몸을 씻지 않으려 하고, 남자들이 지나가면 소리를 지르는 등의 반응을 보임. 자해 3회 정도 시도함.

D(14세, 여): 휴가를 다녀오다가 고속도로에서 차량 전복사고를 당함. 이후로 차가 많은 곳을 지날 때 과호흡이 일어나며 기절한 경험이 있음. 식은땀, 몸의 경직 등 신체반응이 두드러지게 나타남. 병원치료 중에 치료진의 권유로 참여하게 됨.

E(17세, 남): 교통사고로 아버지는 중환자실에 계시고 본인은 가벼운 타박상을 입음. 아버지만 많이 다치신 것에 대한 미안함이 있으며, 사고 가해자를 죽이고 싶다는 말을 자주 함. 분노가 있으며 소리를 자주 지르고, 책상이나 창문을 주먹으로 깨기도 함. 학교 측의 추천으로 의뢰됨.

주요내용: 외상의 경로가 다르지만 비슷한 문제 양상을 보이는 부분을 감소하기 위한 목적으로 신체의 과각성 및 불안, 인지적 왜곡(부정적 사고의 방향 전환), 부정적 정서라는 영역을 중심으로 하여 이완음악, 송라이팅, 악기연주를 중심으로 적용함. 총 8회기로 구성되었으며 마포구 소재 중학교에서 방학프로그램으로 진행함. 연령이 13~17세로 다소 차이가 있었으나 동시대에 유행하는 음악, 연습 없이 시도할 수 있는 연주구조 안에서 자연스럽게 음악을 누릴 수 있도록 함.

진행과정

–1~3회기: 신체와 심리적 불안을 탐색하고 불안을 소거할 수 있는 이완음악을 적용, 악기 연주 시 편안한 음색을 중심으로 하여 연주하였으며 가사활동 역시 지지적인 노래를 중심으로 적용하였다.

–4~5회기: 왜곡된 사고 수정과 감정을 주로 다루었다. 외상의 원인을 자신에게 둔다든지, 현 상황에서 벗어날 수 없다는 부정적인 생각, 회복이 불가능할 것이라고 여기는 부정적 신념에서 벗어나 인지적 · 심리적 방향을 긍정적으로 전환할 수 있게 하는 데에 초점을 두었다. 이에 생각과 감정을 탐색하고 객관화하는 음악심상작업, 감정 허용, 격려가 되는 자원 선택하기 등의 노래와 악기활동을 적용하였다.

–6~8회기: 정서적 지원을 초점으로 하여 자신 안의 긍정적인 면을 확인하는 송라이팅, 다양한 변화에 대처해 볼 수 있는 즉흥연주, 자신을 격려하는 노래의 가사 등을 적용하여 자아존중감을 회복하고 긍정적인 정서를 가질 수 있도록 하였다.

사례

뜨거운 여름, 첫 만남

거의 10년 전에 알게 된 마포의 특수교사 선생님께 프로그램 의뢰를 받고 PTSD에 관한 책을 읽다가 문득 '머리로 이해하려 하지 말고 가슴으로 느껴 보자.' 라는 다짐을 하게 되었다. 무엇을 주려고 하지 말고 그저 수용해 주고 함께해 주는 것이 먼저임을 새기며 약속된 장소로 향했다. 에어컨을 튼 지 얼마 되지 않아 여전히 더운 프로그램 교실에서 아이들을 맞을 준비를 하며 임상 경력 14년의 오랜 경력이 무색하리만큼 심장이 뛰었다. 심장이 귀에 달린 듯…… 나는 왜 떨리는 것일까? 두려운 것일까? 아이들에게 가장 좋은 것을 주지 못할까 봐?

한두 명씩 아이들이 들어왔다. 여느 때 보던 청소년과 비슷한 외모들이었지만 다른 것이 확연하게 느껴졌다. 낮은 시선과 경계가 분명하게 느껴졌다. 중학교 1학년인 여자아이 한 명을 제외하고는 인사를 건네는 아이가 없었다. 나는 최대한 아이들을 자연스럽게 대하기 위해 준비한 음악을 틀고 몸이 원하는 속도대로 숨을 쉬도록 했다. 교실이 조금씩 시원해지면서 아이들도 차분해져 가는 느낌이었다. 자이언티의 「꺼내 먹어요」를 틀고 일상의 이야기를 나누었다. 물론 아주 짧게 하는 대답들 일색이었으나 그것으로 족했다. 적어도 처음에 가진 경계가 조금 풀렸다는 신호 같았기 때문이다. 후렴부분에서 두 번째 박에 손과 발을 움직이는 아이들이 보였다. 음악이 아이들을 움직이게 한다. 역시 음악이다. 음악이 그 일을 하게 해야 한다.

울음은 슬픔을 놓게 해 줘~

두 번 정도 더 진행되는 동안에 아이들은 참 많이 울었다. 아마도 참 많은 시간을 울고 또 울었을 텐데…… 세션 속에서의 눈물은 남다른 의미가 있었다. 대부분 자신에게 주고 싶은 말을 생각하며 음악 속에서 전해 보는 활동에서 남녀랄 것 없이 흐느껴 울다가 음악이 확장되는 부분에서는 더 크게들 울었다. 나도 같이 울 수밖에 없었다. 눈을 감고 있어서 아이들이 보진 못했지만 내가 예시로 해 준 '내 잘못이 아니야, 견디느라고 애썼어.' 라는 말에 울음을 터뜨린 그 마음이 어떤지가 전해져 울지 않을 수 없었다. 아직 여리고 어린 학생들이 어른들도 지고 가기 어려운 마음의 짐을 참 무겁게 지고 가고 있는 게 안타까웠다. 그래도 이 시간만큼은 음악이 그들의 짐을 좀 가볍게 해 주는 것 같아 치료사로서 의미가 있었고 감사한 시간이었다. 참 이례적인 것은 「Let it be」의 가사를 분석하는 활동에서 아이들이 의외로 자신에게 줄 수 있는 지혜의 말을 잘 생각해 냈고 활동을 마친 후 5명 중 3명의 아이들이 가사를 달라고 했다. 어쩌면 해결은 밖에 있는 것이 아니라 자신 안에 있는 '지혜' 인지도 모르겠다. 「Let it be」가 어렴풋이나마 아이들에게 그걸 알게 해 준 것이 아닐까? 이 아이들 앞에 있는 나에게는 어떤 지혜의 말이 있을까. 내 안의 답에 귀를 기울이며 하루를 정리한다.

진짜인 것과 가짜인 것

학생들과 송라이팅이나 가사분석을 하기 위해 이야기를 나눌 때 참 많이 놀랐던 것이 있었다. 아이들이 생각보다 왜곡된 생각을 많이 하고 있다는 것이었다. 병으로 돌아가신 부모님의 죽음도 자기 탓, 외부로부터 외상을 당한 아이도 자기 탓, 평생 아무것도 할 수 없을 바에야 죽는 게 낫다는 자살사고 등 사실과는 다른 결론을 택한 아이들이 너무 많았다. 물론 그게 아니라고 수많은 사람들이 얘기를 하고 지지해 주었겠지만 아이들은 왜곡된 생각을 계속 유지해 왔다. 그래서 나는 새로운 음악적 전략을 적용해 봤다. 자기의 부정적(왜곡된) 생각을 적은 리스트를 칠판에 쭉 써 놓고, 자기의 것을 제외한 다른 아이의 생각에 진짜와 가짜를 나누어 보게 한 것이다. 그리고 그것을 차분한 노래에 담았다. 겹치는 조언들이 많았기 때문에 어쩌면 자기가 자기에게 조언을 하는 형태가 포함되었다. 남이 말할 때는 믿을 수 없던 객관화가 자기 안에 이루어지는 활동이라고 할까? 노래를 부르고 났더니 아이들이 어이없다는 듯이 피식피식 웃었다. 자기가 진짜라고 생각한 감정이 사실은 가짜의 생각이었고, 가짜의 감정이라고 여겼던 것이 사실은 진짜인 사실이기도 하다는 것. 그래서 잘 가려내지 않으면 우리의 마음을 끝도 없이 추락하게 한다는 것이다. '끝도 없는 추락' 이라는 말을 가장 어린아이가 사용해서 언니 오빠들이 "와~~" 하는 반응을 해 주니 어깨를 으스대던 아이의 모습이 기억에 남는다. 우린 그렇게 충격적인 사건과 사고 앞에서 어쩌면 충격과 아픔을 더 잡으려 하는지도 모르겠다. 어른이 아니니 아이들은 더 그럴지도.

변화는 불안하지 않아, 그리고 우리 안엔 사랑이 있어

PTSD를 가진 청소년들에게 '회복탄력성' 은 매우 중요하다. 이 시기에는 참 많은 변화들이 있는데 아이들이 가진 PTSD는 그 변화에 대처하는 능력을 상실시키기 때문이다. 특징상 불안이 드러나 있고 변화를 매우 두려워하기 때문에 '변화' 를 다룰 만하고 즐거운 것으로 수용할 수 있게 해 주는 음악적 재미를 더해 주고 싶었다. 아이들이 스트레스 때문에 집중력이나 기억력이 너무 낮아졌다는 말을 듣고는 진짜 그런지 모방연주를 통해 확인해 보았는데 생각보다 잘 모방하는 것을 보고 지들끼리 웃고 난리다. 자기들을 너무 평가절하해 왔단 것을 알아챘을 것이다. 자, 이젠 대망의 즉흥연주! 구조가 있는 것과 없는 것을 포함하여 각자 자신에게 어울리는 그리고 어울리지 않는 악기로 2번씩 즉흥연주를 시도했다. 편안함이 유지되는 듯하면 새로운 소리로 편안함을 깼다. 어떤 아이들은 다시 편안함을 찾으려고 조용한 자기 악기를 크게 연주하기도 했고, 어떤 아이들은 새로운 연주를 따라오기도 했다. 제각기 다른 연주의 반응은 서로 조화를 이루기도, 상충하기도 했다. 그러면서 내가 단어를 제시하여 노래하면 금방 분위기를 파악하고 새로운 것을 시작했다. 누가 먼저랄 것 없이 한번에 20분 이상씩 연주하고 노래하는 순간의 카타르시스를 무엇으로 표현할 수 있을지…… 그것은 아이들을 가두어 놓은 그 무엇으로부터의 해방감 같은 것이었다. 나도 아이들에게서 온 감정들을 좋은 것으로 바꾸어 다시 돌려주며 그렇게 나 자신에게도 '놓임' 을 주었다. 연주를 마친 후 가장 큰형이 웃으며 한 소리가 '재수 없어!' 였다. 그 말속에 '뭐 이렇게 좋아?' 가 담겨 있다는 것을 우리 모두는 알았다. 그래서 함께 웃었다. 마치는 연주로 「나는 나비」를 최대 볼륨으로 틀어 놓고 타악기로 연주했다. 공연실황 음원이었는데 윤도현의 느린 Intro에서 8비트 강한 사운드가 나오는데 아이들은 힘을 주체할 수 없는 듯했다. 결국 내가 같은 키로 맞춰 키보드를 반주하고 음원을 서서히 껐다. 진짜 빨라져도 그렇게 빨라질 수가 없이 '날개를 활짝 펴고' 를 강하게, 빠르게 연주하는 아이들의 틈 속에서 내 손도 강해진 나비처럼 반주를 해 갔다. 그러고 보면 참 좋은 가사다. 애벌레인데 상처가 많고, 여기저기 상하고 찢기지만 숨 죽이고 준비하다 번데기가 되고, 그걸 뚫고 나와 날개를 활짝 펴고 날아갈 거라는 의지가 담긴 「나는 나비」. 무언가로 인해 멈추고, 힘을 잃고, 상실한 누군가에게 더없이 일치감과 격려를 줄 수 있는 노래다. 비록 내가 윤도현처럼 시원시원하게 노래하지는 못했으나 아이들이 2, 4박에서 강하게 연주하는 비트에 맞춰 아이들이 날기를 바라는 마음으로 반주를 했다. 그리고 아이들은 음악 위에 나는 듯했다.

잘 가, 노을 같은 아이들아~

처음에 아이들이 와서 경계를 하던 때가 엊그제 같은데 짧은 방학 동안 8회기를 하느라 일주일에 두 번씩 빠지지도 않고 수고가 많았다. 중반부까지는 덥다, 짜증 난다 말도 많았지만 5회기 지나서는 나에게 악기를 많이 가지고 오라고 잔소리도 했다. 물론 이 8회기로 아이들이 가진 트라우마들이 모두 극복이 되지는 않았을 것이다. 그저 자신에게 벌주지 않고 자신을 위로할 수 있는 방법을 배웠다면 족하다. 죽을 듯이 숨이 막혀 오는 날이 있을 때에 여기서 함께 음악을 들으며 숨 쉬던 것을 기억하길 바란다. 모든 것을 마치고 악기 정리까지 돕고 아이들을 안아 주며 내가 더 마음이 짠했다. 뭔가 묘한 표정의 양가감정이 보이는 아이들을 보내며 창밖으로 아이들을 뒷모습을 보는데, 그 모습이 참 노을같이 아름답다. 뒷모습도 아름다운 우리 시대의 청소년들. 삶의 한 자락 슬픔에 걸렸지만, 삶의 전체엔 기쁨이 더 많아지기를 하늘 가득한 노을의 정겨움에 기도해 본다. 너희들의 잘못이 아니야, 너희 안에는 힘이 있어, 사랑이 있어~.

진짜, 가짜....

〈청소년과 함께한 왜곡된 인지 확인과 수정에 대한 송라이팅〉

3. 청소년 진로탐색

1) 개요

우리나라 중고등학교 청소년들이 가장 많이 고민하는 문제는 학업성적이고 그 다음이 진학 및 진로 문제라 할 것이다. 학업수행은 우리나라 청소년들에게 있어서는 주요한 발달과업 중 하나로 상급학교와 취업을 위한 기본적인 조건이 되며, 진로 문제는 중고등학교 시절에서부터 대학생에 이르기까지 취업 등의 문제와 연관된 스트레스 요인이 되고 있다.

현대적 의미의 진로는 임금을 받는 직업에만 국한되는 것이 아니라 일의 총칭으로, 개인이 전 생애 동안에 일과 관련해서 경험하는 모든 활동을 포함한다. 즉, 진로란 단순히 성인이 되어 특정한 직장을 선택하는 것에 한정된 것이 아니라 개인이 전 일생을 통해 일관되게 이루어 가는 일을 뜻한다(한국청소년개발원 편, 2004).

한 개인이 자신의 진로를 바르게 선택한다는 것은 그 개인이 자아를 실현하고 행복한 삶을 누린다는 의미에서뿐 아니라 인력이 적재적소에 배치되어 균형된 인력이 자연스럽게 이루어진다는 데서도 큰 의미가 있다. 진로를 선택하려면 우선 자신에 대해서 알아야 하며, 그러고 나서 자신의 특성에 적합한 일이 무엇인가를 알아야 한다. 더욱이 사회구조가 복잡해지고 생활양식이 다양해지며 가치관이 보다 다원화되어 가는 미래사회에 살아갈 학생들의 진로는 이제까지의 진로에 대한 의식과 교육방법만으로 해결하기 어려운 과제다(이난, 2011).

우리나라의 상황에서는 성적이 좋으면 진로선택에 대한 폭이 다양하게 펼쳐지는 반면, 성적이 낮으면 선택의 폭이 줄어들며, 최악의 경우에는 본인의 의사와 관계없이 어딘가에 배치되어지는 상황에 이르게 되기도 한다(김봉환, 박예진, 2010). 직업과 일을 통한 자아개념의 형성은 이후 자아정체감 형성의 결정적인 요소가 됨을 고려할 때, 청소년 시기는 한평생의 직업과 진로의 시작이며, 진로선택은 사회경제적 성취뿐 아니라 가정생활의 준비이자 사실상 청소년기 발달과업 수행의 일환인 것이다(윤진, 1993).

최근 연구결과들에 의하면 우리나라 청소년들 대부분이 안정적인 직업을 선호하며, 이러한 경향은 중학생이나 고등학생, 남녀별로 미비한 차이만을 보일 뿐 대체적으로 유사하게 나타나고 있다. 통계청(2014)의 '청소년 통계'에 따르면, 13~19세 직업 선택의 요인은 적성 · 흥미 38.1%, 수입 25.5%, 안정성 18.6%, 보람 · 자아성취 6.9%, 발전성 · 장래성 5.1%, 명예 · 명성 4.2% 순으로 차지하고 있었다. 좀 더 구체적으로 살펴보면 적성 · 흥미가 중학생 41.6%에서 고등학생 39.7%로 줄어드는 반면, 수입은 중학생 22.3%에서 고등학생 26.2%로 증가하는 경향이 있었다.

청소년기는 흔히 아동기로부터 성인기로 이행하는 혼란과 혼돈의 시기라 할 수 있다. 에릭슨(Erikson, 1963)에 따르면 발달상 이 시기의 핵심적 특징은 개인이 아동기에 이루어 놓은 동일시를 더 이상 중요하게 생각하지 않고, 보다 복잡한 조건과 상황 속에서 새로운 자아에 이르는 과정에서 자아탐색을 한다는 점이다. 이 시기의 발달과제인 정체감을 성공적으로 달성하지 못할 때 맞게 되는 위기를 역할의 혼미라 하고, 이 시기를 자아정체감 대 정체감 혼미의 단계라고 부른다. 에릭슨은 이 시기에 형성되는 새로운 자기인식은 어린 시절의 장난기나 치기 어린 도전적 열정에 의한 것이 아니라 청소년들로 하여금 일생을 헌신할 만한 선택과 결정을 하도록 만들며, 진로의 선택과 한 직업에의 헌신이 정체감 형성에 중요한 영향을 미친다고 보았다. 또한 피아제(Piaget, 1969)의 인지발달단계에 따르면 구체적 조작단계의 사고에서 형식적 조작단계의 사고로의 전환은 대략 12세경에 시작된다. 따라서 청소년기 초반에는 문제해결과 계획을 세우는 일 등이 상당히 비체계적이나 고등학교를 마칠 때쯤 청소년들은 문제해결에 있어서 가설설정은 물론 추상적인 것을 다룰 줄 아는 능력과 더불어 정신적인 조작을 통해 문제를 해결하는 능력이 발달하게 된다. 이 단계가 되면 여러 상황에서 자기를 분석할 수 있으며, 성인들의 직업세계에 자신을 투사할 수 있게 된다는 것이다.

이러한 점들을 고려해 볼 때 청소년기에 객관적인 자기이해를 전제로 한 진로탐색 및 선택이 이루어지도록 돕는 것은 무엇보다 중요한 일이다. 청소년기에 올바른 진로지도를 통하여 분명한 진로목표를 설정하고 그를 달성하도록 촉진시키는 일은 자아정체감의 형성은 물론 부적응적 행동의 예방이라는 차원에서도 매우 중요하게 다루어져야 할 것이다(김봉환, 박예진, 2010).

청소년의 자아탐색, 자아의 발견, 자아의 결정, 자아의 실현을 교육함으로써 진로선택과 결정을 스스로 할 수 있도록 하는 것이 중요하다. 자기 자신의 진로를 객관적이고 합리적인 방법과 과정을 통하여 인식하게 하고 선택 및 결정하도록 하는 도움이 필요하다. 청소년 자신이 자아를 정확하게 이해하고 자기를 둘러싸고 있는 주위환경을 충분히 고려하여 가장 적합한 진로를 선택하고 결정할 수 있도록 도와줌으로써 자기 자신의 발전은 물론 사회와 국가에 공헌할 수 있는 인재를 양성해 갈 수 있을 것이다.

(1) 진로 발달

진로 발달(career development)이란 인간의 지적 · 신체적 · 정신적 발달과 마찬가지로 직업에 대한 지식 · 기능 · 태도 등이 어려서부터 발달하기 시작하여 청년기에 이르러서 성숙된다는 것이다.

터크만(Tuckman, 1974)은 자아인식, 진로인식, 그리고 진로의사결정이라는 세 가지 요소를 중심으로 8단계의 진로발달이론을 제시하였으며, 슈퍼(Super, 1953)는 직업선택이나 직업발달이 아동기부터 성인초기에 이르기까지 국한되지 않고 인생의 전반에 걸쳐서 발달 · 변화된다고 주장하였다. 직업발달을 진로발달과 동일한 것으로 간주하면서 성장기로부터 탐색기, 확립기, 유지기를 거쳐 쇠퇴기까지로 구분하였다.

진로 발달을 인식-탐색-준비-전문화 단계로 나누고, 이러한 진로발달의 개념에 우리나라의 기본학제를 연관시켜 보면 [그림 3-1]과 같다(이난, 2011).

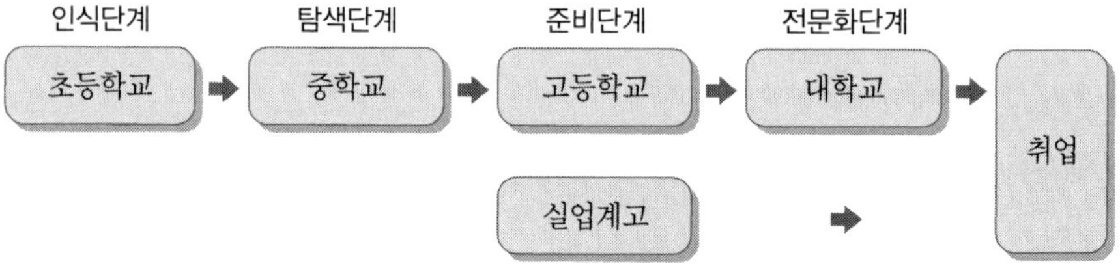

그림 3-1 국내의 진로 발달단계

출처: 이난(2011).

중학교시절은 진로탐색의 시기로서 특히 직업에 대한 지식과 진로결정 기술을 확립하도록 지도하는 것이 핵심사항이다. 또한 중학교에서는 초등학교에서 강조되던 일에 대한 안내를 계속해 나가는 동시에, 긍정적인 자아개념의 발달과 의사결정능력의 증진을 기하고, 직업정보 및 탐색적인 경험을 제공해 주며 학생들로 하여금 자신의 진로계획을 세워 보도록 도와주는 것이 필요하다. 고등학교의 시기는 자신의 능력, 적성, 흥미, 경제적 여건, 직업포부, 중요한 타인들의 의견 등을 고려해서 진로를 선택하고 그 진로를 개척해 나갈 수 있는 탐색과 준비를 해야 한다. 우리의 상황에서는 평생교육을 위하여 상급학교에 진학할 것인지 아니면 직업세계에 입문할 것인지를 결정해야 하기 때문에 진학지도와 취업지도가 중요한 과제로 등장하게 된다(김봉환, 박예진, 2010).

(2) 진로성숙도

슈퍼(Super, 1955)는 진로성숙도란 개인이 현재 보이고 있는 진로행동이 그 개인의 연령층에 기대되는 진로행동과 얼마나 일치하는가에 의해 평가되는 것으로, 그 일치도가 높을수록 그의 진로성숙도가 높은 것이라고 정의하였다. 즉, 진로성숙도는 진로 발달의 수준을 다시 한 번 재정립하는 것으로 진로에 대한 성숙한 행동의 기준은 연령단계와 발달수준에 따라 달라진다고 보았다. 진로성숙도의 하위요인으로는, 첫째, 진로선택과정에 필요한 태도로 진로문제에 대한 관심도 및 진로선택에 필요한 자료이용의 효율성을 말한다. 둘째, 자신이 선택하고자 하는 진로에 관한 계획성, 정보수집으로 진로에 대한 정보수집의 세심한 체계성 및 진로계획의 치밀성과 진로계획의 참여도를 말한다. 셋째, 선택하고자 하는 직업의 분야 및 수집의 일관성을 말한다. 넷째, 자기 특성의 구체적 이해로 재미의 성숙과 유형, 진로문제에서의 독자성, 진로계획에 대한 책임감과 직업의 일로부터의 보상에 관한 관심들을 말한다. 다섯째, 진로문제에 있어서의 지혜로 능력과 흥미의 일치도다(김화정, 2015에서 재인용).

진로성숙이란 자기 자신의 이해 그리고 일과 직업 세계의 이해를 기초로 하여 자기 자신의 진로와 전공을 탐색하며 계획하고 선택하는 과정 중에 있을 때, 같은 연령이나 진로발달단계에 있는 집단의 발달과업 수행 정도에서 포함하는 개인의 상대적인 위치라고 한다. 여기서 자기 자신의 이해는 자기의 적성, 재능, 재미, 가치관, 신체적 조건, 환경적 조건 등을 포함하며 일과 직업 세계의 이해는 직업 정도, 일과 직업의 조건, 직업윤리, 직업관 등을 포함한다(이상애, 조현양, 2007).

진로성숙의 요소는 태도요인(정의적 요인)과 능력요인(인지적 요인)으로 나눌 수 있다. 태도요인에는 자기이해를 바탕으로 계획성, 독립성, 결정성, 사회적 협력성 등이 포함된다. 계획성은 자신의 진로방향 선택 및 직업결정을 위한 사전준비와 계획의 정도를 말하며, 독립성은 자신의 진로를 탐색, 준비, 선택하는 데 있어서 스스로 할 수 있는 정도를 말한다. 결정성은 자신의 진로방향 및 직업 선택에 대한 확신의 정도를 말한다. 능력요인에는 직업선택에 대한 이해능력, 직업선택을 위한 의사결정능력이 포함된다. 직업세계에 대한 이해능력은 직업의 종류, 직업의 특성, 작업조건, 교육수준, 직무 및 직업세계의 변화 경향과 직업정보 획득 등 6개 분야에 대한 지식과 이해의 정도를 말한다. 직업선택능력은 자신의 적성, 흥미, 학력, 신체적 조건, 가정환경 등과 직업세계에 대한 지식과 이해를 토대로 자신에게 적합한 직업을 선택할 수 있는 능력을 말하며, 의사결정능력은 자기 자신 및 직업세계에 대한 올바른 이해와 지식을 바탕으로 진로와 관련된 의사결정과정에서 부딪치는 갈등상황을 합리적으로 해결하는 능력을 의미한다(김봉환, 정철영, 김병석, 2006).

결과적으로 진로에 대한 고민도 하나의 발달과업으로서 발달의 각 단계마다 요구되는 만큼의 고민을 하고, 그 고민을 해결하기 위해 탐색을 시도하는 과정이 필수적으로 중요하다고 볼 수 있다. 따라서 이 과정에서 청소년들이 보다 합리적이고 효율적인 방법으로 탐색을 할 수 있도록 도움을 제공하는 것이 필요하다.

2) 청소년 진로탐색을 위한 음악치료의 목적

청소년기는 그들 자신이 꿈꾸는 이상과 현실의 비합리적인 면에 대해 갈등하고 고뇌하며 성장하는 시기다. 하지만 그 과정 속에서 지나친 불만은 반발이나 반항심을 자아내며 열등의식 속에 사로잡히게 되어 긍정적인 관점을 지니지 못하게 되는 결과를 가져오게 된다.

음악은 매체와 기술의 발달과 함께 시간과 공간의 제약 없이 다양한 방법으로 접할 수 있게 되었고 더 강한 자극을 요구하는 청소년들에게 스트레스를 해소하고 감정을 분출하는 기능으로 작용하고 있다. 또한 음악은 청소년들에게 그들이 지닌 정서와 정신세계에 풍요를 주며 이상의 구현을 가능하게 하는 힘을 갖도록 돕는다. 이러한 이유로 청소년기에 있어서 음악은 매우 중요한 역할을 할 수 있으며, 청소년들은 더욱 음악을 사랑하며 음악과 함께 생활하게 되는 것이다(김미향, 2005).

청소년들은 현재 자신이 느끼고 있는 긍정적 · 부정적 정서들을 표현하기 위해 손뼉을 치거나, 악기를 두드리고, 노래를 흥얼거리거나 또는 리듬 있게 몸을 흔든다. 음악을 통해 자신이 창의적으로 시도하고 표현할 때에 개인으로서의 자신감과 다양한 성취감을 경험하고 자아개념을 확립해 갈 수 있다. 음악을 통한 미적 경험은 긴장감을 해소하고 파괴적 충동을 완화하며 자아 내부의 여러 가지 갈등을 정화시켜 통일과 조화의 상태를 유지하게 한다. 또한 상호 공감의 이해력을 증진시켜 정신건강에 도움을 준다. 따라서 음악은 청소년 개인의 정서적 풍요로움과 안정감을 제공하여 정신생활에 유익함을 가져다줄 뿐 아니라 공감을 통한 사회적 관계 및 적응력 발달에 긍정적인 영향을 주어 청소년기의 정체성 확립을 도울 수 있다.

(1) 자신에 대한 이해 및 자아정체감

진로탐색 및 선택에서 가장 중요한 것은 자신의 능력, 적성, 성격, 흥미, 희망, 욕구, 인생관, 가치관 등에 대한 이해다. 자신에 대한 정확한 이해는 나를 보는 여러 관점들에 의하여 형성된다. 즉, 내가 나를 이해하는 것, 남이 나를 이해하는 것, 내가 희망하는 이상적인 것 등이 나를 보는 관점으로 형성되며, 자신을 충분히 이해하고 판단하는 데 많은 도움을 주게 된다. 나 자신에 대하여 갖는 생각, 마음의 태도인 자아는 이것의 의식이 싹트는 시기에 자신의 장래희망이나 직업에 대한 구체적인 탐색을 시작하게 된다.

청소년기에 와서 자아정체감 확립의 문제가 두드러지게 되는 이유는 청소년 시기가 진로에 대한 선택이 요청되는 시기이기 때문이다(서봉연, 1995). 진로의 방향을 설정하고 이에 대해 준비해야 하는 청소년들은 자신의 적성을 알고 직업세계와 일에 대한 객관적인 이해를 바탕으로 진로에 대한 합리적인 계획을 세우고 그에 대한 준비를 해야 한다. 청소년들이 자기 자신이 누구인지, 자신의 가치관과 적성, 그리고 흥미는 무엇인지 등과 같은 자아정체성에 대한 고려와 함께 자신의 환경을 고려한 뒤 삶의 의미와 목적을 발견하고 자신의 진로를 현명하게 선택하여, 선택한 직업에서 지속적으로 발전한다면 보람 있고 가치 있는 삶을 살 수 있게 될 것이다. 이를 위해서 청소년들은 보다 확고한 자아정체감과 성숙된 진로의식을 가지고 있어야 할 것이다. 따라서 자아정체감 형성의 결정적 시기에 있는 청소년들이 자신의 특기, 적성, 흥미, 인성특성, 능력에 대한 이해와 직업세계에 대한 객관적인 이해를 바탕으로 진로계획을 세울 수 있도록 도움이 필요하다.

이러한 도움을 제공하기 위해 청소년 대상의 음악치료는 음악을 통해 자신의 정서, 감정을 촉진시켜 주고 자아실현을 할 수 있는 활동을 제공하여 내재된 동기를 자극하고 그룹 간의 상호교류를 이끌어 낼 수 있다. 비언어적 교류의 특징을 가지는 음악으로 자신의 내면을 자연스럽게 표현하게 해 주고, 자신의 존재에 대해 인식할 수 있게 돕는 것이다. 또한 그룹 음악치료에서 경험하는 지지와 강화를 통한 만족감은 활동의 참여를 촉진시키고, 청소년 스스로가 더욱 적극적으로 자기표현을 할 수 있게 하며, 자신감을 향상시킨다. 이러한 과정에서 청소년은 스스로를 긍정적으로 재인식하며 자아존중감을 증진시킬 수 있다(임현정, 2005).

음악감상은 부담을 주지 않는 친근하고 편안한 환경을 조성하여 긴장을 이완시키고, 타인과 생각 및 감정을 공유하며 감정을 촉발하고 자기를 탐구하도록 도울 수 있다. 노래는 행동변화를 유도하여 개인의 감정을 인식하고 이해하며, 더 나아가 다른 사람과의 관계들을 탐색하면서 본인의 내면세계에 대해 새로운 발견과 과거의 문제를 다루어 현재에 영향을 주는 내재된 문제를 알아 가도록 할 수 있다(정현주, 2005). 특정 가사나 구절이 의미 있게 다가올 때, 청소년들은 노래에서 다루어지는 내용과 관련된 감정에 공감하고 위로받는 감정이입을 할 수 있다. 또한 상징과 투사, 자기 정화, 설득, 보편화, 자기표현을 할 수 있다(정현주, 김동민, 2010). 따라서 노래 대화하기를 통해 청소년들은 부정적 자아상을 긍정적으로 전환시키고, 자신의 생각과 감정을 살펴봄으로써 자신을 인정하고 타당성을 제공받아 청소년 자신의 모습을 탐구할 수 있는 기회를 가질 수 있다.

(2) 자기효능감

자기효능감이란 자신이 어떤 일을 훌륭히 해낼 수 있다는 개인적 신념이다. 청소년기의 자기효능감은 학업성취와 관련이 있다(정옥분, 2008). 직업선택과 진로개발에서는 개인효능감이 진로개발과 직업수행에 중요하여 효능감이 높을수록 직업선택의 범위가 넓어지고 그 직업에 대한 흥미가 커지며, 직업적인 효능감은 직업흥미에 영향을 줌으로써 직업선택에 영향을 줄 뿐만 아니라 성실한 지속적 수행을 통해 직업성취에 영향을 미친다고 하였다(Betz & Hackett, 1981; Hackett & Lent, 1992).

베츠와 루초(Betz & Luzzo, 1996)에 따르면, 자기효능감은 특정행동 수행 혹은 행동 변화를 결정하는 중재요인으로서의 역할을 수행하고 진로결정 과정에서의 인지적 능력뿐만 아니라 진로와 관련된 동기수준에도 커다란 영향을 주게 된다고 하였다. 학교에서 계속적으로 성공을 경험한 학생은 적극적인 자기효능감을 유지하지만 계속적으로 실패를 경험한 학생은 실패가 누적됨에 따라 자기효능감이 점차 소극적인 방향으로 변화되어 간다. 학생이 지각하는 자기효능감에 따라서 성취행동이 달라질 수 있으므로 자기효능감을 높이면 어떤 행동을 성취하고자 하는 동기가 높아지고 진로성숙 수준이 높아진다(강영숙, 2002). 성공적인 음악적 경험에 의한 성취감은 자긍심 향상, 자신감과 관련된 자기효능감, 그리고 진로성숙도의 목적을 달성하는 데 유용하게 사용될 수 있다.

노래 부르기는 가사를 통해서 타인의 경험이나 감정을 간접적으로 경험할 수 있고 자신의 감정을 이입할 수 있어 다양한 직업세계에 대한 이해, 자신과 타인에 대한 이해로 연결시킬 수 있다. 따라서 직업에 관련된 내용을 담은 노래를 부르면서 직업의 내용과 역할을 배울 수 있고, 긍정적인 미래를 기대하는 노래 부르기를 통해서 앞으로의 미래를 꿈꾸도록 도와줄 수 있다.

그룹에서의 노래 만들기는 또래집단의 반응과 지지를 중요하게 생각하는 청소년의 창의적 아이디어를 끌어내며, 이는 그룹 내의 신뢰감을 형성하여 더욱 안전한 환경에서 내면을 표현할 수 있도록 돕는다. 창작의 과정 속에서 재창조된 결과물을 통해 성취감과 자신감을 갖도록 하며, 이를 통해 개인적 역량으로서의 자기효능감을 강화시킨다(문영애, 2002). 그룹에서 악기를 함께 연주하는 활동은 청소년에게 성취감을 주고 자기주도적으로 할 수 있다는 자율성과 음악을 만들어 냈다는 자긍심을 향상시킨다.

즉흥연주는 훈련된 음악적 기술을 필요로 하지 않기 때문에 누구에게나 흥미를 줄 수 있으며, 치료사와 청소년 내담자가 함께 음악을 만드는 과정에서 발생하는 다양한 음악적 경험과 내적 가치들은 그들에게 치료적으로 도움을 준다(Boxill, 1985/1994). 따라서 즉흥연주를 통하여 청소년들은 감정을 자연스럽게 표현하고 자신의 심리적인 특성들을 스스로 이해하며, 타인과의 교류를 통해서 자신에게 적합한 것들이 무엇인지 발견해 간다. 또한 청소년 스스로 자신이 긍정적이고 가치 있는 사람으로 인식하고, 할 수 있다는 자신감을 경험함으로써 자신에 대한 믿음을 발전시키고 자기효능감을 향상시켜 나간다(임재영, 2008).

(3) 의사결정능력

자아정체성이 형성되기 시작하는 청소년 시기는 다양한 의사결정을 하게 되고 그런 과정이 연속적으로 이루어지게 된다. 그러므로 자신의 능력, 흥미, 가치관, 경제적 여건, 직업적 열망, 부모의 기대 등을 고려하여 자신의 특성에 적합한 진로선택을 하는 것은 한순간에 결정이 내려지는 일회적인 행위가 아니고 생애 전 단계에 걸쳐 계속적으로 일어나는 과정이라 할 수 있다. 청소년들은 자신에 대한 정보, 직업세계에 대한 정보 등을 가지고 최종적으로 진로를 선택하게 되는 의사결정을 해야 한다. 이러한 의사결정을 합리적으로 잘 하느냐 그렇지 않느냐에 따라 자기에게 적합한 진로를 선택할 수도 있고 그렇지 못할 수도 있다. 아무리 훌륭한 능력과 정보를 가지고 있어도 이를 적절히 활용해서 최선의 선택을 할 수 있는 의사결정기술을 갖추고 있지 않으면 올바른 진로결정을 하기가 어렵다.

진로의사결정이란 어떤 문제상황에 처하게 되었을 때, 그 문제를 해결하기 위하여 몇 가지 대안을 마련하고, 이를 일정한 준거에 의거하여 상호 비교함으로써 가장 합리적이고 실행 가능한 대안을 선택하고 이를 실행에 옮기는 과정이라 정의할 수 있다(한국진로교육학회, 1999).

진로를 결정하는 일은 개인의 일생을 통해서 성취해야 할 가장 중요한 과업 중의 하나다. 겔라트(Gelatt, 1962)는 진로상담 과정에 있어 학생들로 하여금 훌륭한 결정을 내릴 수 있도록 돕는 것으로 결정은 결과만 가지고 평가할 것이 아니고 결정을 내리게 되는 과정에 의해서 평가되어야 한다고 주장한다. 따라서 청소년들의 진로에 관한 의사결정 과정에 초점을 두고 의사결정 기술을 증진시키도록 조력하는 것이 중요한 목표가 될 수 있다(김봉환, 박예진, 2010에서 재인용).

이러한 청소년의 의사결정과정 및 기술증진을 위해 음악치료를 사용할 수 있다. 악기연주를 통해 음악을 만들어 가는 과정에서 청소년들은 단계적으로 과제를 수행함으로써 선택을 위한 의사결정을 하는 태도와 쉬운 일과 어려운 일을 선택해야 하는 상황에서의 태도, 순서적인 처리능력과 정보 활용 능력을 향상시키도록 도울 수 있다.

음악치료에서 즉흥연주는 음악적 환경으로 주어진 상황이 있고, 청소년 스스로가 이 상황에서 무엇을 어떻게 한다는 자체가 곧 어떤 삶을 창조해 가는가를 나타낸다. 즉, 악기의 크기, 높이, 모양, 소리들과 같은 주어진 악기라는 환경이 있고 이 제한된 조건 속에서 자신이 낼 수 있는 모든 가능성을 시도해 보는 것이다. 주어진 조건 안에서 많은 가능성을 발견하고 창조해 가게 되는 경험뿐만 아니라 자신에게 주어진 과제를 그 시간에 해결해야만 하는 특성이 있다. 따라서 즉흥연주는 주어진 조건 안에서 선택과 결정을 하고 이를 해결해 가는 과정과 기술을 경험한다는 측면에서 청소년에게 의미 있는 작업을 제공해 줄 수 있다.

3) 청소년 진로탐색을 위한 음악치료 프로그램의 실제

(1) 전체 회기 구성(4회기)

구성: 음악치료사 김현정

회기	목적	프로그램명	내용	준비물
1	진로탐색에 대한 개념 이해	꿈이란 무엇일까	진로탐색을 주제로 하는 음악극을 시연한 후, 주제에 관해 토론하거나 감상 소감 나누기	키보드, 다양한 리듬 및 멜로디 악기
2	자기 및 타인에 대한 태도 이해와 인식	나는 누구?	좋아하는 것과 싫어하는 것에 대해 각자 브레인스토밍하고, 그룹원들이 공통적으로 나눈 이야기 중심으로 가사 만들기	종이, 필기구
3	진로탐색 동기 부여를 위한 각인화	나를 노래하다	가사를 완성하고 멜로디를 붙여 음악극의 테마송 작곡하기	반주악기 (키보드 혹은 기타)
4	진로탐색에 대한 동기부여	나와 너, 우리들의 꿈	음악극에 테마송을 삽입하여 내레이션, 연주, 노래와 함께 음악극 공연하기	키보드, 기타 다양한 리듬 및 멜로디 악기

(2) 구체적 활동내용 및 방법 예시

〈3회기〉

1. 제목: 나를 노래하다
2. 목적: 진로탐색 동기부여를 위한 각인화
3. 내용 및 절차
   1) 'Verse-Bridge-Chorus'의 구조에 '좋아하는 것의 나열—꿈이 되기 위한 조건—꿈을 위한 다짐과 노력'을 연결시켜 가사를 다듬는다.
   2) 가사의 분위기에 어울릴 것 같은 조성과 템포, 리듬을 다양하게 제시하고 그룹원이 선택하게 한다.
   3) 전체적인 분위기를 잘 표현할 수 있는 반주 악기를 선택하게 한다.
   4) 첫 번째 소절 가사에 어울릴 것 같은 멜로디를 예로 제시하고 그룹원이 수

정 · 보완하여 완성하게 한다.

5) 첫 소절 멜로디를 토대로 하여 Verse 부분에 해당하는 멜로디를 완성하고, 필요에 따라 가사의 글자 수를 적절하게 변형 · 조절한다.

6) 완성된 Verse를 반복하여 부르면서 익힌다.

7) Verse 부분에 이어 반전의 분위기가 느껴지는 화성으로 Bridge 부분의 반주를 제시한다.

8) 멜로디와 화성, 가사의 글자 수를 수정하며 Bridge 부분을 완성한다. 완성된 부분까지 반복적으로 노래하며 익힌다.

9) 같은 방식으로 Chorus 부분을 만들고 완성된 노래를 반복적으로 부르며 익힌다.

10) 진로 탐색과 관련한 자신들의 이야기를 담은 음악적 결과물에 대한 소감을 나눈다.

4. 소요시간: 50분

5. 준비물: 반주악기(키보드 혹은 기타)

6. 치료적 의미: 가사는 많은 내용을 함축적으로 표현할 수 있으며, 가사에 붙은 특정한 멜로디와 화성으로 인해 가사의 내용은 더욱 쉽게 각인화된다. 또한, 멜로디와 화성은 정서적인 반응을 불러일으키기 때문에, 진로탐색과 관련하여 깨달은 내용을 단순히 기억하는 데 그치지 않고 실행에 대한 의지를 감정적으로 촉진할 수 있게 해 준다.

7. 기타: 다수의 그룹원이 공통된 멜로디를 만드는 작업은 쉽지 않다. 작곡이라는 전문적 영역에 대한 막연한 두려움이 있기 때문에, 자유로운 표현을 허용한다는 명목으로 주도권을 과도하게 넘겨 주게 되면 진행과정이 매우 지루하고 힘든 시간으로만 느껴질 수 있으며, 만족스럽지 못한 결과물이 생길 경우 각인화 작업은 실패할 수 있다. 그룹원들이 제시하는 의견을 무조건 수용하기보다는 그들의 의견을 토대로 부족한 부분에 대한 다양한 대안을 제시해 가며 상호 조절하는 등의 개입이 필요하다.

4) 청소년 진로탐색을 위한 음악치료 프로그램 사례

프로그램 명: 드림 뮤직(Dream Music)

글: 음악치료사 김현정

기간: 1일 4회기 진행

치료사 소개: 음악치료사 김현정은 주로 청소년 및 청년들을 대상으로 활동하고 있다. 일반 중·고등학교 학급의 청소년 및 법무부 위탁청소년, 다문화 가정 청소년, 인터넷 중독 청소년, 성폭력·가정폭력 피해 청소년, 탈북 청소년들은 물론 일반 대학생, 군인, 국군병원 입원 환자들을 대상으로 정서적인 지원과 긍정적인 미래 설계를 치료적 목적으로 하는 음악 활동을 진행한다.

참여자 소개: 일반 중학교(1~3학년)의 진로탐색 동아리 멤버 10여 명

주요내용: 음악극을 구성하는 내레이션, 연주, 합창을 다양하게 경험함으로써 진로탐색이라는 다소 딱딱한 개념을 쉽고 재미있게 받아들이게 한다. 음악극의 메시지를 토대로 직접 자신을 탐색하며, 타인들과 내용을 공유함으로써 각각의 사람에 대해 이해하는 시간을 제공한다. 직접 만든 가사와 멜로디로 자기 탐색에 대한 결과물을 만들고, 음악극의 맥락에 맞게 노래를 삽입하여 다시 한 번 진로 탐색에 관한 메시지를 확실히 깨닫게 한다.

진행과정: 1회기–음악극을 통해 진로 탐색에 대한 개념 접하기, 다양한 악기와 새로운 노래를 통해 음악극 자체를 즐기기

2회기–'좋아하는 것과 싫어하는 것'이라는 주제로 자신에 대해 알아 가며, 더불어 타인을 이해하고 공통점과 차이점 찾아가기

3회기–공통된 내용과 공통된 정서를 표현할 노래 만들기

4회기–직접 만든 노래를 음악극 안에 삽입하여 자신들만의 이야기로 완성하기

사례

바람 불어 좋은 날

바람 불어 좋은 10월의 어느 멋진 날이었다. 토요일임에도 불구하고 학교에 모여든 아이들의 얼굴에서 기분 좋은 가을을 느낄 수 있었다. 아이들은 서로 낄낄대고 장난치느라 웃음이 끊이질 않았지만, '진로 탐색 수업'이란 것에는 별 기대를 가지지 않는 듯 보였다. 이미 진로탐색 동아리 활동을 하고 있는 데다가 자유학기제로 인한 갖가지 진로탐색 수업이 많아진 탓인 듯했다. 그러던 중에 한 아이가 질문을 던졌다. "오늘은 음악 시간이에요? 진로 수업 시간이에요?" 음악활동과 진로탐색은 구분이 된다는 전제를 내포하는 동시에 이런 방식의 수업은 경험한 적이 없다

는 의미로 다가오는 질문이었다. "꿈을 꾸는 방법에 대한 고민을 음악이 도와줄 거야." 이게 나의 대답이었다. 갸우뚱하는 아이들이 대부분이었지만, 그것도 잠시, 책상 위에 놓여진 낯선 악기들에 시선이 모아졌다.

꿈을 찾아가는 이야기

어떠한 지시도 없이 노래를 시작했다. 아이들은 진지한 태도로 가사에 주목하며 노랫소리에 귀를 기울여 주었다. 음악극의 시작을 알리는 이 노래는 음악극 전체의 주제이자 꿈에 대해 고민하는 청소년들의 고백과 같은 가사로 표현해 보았다. 기대감이 없어 보였던 아이들에게서 호기심 가득한 시선을 얻는 데 성공한 것 같았다.

곧이어 나오는 이야기에도 줄곧 경청하는 태도를 보이던 아이들은 음악극 시연이 끝난 후에 다양한 소감을 표현해 주었다. "내용 이해하기 어렵지 않았어요." "노래가 맘에 들어요." "이런 거 처음 해 봐요." 시연이 끝난 후, 음악극의 내레이션, 노래, 연주 부분의 역할을 나누어 아이들이 직접 꾸며 볼 수 있게 했다. 아이들은 리듬 악기를 사용하여 내레이션이 묘사하는 장면을 표현하는 것을 즐거워하였으며, 특히 이야기 중 여러 나라로 여행을 떠나는 부분에서 가장 놀라워했다. 중국과 스페인, 중동 지역을 여행하는 느낌을 표현할 수 있도록 각각 Pentatonic,

〈음악극의 시작 부분에 부르는 노래〉

Spanish, Middle Eastern scale에 해당하는 실로폰을 제공했는데, 자신들의 즉흥연주가 그럴싸한 음악이 되었다는 게 매우 신기한 듯이 흥분하는 모습도 보였다.

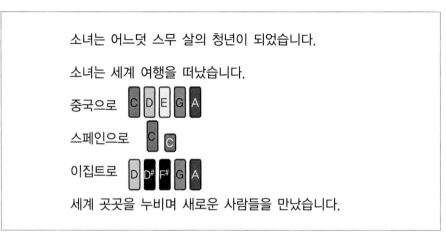

소녀는 어느덧 스무 살의 청년이 되었습니다.

소녀는 세계 여행을 떠났습니다.

중국으로 

스페인으로 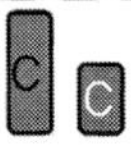

이집트로 

세계 곳곳을 누비며 새로운 사람들을 만났습니다.

〈내레이션과 실로폰 즉흥연주가 번갈아 가며 나오는 부분〉

우리들만의 노래

'내가 좋아하는 것' 을 기반으로 다양한 모습의 직업을 생각해 볼 수 있다는 음악극의 메시지를 바탕으로 브레인스토밍을 시작했다. 자신의 기호에 대해서 막힘없이 써 내려가는 아이는 물론, 한참을 고민에 빠진 아이들도 있었지만 다들 진지하게 자신에게 집중하는 시간을 가졌다. 그리고 그 내용을 발표하며 자기와 타인의 공통점을 찾아보게 했다. 많은 아이들이 누군가와 '함께' 했던 경험에 대해 이야기했고, 각자가 겪은 다양한 '즐거움' 의 순간들에 대해 말하기 시작했다. 또한, 자신을 위로하는 '그 어떤 것들' 에 대한 이야기도 다양하게 언급되었다. 아이들이 나눈 '그 어떤 것' 은 각 사람의 흥미와 재능이 무엇인지 알게 해 주었다. 충분한 발표 후에 가사를 만드는 작업이 진행되었다. '어떤 성격의 경험들이 나를 행복하게 하는지' 를 Verse 부분에 가사로 넣고, '그 행복의 경험을 타인과 함께 나누는 것이 꿈의 본질' 이라는 내용을 Bridge로 만들었다. 마지막 Chorus 부분에서는 꿈을 이루기 위해 노력하겠다는 다짐으로 가사를 완성했다.

노래는 전체적인 음악극의 흐름과 매우 잘 어울렸고, 아이들은 자신들만의 이야기가 담긴 노래를 함께 부르는 것에 만족감을 표현했다. '내가 좋아하는 것' '나를 행복하게 하는 것' 을 찾는 것이 꿈을 위한 첫걸음이라는 것은 이미 많은 수업을 통해 알고 있었지만, 그것을 노래와 연주가 있는 스토리로 엮어 보는 경험이 신선하다고 했다.

〈참여자들의 이야기를 바탕으로 만든 테마곡〉

음악이라는 친구

아이들은 자신의 꿈과 직업을 찾기 위해 앞으로도 많은 시간을 고민해야 할 것이다. 하지만 꿈을 찾아가는 시간이 결코 힘들고 어렵기만 한 것은 아님을 기억하면 좋겠다. 즐거움 속에서 자신을 발견하고 그 즐거움을 더욱 가치 있는 일로 전환시키는 것에 열중한다면, 그리고 함께 만든 이 노래가 매 순간 아이들의 열정을 응원하는 친구가 되어 준다면 아이들은 더욱 행복하게 자기의 길을 만들어 갈 수 있지 않을까.

제4장

학교부적응 청소년을 위한 음악치료

1. 청소년 중독

청소년의 담배, 알코올 등의 약물중독은 현대사회의 발전과 미디어 발달을 통해 빠르게 확산이 되고 있다. 접속이 쉽고 사용이 용이해진 미디어는 다양한 정보와 자극들에 빠르게 청소년들을 노출시키고 있다. 청소년들은 바쁘게 살아가는 어른들 속에서 대부분 혼자 있거나 가족들 간의 대화가 단절되어 외로움을 경험하고 대부분의 시간을 미디어 사용으로 채우고 있다.

특히 호기심이 강하며 자기조절능력이 약한 성장하는 청소년들이 쉽게 접할 수 있는 물질과 미디어 노출은 더욱 사용의 빈도를 증가시키고 한번 노출된 자극에 청소년들은 쉽게 또다시 접촉이 가능하며 중독의 형태로 빠지게 된다. 이에 교육기관과 지역사회는 성장하고 있는 청소년들의 건강한 성장을 위해 중독에 많은 관심을 가지고 중독의 문제를 다방면으로 해결하기 위해 예방 및 대책 프로그램에 대해 조사·연구하고 있다.

1) 개요

세계보건기구(World Health Organization: WHO)에서는 중독에 대해 특정한 기호, 약물, 행동을 반복함으로 물질 및 행동에 대한 신체적 의존을 논하기 위한 개념으로 정의하였다. 중독은 조절할 수 없을 정도로 어떠한 행동을 반복해야 하는 상태를 이야기한다. 중독현상은 특정부위에 의존하는 물질중독과 특정한 행동이나 활동에 의존하는 행위중독으로 크게 구분한다. 물질중독으로는 니코틴, 알코올, 약물중독을 포함하며 행위중독으로는 도박, 섹스, 일, 쇼핑, 인터넷, 휴대전화, 미디어, TV 등으로 중독을 분류한다(한국정보문화진흥원, 2007).

〈표 4-1〉 중독의 분류

중독	
물질중독	행위중독
니코틴, 알코올, 약물	도박, 섹스, 일, 쇼핑, 미디어(인터넷, 휴대전화)

(1) 미디어 중독(인터넷, 휴대전화)

인터넷 사용은 1990년부터 시작되어 2008년에는 만 6세 이상 인터넷사용자가 35,360명, 인구 77.1%로 크게 증가하였다. 정보화 교육의 공급, 전산망의 개발, 스마트폰의 일반화가 인터넷 사용을 빠르게 확산시켰으며 이러한 IT의 성장은 개인 휴대전화를 통해 인터넷접속을 더욱 용이하게 하였다. 특히 한국은 세계에서 가장 빠른 전산망을 가진 국가로 발전하였으며 어디서나 손쉽게 인터넷에 접속할 수 있게 되었다(정보통신부, 2008; 한국인터넷진흥원, 2015).

그러나 IT 산업과 과학이 발전되며 미디어의 공급과 사용이 빠르게 확산된 반면 무분별한 미디어의 사용으로 인하여 부정적인 현상도 빠르게 확산되었다. 인터넷 및 휴대전화의 잦은 사용으로 사회관계가 줄어들고 혼자 인터넷을 즐기는 사람이 증가하였고 친구들과의 대화도 인터넷 채팅을 이용하는 경우가 많으며 인터넷에서 사용하기 편안한 줄임말들도 확대되었다. 인터넷의 다양한 자극들은 버튼 하나로 쉽게 노출이 되고 있으며 이러한 접속의 용이성은 더욱 자주 인터넷 접속을 하게 되고 멈추기 힘들어지며 조절능력을 상실하기도 한다. 또한 인터넷 중독을 통해 오랫동안 온라인 세계에 머무는 청소년들은 현실과 온라인 세계에 대한 혼란이 생기며 사회, 심리적인 여러 문제들, 폭력 및 문제행동까지 이어지는 등 역기능적인 인터넷 사용이 늘어나고 있다(노석준, 2010). 청소년의 81%가 휴대전화를 휴대하는 것으로 조사되었으며 대부분의 청소년들은 스마트폰을 통해 인터넷의 다양한 정보를 쉽게 접속하고 자주 사용하는 것으로 나타났다(통계청, 여성가족부, 2014).

골드버그(Goldberg, 1996)는 인터넷 중독(internet addiction)을 부적응적인 패턴으로 병리적이고 강박적으로 사용하는 것으로 정의하였다. 인터넷, 휴대전화 등 미디어 사용에 대해 도박이나 술처럼 인터넷에서 언제 나가야 할지, 그만해야 할지에 대한 통제력을 상실하게 되고 금단(인터넷 접속이 어려울 시 분노, 우울 등 부정적인 정서경험)과 내성(이전보다 더 강한 자극, 만족감을 위해 더 많은 시간 인터넷 사용)을 지니게 되며, 이로 인해 일상생활에 장애가 유발되는 '충동조절장애(impulse control disoder)'로 분류되기도 한다. 인터넷 게임을 할 때 나타나는 뇌의 이상 현상에 대한 실험에서 마약중독자들이 약을 복용할 때 나타나는 신경전달물질인 도파민이 분비된다고 하였으며 인터넷 몰입 시 뇌파는 마약중독자들의 뇌파와 동일한 것으로 밝혀졌다(SBS, 2009).

한국정보문화진흥원(2007)에서는 지나치게 많은 시간을 할애하여 채팅(chatting)하거나 대인관계를 현실에서보다 주로 사이버공간에서 가지거나, 사이버공간에서의 도박, 상거래, 정보수입이 과도한 것에 대해 문제를 지적하였다.

DSM-5에서는 인터넷 게임 중독의 진단기준을 제시하였는데 그 내용은 〈표 4-2〉와 같다.

인터넷의 과다사용으로 인한 부작용을 살펴보면 시력저하, 수면부족, 건강악화, 학업저하 등의 기능적 손상 등 생활에 문제를 가져오며 현실적 대인관계 축소, 사회적 고립, 폐쇄 시간 증가, 우울증이 증가하는 심리적인 문제를 나타낸다. 불안이 높은 사람은 스스로 컨트롤이 가능하며 좀 더 안전하다고 느끼는 스크린 속의 인터넷 세상에 더 중독이 되기 쉬운 것으로 나타났다(고유진, 채규만, 2004; 김종범, 한종철, 2001). 하지만 안전하다고 느낀 인터넷 세상에서 벗어나지 못하며 더욱 일상에서의 불안을 높아져 가며 악순환을 경험하게 된다. 이를 인터넷 사용의 부정적인 부수효과(negative repercussion)라 하여 인터넷에 오래 몰두하며 나타나는 거

〈표 4-2〉 DSM-5 인터넷 게임 중독의 진단기준

지속적이고 반복적인 인터넷 게임의 사용(종종 다른 사용자와 함께)이 다음에 열거한 진단 목록 중 5가지 이상 지난 12개월 동안에 나타난다. 1. 인터넷 게임의 몰두(지속적으로 이전 게임이나 다음 게임에 대해 생각한다. 인터넷 게임이 일상에 중요한 활동이 된다.) *병적도박에 해당되는 인터넷 도박과 구분됨. 2. 인터넷 게임을 중단할 경우 금단증상을 보이게 된다(예: 약물로 인한 증상이 아닌 과민함, 불안감, 슬픔과 같은 증상). 3. 내성: 인터넷 게임을 하는 데 더 많은 시간이 필요하다. 4. 인터넷 게임 이용 시간을 스스로 조절하기 힘들다. 5. 인터넷 게임을 제외한 이전의 다른 취미나 흥밋거리에 관심을 잃는다. 6. 정신과적인 문제에 대해 스스로 인지함에도 지나치게 인터넷 게임을 이용한다. 7. 가족 구성원, 치료자 또는 다른 사람에게 본인의 인터넷 게임의 사용 정도에 대해 거짓으로 설명한다. 8. 부정적인 기분을 벗어나거나 완화하기 위해서 인터넷 게임을 이용한다(예: 무력감, 죄책감, 걱정거리 등). 9. 인터넷 게임을 이용함으로써 중요한 대인관계, 직업 및 교육이나 직업적 기회를 위태롭게 하거나 잃은 적이 있다. 현재의 심각도 명시 인터넷 게임장애는 일상생활에 영향을 미치는 정도에 따라 경도, 중등도, 고도로 나눈다.

출처: APA(2015).

짓말, 부정적 행동과 언쟁, 사회적 고립, 피로감 등을 이야기한다.

인터넷 중독의 유형에 대해 영(Young, 1998)은 5가지 하위유형으로 구분하였는데 그 내용은 다음과 같다.

첫째, 사이버 섹스중독은 포르노 및 성인동영상, 성인사이트를 충동적으로 사용하는 것이며 중독적으로 자주 사용하는 것을 말한다. 인터넷은 클릭을 통해 동영상에 손쉽게 접속할 수 있으며 클릭과 클릭을 통해 다양한 영상을 볼 수 있게 된다. 또한 성인영상에 노출되면 될수록 더욱 강하고 심한 노출을 찾아 많은 시간을 할애하게 되고 반복되며 중독으로 이르게 된다.

둘째, 사이버 관계중독은 현실에서의 관계보다는 온라인상에서의 관계에 집중하는 것을 이야기한다. 즉, 대화(채팅), 카페활동, 게임에서의 대화 등을 온라인 세계에서 활용하며 오랜 시간을 사용하는 것이다. 스마트폰과 SNS의 사용이 확대되며 사이버상에서의 다양한 관계는 확대되고 활용되고 있다. 그러나 현실세계에서의 대인관계가 줄어들고 사회관계가 축소되며 대인관계의 교류가 온라인에서만 이루어지는 등의 폐쇄된 사회생활을 사이버 관계중독이라 할 수 있겠다.

셋째, 네트워크 강박증(netcompulsion)은 온라인 쇼핑, 게임 아이템 구입, 도박 등 강박적으로 온라인상에서 경제적인 거래를 중독적으로 하는 것을 말한다. 구입을 통해 만족감을 얻으며 더 큰 만족을 위해 쇼핑 및 상거래의 규모와 횟수가 점점 잦아지게 되며 조절이 어려운 상태가 된다.

넷째, 정보과몰입(information overload)은 지나친 인터넷 서핑(surfing)과 뉴스 및 자료를 검색하는 것을 이야기한다. 다양한 쏟아지는 정보를 지속적으로 서핑하며 대부분의 시간을 이러한 자료검색에 소모한다. 인터넷은 클릭을 통해 정보를 타고 넘어가며 확대되며 더욱 다양한 자극과 정보를 지속적으로 경험하게 되어 중독에 이른다.

다섯째, 컴퓨터 중독(computer addiction)은 강박적으로 온라인 게임에 중독되는 것으로 아동 청소년뿐 아니라 최근에는 성인에게도 많이 나타난다. 한국의 게임시장의 성장은 세계적인 수준이나 이러한 게임의 홍보와 보급에 청소년을 위한 보호는 부족한 편이다. 무분별하게 상업적이면서도, 중독적인 요소를 게임에 포함하여 지속적으로 사용하게 한 게임은 아동 청소년의 컴퓨터 중독, 즉 게임중독을 증가시켰으며 게임중독으로 인해 일상생활이 어렵고 학교를 그만두는 등 문제점이 심각하게 나타나고 있다.

① 인터넷 중독의 요인

㉠ 인터넷의 속성

높은 수준의 흥분	–게임, 동영상, 이미지는 마우스 클릭을 통해 쉽게 경험 –음악, 영상, 색깔 등의 다양한 자극이 동시적으로 발생
24시간 접속이 가능	–접속의 용이성이 가져오는 더욱 잦은 노출의 가능성
시간지각의 왜곡	–도박경험과도 비슷하게 오랜 시간이 지나도 얼마 지나지 않은 것 같은 시간에 대한 오류가 생김. –인터넷 접속은 쉬우나 로그아웃은 자기의지(self-will)가 필요하기에 상당한 통제력을 필요로 함.

관음증적(Voyeuristic) 상태, 혹은 노출(Exhibition) 등의 변형형태	-다른 사람의 사생활과 이야기를 쉽게 볼 수 있음. -자신을 온라인상에서 자유롭게 나타낼 수 있다는 특징
익명성(Anonymity)	-익명성을 이용하여 자신의 실제모습이 아니라 사용자가 창조해 낸 각자의 모습이나 이미지, 심리적인 모습을 다양한 이미지로 표현함(한국정보문화진흥원, 2008). -자신이 드러나지 않는 점을 이용하여 댓글, 채팅, 게임에서 심한 욕설을 하거나 부정적인 행동을 하게 됨.
가상적 대인관계	-온라인에서는 문자로 이루어지는 의사소통의 형태가 컨트롤이 가능하고 안전하다고 여겨져 자신을 쉽게 드러낼 수 있고 빠르게 소통이 가능함. -정상적인 속도보다 대인관계가 빠르게 경험됨.
끝없는 과정	-클릭으로 손쉽게 다양한 인터넷의 링크를 지속적으로 이동하며 접속을 유지하게 됨.
최면적 무아지경	-모니터를 봐야 하는 특징을 가진 미디어는 시각을 좁혀 집중하게 되며 음악, 비디오, 화려한 색, 빠른 속도 등 다감각을 자극하며 합법적인 환각경험을 제공

ⓛ 개인적 요인

-자아존중감

자아존중감이란 자신에 대한 가치 평가의 의미 중 하나로 자신을 얼마나 중요하고 의미 있는지에 대한 차이로 나타난다. 정신건강의 지표로 사용되기도 하며 대부분 성장하며 어른들의 양육태도와 성공적인 경험, 피드백, 어른들의 평가로 인해 형성된다. 대부분 인간은 자신의 자아존중감을 일정 수준 유지하려고 노력한다(한옥영, 2012; Coopersmith, 1984).

인터넷 중독 청소년 대부분은 자존감이 낮은 것으로 나타났다(박희서, 2010; 엄옥연, 2010). 낮은 자아존중감을 가진 청소년들은 현실에서 경험하지 못하고 형성되지 못한 존중감을 채우려 노력한다. 채워지지 않은 이러한 심리적 공허감을 채우기 위해 청소년들은 다양한 경험들을 찾게 되고 대부분 이러한 자극과 만족이 인터넷을 통해 채워지고 있다. 인터넷에서는 경험하기 어려웠던 다양한 관계와 칭찬, 성공적 경험을 통해 대리보상을 얻기도 한다. 하지만 인터넷 세계에서의 칭찬, 성공적인 경험을 얻으면 얻을수록 비현실적인 자기형태와 자아 인식이 비현실적으로 높아진다. 현실에서 인정받지 못한 모습보다는 가상현실에서의 자신의 모습을 더욱 믿게 되며 인터넷 접속 시간은 계속 늘어나게 된다. 인터넷 접속의 시간이 증가할수록 현실세계에서의 기능과 관계기술 등은 점차적으로 떨어지게 되면서 역기능적인 형태를 가져오게 한다.

-자기효능감

자기효능감에 대해 밴듀라(Bandura, 1977)는 개인능력에 대한 의미로 어떤 결과를 이루기 위해 필요한 행동을 조직하고 수행할 수 있는 능력과 관련된다고 설명한다.

인터넷을 중독적으로 사용하는 청소년들은 대인관계에서 긍정적인 경험이 적고 어려움을 나타내는 특징을 보이며 대인관계적인 효능감이 저하되어 있는 것으로 나타났다. 현실세계에서 대인관계에 대한 자기효능감이 낮을수록 인터넷을 더욱 중독적으로 사용하는 것이다(송원영, 오경자, 1999). 대인관계뿐 아니라 자기효능감은 어떤 일을 조직하고 수행할 수 있는 능력과 관련되어 있는데, 사회에서 자신이 잘하고 할 수 있는 것들을 탐색하고 개발하기보다는 공부에만 집중이 되어 있다. 공부에 대한 반복되는 실패감은 자기효능감을 저하시켜 건강한 성장을 방해하기도 한다. 성장과정에서 다양한 경험을 통해 도전하는 모든 과정 속에서 스스로 결정하고 해결하며 성취하는 것은 매우 중요하다. 과정을 통해 자기효능감을 키워 줄 수 있는 교육의 변화도 필요하다.

-자기통제력

자기통제력이란 자신이 원하는 대로 자신의 인지, 정서, 행동을 조절할 수 있는 것을 이야기한다. 인터넷 중독은 약물중독 및 도박과 같이 자기통제력에 문제가 있음을 인지하면서도 조절하기 힘든 것을 이야기한다. 자기통제력이 약할 경우 결정을 해야 하는 상황에서 우유부단한 모습을 보이고 거절을 하지 못하는 모습을 보인다. 또한 잘못된 유혹에 빠지기 쉬우며 친구들의 문제행동에 쉽게 참여하는 모습을 보이기도 한다. 스스로 선택하고 거절하며 통제하는 통제력이 부족한 친구들은 더욱 인터넷 중독에 쉽게 빠지게 된다(김경우, 2009; 박희서, 2010).

–스트레스

스트레스는 자극이나 긴장이 개인적 한계를 초과하여 불안, 혼란 등 심리적, 신체적 균형이 깨지는 심리적 긴장상태를 이야기한다. 사람은 본능적으로 스트레스를 해소하려고 하며 심리적 · 신체적 균형을 지키고자 하여 지속적으로 노력하며 방법들을 찾게 된다. 해결되지 않는 스트레스는 자신을 평가절하하게 하며 자아존중감을 저하시키고, 이는 부적응적 심리상태를 초래하기도 한다. 사춘기 시기에 있는 청소년은 스트레스를 인지하고 건강하게 해소하는 방법에 미숙하다. 이러한 청소년은 가장 쉽게 접근 할 수 있는 게임과 인터넷 중독에 빠지기 쉬운 취약한 상태라 할 수 있다. 학교, 학원, 공부, 입시 속에서 살아가는 청소년에게 여가의 시간이 쉽게 주어지지 않아 더욱이 청소년의 스트레스 관리는 매우 중요하다.

–우울

인터넷 중독자의 54%가 우울증 경력을 가지고 있었는데, 우울한 정서는 무력감, 절망감을 경험하게 하는 인지적 증상을 가지고 있다(Young, 1998). 정서적으로 불완전한 상태인 청소년은 가정 및 학교, 또래 관계에서 다양한 어려움들을 경험하며 슬픔, 우울, 외로움, 공허함을 느끼기도 한다. 청소년들은 우울한 정서를 해결하기 위해 인터넷을 기분전환의 활동으로 사용하고 점차적으로 인터넷 접속의 빈도가 높아지게 된다. 이로 인해 실질적인 대인관계를 맺을 수 있는 시간이 줄어들고 더욱 사회와 고립되며 우울은 악순환된다.

–충동성

충동성이란 시작한 행동이나 충동을 조절하는 데 어려움을 보이며 위험이나 불이익이 다가와도 쉽게 조절하지 못하는 성격차원을 이야기한다(Gray, 1987). 충동성이 높으면 자신의 생각이나 욕구, 행동을 조절하기 어려우며 인터넷 사용 시 시간 조절의 어려움을 나타낸다. 건강한 생활을 위해 어느 정도 우리는 하고 싶은 것들을 조절해 가며 살아가지만 충동성이 높은 친구들은 하고 싶은 것을 꼭 해야만 하며 일상생활, 하고자 하는 일에 대해 구체적인 계획을 세워 실행하기가 어렵다. 한편, 인터넷을 하고자 하는 충동을 쉽게 이겨 내지 못하여 인터넷 중독을 충동조절장애라고 이야기하기도 한다.

–문제 해결력

문제 해결력은 내부, 외부의 상황에 대해 적응하고 해결하기 위한 인지적 · 정서적 · 행동적 과정의 복합적인 상호작용이라고 정의한다. 문제 해결력이 부족한 청소년은 상황에 대해 긍정적인 부분은 제외하고 부정적으로 왜곡하여 생각하는 경향이 있으며 문제를 해결하는 자신의 능력에 대한 평가도 문제를 해결하는 자신의 능력에 대한 자가평가도 부정적이다. 이는 문제를 해결할 수 있는 능력이 스스로에게 없다고 부정적으로 생각하는 것이다. 그렇기 때문에 문제해결력이 부족한 청소년은 쉽게 문제의 대안을 찾기 위한 노력을 포기하거나 노력조차 하지 않는다. 감당하기 힘든 문제들이 발생할 때 문제를 회피하기 위해 인터넷 세상에 더욱 몰입하기도 하며 인터넷사용의 문제점을 발견하고도 해결하려 하지 않고 지속적으로 노출됨으로 중독에 이른다.

ⓒ 가족적 요인

–부모의 양육태도

성장과정 중에 있는 청소년은 부모의 양육태도에 많은 영향을 받는다. 부모와의 건강한 애착관계를 통해 다양한 사회기술을 배우며 성장하는데, 비일관적이고, 방관적인 부모와 적절한 애착관계를 형성하지 못하면 여러 가지 문제가 나타나게 된다. 부모와의 애착관계가 적절히 형성되지 못한 청소년은 지속적으로 애착의 대상을 찾게 된다. 그러나 대인관계 및 상호교류 기술이 부족한 청소년들은 대상과의 애착관계 형성에 어려움을 경험하게 되고 좀 더 접근이 쉬운 온라인 세계에서의 관계에 집착하게 되며, 대로는 실제적 만남으로 이어져 부적절한 만남으로 이어지기도 한다.

특히, 방임되고 있는 청소년들은 인터넷 사용에 대한 안내와 조절이 어려우며 쉽게 중독에 빠지게 된다. 인터넷 사용에 대한 문제를 인식했을 때는 이미 통제력을 잃어 중독에서 빠져나오기 힘든 경우가 많다. 반대로 지나친 관심과 큰 기대에 대한 스트레스로 인해 인터넷에 빠지는 경우도 있다(김기숙, 김경희, 2009; 김은주, 김민경, 2009).

–가족과의 의사소통

가족 간의 대화와 관심의 정도는 인터넷 중독 정도에 영향을 미치는 것으로 나타났다. 가족의 갈등, 무관심, 엄격한 처벌 등은 가족 간의 대화를 더욱 단절시켰고 이러한 단절은 청소년이 인터넷에 더욱 몰입하는 환경을 제공한다(박승민, 2005; 장재홍, 2004). 청소년은 부모로부터 긍정적인 부분뿐 아니라 부정적인 언어나 행동 패턴 및 사고도 그대로 영향을 받는 것을 볼 수 있다.

–가족 내 정서적 지지

청소년기는 사춘기로 작은 문제도 예민하고 크게 받아들이는 경우가 많다. 그래서 또래문제, 학업문제, 외모 등의 스트레스 상황이나 힘들고 지치는 등 심리적 어려움을 경험할 때 따뜻한 위로와 힘이 되어 주는 가족은 큰 정서적 지지가 된다. 든든한 가족의 정서적 지지는 어려움을 이겨 낼 수 있는 긍정적 자원이 된다. 정서적 지지가 약한 청소년은 자신감이 없고, 우울하고, 자신에 대한 믿음과 통제력이 없어지며 더욱 인터넷 중독에 취약하게 된다.

–가족응집력

가족응집력은 가족이 서로에게 느끼는 친밀감 및 정서적 유대감을 이야기한다. 가족응집력이 높을수록 서로에게 대한 관심이 높으며 이러한 친밀감 및 관심도는 청소년의 방과 후 여가시간을 함께 공유할 수 있게 된다. 또한 스트레스 및 심리적 어려움에 대한 고민을 함께 이야기하며 인터넷 중독으로 이어지는 것을 줄여 줄 수 있다.

–부모 감독

인터넷 중독은 부모 감독과 매우 연관성이 높다. 성장하는 청소년은 조절력이 부족하여 부모의 지도와 도움이 매우 필요하다. 하지만 너무 지나친 감독과 압력은 청소년의 일탈행동을 유발하기도 한다. 청소년 시기는 부모로부터 독립하여 자율성을 찾아가는 단계로 청소년의 자율의사를 존중해 주면서도 스스로 조절해 나가도록 부모의 건강하면서도 적절한 감독은 인터넷 중독에 중요한 요소가 된다.

㉣ 사회적 문제

- 정부의 IT 산업 육성을 통해 게임 산업과 미디어의 빠른 발전이 이루어졌으나 게임 및 유해영상 등으로부터 청소년 보호와 대처방안이 부족했다. 인터넷 과다사용 및 중독으로 인해 나타난 부적응적인 행동들로 인해 사회문제가 되면서 인터넷의 올바른 사용방법 및 중독 예방에 대해 노력을 기울이고 있으나 게임을 유도하게 하는 지속적인 광고와 홍보 등이 활발해지면서 청소년들의 호기심을 더욱 촉진하고 있다.

- 경쟁사회 속에서 입시 위주의 교육을 받는 청소년들은 대부분의 시간을 공부로 보내고 있으며 이러한 교육의 패턴은 스트레스를 과중시킨다. 또한 여가의 시간이 주어져도 다양한 놀이문화가 부족하여 건강하게 스트레스를 해소하기에 어려움이 있다. 건강한 놀이문화의 부재는 인터넷 게임에 더욱 집중하게 되고 모니터 안에서의 즐거움에 더욱 중독에 이르게 된다. 이에 대해 청소년을 위한 다양한 놀이 문화 개발도 필요한 시점이다.

② **인터넷 중독 제반 증상**(Goldberg, 1996; Young, 1996)

강박적 사용과 집착	인터넷을 하지 않을 시 우울, 초조, 답답함을 경험함. 집에 아무도 없으면 안도감을 가지고 인터넷을 하게 되며 인터넷을 하지 않는 동안 무엇인가 재미있는 일이 일어날 것이라고 생각하게 되며 집착하게 됨.
내성과 금단	내성이란 과거에 사용한 양보다 더 많은 시간과 양을 쏟아야 만족을 얻는 것을 말하며 담배, 약물과 같이 하지 않으면 비슷한 금단 증상이 나타남.
일상생활 기능장애	인터넷 사용의 증가로 학교 및 사회 생활이 어렵고 인터넷을 하느라 약속을 잃어버리거나 학교에 가지 않음.
일탈행동 및 현실 구분장애	인터넷의 익명성을 이용하여 다양한 일탈행동에 동참할 수 있으며 범죄에 노출되기도 함. 인터넷을 하지 않을 때도 게임소리가 나거나 현실처럼 느끼기도 하여 범죄로 이어지기도 함.
신체적 증상	오랜 기간 한 자세로 인터넷을 사용하며 생활주기가 불규칙해지고 피로로 인한 시력저하, 근육의 이상이 오고 심하면 심장마비, 사망에 이르기도 함.

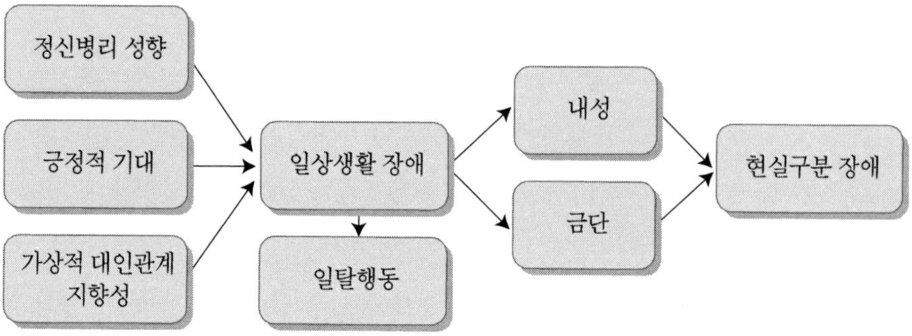

그림 4-1 인터넷 중독과정 구조 모형

인터넷 중독과정을 정리하면 인터넷 사용에 대한 긍정적 기대(자동적 중독사고)와 가상적 대인관계 지향성이 일반적인 병리적 성향과 함께하며 인터넷을 자주 사용하게 되고 이로 인해 일상생활이 어렵게 된다. 그렇기에 평소 대인관계에 어려움을 느끼고, 부정적인 경험이 많을수록 인터넷 중독에 더 많이 빠질 수 있다. 인터넷을 자주 사용하며 일상생활에 장애가 생기고 그로 인해 일탈행동을 일으키고 마약중독처럼 내성과 금단의 증상을 경험하며 더욱 반복적으로 인터넷을 사용하게 된다. 더 심해지면 인터넷과 현실세계에 대한 혼란이 찾아와 게임의 상황과 현실의 상황을 구분하지 못하는 현실구분 장애에까지 이르게 된다(고영삼, 2007; 한국정보문화진흥원, 2007).

(2) 물질중독(알코올, 니코틴, 약물 등)

① 약물중독

한국의 청소년은 외국에 비해 경험된 약물의 종류가 다양하지 않고 대부분 본드, 부탄가스 등의 환각물질을 흡입하는 것으로 나타났다(대검찰청, 2002). 그러나 2000년대에 조기유학이 시작되며 외국에서의 약물경험, 그리고 전 세계의 빠른 정보화를 통해 한국의 청소년도 다양한 약물을 경험하는 등 중독은 중요한 문제가 되었다. 약물을 통한 환각상태에서는 부적응적인 행동과 돌발행동, 범죄 가능성이 높아지게 된다. 대부분 약물은 어른들 몰래 사용되어지기 때문에 약물사용이 중독에 깊이 빠져 조절하기 어려운 상태인 경우가 많다. 그렇기에 약물중독은 예방 및 중독 초기 단계에서의 발견이 매우 중요하다.

㉠ 약물중독에 영향을 주는 요인들

약물남용의 위험 요인	가족의 약물사용 태도 또는 모델링, 또래 일탈행동, 약물사용의 용이성
보호적인 요인	가족과의 강한 결속, 가족의 행동규칙, 부모감독, 부모의 관여, 학업의 성공, 가족, 학교, 종교조직과 같은 사회적 제도들과 강한 결속
개인내적 요인	-중독성향의 성격(Addiction-prone personality) -낮은 자존감과 약물사용의 높은 관련성 -급격한 호르몬의 변화를 겪는 청소년기적 특성 -외부사건(학교시험, 낮은 학업성취, 이사, 부모의 이혼, 친족이나 친구의 죽음, 생활사건)으로 인한 심리적 스트레스 -개인내적 내부요소(미숙한 대처기제, 심리적 곤경, 정신병리적 등)
대인관계적 요인	-또래관계가 강화되어 친구들을 통해 경험 -약물사용 하위문화(drug-use subculture)는 약물사용 고참이 신참에게 사용방법을 설명해 주고 제공하며 역할모델의 역할을 하는 사회서클의 특성을 말한다.
사회적 요인	빈곤, 사회적 편견, 평가 절하된 정체감, 낮은 사회-경제적 지위, 가혹한 도시 환경에서 사는 스트레스, 사회에 대한 회의주의, 사회에 대한 반항
기타 요인	다이어트, 공부를 잘하기 위해 부적절하게 약물반복사용

약물중독은 약물로 인한 신체적 괴로움(구토, 방향 감각의 실종, 복통 등)보다는 기분 좋았던 환각상태(쾌감)를 더 기억하게 하여 약물사용의 부정적인 요소보다는 긍정적인 경험과 느낌만을 의지하게 된다. 이를 행복감의 회상(euphoric recall)이라고 하며 약물사용이 좋은 기분을 가져다준다는 합리적인 신념(착각)으로 발전하게 된다(이윤로, 1997).

㉡ 청소년 약물오남용 동기의 7가지 유형

모험 추구형 (adventure-seeking type)	부모의 과잉보호 속에 자란 청소년이 일탈행동으로 약물사용
평화 추구형 (peace-seeking type)	현실적으로는 이룰 수 없다고 믿는 평화를 추구하기 위해 약물을 복용
교우관계 추구형 (friendship-seeking type)	인생을 살아 나가기 위해서는 친구가 반드시 필요하며 친구를 만드는 데에는 상당한 기술이 필요하다. 대부분의 경우에서는 성장 과정 동안 그러한 기술을 습득하게 되지만 일부분에서는 그렇지 못한 경우도 있다. 그 결과 그들은 항상 고독하고 우울한 인생을 살아 나가게 된다. 이런 사람들은 종종 대인관계에 어려움을 극복하기 위해 약물을 이용하게 되며 그 결과 약물을 계속 사용하게 되는 경우도 있다.
힘 추구형 (power-seeking type)	청소년뿐 아니라 모든 사람들은 인생을 살아 나가는 과정에서 상당한 힘을 발휘하고 싶은 욕망들을 가지고 있다. 그러나 정당한 노력을 토해 힘을 얻는 일은 보통 어려운 일이 아니다. 그러나 약물은 어떤 경우 이들에게 강력한 힘을 가진 것 같은 착각을 제공해 주게 된다. 이런 착각을 경험하게 될 경우 이들은 자주 약물을 접하게 되며 그 결과 약물 남용자가 되고 만다(약물은 강력한 힘을 가진 것 같은 착각을 일으켜 약물남용자가 됨).
미적 감각 추구형 (aesthetic-seeking type)	모든 사람은 미적 감각을 추구하는 경향이 있는데, 이를 느끼기 위해서 약물을 복용한다.
성적 동반자 추구형 (sex-companion seeking type)	청소년기는 신체적 변화와 더불어 성적 충동이 증가하고 그로 인해 이성에 대한 관심이 높아지는 시기이며 성적 주체성을 확립해야 하는 시기다. 그러나 여러 가지 여건으로 인해서 많은 제약을 받고 있는 이들은 성적 행위를 할 때 많은 불안을 겪게 된다. 그래서 이들은 약물복용을 함으로 이러한 불안을 극복하고자 하며 그 결과 지속적으로 약물에 의존하게 된다.
초월명상 추구형 (transcengence-seeking type)	복잡하고 갈등이 많은 인생을 살아 나가는 우리 모두에게는 모든 것을 초월한 인생의 느낌을 경험해 보고 싶은 열망이 있다. 그러나 이러한 열망이 현실에서는 도저히 경험할 수 없는 일들이기 때문에 약물을 복용함으로서 경험하려 하고 그 결과 약물에 지속적으로 의존하게 된다(신태용, 2004).

청소년의 약물오남용의 동기를 바로 알아 추구하는 것들을 건강한 방법으로 해소하고 해결할 수 있도록 도움을 줄 수 있다면 물질을 통한 욕구해소와 충족은 줄어들게 될 것이다.

ⓒ 청소년 약물사용 단계별 특징

단계	특징
1단계 (위기단계)	2차적 약물사용 실험적 혹은 사회 도구적 약물사용 청소년의 심리 · 사회적 특징에 의해 시발된다. 사회적응에 심각한 문제점이 보이는 것은 아니지만 약물사용의 충동 경험
2단계 (남용단계)	2차적 약물사용에서 1차적 약물사용으로 전환 상황적 약물사용 일상생활에 역기능적 행동 및 태도로 인한 문제가 외부로 드러난다. 청소년기의 특징으로 시작되었다 할지라도 그 이후 계속적으로 문제
3단계 (의존단계)	1차적 약물사용 심화된 약물사용 약물로 비롯된 문제행동의 근원이 어린 시절에 있다. 생활 전체에 통합적 개입이 요구된다.

출처: 최은영(2005).

약물사용의 첫 단계는 위기단계로 호기심이나 또래친구의 권유로 시작된다. 약물을 사용하기 위한 1차적인 목적이 아니라 부차적인 목적을 위해 약물을 사용하는 단계다. 또래관계가 중요한 시기인 청소년들은 친구들의 권유를 거절하지 못하거나 소속감 및 유대관계를 위해 약물을 사용하기도 한다. 이 단계에서는 중독의 정도가 심하지 않아 일상생활에 큰 문제가 있지는 않으나 많은 위험요소에 노출되게 된다.

두 번째 단계인 남용단계는 점차적으로 약물의 사용의 빈도가 늘어나고 의지하게 되며 1차적 약물사용이 단계로 변화한다. 스트레스를 풀기 위해 약물을 사용하고, 가정, 또래관계, 학교문제 등의 환경으로부터 도피하기 위해 약물을 사용한다. 약물사용의 빈도가 높아지고 약물사용의 목적도 변하는 단계이지만 약물사용의 정도나 환경을 어느 정도는 조절할 수 있으며 스트레스 상황에만 찾게 된다.

세 번째 단계는 의존단계로 강박적인 약물사용이 나타나며 약물의 1차적 사용이

굳어지는 단계다. 약물의 사용이 중독적으로 사용되며 의존도가 매우 높아지고 조절이 어려워진다. 또한 내성이 생겨 계속해서 사용의 빈도가 잦아지고 양도 늘어나게 된다. 일상생활이 어렵고, 학교생활도 어렵게 된다.

이러한 약물사용의 단계에 대한 이해는 청소년 약물중독에 매우 중요하다. 약물중독은 세 번째 단계에 이르러 중단하거나 수정하기 어렵기 때문에 예방 및 초기대처가 매우 중요하다.

㉣ 남용약물의 종류

외국에 비해 한국은 약물사용이 쉽지 않고 약물중독에 대한 교육이 다양하게 진행되어 있지 않아 관심 없이 지나가는 경우가 많다. 하지만 유학이 증가하면서 해외에서 약물을 경험하고 들어온 청소년, 청년이 많아지면서 약물중독에 대한 위험이 높아지고 있다. 이에 대해 먼저 남용약물의 종류에 대한 이해가 필요해 보인다.

남용약물은 중추신경계에 영향을 주어 중추신경을 흥분시키거나 억제시키기도 한다. 이러한 약물을 향정신성 약물이라고 하는데, 그 종류의 내용은 다음과 같다.

분류	내용
중추신경흥분제	뇌신경세포의 기능을 흥분시키는 약물 (담배, 카페인, 암페타민류, 코카인 등)
중추신경억제제	뇌신경세포의 기능을 억제시키는 약물 (알코올, 흡입제, 마약류, 수면제, 신경안정제, 전해제, 항히스타민제등)
환각제	뇌신경세포의 기능을 흥분시키기도 하고 억제시키기도 하는 약물(대마초, 펜시클리딘 등)
기타	진통제

출처: 최은영(2005).

이와 같은 약물은 손쉽게 구하기가 어려워 청소년들 사이에서는 흡입제나 그 외의 종류의 약물을 사용하는데, 그 내용은 다음과 같다.

-흡입제

흡입제는 연기를 코로 흡입하여 뇌에 영향을 주며 환각을 경험하게 한다. 흡입제는 본드, 가스, 니스, 가솔린, 아세톤 등을 주로 사용하며 코를 통해 신체에 즉각적으로 영향을 미치는 특징이 있다. 재채기, 기침, 코피, 피로, 조정능력의 결여, 식욕감퇴 등의 부작용을 보이며 다른 약물에 비해 뇌조직의 파괴력이 큰 편이라 청소년을 위한 흡입제 중독에 대한 예방교육과 관리는 매우 중요하다.

–몸짱약(단백동화스테로이드)

단백동화스테로이드는 남성호르몬인 테스토스테론과 화학구조가 밀접하게 관계 있는 강력한 화학약물이다. 현재는 처방이 어려우며 합법적으로 의학에서 사용되는 경우는 빈혈, 심한 화상, 몇 가지 유형의 유방암에 한정된다. 이 약은 남성의 성기능 장애를 치료하기 위해 사용하는 약물로 단백질 합성을 촉진시켜서 근육의 성장과 발달을 가져오는 작용을 갖고 있지만 여러 가지 부작용이 있어 반드시 의사의 처방이 필요한 오남용 우려가 있는 전문약품이다. 스테로이드 사용자에게는 간암, 불임, 우울증, 불면증, 체중 증가, 근육질 증가, 여드름, 그리고 심한 경우 사망에 이르는 여러 부작용이 나타난다.

–공부 잘하는 약

잠을 쫓고 집중력을 높여 준다고 하여 일부 수험생들에 의해 오남용되고 있다. 이 약의 주성분인 '염산 메틸페니데이트(Methylphenidate hydrochloride)'는 주의력 결핍 및 지나치게 산만한 ADHD, 우울성신경증, 수면발작 등에 사용되는 '향정신성의약품'이다. 부작용으로는 정신적 의존성, 심혈관계부작용, 돌연사, 행동장애 및 사고장애, 새로운 정신병 혹은 조증의 발생, 공격적 행동 등이 있다.

–살 빼는 약, 진통제다이어트

다이어트 약에도 마약성분이 들어가 있는 약이 있다. 식욕을 억제시키는 약과 지방분해효소를 보조하는 것으로 식욕억제제는 염산펜터민, 주석산펜디메트라진, 염산디에틸프로피온, 마진돌 마약류(향정신성의약품)가 있고, 지방분해효소 보조제는 오르리스타트, 생약성분으로는 방풍통성산건조엑스, 오르소시폰가루, 다엽가루혼합물, 그린티엑스 등이 있다. 부작용으로는 혈압상승, 가슴통증, 불안, 불면, 과량 섭취 시 의식 잃음, 혼란, 환각, 불안, 심한 경우 사망에 이른다(최영자, 2013).

② **니코틴 중독(담배)**

담배에는 니코틴이 들어 있어 반복적으로 사용할 경우 니코틴 중독으로 이어진다. 다른 약물중독과 같이 중독이 되면 멈추기가 힘들고 내성과 금단의 현상이 나타난다. 청소년들은 담배를 피움으로 사회와 학교에 대한 불만을 표출하기도 하고 어른들이 된 것 같은 느낌을 갖기도 한다. 또한, 청소년들은 숨어서 담배를 피는 경우가 많아 음지활동이 많아지고 담배를 피우는 또래들의 그룹과 어울리며 부정적이고 냉소한 성격으로 변하는 등 부정적인 경우가 많다(장환식, 2005). WHO(세계보건기구)에서는 담배를 중추신경흥분제인 약물로 분류하고 청소년유해약물로 지정하였다. 「청소년보호법」에도 만 19세 이하에게는 판매를 중시하도록 하였나. 담배의 부작용과 위험성이 증가되며 담배 대용으로 전자담배가 2003년 개발되어 보급되었으나 전자담배 역시 니코틴을 흡수한다는 문제점이 지적되었다(김은영, 2012).

담배의 니코틴 독성은 성장하는 청소년기의 뇌와 세포, 조직, 장기 등에 부정적인 악영향을 미치며 손상을 가져오기도 한다. 청소년기부터 시작된 흡연은 성인부터 시작된 흡연보다 더 오랜 기간 흡연을 하게 되어 비흡연 청소년보다 사망시기가 10년 당겨지며 심장병은 2배에 달하는 것으로 나타났다.

③ **청소년 알코올 중독**

청소년은 담배보다 술을 더 많이 접하고 그 사용이 지속적으로 증가하는 것으로 나타났다(배정이, 최숙희, 2009). 오늘날 여학생의 음주율이 지속적으로 증가하고 있으며 사용연령이 지속적으로 낮아지고 있다. 이러한 음주는 현실감각에 혼란을 주고 쉽게 흥분하며 자해, 자살 및 범죄까지 연결되기도 한다.

음주에 영향을 미치는 요인은 개인요인과 환경요인이 있다.

- 개인요인

–자기효능감

자기효능감이 낮을수록 스트레스를 소극적으로 음주를 통해 풀고 더욱 빈번히 음주를 한다. 음주의 상황에서 상황에 따라 거절을 하기도 하나 자기효능감이 낮을수록 거절이 어렵고 끌려다니는 것을 볼 수 있다.

-음주결과기대

음주를 하면 기분이 고양되고 평소 하지 못하던 말을 하며 사교성 향상에 대한 기대를 갖게 된다. 음주효과에 대한 기대가 클수록 자주 술을 마시게 되고 음주가 반복되며 음주를 자신도 모르게 의지하게 된다. 음주에 대한 긍정적 기대가 음주를 반복하게 하는 가장 큰 요인이라 한다(윤혜미, 김용석, 장승옥, 1999).

-음주 관련 지식 및 태도

음주에 대해 허영적인 인식을 가지고 있는 경우가 많다. 음주를 하지 않으면 사회성이 부족한 것 같은 인식과 음주량이 많을수록 대단한 기능을 가진 것 같은 사회분위기가 있다. 이에 대해 음주예방교육에서는 알코올과 음주로 인한 위험에 관하여 교육해야 하며 음주의 양을 조절하여 균형을 잃지 않도록 해야 할 것이다. 또한 이러한 사회문화를 바꿔 나가는 노력도 함께 이루어져야 할 것이다.

• 환경요인

-부모요인

역할모델을 하는 부모의 음주모델링의 효과는 매우 크며 관찰된 모습들은 강화가 되고 유지가 된다. 부모로부터 관찰된 음주행동은 비슷한 행동과 가치관을 갖게 하기에 부모참여교육 및 부모양육방법, 부모자식관계 등을 통한 음주교육이 필요하다.

-친구요인

또래의 영향을 가장 크게 받는 청소년기에는 또래로부터 동조행동을 하게 된다. 옷이나 머리모양, 은어, 말투, 신앙, 이상, 직업선택까지 영향을 주고 비행행동에도 동조하게 되는 특징을 나타내며 친구의 음주행동에도 영향을 받는다(김용석, 1999).

-교사요인

대부분의 시간을 학교에서 보내는 청소년에게 교사는 많은 영향을 준다. 교사 개인의 음주에 대한 인식 및 태도가 예방교육의 내용과 빈도에 영향을 준다. 올바른 교육과 지지자의 역할에 따라 청소년은 많은 영향을 받게 된다.

(3) 예방대책

① 인터넷 중독 예방

정부는 예방교육, 상담 및 치료, 전문 인력 양성, 인터넷 환경개선 등 4개의 전문 분야를 만들어 중독 예방을 위해 노력하고 있으며 각 시도에 인터넷 중독 예방상담 센터 및 특화 프로그램들을 개발 · 적용하고 있다.

–청소년보호위원회

청소년보호위원회는 청소년보호를 위해 특히 유해환경, 즉 청소년 유해매체물, 청소년 유해약물, 청소년 유해물건, 청소년 유해업소 등을 심의 · 결정하고 평가하며 과징금 등을 부가한다. 「청소년보호법」에 따른 매체물은 다음과 같다.

- 음반 · 비디오물 및 게임물
- 영화 · 연극, 음악, 무용, 기타 오락적 관람물
- 음성 정보, 영상 정보 및 문자 정보
- 방송 프로그램
- 특수일간 신문, 일반주간 신문, 특수주간 신문 및 기타 간행물과 만화, 사진첩, 화보류, 소설 등의 도서류
- 전자출판물
- 간판, 입간판, 벽보, 전단 기타 이와 유사한 상업적 광고 선전물

–방송통신위원회

방송통신위원회는 2002년에 한국정보문화진흥원 내에 인터넷 중독 예방 상담센터를 설립하고 한국정보문화진흥원(KADO)을 통해 예방 및 상담 관련 전문인력 양성, 인터넷 중독 관련 연구, 교육콘텐츠 개발 및 보급 등 사업을 담당하고 있다.

미국에서는 하버드, 일리노이 중독치료 연구소를 통해 예방교육, 치료 프로그램을 위해 교육팀을 만들었다. 미국은 「아동인터넷보호법(Children's Internet Protection Act: CIPA)」을 만들어 공립학교와 공공도서관에 유해내용에 대한 접근을 금지시키는 기술보호조치를 의무화하였다.

캐나다는 2005년 어린이들이 주로 이용하는 웹사이트의 94%가 설문조사, 회원가입을 통해 개인정보를 수집하는 것으로 나타났으며, 이를 통해 인터넷 사이트를 지속적으로 홍보하는 것으로 보고되었다. 캐나다는 인터넷 중독 예방을 위하여 비영리단체와 기업이 범국민 캠페인을 진행하고 「형법」과 「인권법」 등 청소년 보호를 위한 법을 입안하였다.

우리나라도 인터넷 중독 예방을 위해 정부, 교육기관, 지역사회, 부모교육 등 다양하게 예방을 확대해 나가고 있다. 정부의 인터넷 중독에 대한 예방 내용은 다음과 같다.

〈표 4-3〉 한국 인터넷 중독 예방 내용

다른 나라에서 시행하고 있는 셧다운(청소년의 수면을 위해 12시부터 아침 9시까지 온라인 게임 서비스 중지) 피로도 시스템(3시간 이상 게임할 시 점수나 레벨이 절반으로 삭감되고 5시간 이상하면 게임점수가 없어지는 것)을 모든 인터넷 게임에 적용한다.
청소년 PC방 출입금지 PC방을 통한 흡연, 알코올, 범죄 등 노출이 많아지고 현대에 가정용 PC 보급이 이루어지며 사실상 PC방이 필요하지 않다는 것이 선행연구들의 주장이다.
게임 아이템 현금 거래 이용금지 사실상 한국에서 게임 산업이 발전되며 국가가 게임사용에 대한 제지가 어려운 상황이다.
인터넷 중독에 대한 홍보 및 교육 프로그램 개발, 의식 함양에 노력해야 한다.
인터넷 중독 해소를 위한 프로그램의 확장이 필요하다.
온라인 게임 중독 상담 및 치료전문가를 양성해야 한다.
인터넷 중독은 예방이 중요하므로 대안이 될 수 있는 문화활동 활성화가 필요하다.

• 학교의 대응대안

1) 학교에서의 인터넷 중독 교육은 중요하다.
2) 담임교사는 학생들이 게임으로 인해 학교생활에 어려움을 겪고 있는지, 초기에 개입해 상담하고, 중도 탈락하지 않도록 지도해야 한다.
3) 학생들이 상담을 편안하게 이용하도록 여건을 마련한다.
4) 학교-학부모-지역사회와의 상호협력체계를 구축하며 부모의 역할이 가장 중요하므로 부모교육을 적극적으로 실시한다.
5) 인터넷 중독 해소를 위한 대안적 문화활동, 즉 운동, 미술치료, 음악치료 등의 대안이 필요하다(한국정보문화진흥원, 2007).

• 부모의 대응대안

1) 게임 이용시간을 스스로 통제할 수 있게 하는 것이 우선이므로 게임 이용시간 제한이 중요하다. 하루 1시간 등을 기준으로 제시하고 있지만 규칙적인 게임이용은 위험할 수 있다. 중독은 규칙적 반복을 통해 일어나기 때문에 적은 시간이라도 너무 규칙적으로 하는 것은 옳지 않다. 전문가들은 매일보다는 주말에 몰아서 하는 것을 더 권하는 편이다.
2) 컴퓨터의 설치 공간의 중요성
   컴퓨터가 개인용이 아니라 가족 소유의 물건이라는 것을 알리고 이용시간을 정해준다.
3) 부모들이 인터넷의 사용방법과 게임에 대해 인지해야 한다. 게임을 나이에 맞게 하는지 확인하고, 사이버 문화를 이해하고 윤리적 규범도 숙지하여 자녀를 인터넷에서 보호해야 한다.
4) 부모의 관심과 자녀와의 대화를 가지도록 해야 하며 가족과의 친밀감을 유지하기 위해 가족여행, 봉사활동, 취미생활, 운동을 함께 하여 컴퓨터에 노출된 시간에서 벗어나도록 한다.

• 지역사회의 대응방안

1) 지역사회의 청소년 대안문화 조직 등 NGO의 관심이 중요하다.
NGO에 대한 시민의 신뢰, 지방정부 부서장급의 NGO에 대한 우호적 태도 등이 지역사회의 건강한 역할에 영향을 줄 수 있다.
2) 지역종교단체가 캠프, 스포츠, 가족과의 활동 등 사회화에 기여하도록 해야 한다.
3) 지역의 일반 상담센터와의 협력도 중요하다. 청소년상담지원센터, 건강가정지원센터, 정신건강지원센터 등에서 인터넷 중독으로 방문 상담하는 수요가 있으며 각 센터의 역할이 있는 실정으로 상담자의 좋은 결과를 위해 상담센터 간의 협조관계는 매우 중요하다. 또한 전문적으로 훈련받은 인력, 개인 상담센터 등과 협력 또한 중요하다. 특히, 청소년은 대부분 학교에서 생활하는 시간이 많아 학교에 파견되어 상담하는 상담사의 역할도 매우 중요하겠다(조선화, 2009).

② 약물남용 예방

㉠ 미국 청소년 약물남용 예방교육

미국의 약물예방교육과 활동은 다음을 따르고 있다.

첫째, 약물과 약물 사용에 대한 관심을 공개적으로 솔직하게 토론하도록 장려한다. 대부분 약물은 호기심으로 시작되고 음지에서 사용하여 더욱 드러나지 않으며 지속적으로 사용하는 경우가 많아 함께 토의하는 과정을 통해 약물에 대해 올바르게 이해하도록 교육하며 부작용도 알아 둘 필요가 있다. 둘째, 문제의 해결, 스트레스 해소, 건전한 우정의 유지, 어른들과의 광범위한 의사소통 등 삶의 기술에 초점을 맞춰야 한다. 건강한 자아상과 대인관계, 문제해결 기술은 중독을 예방하고 조절할 수 있는 힘을 준다. 약물에만 집중하는 것이 아니라 다양한 기술과 자원을 활용하도록 한다. 셋째, 음악가, 배우, 운동선수 등 대중스타들의 약물사용 행동을 미화해서는 안 된다. 청소년은 특히 대중스타의 영향을 많이 받고 있기에 주의가 필요하다. 넷째, 대부분의 사람들이 약물을 사용하지 않음을 이해해야 한다. 다섯째, 개인의 발전과 시민으로서의 책임을 강조한다. 여섯째, 자신감의 개발을 강조한다. 일곱째, 스트레스에 대처하는 방법으로 운동, 음악, 미술, 클럽활동, 자원봉사활동 등 건전한 여가활동을 강조한다. 여덟째, 학업을 계속하는 것, 가치 있는 인생 목표를 설정할 것을 강조한다(주왕기, 최충옥, 1999).

예방은 연속선에 따라 전략적으로 광범위한 프로그램을 필요로 하는데, 대부분 1, 2차 예방교육은 학교에서 이루어지고 3차 예방은 지역사회 상담기관이나 병원과 연결을 통해 이루어진다(최은영, 2005). 그 내용을 살펴보면 다음과 같다.

1차 예방	사용 예방
2차 예방	조기 개입
3차 예방	치료 · 재활 · 재발 예방

1차 예방으로는 사용 예방으로 약물문제가 발생하기 전의 예방을 이야기한다. 약물사용 행위를 거부하고 억제하도록 교육하는 것은 굉장히 중요한데, 잘못된 것임을 알면서도 또래에 의해 거부하지 못하고 따라가는 청소년이 대부분이다. 또한 남용되는 약물구입의 법적인 제재강화, 대중매체를 이용한 홍보의 관리도 중요하겠다. 1차 예방은 유치원에서부터 시작되어야 하며 대부분의 프로그램은 역량강화에 초점을 맞추고 위기 시 즉각적인 개입이 이루어지도록 한다.

2차 예방은 조기 개입이라 불리는데, 문제를 조기에 규명하고 해로운 영향을 감소시키며, 그 이상의 발전을 막을 수 있는 적절한 교정반응을 하는 것이다. 이미 약물을 사용하고 있으나 아직은 심각한 부정적 영향들이 나타나지 않고 있는 대상자들을 위한 조기 개입이다. 약물남용의 원인이 되는 약물의 차단이 중요하며, 스트레스를 감소시키고 대처능력과 생활을 조절할 수 있는 능력을 얻도록 도와야 한다. 자아개념 개발, 가족관계의 개선 등을 위한 개별상담, 가족상담, 집단상담과 같은 상담치료를 통해 약물사용으로 인한 피해를 줄이고자 한다.

3차 예방은 치료, 재활 및 재발 예방으로 약물남용이나 강박적 사용의 문제 유형에 이미 연루되어 있는 대상자들의 문제 파급을 감소시켜 악화를 예방하고 재발을 예방하는 것이다. 3차 예방은 전형적으로 적극적인 의료적 · 심리사회적 치료를 포함한다. 입원치료 및 재발 예방 재활 프로그램을 포함하며, 약물치료, 심리치료 가족치료, 사회기술훈련, 자조집단, 치료적 공동체 등의 개입이 이루어진다.

〈표 4-4〉 약물남용 청소년 예방교육 프로그램 내용

	약물 개관	담배	술	흡입제	친구/ 이성친구	놀이	진로	가족
소요시간	15~20분	15~20분	15~20분	15~20분	15~20분	15~20분	15~20분	15~20분
교육내용	• 약물중독 • 약물사용 이유 • 약물사용자의 특징	생리작용 중독사례 끊는 방법	생리작용 중독사례 끊는 방법	생리작용 중독사례 끊는 방법	• 친구에 대한 오해 • 친구에 메이는 이유 • 이성친구 사귀는 법	• 놀이와 약물의 관계 • 나에게 맞는 놀이 • 놀이극 위한 준비	• 진로탐색 • 진로계획 • 진로와 약물의 관계	• 가족의 감정세기 • 가족의 역할과 비밀 • 가족관계와 약물
중 1~2년	○	○	○		○	○		
중 3~인문고	○		○		○		○	○
중 3~실업고	○			○	○		○	○

출처: 최은영(2005).

약물남용 청소년 예방교육뿐 아니라 또래교육 및 부모교육도 중요한 중독예방 프로그램 중 하나다. 미국에서는 부모와 함께 예방교육을 실시할 때, 부모는 여전히 자녀에게 중요한 역할을 하고 있으며, 자녀는 여전히 부모가 자신에게 관심이 있다는 것을 상기시킬 필요가 있다고 강조하며 부모교육에 대한 내용을 살펴보면 다음과 같다.

〈표 4-5〉 약물남용 부모교육 내용

1) 당신의 자녀와 자주 의견 교환을 하고, 당신의 자녀가 어떻게 행동하고 어떤 생각을 하며 무엇을 느끼는지 정기적으로 물어보라.
2) 당신의 감정을 포함하여 당신의 인생에 대하여 자녀와 함께 이야기하라.
3) 당신의 자녀가 항상 어디에 있고 누구와 함께 있는지 알아 두라.
4) 약물사용의 징후를 알고, 당신의 자녀에게 그 징후가 있는지 유심히 살펴보라.
5) 약물에 관한 과학 명칭과 통속적인 명칭(속어)을 알아 두라.
6) 당신의 가정이 당신과 청소년을 위하여 긍정적이고 건강한 안식처가 되도록 하라.
7) 자녀가 현실적인 장단기 목표를 설정하도록 도와주라.
8) 당신의 자녀에 관하여 학교가 어떤 문제를 알려 주거나 협조를 요청하면 즉각 협조하라.
9) 자녀가 성취한 것에 대하여 자부심을 가지고, 자녀가 가치 있는 존재임을 인식하라.

출처: 주왕기, 최충옥(1999).

한국마약퇴치운동본부 약물오남용예방을 위한 부모교육프로그램(경기도 지부)에서는 약물의 용어정의를 배우고, 구체적인 약물의 폐해(담배, 술, 흡입제, 클럽약물, 대마초, 환각제, 중추신경흥분제), 중독에 대해(약물사용동기 10가지 유형, 약물남용 진행과정, 중독의 본질), 좋은 부모 되기 등의 내용을 다룬다. 좋은 부모가 되기 위해 십대 자녀를 둔 부모가 명심해야 할 12가지 조건을 제시하고 있다.

〈표 4-6〉 좋은 부모의 조건

1) 때로는 모순되고 예측할 수 없는 행동을 하고 있지만 그것은 정상적이다.
2) 단점을 끄집어 내거나 프라이버시(사생활)를 침해하지 말자.
3) 자부심을 느끼도록 도와주고 독립심을 길러 주자.
4) 불만사항이나 불안한 상황에 대하여 이해해 주자.
5) 복종을 강요하지 말자.
6) 아이의 잘못을 고치려고 일방적으로 서두르지 말자.
7) 잔소리와 설교, 훈계는 금물이다.
8) 아이들의 인격을 속단하거나 평가하지 말자.
9) 지나간 상처를 건드리지 말자.
10) 모순된 이야기를 하지 말고 만약 발각되었을 때는 깍듯이 잘못을 시인하자.
11) 앞일을 너무 서두르지 말자.
12) 자신의 생명유지에 필요한 기본적인 활동은 공부 여부를 떠나서 자기가 해야 한다.

2) 중독 청소년을 위한 음악치료의 목적

(1) 자기효능감 증진

중독증상의 개인적 요인을 살펴보면 낮은 자존감, 자신감 부족은 주요한 요인 중 하나다. 자신의 부족하고 자신 없는 모습을 대체하기 위해 현실과는 다른 새로운 이미지로 활동하는 것을 볼 수 있다. 인터넷상에서의 자신의 모습을 강하게 느끼고 더 큰 충족을 느끼기 위해 인터넷 접속은 계속 증가하게 되고 점차적으로 현실에서의 대인관계가 줄어들고 중독이 심하게 된다.

음악치료는 성공적인 음악경험을 통하여 자신의 가능성을 발견하고 이러한 성공적인 경험은 삶으로 연결되어 삶의 질을 향상시킨다. 또한 그룹원들과 함께 활동하는 그룹음악 활동은 서로의 연주를 듣고 자신을 표현하여 자신감을 향상시켜 준다.

(2) 자기통제력 증진

자기통제력은 상황에 적합한 행동을 스스로 할 수 있으며 미래의 더 좋은 결과를 얻기 위해 일시적인 충동에 의하거나 즉각적인 만족을 자제하고 인내하는 능력을 이야기한다. 즉, 외적 조건에 의해 통제되지 않고 자신의 의지와 전략으로 행동을 스스로 관리하며 통제하는 행동통제능력을 의미한다(이경님, 1997; 주광진, 2000).

음악은 시간적 흐름에 따른 구조로 이루어져 있는데, 이러한 구조는 함께 연주하고 자신의 연주순서를 기다리는 등 자연스럽게 자신의 통제력을 키울 수 있도록 돕는다. 특히, 오케스트라같이 여러 명, 여러 악기를 연주하는 활동에서는 더욱 자기통제력이 필요한데 성공적으로 연주를 완성했을 때 성공적인 통제감에 강화를 주게 된다. 음악은 비지시적인 상태로 자연스러우면서도 적극적으로 조절을 돕는다.

(3) 대인관계 향상

함께 연주하는 그룹활동에서 사회기술을 자연스럽게 습득하고 긍정적인 대인관계를 경험하게 된다. 특히, 또래관계가 중요한 청소년시기에 또래관계의 친밀함을 채우기 위해 중독에 빠지는 청소년들에게 그룹음악 경험 안에서 또래청소년들과의 응집성, 협력, 친밀감을 새롭게 경험함으로 중독으로부터 해소될 수 있도록 도울 수 있다.

(4) 자기주장-거절하기

적절한 자기주장과 표현은 청소년기의 중독에 매우 중요한 치료목적 중 하나다. 즉흥연주를 통해 자신의 의사를 밝히고 건강하고 적절하게 표현하는 방법을 배워나가며 인지행동음악치료 과정을 통해 유혹과 상황 가운데에서도 건강하게 거절하고 자신의 주장을 하도록 돕는다.

(5) 건전한 놀이문화 개발-창조적 경험증진

대부분 중독에 빠지는 청소년들은 외로움, 우울, 무력감, 무기력 등을 경험한다. 이들은 바쁜 부모, 학업 스트레스 등으로 여가를 건강하게 즐길 줄 모르며 놀이문화가 적어지며 게임이나 약물중독에 빠지게 된다. 따라서 이들에게 새롭게 몰입할 수 있는 다양한 문화를 경험하고 제공하는 것은 중요한 치료목적이다. 특히, 음악은 다양한 악기와 창조적 경험을 통해 건강한 상상력을 발휘하고 발휘된 청소년의 능력을 지지하며 발견해 나가는 즐거운 작업이다. 시각, 청각, 촉각 등을 자극하는 음악과 악기들을 매체로 사용하는 음악치료는 청소년의 놀이문화를 채워 주고 흥미를 유발하면서도 치료적 역할을 해 줄 수 있다.

(6) 문제해결능력 및 대안적 사고 증진

뇌 발달 단계에 있는 청소년에게 건강한 문제해결능력을 개발하며 성장하도록 돕는 것은 매우 중요한 일이다. 노래를 활용한 음악치료 방법은 노래 안에서 주제를 도출하고 함께 이슈를 토의하며 문제해결 방법을 즐겁게 찾아감으로 문제해결 능력을 높이도록 도울 수 있다. 또한 치료적 노래 만들기를 통해 노래가 가진 정서적 멜로디와 가사가 가진 인지적 효과가 동시에 이루어지도록 하여 청소년들이 자연스럽게 대안적 사고를 발견하고 개발할 수 있도록 도울 수 있다.

3) 중독 청소년을 위한 음악치료 프로그램의 실제

(1) 전체 회기 구성(8회기)–자기조절력 향상

다음은 인터넷 중독 예방프로그램(이미화, 2009; 한국정보문화진흥원, 2007)을 수정 · 보완하여 만든 것이며 약물중독과 행위중독에 모두 활용할 수 있도록 구성하였다.

회기	목적	프로그램명	내용	준비물
1	관계형성	자연스럽게 나를 소개해	스패니시 음계 즉흥연주	리듬악기 공명실로폰
2	자기인식	내가 좋아하는 것들	노래와 게임을 통해 내가 좋아하는 것, 나의 주요정서를 탐색	가사보, 정서카드
3		변해 볼까?	노래 토의를 통해 내가 변화하고 싶은 부분을 통해 문제인식을 한다.	가사보

4	자기조절	신나게 함께 연주해	비오케스트라 재창조 연주를 통해 새로운 집중활동 개발(대안활동)	다양한 리듬악기
5		다양하게 연주해	북 리듬 서클을 통해 다이내믹 변화를 통한 조절력 배우기	타악기
6	조절능력 강화	나도 싱어송 라이터	구체적인 솔루션 치료적 노래 만들기	피아노, 녹음기
7		소중한 꿈	씨앗에 비유한 꿈에 대해 탐색하며 꿈을 이루기 위한 구체적 계획을 세운다.	사인펜 색연필 키보드
8	마무리	새로운 출발	작은 음악회를 통한 새로운 성취감을 맛본다.	활동 1, 4, 6, 7 활동 발표

(2) 구체적 활동내용 및 방법 예시

〈3회기〉

1. 제목: 변해 볼까?
2. 목적: 변하고 싶은 나의 모습을 탐색하고 문제를 확인한다.
3. 내용 및 절차
   1) 주어진 노래를 치료사가 불러 준다.
   2) 오늘 활동의 목적에 대해 소개한다.
   "지난 시간은 우리의 장점에 대해 살펴보았는데요, 오늘은 나의 변하고 싶은 부분들에 대해 확인해 보는 시간을 가지려고 해요. 먼저 노래를 다시 불러 보도록 할게요."
   3) 노래가사를 보며 함께 불러 본다(악보 참고).
   4) 바뀌고 싶은 나의 모습에 대해 적어 보고 1~10까지 점수를 매겨 가장 높은 것 3개를 정한다.

예) 1. 컴퓨터 사용을 줄인다.	(9점)
2. 욕을 줄인다.	(5점)
3. 흡연을 주말에만 한다.	(8점)

5) 노래를 다시 불러 보며 바뀌고 싶은 모습을 가사에 넣어 부른다.

6) 바뀌고 싶은 부분을 부른 후 후렴구를 다 같이 악기 연주하며 독창으로 노래한 친구를 응원한다.

7) 반복하여 노래를 부르며 자신이 변하고 싶은 부분이 무엇인지 확인하고 그룹원이 함께 서로 응원하며 지지한다.

4. 소요시간: 60분

5. 준비물: 종이, 펜, 가사보, 키보드

6. 치료적 의미

1) 노래를 통한 문제탐색은 저항을 줄여 주며 흥미를 가지고 활동에 참여하도록 돕는다.

2) 청소년의 스타일을 고려한 노래는 흥미를 유발하며 정서를 자극하여 주제에 유연하게 접근하고 토의할 수 있도록 돕는다.

Let's Start

작사 · 작곡 이은선

3) 재즈풍의 코드변화는 곡을 더욱 풍성하게 하며 리드미컬한 화성의 움직임을 돕는다.

〈7회기〉

1. 제목: 소중한 꿈
2. 목적: 자신의 꿈에 대해 확인하고 꿈을 이루기 위한 구체적인 방법을 탐색해 봄으로써 동기부여를 강화한다.
3. 내용 및 절차
   1) 가사를 보고 함께 불러 본다.
   2) 가사에 나오는 씨앗에 대해 이야기한다.
   3) 씨앗은 자라나는 나의 꿈을 표현하고 그 씨앗이 자랄 수 있는 화분이나, 화단, 밭을 그릴 것이라고 안내한다.
   4) 도화지, 크레파스, 색연필을 주고 자라나는 씨앗을 표현한다.
   5) 「노래할게요 노래」를 다시 같이 불러 본다.
   6) 화분과 씨앗을 그린 그림을 보며 씨앗에서 필요한 것이 무엇인지 나눈다. (예를 들어, 물, 거름, 공기 등)
   7) 나의 꿈인 씨앗을 위해 준비되어야 할 것들을 그림에 표현한다. (예를 들어, 은행원이 꿈인 경우 은행원이 되기 위해 준비해야 할 것들: 공부, 계산능력 기르기 위한 수학공부, 반복되는 업무를 이겨 내기 위한 체력 관리 및 운동, 용돈 및 아르바이트비 관리, 많은 고객을 대하는 자세를 위해 건강한 대인관계 연습 등)
   8) 다시 노래를 불러 본다.
   9) 서로의 꿈 씨앗 화분 그림을 발표하며 나눈다.
   10) 서로의 꿈을 격려하며 노래를 부르며 마무리한다.
4. 소요시간: 60분
5. 준비물: 종이, 사인펜, 색연필, 펜, 가사보, 키보드
6. 치료적 의미
   1) 인지와 정서를 동시에 자극하는 본 노래는 꿈에 대해 긍정적인 접근을 하도록 돕는다.

2) 노래와 그림을 통한 인지확장 활동은 꿈에 대해 체계적으로 성장하도록 도와주며 음악, 미술 등의 예술매체를 이용하여 더욱 창조성을 확장시킨다.
3) 자신의 꿈을 나누고 다른 그룹원의 꿈을 확인하는 등의 본 활동은 서로의 꿈을 지지해 준다.
4) 본 곡은 매우 선율적인 곡으로 꿈에 대한 희망과 소망의 가사를 강화시켜 준다.
5) 반복되는 코드패턴과 가사구조는 노래를 인식하기 쉽게 한다.

7. 기타
1) 노래감상 및 가사도의를 충분히 하여 꿈에 대한 긍정적인 소망을 갖도록 한다.
2) 씨앗=꿈, 화분이 자라게 하기 위해 필요한 물=꿈을 이루기 위해 노력해야 할 것을 명확하게 안내한다.
3) 그림 활동 시, 잘 그리는 것이 목적이 아니라 자신이 표현하고자 하는 내용을 그리면 된다는 것을 명확하게 안내하고 자유로운 드로잉 활동임을 확인시켜 준다.

4) 중독 청소년을 위한 음악치료 프로그램 사례

프로그램 명: 인터넷게임 중독 청소년을 위한 개별 음악치료 사례

글: 음악치료사 이일경

기간: 2013년 6월 21일~2014년 2월 27일(24회기)

치료사 소개: (사)한국음악치료학회의 임상음악전문가 1급 음악치료사로 숙명여대 음악치료 박사과정을 수료하였다. 음악치료 현장에서 다양한 대상의 내담자를 만나 왔으며, 현재 (사)인터넷 꿈 희망터에서 아동, 청소년 및 부모에 대한 음악치료사로 일하고 있다. 임상과 더불어 성신여자대학교 대학원 음악치료학과 강사 및 임상 슈퍼바이저로 후학양성에 힘쓰고 있다.

내담자 소개: 내담자 A는 고등학교 1학년 남학생으로 초등학교 고학년 때부터 보인 정서적 문제와 사회성의 문제로 여러 기관을 통해 평가 및 약물 치료를 받아 왔으나 경제적인 이유와 약물 부작용 문제로 지속적인 치료를 받을 수 없었다고 한다. 고등학교에 진학한 현재에도 심리적으로 불안정하여 치료가 필요하다는 어머니의 의뢰로 본 센터에서

종합심리평가를 실시하였고, 그 결과 우수한 지적 능력(K-WISC-III 130)을 가졌지만 그에 비해 심리정서적인 대처와 문제해결에 있어서는 자신감과 기술이 부족한 것으로 나타났다. 이와 더불어 내담자는 부모의 이혼을 중심으로 가족 내 갈등과 분노, 이와 관련된 우울감, 불안 등의 부정적 정서를 경험하고 있으며, 부정적 자아상과 낮은 자존감을 형성하고 있는 것으로 나타났고, 결과적으로 내담자 A는 이런 스트레스를 인터넷 게임을 통해 충족하고 있는 상황이었다. 따라서 내면의 부정적인 정서를 보다 긍정적이며 효과적으로 다룰 수 있도록 음악치료에 의뢰되었다.

주요내용: 우선 A가 가지고 있는 문제들은 정서적 취약성, 학업에 대한 자발적 동기 및 에너지 저하, 게임 외의 목적과 동기 부재, 책임 회피 등으로 보여졌다. 따라서 내면의 부정적인 정서를 다루고 자신의 지적 잠재력을 충분히 발휘할 수 있도록 삶의 목적 및 진로 방향을 탐색하고 학업 관련 전략을 세울 수 있는 치료적 관계가 요구되었다. 내담자에게는 내면의 부정적인 정서를 보다 긍정적이며 효과적으로 다루어 궁극적으로 인터넷 게임을 자율적으로 조절하는 능력을 향상시킬 필요가 있다고 생각되었으며 이러한 치료목적을 달성하기 위하여 음악활동을 통한 효과적인 의사소통과 진로상담을 목표로 설정하였다. 그러나 치료 초기에 내담자는 타의에 의해 음악치료에 임하게 된 것에 무척 불만족스러워하며 거부적 반응을 보이면서 치료사의 질문이나 제안에 '글쎄요.' '모르겠는데요, 짜증 나.'로 일관하고 대화에 거의 응하지 않았다. A는 어머니가 자신을 게임중독자로 몰고 있다며 강한 불만을 표출하였고 게임 외에는 어떠한 관심도 없고 장차 게임 관련 학과에 진학하는 것이 꿈이라 하였다. 내담자는 이미 여러 상담자를 거쳐 왔기 때문에 상담이나 심리치료를 식상하다고 생각하고 있었고 상담자를 신뢰하지 않는 것으로 보였다. A의 현재 학업성적은 저조한 것으로 보고되었으나 앞서 실시한 심리평가에서 K-WISC-III로 측정한 내담자의 전체 지능이 130이고 특히 언어성 지능이 매우 높은 것으로 나왔기 때문에(VIQ=127) 회유나 설득과 같은 미온적 방법보다는 보다 직접적이고 객관적인 자료 제시로 내담자와의 대화를 이끄는 전략을 택하였다.

따라서 초기에는 진로문제와 관련된 자료 제시로 치료사와의 라포를 형성하고 수용적 음악활동과 언어적 상담으로 내담자의 참여를 촉진하다가 서서히 표현적 음악활동으로 전환해 가면서 내담자의 내재적인 문제들에 접근해 가도록 하였다. 끈질긴 노력 끝에 A가 비로소 마음을 열기 시작하였으나, 초기에 상담을 거부하는 내담자와의 협상으로 12회기 음악치료를 약속하였기에 일단 12회기로 음악치료를 종결하였다. 그러나 보다 깊이 있는 치료관계 형성과 치료목적 달성을 위해서는 추가적인 회기가 절실히 요구되어 어머니와 A의 동의를 거쳐 12회기를 더 연장하기로 약속하였다.

13회기부터의 음악치료는 한층 음악적인 내용들로 구성하여 피아노연주, 가사토의 등을 주활동으로 이어 가면서 음악 안에서 치료사와의 상호작용을 늘려 가고 통찰하는 부분들을 언어적으로 명료화하도록 하였다. 연주 또한 내담자가 원하는 곡을 선정하여 단순한 레슨이 아닌 내담자가 모든 과정을 경험해 가는 점에 초점을 두었으므로 내담자는 연주를 통한 성공경험을 바탕으로 자신에게 많은 잠재력이 있다는 것을 발견하게 되었다. 또한 치료사와의 상호작용을 통해 자신의 요구가 누군가에게 받아들여진다는 것을 인식하기 시작하면서 24회기 종결을 맞이할 시점에는 학교생활과 게임조절 전반에 거쳐 한결 주도적인 모습을 보이게 되었다.

약 8개월간 음악치료와 만나 오면서 내담자 A는 그동안 부정적 사고의 큰 원인이었던 어머니와의 갈등관계에서 많이 벗어나는 변화를 맞게 되었다. 종결회기에는 머지않아 성년을 맞이하며 독립되고 성숙된 성인으로 나아갈 마음의 준비를 다짐하면서 치료사에게 감사함과 아쉬움을 표현하였다.

진행과정: 1~4회기: 치료적 관계형성, 게임 관련 대화들로 관심영역 확인
5~7회기: 다양한 감정인식 및 왜곡된 인지탐색
8~9회기: 우쿨렐레 연주를 통해 감정 표출 및 해소
10~12회기: 가사분석, 음악 자서전 활동을 통한 공감 및 지지
13~19회기: 내담자 선호곡 피아노 연주를 중점으로 치료적 관계 다지기
20~22회기: 가사분석을 통해 회복 및 변화 의지 다지기
23~24회기: 음악감상을 통해 회복 및 변화 의지 점검
24회기 진행 중 어머니 대면상담 2회, 전화상담 7회 실시

사례

나는 음악에 관심이 없다

처음 만난 A는 한숨을 쉬며 음악치료실에 들어와 전혀 눈도 안 마주치고, 치료사의 환대에도 반응하지 않은 채 아래쪽만 쳐다보았다. 자신에 대한 소개를 하도록 하자 이름, 학교, 학년 등을 건성으로 말하며 뭘 더 원하느냐는 듯 격양된 표정으로 바라보았다. '무엇이 OO이를 화나게 하는가?' 라는 질문에 자신이 왜 상담을 받아야 하는지, 어머니가 자신과 상의 없이 상담일정을 잡은 것, 오는 거리가 멀어 시간이 너무 많이 소요되는 점 등을 들으며 분노를 드러내었다. 또한 자신은 음악에 관심이 없으며 음악치료실에 다시 온 것이 그저 싫다고 하며 이전에 그룹 음악치료 참여 경험이 있는데 억지로 온 사람에게 자꾸 무얼 하라고 해서 더 짜증이 났다는 것이었다. 나는 이 시간에 꼭 음악활동을 하지 않아도 좋다고 허용하며 우선 내담자의 관심사에 주의를 기울였다.

내담자가 고등학생이므로 진로계획에 대해 물었으나 전혀 계획하거나 고려 중인 것이 없다고 말하였다. 회기 전에 실시된 심리검사 결과, A가 매우 우수한 능력의 소유자임을 알려 주자 반신반의하며 '그래요?' 라고 시큰둥하게 반응하였다. 가고 싶은 과를 묻자 게임 관련 학과라고 하였으나 이에 대해 구체적으로 정보탐색을 해 보았냐는 질문에 전혀 없다고 하였다. 나는 어떤 분

야이건 A가 관심 있는 것을 선택하는 것이 중요한 것이라 격려하며 치료실에 비치된 노트북을 활용하여(이때부터 급속히 반응을 보임) ○○대학교 관련 학과 홈페이지를 함께 들어가 보도록 하였다. 시간 제약으로 오래 탐색해 보지 못하고 다음 회기에 관련 정보를 검색해 오기로 과제를 내 주자 A는 다소 마음이 풀어진 듯 가벼운 인사를 나누고 돌아갔다.

A의 음악 자서전

회기가 중반에 이르자 A에게 작은 변화들이 나타났다. 그렇게 오기 싫어 지각하거나 잠들어 버리던 초기와는 달리 오늘(11회기)은 10분 일찍 도착하여 늦지 않으려고 방과 후 집에 못 들렀다 와서 배가 고프다고 투덜대었다. 그러면서도 이제는 제법 치료사와 자연스럽게 인사 나누고 인사와 대화 시 눈맞춤도 적절히 이루어졌다.

지난주 지낸 이야기를 묻자 큰 용기를 내어 동생과 함께 어머니께 외삼촌이 퇴원 후 A네 집에 오시는 것이 불편하다고 말씀드렸으나 어머니는 묵묵부답이셨고 아무런 반응이 없었다고 하였다. 아마도 다 들으셨을 것이라고 말하였으나 A는 아마 그러다 잊어버릴 것이고 어머니는 늘 그래 왔다고 부정적으로 반응하였다. 그럼에도 불구하고 A로서는 어머니께 그동안 보여 왔던 방식과는 매우 다른 양상이었으므로 나는 어머니와의 대화를 시도한 것 자체에 대해 격려하였다.

나는 A에게 준비한 「검은 눈물」이라는 곡을 함께 듣도록 하였다. A는 '아이~ 음악 듣는 거 싫은데……' 하면서도 준비한 가사내용을 유심히 보며 함께 들었다(혼혈 래퍼 윤미래의 자전적인 곡). 나는 노래 한 곡 속에 부른 이의 지난한 모든 인생이 녹아 있다고 간략히 알려 주었다. 듣고 난 후 내가 먼저 인생 그래프를 그리고 가장 힘들었던 몇 가지 사건들과 그와 관련해 떠오르는 곡들을 말하였다. A는 처음엔 하기 싫다고 하였으나 나의 이야기를 듣고 자신도 그래프를 그려 가더니 점 하나를 크게 강조하여 표현하였다. 14세 때 있었던 일이고 강도는 최고점이라고만 표현한 후 구체적인 것은 생각하기도 싫다고 하였다. 내가 '나를 힘들게 하는 감추어진 무엇'에 매번 얽매이기보다 의식화하여 앎이 오히려 더 낫다고 하자 A는 숙연하게 묵묵히 듣고 있었다.

그날 회기 후 어머니와 전화상담을 하였고 어머니께서는 오랜만의 통화에 반가워하시며 최근 A가 친구들과도 잘 지내고 있고 상담센터에 다녀오면 기분이 좋아서 직장으로 다녀왔다고 전화보고 하는 모습을 보여 감사하다고 말씀하셨다. 최근 A가 불만을 갖는 점에 대해 말씀드리자 어머니는 웃으시며 아이들이 하도 말을 안 들어 무서워하는 외삼촌을 모셔올까 하는 생각이라고 하셨다. 나는 A와 어머니와의 의사소통 방식에 문제가 있음을 말씀드리고 서로 끝까지 말을 들어 주지 않는 것, 어머니께서 내담자와의 문제를 직면하고 해결하기보다 거짓 상황으로 지어 말하거나, 외압이나 엄포로 해결하시려는 것이 A로 하여금 괜한 오해와 억측을 불러일으키고 있다고 말씀드리고 자아가 많이 성장한 청소년에 걸맞는 대화방식을 사용하시도록 말씀드렸다. 회기 지속에 대해서도 반드시 A와 의견을 나누시길 부탁드렸다.

12회기에는 지난 시간에 나누었던 인생그래프를 보다 구체적으로 다루어 A의 감정을 표현하고 해소하도록 이어 갔다. 먼저, 이승환의 「가족」이란 노래 가사를 보며 함께 들어 보았다. 노래를 들은 후, A는 지난 회기와 연관 지어 자신이 어머니에 대해 불만을 갖는 것은 자신의 이야기를 잘 들으려 하지 않는 것과 전에 자신의 잘못을 공공연히 외삼촌에게 말하여 벌로 맞도록 하고 그걸 보고 웃었던 일을 너무 이해할 수 없고 화가 나기 때문이라고 하며 어머니와의 의사소통 방식에 문제가 많았음을 보고하였고 오랫동안 앙금으로 남아 있었음을 표출하였다.

A에게 주는 노래 선물

24회기 종결하는 날, A는 정시에 도착하였다. 나는 마지막 회기임을 알리며 그간 진행했던 활동내용들을 요약하고 관찰했던 바들을 포스트잇에 간략히 적어 사실대로 묘사하며 칠판에 하나씩 붙여 나갔다. A는 담담히 미소 지으며 듣고 있었다. A에게 그동안 함께한 활동 중 가장 인상에 남는 것은 무엇인가 묻자 피아노 연주라고 말하였다. 자신이 「night of knights(flowering night, easy version)」를 연주하리라고는 생각지도 못했다 하며 스스로도 놀라워하였다. 물론 그 빠른 곡을 원곡처럼 현란하게 연주한 것은 아니었지만 피아노를 한 번도 배우지 않은 A가 계이름 악보를 보며 한 소절 한 소절씩을 익히고 치료사의 왼손 반주에 맞춰 듀엣 연주로 가기까지 얼마나 많은 에피소드들이 있었는지 서로 말하며 웃었다. 소감을 묻자 웃으며 '몰라요~.' 하더니 대뜸 이 회기를 좀 더 지속하면 안 되느냐고 물었다.

나는 준비한 Love holics의 「butterfly」 동영상을 함께 보도록 하며 가사지를 주고 내담자에게 의미 있는 가사를 찾게 하였으나 A는 또 무언가 하라는 것이 귀찮다면서 '없어요~.' 라고 답하며 동영상에만 몰두하였다. 상담자가 이 가사는 종결을 맞아 치료사가 내담자에게 주는 선물이라고 하자 밝은 표정으로 '알았어요~.' 라고 답하였다.

고 2로 올라가는 A가 염려되어 진로와 관련하여 신경 써야 할 사항들을 짚어 주자 A는 관심 있게 들으며 '그렇게 할게요.' 라고 수긍하였고, 음악치료 24회기가 A의 모든 문제를 해결해 줄 수는 없지만 상황을 받아들이는 A의 마음 밭과 마음의 근육을 키우는 데 도움이 되었기를 바란다고 하자 진지하게 듣고 있었다. A는 하고 싶은 말이 있다며 자신은 人義를 지키며 살고 싶다며 제법 심각하고 어려운 용어를 사용하였다. 내가 제법이라고 웃음으로 받자 A도 웃으며 주머니에서 자그마한 과자봉투를 꺼내어 나에게 내밀었다. A에게 고마움을 표시하고 평소와 같이 Hi five와 인사 나누고 회기를 마쳤다. A는 사무실에 올라가 상담센터의 다른 선생님들께도 모두 인사드리고 떠났다.

A는 표면적으로는 게임과다 이용과 무기력을 주호소로 하여 내방하였지만 실질적으로 보여 주었던 주된 문제는 '어른, 상담자, 선생님'에 대한 총체적 불신 및 어머니와의 갈등과 관련된 감정조절이 문제였다. A는 자신의 생각이나 의견을 적절히 표현하는 데 서툴며 대화의 의지조차 꺾여 있어 불신과 갈등을 해결하려기보다는 무방비로 수용하거나 감정을 폭발시키는 방법으로 대처해 왔던 것으로 보인다. A가 이러한 문제를 해결하는 길은 단순히 치료사가 지침이나 답을 주는 것에 그치지 않고 내담자 스스로 자기를 알아차리고 표현하며 해결의 길을 찾아가는 것이기에 주로 적용된 음악치료 방법은 자기표현과 통찰에 관련된다.

A와 함께한 음악치료 24회기는 중반부 이후부터 치료사와의 라포를 바탕으로 여러 음악활동을 통해 물꼬를 트기 시작하였다. A가 자신의 문제해결에 어머니 및 주위 사람들과의 효과적인 의사소통이 관건이라는 것을 깨닫고 더욱더 자신을 긍정적이고 효과적으로 표현하는 것이 이후 회기에도 지속적인 목표가 되었다. 또한 고등학생인 내담자에게 진로문제는 현실인식과 해결점 탐색에서 치료사가 꾸준히 함께해 주어야 할 부분이었으므로 종결회기까지 이 부분에 대한 점검을 놓지 않았다. 결국 음악 안에서 치료사와의 활발한 상호작용은 A로 하여금 진정한 '수용'이라는 단어를 느끼게 하였고 그것이 가능해지자 A는 자발적으로 인터넷 게임을 조절하게 되었다. 게임학과 진학이라는 실질적 목표를 달성하기 위해서는 단순히 게임을 잘하거나 게임을 좋아하는 것이 관건이 아니라 학교생활에 좀 더 관심을 가져야 한다는 것도 알았다고 A는 말하였다. 첫 회기, 분노로 가득 찼던 A의 얼굴에 이제는 미소가 가득한 날이었다.

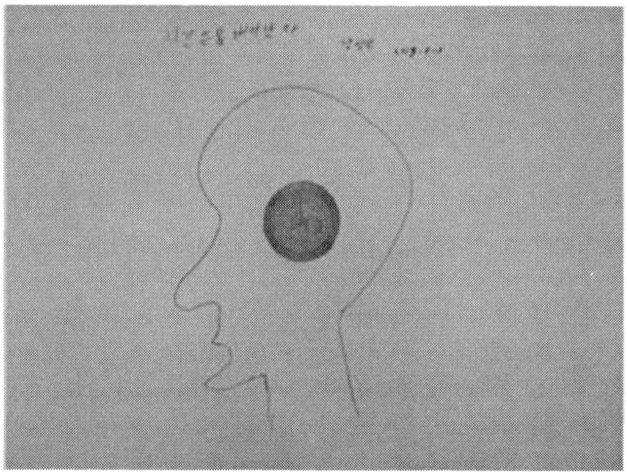

2. 청소년 학교폭력

1) 개 요

청소년기는 아동기에서 성인기로 넘어가는 과도기로서 건전한 성인으로 성장해 나가는 중요한 시기다. 신체적 · 정신적 · 정서적 · 사회적 발달이 고루 발전하는 이 때에 우리의 청소년들은 대부분의 시간을 학교에서 생활하고 있다. 만약 폭력이 발생하는 학교가 더 이상 학생들에게 안전지대의 역할을 못한다면, 사회와 어른들이 폭력에 노출된 청소년들을 보호하지 못한다면, 청소년들은 정체성 혼란이 가중되고 부정적인 사고와 관계의 단절, 사회적 고립, 미래에 대한 불신 등으로 삶의 전반이 흔들리게 될 것이다.

그러므로 학교폭력에 직 · 간접적으로 노출된 청소년들에게 학교폭력에 대한 예방과 근절을 위한 프로그램이 필요하리라 본다. 이러한 실제적이고 적용 가능한 음악 프로그램을 통해 청소년들에게 학교폭력에 대한 관점의 변화 및 상호 간의 경험을 수용하게 하여 다양한 접근성 및 방향성을 제시하고자 한다.

(1) 정의

학교폭력은 1990년대 초부터 사회적 이슈로 부각되어 정부에서 1997년 「청소년보호법」 제정, 2004년 「학교폭력 예방 및 대책에 관한 법률」 제정, 2005년 '학교폭력 예방 및 대책 5개년 기본계획' 수립 등 다양한 방법으로 접근해 왔다(정희태, 2011). 이에 대해 교육부(2015b)에서는 '학교폭력'이란 학교 내외에서 학생을 대상으로 발생한 상해, 폭행, 감금, 협박, 약취 · 유인, 명예훼손 · 모욕, 공갈, 강요 · 강제적인 심부름 및 성폭력, 따돌림, 사이버따돌림, 정보통신망을 이용한 음란 · 폭력 정보 등에 의하여 신체 · 정신 또는 재산상의 피해를 수반하는 행위로 정의하고 있다. 「학교폭력예방 및 대책에 관한 법률」(2012)에서는 학교폭력을 "학교 내외에서 학생을 대상으로 발생한 상해, 폭행, 감금, 협박, 약취 · 유인, 명예훼손 · 모욕, 공갈, 강요 · 강제적인 심부름 및 성폭력, 따돌림, 사이버따돌림, 정보통신망을 이용한 음란 · 폭력정보 등에 의하여 신체 · 정신 또는 재산상의 피해를 수

반하는 행위를 말한다."라고 정의하고 있다. 학교폭력은 일반적으로 학교 내외에서 학생들 간에 발생하는 폭력으로 주로 신체적 · 심리적 공격의 형태와 정보통신망을 이용한 사이버 폭력까지 포함하고 있으며, 일회성 단순폭력에서 지속적으로 가해지는 폭력까지 그 폭력의 범위가 확대되고 있다. 이와 같이 학교폭력은 폭력 대상이나 형태, 폭력의 정도, 발생 장소 등에 따라 다양하게 나타날 수 있기에 연구자에 따라 그 개념을 단일한 것으로 정의하기가 쉽지 않다.

또한 학교폭력의 특징으로 사이버 괴롭힘과 같은 신종학교폭력의 급증, 학교폭력의 가해자와 피해자의 저연령화, 폭력의 잔인성, 폭력의 둔감화, 여학생 폭력의 증가, 피해학생이 가해학생으로 바뀜, 학교폭력의 집단화 등의 현상으로 나타나고 있다(조정실, 2010). 우리나라 초등, 중등학교에 재학 중인 청소년의 경우 학교폭력 가해경험의 비율이 2008년도에 비해 2011년도에는 2배가량 증가하였고(청소년폭력예방재단, 2013) 특히, 남학생의 비율이 여학생의 비율보다 훨씬 높게 보고되었다(노충래, 김현경, 2004; 청소년폭력예방재단, 2013). 이러한 학교폭력은 신체적 폭력과 금품갈취 이외 집단따돌림의 형태로 다양화되며 더욱 흉포화 및 조직화되고 있어(김창군, 임계령, 2010), 그 문제점이 심각하다고 하겠다. 학교폭력사안처리에 대한 가이드북(교육부, 2015b)에 따르면 학교폭력 발생 시 피해학생은 타인에게 도움을 청하기보다는 혼자 결정하는 경향이 가장 높았으며, 보복에 대한 두려움과 수치심 등으로 자신의 문제상황을 외부에 정확히 전달하거나 대응하지 못하는 것으로 나

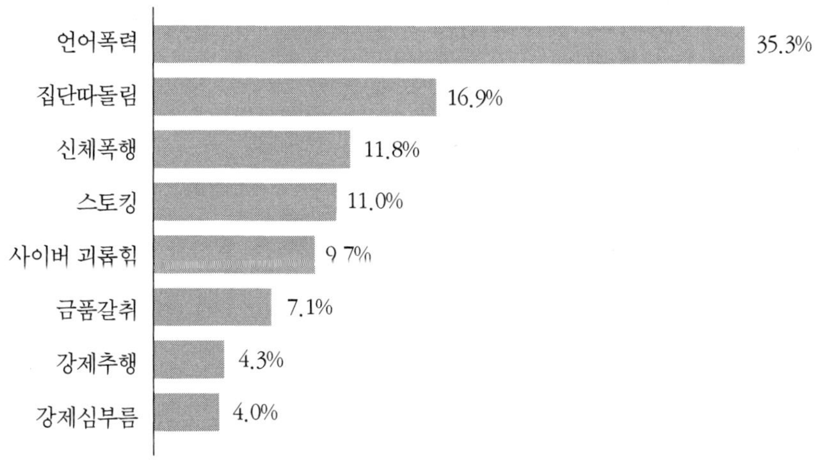

그림 4-2 학교폭력 유형별 비중

타났다.

교육부는 전국 시 · 도교육감이 공동으로 한국교육개발원 · 한국교육학술정보원에 위탁하여 실시한 2015년 2차 학교폭력 실태조사 결과를 발표하였다(교육부, 2015a). 전국 초등학교 4학년부터 고등학교 2학년까지 412만 명을 대상으로 9월 14일부터 10월 23일까지 실시되었으며, 조사 대상 학생의 94.6%인 390만 명이 참여하였다.

이에 대해 살펴보면 유형별 비중으로는 '언어폭력'(35.3%), '집단따돌림'(16.9%), '신체폭행'(11.8%) 순이며, 언어폭력이 35.3%로 가장 높게 나타났다. 언어폭력은 언어를 매개로 상대에게 심리적, 사회적으로 해를 끼치는 모든 반응을 의미하며, 언어를 통한 폭력적 형태가 가장 빈번함과 동시에 피해학생에게는 신체적 고통만큼이나 큰 상처를 주는 것으로 나타났다.

피해시간은 '쉬는 시간'(43.2%)과 '학교시간 이후'(14.2%) 비중이 가장 높았고, '점심시간'(9.1%), '정규 수업시간'(7.7%)이 그 뒤를 이었다. 학교에서 대부분의 시간을 보내는 청소년들에게 학교등교에서부터 하교까지 전반적인 시간이 폭력상황에 노출될 수 있음을 나타낸다. 특히, 쉬는 시간에 발생하는 폭력이 가장 높은 것으로, 짧은 시간 장난을 빙자한 폭력적 행위가 학생들 간에 빈번하게 발생함을 알 수 있다.

피해장소는 '교실 안'(48.2%), '복도'(10.3%) 등 '학교 안'(75.5%)의 비중이 높았

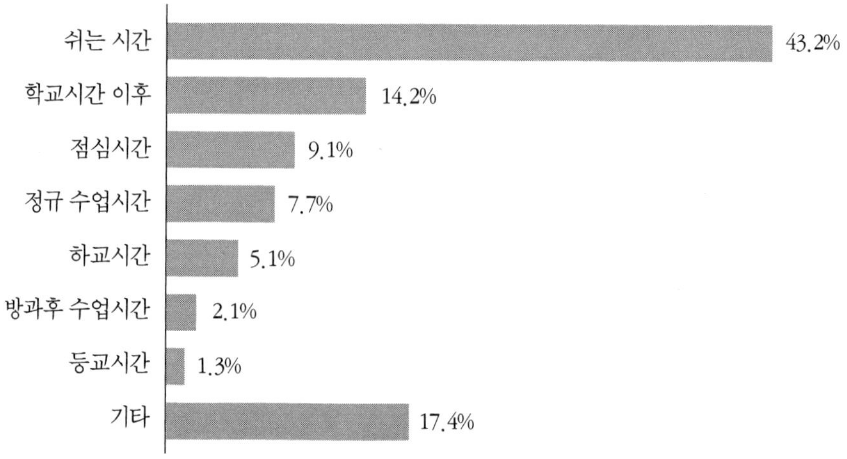

그림 4-3 학교폭력 피해시간별 비중

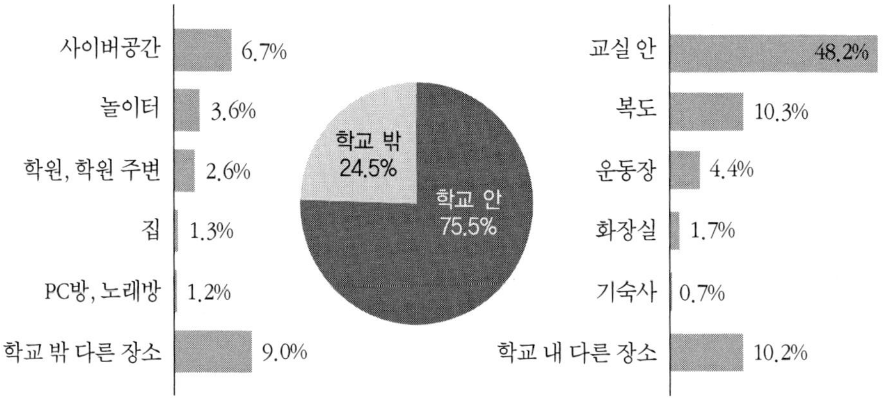

그림 4-4 학교폭력 피해장소별 비중

고, 학교 밖은 '사이버공간'(6.7%), '놀이터'(3.6%) 순으로 나타났다. 청소년들의 특성상 학교와 연관되어지는 공간에서의 폭력발생이 높으며 특히, 사이버공간에서 익명성을 이용하여 상대를 인신공격하는 사이버폭력은 지능적인 형태의 괴롭힘으로, 폭력의 사각지대로의 심각성을 나타냈다.

교육부(2015a)의 발표에서는 학교폭력예방교육을 통해 피해응답 학생의 신고비율이 전년 대비 1.4%p 증가, 목격응답 학생의 신고 및 도움 비율이 전년 대비 2.2%p 증가하여 학교폭력 인식의 개선이 조금씩 나타나는 긍정적인 변화의 추세를 보고하였다. 이와 같은 인식개선에 대한 긍정적 평가도 있지만, 학교 현장에서 학교폭력 감소를 위한 실제적인 적용에는 많은 문제점과 한계점이 있다.

따라서 학교폭력 실태조사를 통한 인식의 변화를 넘어 학교폭력 개선을 위해 장기적인 방향성을 가지고 청소년 교육 · 치료 전문가들의 프로그램 제시와 논의 및 실제적인 적용을 통한 변화와 개선이 지속적으로 요구된다.

(2) 대상

학교폭력은 가해자와 피해자 청소년 모두 폭력의 피해자이면서 동시에 가해자가 될 수 있기에 학교폭력에 대한 예방과 근절을 위한 다양한 관점에서의 실제적인 접근이 중요하다. 그러기 위해서는 학교폭력의 가해, 피해, 가해 · 피해 중첩학생뿐만 아니라, 폭력상황에 직 · 간접적 개입이 없는 방관자 학생에 대한 특성까지도 이해하는 것이 필요하다.

① 가해학생의 특성

학교폭력 가해학생의 가장 두드러지는 특성은 공격성과 충동성이다. 가해학생은 내적 좌절감과 잦은 실패로 인해 낮은 자존감을 외적 표현에서 강하고 공격적으로 나타낸다. 폭력행위를 하는 학생들은 감수성이 예민하고 열등감 적개심이 강하고, 이러한 심리적 발달은 폭력행위를 가중시킨다(곽금주, 2008). 더욱이 이러한 학생들은 타인을 의식하지 않고 자기중심적이고 이기적인 행동을 하며 아주 작은 문제도 해결하고자 하는 노력은 시도하지도 않고 쉽게 폭력을 선택하며 결국 공격행동과 폭력행동으로 이어진다(송명자, 2003). 가해학생은 대체로 신체적으로 피해학생보다 힘이 우위에 있으며 폭력행위에 대해 책임을 회피하고 피해학생이 원인제공이라 주장한다(권선애, 2012). 가해 학생들은 장난을 빙자하여 약자에게 힘을 과시하고 지배하며 굴복시켜 영향력을 행사하려는 폭력적 형태로 나타나며, 이는 주변환경에 대한 적대감과 스스로의 분노조절이나 자기조절력이 통제권에서 벗어나게 된다. 이러한 폭력 가해학생의 경우에 상습적인 비행청소년이 될 확률이 4배 정도 높으며 연령이 높아질수록 그 비행행위의 심각성도 증가될 수 있다(Olweus, 1994). 가해행동을 한 청소년의 경우, 음주, 약물남용과 같은 문제행동에 취약하고(Olweus, 1994), 반복적 폭력사용 등 반사회적 문제행동을 나타내며(송정아, 김영희, 2001), 성인기에 이르러 범죄나 알코올 중독에 노출될 가능성이 높은 것으로(황희숙, 임지영, 2001) 보고되고 있다. 이는 학교적응문제뿐만 아니라, 정신건강과 약물 · 알코올 등의 전반적인 사회문제와도 관련성이 깊다.

② 피해학생의 특성

학교폭력에서 피해학생들은 공통적으로 우울, 불안, 두려움을 나타낸다. 올베우스(Olweus, 1993)는 중학교 시절 학교폭력을 경험한 사람들은 일반 성인에 비해 높은 수준의 우울과 부정적인 자기상을 가지고 있으며, 만성적 등교거부, 학업성취와 수행능력의 저하, 중도탈락 등으로 인한 교육기회 상실, 안정적인 또래관계 형성의 어려움에 따른 대인관계상의 문제를 경험한다고 하였다. 대인기피 및 등교거부(송정아, 김영희, 2001), 자살생각, 복수충동 등의 부정적인 감정에 영향을 주며(김경미, 이진아, 염유식, 2013; 청소년폭력예방재단, 2013), 극단적으로는 자살에까지 이른다고 보고하고 있다. 이완정과 정혜진(2010)은 청소년기의 또래폭력에 노출된 대학생은 그렇지 않은 대학생보다 우울증, 불안 증상이 통계적으로 더 높게 나타난다고 하였다. 이러한 반복적인 폭력은 피해학생이 폭력에 대응하지 못하고 스스로를 포기하게 하는 학습된 무기력에 이르게 되며, 실제로 학교폭력 피해학생의 90%는 등교에 대한 두려움으로 인해 학업성취도가 감소하여 학교성적의 저하, 섭식장애, 무기력함 및 정신적 고통으로 자살(사공미숙, 2015)을 하는 행동적 문제들을 나타낸다. 또한 학교폭력 피해학생의 특성을 살펴본 정지민(1998)은 또래집단으로부터 집단괴롭힘이나 공격행동 등 폭력피해를 자주 당하는 학생들도 가해학생 못지않은 높은 공격욕구를 가지고 있음을 지적했다. 피해경험이 있는 학생은 폭력과정에 노출되면서 분노와 공격성이 학습되어 자신보다 약한 학생을 대상으로 폭력을 행사하여 피해자가 또 다른 폭력의 가해자가 될 수 있는 악순환을 나타낸다(성지희, 정문자, 2007).

③ 가해 · 피해 중첩학생의 특성

학교폭력의 가해자이면서 피해자인 중첩학생은 특정인에게는 가해자인 동시에 다른 학생에게는 피해자의 입장인 것을 보고하고 있다(한국교육개발원, 1998). 이러한 청소년들은 강자로부터 피해를 입고 약자에게는 가해를 하는 특성을 보이며, 이들은 불안정하게 행동하고, 또래들로부터 호감을 받지 못하며, 쉽게 화를 내고 적응하는 데 있어 여러 문제점을 나타낸다(Macklem, 2003). 피해경험이 있는 학생의 절반 정도가 가해경험을 중복으로 가지고 있어 피해의 문제가 가해의 문제로 반복되는 악순환이 더해지고 있다(신혜섭, 2005). 교육부(2015a)의 발표에 따르면, 피해학생 중 24%는 가해경험도 있다고 하였으며, 가해와 피해의 중첩경험 학생은 학교폭력 가해자와 피해자가 겪는 각각의 부정적 정서 · 행동들의 영향으로 인해 무고한 잘못이나 불분명한 모욕에 대응해서 공격적인 반응을 하는 경우도 많으며, 정체성의 혼란과 불안정한 양가적 감정을 나타낸다. 이와 같이 학교폭력은 가해자와 피해자 모두가 청소년인 경우가 많으며, 청소년 폭력의 피해자 이면서 동시에 가해자가 될 수 있다는 폭력의 이중적인 심각성을 나타낸다.

④ 방관자 학생의 특성

방관자적 태도의 사전적 의미는 어떤 일에 직접 나서서 관여하지 않고 곁에서 보기만 하는 태도로, 특히 집단따돌림에서 방관자란 집단따돌림 상황에서 개입을 꺼려하고 모른 척하는 태도를 보이는 사람을 말한다(Salmivalli, Lagerspetz, Björkqvist, Österman, & Kaukiainen, 1996). 집단따돌림에서 가장 강력한 규범 중의 하나는 따돌림당하는 아이를 편들거나 같이 놀면 그 자신도 따돌림을 당하게 된다는 것으로(김현주, 2003), 집단따돌림 상황에서 대부분의 방관자는 피해자를 불쌍하게 여기지만, 자신과는 상관없는 일이라고 무시하는 경향이 많다(한국청소년상담원, 2005). 자신도 피해를 입게 될까 봐 또래폭력을 방관하거나 암묵적으로 묵인하는 태도를 보이는 것이다(최수미, 김동일, 2010). 이와 같이 학생들은 또래집단에 속하고 싶고, 또래집단의 규범에서 벗어나지 않고 사회적으로도 고립되지 않기 위해 은연중에 또래의 압력에 영향을 받게 된다. 이러한 방관하는 학생들은 가해자들의 보복에 대한 두려움, 자신의 일이 아니면 신경 쓰고 싶지 않다는 무관심과 공감력의 결여, 문제해결 방안의 부재 등으로 나타난다.

위와 같이 가해, 피해, 가해·피해 중첩, 방관자 학생들의 특성을 나누어 살펴보았다. 실제적으로 가해, 피해, 가해·피해 중첩, 방관자 청소년들은 폭력적 상황에 따른 개인적 특수성과 이와 관계되는 가정, 학교, 사회 등의 상황적 특수성으로 인

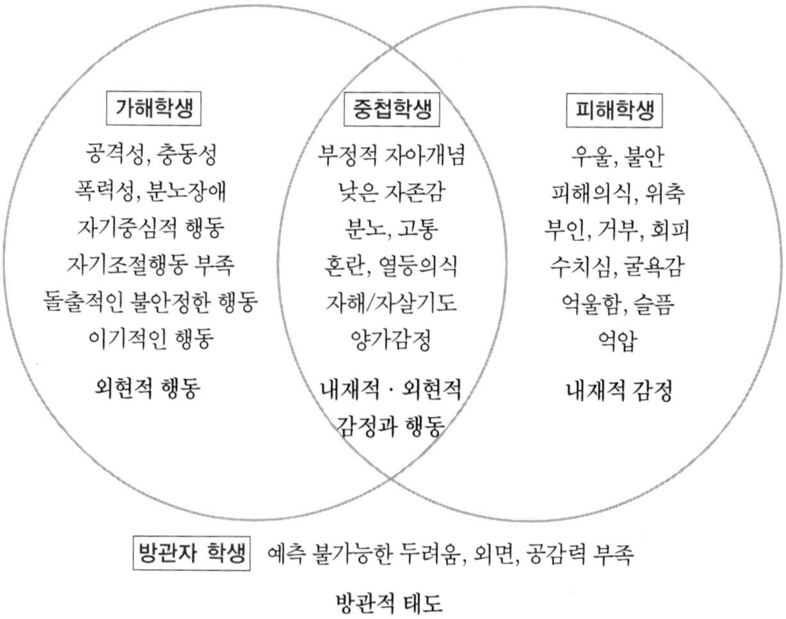

그림 4-5 학교폭력에 노출된 학생들의 특성

해 복합적인 모습을 나타내고 있다. 예를 들어, 가해적 특성인 공격성이 피해학생에게도 나타나며, 피해적 특성인 우울이 가해학생에게도 나타나고, 수동적 태도를 보이는 방관학생에게도 가해 · 피해 중첩학생의 특성인 낮은 자존감도 나타난다. 또한 가해, 피해, 가해 · 피해 중첩, 방관자 학생들의 과도기적 청소년기의 특성을 명확하게 규정지으며 상호 간의 경계를 나누기는 쉽지 않다.

그러므로 본 프로그램에서는 폭력상황에 노출된 청소년들에 대해 외현적 행동, 내재적 · 외현적 감정과 행동, 내재적 감정, 방관적 태도를 중점으로 국한 지어 다음과 같이 제한하고자 한다([그림 4-5] 참조).

(3) 유형별

학생의 폭력은 사소하고 감정적인 차원에서 발생되고 그 원인도 매우 다양하여 접근하는 시각에 따라 다양하게 유형화할 수 있다(교육부, 2015b). 폭력의 유형별 구분들 가운데 학교현장 및 교육청 등 관련 부처에서는 「학교폭력예방 및 대책에 관한 법률」이 규정하는 개념을 준용하여 학교폭력의 유형을 신체폭력, 금품갈취, 집단따돌림, 언어폭력성 폭력, 사이버폭력 등으로 구분하여 실무적으로 접근하고 있는데, 이와 같은 유형별 분류는 학교폭력의 발현 형태를 근거로 구성되어 있다.

폭력행위의 유형별 중점 파악 요소
신체적 폭력 상해의 심각성, 감금 · 신체적 구속 여부, 성폭력 여부
경제적 폭력 반환 여부, 손괴 여부, 협박/강요의 정도
정서적 폭력 지속성 여부, 협박/강요의 정도, 성희롱 여부
언어적 폭력 욕설/비속어, 허위성, 성희롱 여부
사이버폭력 명의도용, 폭력성/음란성, 유포의 정도, 사이버 성폭력 여부

「학교폭력예방법」 제2조

① 신체폭력

형법상 폭행죄에 해당하는 협의의 개념으로서 사람의 신체에 대한 폭력행사다. 가장 흔하게 발생하는 형태로서 최근에는 그 정도가 심각해져 심지어는 살인에까지 이르게 된다.

예를 들어, 신체를 손, 발로 때리는 등 고통을 가하는 행위, 일정한 장소에서 쉽게 나오지 못하도록 하는 행위, 강제(폭행, 협박)로 일정한 장소로 데리고 가는 행위, 상대방을 속이거나 유혹해서 일정한 장소로 데리고 가는 행위, 장난을 빙자한 꼬집기, 때리기, 힘껏 밀치기 등 상대학생이 폭력으로 인식하는 행위 등을 말한다.

② 금품갈취

금품갈취는 '형법상 사람을 공갈하여 재물의 교부를 받거나 재산상 불법한 이익을 취득하거나 타인으로 하여금 이를 얻게 함으로써 성립되는 범죄를 의미'하는데 학교폭력의 경우에도 이와 유사하다. 「학교폭력예방 및 대책에 관한 법률」에서는 '폭행이나 협박을 수반하여 정서적 피해를 야기하는 것'을 포함하고 있다.

예를 들어, 돌려줄 생각이 없으면서 돈을 요구하는 행위, 옷이나 문구류 등을 빌린다며 되돌려 주지 않는 행위, 일부러 물품을 망가뜨리는 행위, 돈을 걷어 오라고 하는 행위 등을 말한다.

③ 집단따돌림

학교폭력 유형 중에서 청소년들이 가장 두려워하는 것이 또래들로부터 따돌림을 당하는 것이다. 특히, '왕따'라는 평을 듣거나 또래들에게 그렇게 인식되는 것을 가장 두려워한다. 집단따돌림에서 벗어나기 위해 또 다른 공격적인 태도 또는 정신장애, 극단적으로는 자살을 선택하기도 한다.

예를 들어, 집단적으로 상대방을 의도적이고, 반복적으로 피하는 행위, 지속적으로 싫어하는 말로 바보취급 등 놀리기, 빈정거림, 면박주기, 겁주는 행동, 골탕먹이기, 비웃기, 다른 학생들과 어울리지 못하도록 막는 행위 등을 말한다.

④ 언어폭력

학교폭력의 유형 가운데 하나인 언어적 폭력은 학교 내외에서 선후배나 또래들

간에 이뤄지는 놀림이나 조롱, 욕설, 비난, 헐뜯기 등의 행위를 말한다. 이러한 언어적 폭력은 타인에게 욕설을 한다든가 상대가 갖고 있는 약점을 확대 · 과장하여 인신 공격적 형태로 나타나며 개인의 인격을 무시하는 방향으로 이용되고 있다.

예를 들어, 신체 등에 해를 끼칠 듯한 언행("죽을래." 등)과 문자메시지 등으로 겁을 주는 행위, 여러 사람 앞에서 상대방의 명예를 훼손하는 구체적인 말(성격, 능력, 배경 등)을 하거나 그런 내용의 글을 인터넷, SNS 등으로 퍼뜨리는 행위, 여러 사람 앞에서 모욕적인 용어(생김새에 대한 놀림, 병신, 바보 등 상대방을 비하하는 내용)를 지속적으로 말하거나 그런 내용의 글을 인터넷, SNS 등으로 퍼뜨리는 행위 등을 말한다.

⑤ 사이버폭력

사이버폭력이란 '상대방의 의사와 관계없이 이루어지는 인터넷상의 게시판 댓글 등을 통한 비방과 욕설 허위사실 유표 개인정보와 사생활 유출 등의 행위로 특정 대상에게 불쾌감과 정신적 피해를 주는 행동'을 말한다. 정보통신 매체를 통하여 특정 개인 혹은 다수에게 공포, 분노, 불안, 불쾌감 등 부정적 감정을 유발하는 행위로(두경희, 2013) 정의하고 있으며, 다양한 사이버 영역과 각종 전자기기 · 영상 매체를 통해 익명성을 담보로 소셜 네트워크서비스(Social Network Services/sites: SNS)에 악의적인 댓글, 사생활 노출, 금품갈취, 따돌림, 신체폭력, 성폭력 등을 수반한다(곽영길, 2007).

예를 들어, 특정인에 대해 모욕적 언사나 욕설 등을 인터넷 게시판, 채팅, 카페 등에 올리는 행위, 특정인에 대한 허위 글이나 개인의 사생활에 관한 사실을 인터넷, SNS 등을 통해 불특정 다수에 공개하는 행위, 성적 수치심을 주거나, 위협하는 내용, 조롱하는 글, 그림, 동영상 등을 정보통신망을 통해 유포하는 행위, 공포심이나 불안감을 유발하는 문자, 음향, 영상 등을 휴대폰 등 정보통신망을 통해 반복적으로 보내는 행위 등을 말한다.

⑥ 성폭력

성폭력이란 상대방의 의사에 반하여 성을 매개로 가해지는 모든 폭력(신체적 · 심리적 · 언어적 · 사회적)행위로 성추행, 성폭행뿐만 아니라 개인의 '성적 자기결정권'을 침해하는 행위를 모두 포괄하는 개념이다. 청소년의 경우 저항하지 않거나 충분하게 거절의사를 표현하지 못했다고 하더라도 성적인 모든 행동은 물론 성폭력에 대한 막연한 불안감·굴욕감·죄책감이나 공포뿐만 아니라 언어적인 협박도 성폭력에 해당하며, 간접적인 행동을 제약하는 경우에도 성폭력에 해당한다(정진희, 2009).

예를 들어, 폭행·협박을 하여 성행위를 강제하거나 유사 성행위, 성기에 이물질을 삽입하는 등의 행위, 상대방에게 폭행과 협박을 하면서 성적 모멸감을 느끼도록 신체적 접촉을 하는 행위, 성적인 말과 행동을 함으로써 상대방이 성적 굴욕감, 수치감을 느끼도록 하는 행위 등을 말한다.

또한 성폭력 사안에 대해서는 우선 「아동·청소년의 성보호에 관한 법률」 등 성폭력 관련 법률을 적용하여 수사기관에 신고하는 등 엄정하게 대처하되, 「학교폭력예방 및 대책에 관한 법률」 제2조의 학교폭력의 종류에서 성폭력을 배제한 것이 아니라는 점을 고려, 학교 내·외에서 학생을 대상으로 발생한 성폭력 사안에 대해서는 「학교폭력예방 및 대책에 관한 법률」상의 적절한 조치가 필요하다.

〈유형별 예시-교육부(2015b). 학교폭력사안처리 가이드북 개정판 참고〉

(4) 징후

학교폭력에 노출된 학생들이 나타내는 여러 징후들에 대해 가정, 학교에서는 민감하게 살펴야 할 것이다. 이러한 징후들은 학교폭력에 노출된 학생들이 직·간접적으로 외부에 도움을 요청하는 것으로 판단할 수 있는 중요한 고려사항이다.

① 피해학생

가정	학교
• 학교 성적이 급격히 떨어진다. • 학원이나 학교에 무단결석을 한다. • 갑자기 학교에 가기 싫어하고 학교를 그만두거나 전학을 가고 싶어 한다. • 학용품이나 교과서가 자주 없어지거나 망가져 있다.	• 지우개나 휴지, 쪽지가 특정 아이를 향한다. • 특정 아이를 빼고 이를 둘러싼 아이들이 이유를 알 수 없는 웃음을 짓는다. • 자주 등을 만지고 가려운 듯 몸을 자주 비튼다. • 교복이 젖어 있거나 찢겨 있어 물어보면 별일 아니라고 대답한다.

- 노트나 가방, 책 등에 낙서가 많이 있다.
- 교복이 더럽혀져 있거나 찢겨 있는 경우가 많다.
- 학교에 가거나 집에 올 때 엉뚱한 교통노선을 이용해 시간이 많이 소요된다.
- 괴롭힘에 의한 다른 아이들의 피해에 대해 자주 말한다.
- 문자를 하거나 메신저를 할 친구가 없다.
- 친구 생일파티에 초대를 받는 일이 드물다.
- 친구의 전화를 받고 갑자기 외출하는 경우가 많다.
- 전화벨이 울리면 불안해하며 전화를 받지 말라고 한다.
- 자신이 아끼는 물건을 자주 친구에게 빌려 주었다고 한다.
- 몸에 상처나 멍 자국이 있다.
- 머리나 배 등이 자주 아프다고 호소한다.
- 집에 돌아오면 피곤한 듯 주저앉거나 누워 있다.
- 작은 일에도 깜짝깜짝 놀라고 신경질적으로 반응한다.
- 몸을 움직이는 일을 하지 않으려 하고 혼자 자기 방에 있기를 좋아한다.
- 학교에서 돌아와 배고프다며 폭식을 한다.
- 내성적이고 소심하며 초조한 기색을 보인다.
- 갑자기 격투기나 태권도 학원에 보내 달라고 한다.
- 부모와 눈을 잘 마주치지 않고 피한다.
- 쉬는 날 밖에 나가지 않고 주로 컴퓨터 게임에 몰두하며 게임을 과도하게 한다.
- 전보다 자주 용돈을 달라고 하며, 때로는 훔치기도 한다.
- 복수나 살인, 칼이나 총에 대해 관심을 보인다.
- 전보다 화를 자주 내고, 눈물을 자주 보인다.

- 교복 등에 낙서나 욕설이나 비방이 담긴 쪽지가 붙어 있다.
- 평상시와 달리 수업에 집중하지 못하고 불안해 보인다.
- 교과서가 없거나 필기도구가 없다.
- 자주 준비물을 챙겨 오지 않아 야단을 맞는다.
- 교과서와 노트, 가방에 낙서가 많다.
- 코피나 얼굴에 생채기가 나 있어 물어보면 괜찮다고 한다.
- 종종 무슨 생각에 골몰해 있는지 정신이 팔려 있는 듯이 보인다.
- 자주 점심을 먹지 않는다.
- 점심을 혼자 먹을 때가 많고 빨리 먹는다.
- 친구들과 어울리기보다 교무실이나 교과 전담실로 와 선생님과 어울리려 한다.
- 자기 교실에 있기보다 이 반, 저 반, 다른 반을 떠돈다.
- 친구들과 자주 스파링 연습, 격투기 등을 한다.
- 같이 어울리는 친구가 거의 없거나 소수의 학생과 어울린다.
- 교실 보다는 교실 밖에서 시간을 보내려 한다.
- 자주 지각을 한다.
- 자신의 집과 방향이 다른 노선의 버스를 탄다.
- 다른 학생보다 빨리 혹은 아주 늦게 학교에서 나간다.
- 학교 성적이 급격히 떨어진다.
- 이전과 달리 수업에 흥미를 보이지 않는다.
- 수련회, 수학여행 및 체육대회 등 학교 행사에 참석하지 않는다.
- 무단결석을 한다.
- 작은 일에도 예민하고 신경질적으로 반응한다.
- 불안하고 어두운 표정을 짓는다.
- 무엇인가 말하고 싶어 하는데 주저한다.

출처: 푸른나무 청예단(2014).

② 가해학생

가정	학교
• 부모와 대화가 적고, 반항하거나 화를 잘 낸다. • 사 주지 않은 고가의 물건을 가지고 다니며, 친구가 빌려 준 것이라고 한다. • 친구관계를 중요시하며, 밤 늦게까지 친구들과 어울리느라 귀가시간이 늦거나 불규칙하다. • 감추는 게 많아진다. • 집에서 주는 용돈보다 씀씀이가 크다. • 다른 학생을 종종 때리거나, 동물을 괴롭히는 모습을 보인다. • 자신의 문제 행동에 대해서 이유와 핑계가 많고, 과도하게 자존심이 강하다. • 성미가 급하고, 충동적이며 공격적이다.	• 친구들이 자신에 대해 말하는 걸 두려워한다. • 교사가 질문할 때 다른 학생의 이름을 대면서 그 학생이 대답하게 한다. • 교사의 권위에 도전하는 행동을 종종 나타낸다. • 자신의 문제 행동에 대해서 이유와 핑계가 많다. • 성미가 급하고, 충동적이다. • 화를 잘 내고, 공격적이다. • 친구에게 받았다고 하면서 비싼 물건을 가지고 다닌다. • 자기 자신에 대해 과도하게 자존심이 강하다. • 작은 칼 등 흉기를 소지하고 다닌다. • 등 · 하교 시 책가방을 들어 주는 친구나 후배가 있다. • 손이나 팔 등에 종종 붕대를 감고 다닌다.

출처: 푸른나무 청예단(2014).

2) 청소년 학교폭력 감소를 위한 음악치료의 목적

본 음악치료 프로그램의 목적은 음악을 통해 학교폭력 가해 · 피해 및 중첩학생들의 분노와 공격성을 감소시키고 불안, 우울의 정서적 · 심리적 요인을 통찰하여 치유함으로써 자존감 향상과 상호관계성을 통한 문제해결력을 향상하여 학교, 사회공동체의 건강한 구성원이 되도록 돕는 데 있다. 이와 함께 방관자적 학생에게는 음악을 통해 가해와 피해적 상황에서 경험하는 예측 불가능한 두려움을 인식하고 자신의 외면적 태도에 대해 돌아보도록 하여 그룹 간의 상호관계성을 강화하고 공감력을 높이고자 한다.

음악은 비언어적 중재의 수단으로서 보다 안전한 방법으로 자신을 표현할 수 있도록 도와주는 역할을 하며, 음악경험은 청소년들 자신을 느끼고, 반응하고, 상징화하며 음악에 투사하는 내적 경험을 하도록 돕는다. 폭력상황의 청소년들에게 음악은 내면의 정서 및 에너지를 조절하고 주어진 환경에 적응하면서 공동체의 구성원으로서의 적절한 행동양식을 개발하는 데에 효율적이며 적합한 매개체로 활용된다(권선애, 2012). 음악을 통해 자신들의 무의식적인 욕구를 투사하고, 상호 간에 수용되어지는 경험과 성공적 성취감을 통해 긍정적인 자기인식을 경험한다. 또한 치료사는 안전한 연결고리 역할을 하여 학교폭력 청소년들의 생각과 느낌을 음악으로 만들고, 나눌 수 있는 커뮤니케이션의 통로를 제공한다. 이와 같이 학교폭력 상황에 노출된 가해, 피해, 가해 · 피해 중첩학생, 방관자적 학생들에게 음악치료는 음악을 통해 안전하게 수용되는 경험을 제공한다. 이와 함께 학교폭력의 다각적인 상황을 직면하게 하여 그 안에 속하게 되는 자신의 환경과 관계를 맺고, 음악감상, 음악연주, 작곡, 작사, 노래 등의 다양한 음악적 과정을 통해 정서적 · 행동적 · 사회적 경험을 음악 외적인 환경에 적용할 수 있도록 한다(정현주, 김동민, 2010).

이에 따라 본 음악치료 프로그램은 가해학생의 외현적 행동인 공격성 감소, 피해학생의 내재적 감정의 우울 감소, 가해 · 피해 경험을 가진 중첩학생의 낮은 자아존중감 회복, 문제적 상황에 대해 방관자적 태도를 보이는 학생의 공감력 향상을 목적으로 하여 다음과 같이 중점화하여 구성하였다.

(1) 공격성

공격성은 발달적으로도 청소년기에 있어 매우 중요한 요소이며, 타인에게 해를 끼치거나 해롭게 하려는 의도가 있는 행동으로 다양한 유형의 청소년 폭력을 설명하는 데 주요한 요소다(김상철, 2008). 공격적인 청소년들의 경우 자신의 공격행동에 동조해 주는 무리가 있고 또래의 방관적 태도를 승인으로 받아들여 자신의 행동을 정당화시키는 경향이 있기 때문에, 이들의 심리적 부적응의 징후가 두드러지게 나타나지 않을 수 있으나, 피해자에게 문제의 초점을 두고 자신의 공격행동을 정당화하는 가운데 공격성이 심화되고 장기적으로 반사회적 성향이 발달한다고 하였다(이춘재, 곽금주, 1994). 공격행동은 주로 상대방의 행동이나 상황에 대해 적대적으로 해석한 결과에 대한 반응으로 충동적이며, 분노조절이나 자기조절성이 낮다. 폭력행동은 대부분 열등감이나 피해의식에서 비롯된 경우가 많으며, 타인과의 관계에서 자신의 존재나 가치에 대해 인정받지 못한다고 느낄 때 나타나는 경우가 많다. 이러한 청소년들은 내부적으로는 스트레스와 분노라는 감정과 외부적으로는 공격적인 문제행동으로 드러날 수 있다(김상철, 2008).

이에 대해 음악은 불안, 분노, 적의와 같은 느낌을 표현하는 출구로서 음악을 통해 신체와 목소리, 감정의 정화를 경험하면서 격렬한 외부적 폭발을 방지할 수 있다고 하였다(Gaston, 1968). 음악은 비언어적 표현매체로서 감정을 소통하는 방법을 배우지 못한 학생에게 자신의 감정을 다루는 데 효과적이며, 자기표현이 사회적으로 인정받을 수 있도록 해 주는 수단을 마련하여 집단 속에서 적절한 반응을 개인적으로 선택할 수 있는 기회를 마련해 주고 자신을 통제함으로써 자기 자신과 다른 사람에 대한 책임을 받아들일 기회를 마련해 준다(권선애, 2012). 음악의 구조 속에서 적절한 반응을 개인적으로 선택할 수 있도록 하고 자신을 통제함으로써 자기 자신과 다른 사람에 대한 책임을 받아들일 음악적 기회를 갖는다. 또한 음악은 동기유발을 통해 감정과 생각을 강화시키고, 연주를 통해 상징적으로 자신을 볼 수 있게 돕고, 치료사의 행동을 모방하거나 다른 집단구성원들의 행동을 모방하여 자신의 행동을 교정하게 한다. 이러한 음악적 환경은 적절한 행동과 충동조절을 배우게 하고 음악을 통한 감정적인 분출구를 제공하며, 음악적 구조 안에서 연주는 음악적 규칙에 맞춰 자신의 순서를 지켜 연주하므로 충동적 행동을 스스로 조절하게 한다. 이를 통해 자신에게 주어진 상황 속에서의 부적 정서(negative affect)와 공격적인 언어표현에 대해 음악은 안전한 방식으로 의사를 전달하게 하며 예술이라는 매체가 감정 회복 및 내적 치유의 장이 되도록 한다.

(2) 우울

청소년기 우울(depression)은 정서적으로 불안정한 격동기인 사춘기에 전후하여 급격하게 증가하는데, 보건복지부(2001)에 따르면 학교폭력 노출 후의 가장 두드러진 증상이 우울이라 하였다. 우울과 관련하여 폭력으로 나타나는 청소년의 성향은 좌절에 대한 반응이며, 그 저변에는 우울이 주된 정서로 작용하기도 한다(강승희, 2010). 특히, 청소년기 우울증은 위장된 우울증(masked depression)으로 표현되기도 하는데(강경미, 1994), 짜증을 많이 내고 부모에 대한 반항, 공격적인 행동, 무단결석, 가출, 도벽, 성적저하, 주의집중의 곤란 등을 보이는 경우가 많다(우신애, 2009). 학교폭력 피해로 인해 우울을 경험하는 청소년은 자살이나 타인에게 피해를 주는 문제행동 등을 일으킬 뿐만 아니라 장기적이며 반복적으로 가해를 당하는 경우 폭력상황에서 폭력에 순응하는 학습된 무기력을 나타낸다. 또한 청소년 우울은 차후 성인기까지 영향을 미치기도 하는 등 예측하기 어려운 다양한 문제를 일으킬 수 있기 때문에(서혜석, 2006), 우울을 감소시키기 위해 조기에 개입하는 것이 매우 중요하다.

이에 대해 음악은 비언어적이고 비위협적인 수단으로서 피해학생 자신을 표현하기 위해 필요한 신뢰감을 주며 다시 신뢰할 수 있는 환경을 제공한다. 고통에 위축되어 우울, 낙담, 무기력, 접촉 거부하는 경우 음악치료를 통해 정서적인 균형을 유지하고 회복하도록 도움을 주어 감정적 성숙을 빌딜시킨다. 특히, 소극석인 참여를 보이거나 관계의 어려움을 나타내는 경우 음악 속에서 그룹의 소속감, 연주를 완성하는 성공적 경험을 통해 즐거움과 긍정적 변화를 가져오도록 이끈다. 음악은 자기 표현이 사회적으로 인정받을 수 있도록 해 주는 수단을 마련해 주며, 즉흥연주나 타악기를 통한 역할극은 자신의 내면적인 불안과 우울한 정서를 드러내도록 돕는다. 이는 음악을 만들어 나가는 과정 속에서 상호관계로부터 지지를 확인함으로써 적응문제를 해결해 나가게 한다. 또한 음악에서는 안전하게 담아 주는 역할과 기회를 제공하여 이를 통해 다양한 상황적 제시에 대한 대처기술을 그룹의 다이내믹에서 경험하게 한다.

(3) 낮은 자아존중감

자아존중감이란 자기 자신에 대한 평가와 관련되는 것으로, 자신의 육체, 사고, 감정, 성격 및 행위들의 통일된 전체에 관한 생각 또는 자기 가치에 관한 기본적 감정으로 정의할 수 있다(Rosenberg, 1989). 낮은 자아존중감은 자아거부, 자아불만족 및 자기비난을 의미하며, 자아존중감이 낮은 사람들이 자기부정, 자아불만족, 자기경멸에 이르게 됨으로써 불안한 심리상태와 소극적인 생활태도를 가지게 되어 적응에 장애를 갖게 되기도 한다(Rosenberg, 1989). 청소년기에 자아존중감의 특성인 정서능력이 제대로 발달되지 못하여 나타나게 되는 증상에는 폭력성, 학교부적응, 좌절감 등으로 실의에 빠지기가 쉽고, 성년이 되어서도 사회적 부적응을 초래할 수 있는 잠재적 문제를 갖게 된다. 또한 타인의 감정을 제대로 인식하지 못하여 대인관계에 있어서 문제를 겪을 수 있다(강인숙 외, 2007). 자아존중감은 대인관계의 형성 및 유지에도 중요한 역할을 하는데, 자아존중감이 결여되었다는 것은 자신의 중요성을 인식치 못하거나, 아니면 자기성찰을 통한 수용, 자기확신, 성취감, 자기충족, 자기만족, 자기애 등이 결여된 것을 말한다.

이에 대해 음악에서의 악기연주는 주어진 연주 역할을 통해서 대인 관계가 안전하고 긍정적으로 음악 공간 안에서 형성되고 공통의 목적을 추구하게 한다. 악기 연주를 통해 자신의 존재감을 나타내며 자신의 감정과 에너지를 다루고, 부정적 감정도 서로 공유할 수 있게 한다. 상호관계 속에서 자발성과 자기표현을 가능하게 하는 음악적 기회는 자신의 느낌과 감정을 방어하지 않고 자신이 느끼는 정서와 일치하게 한다. 음악을 선택하여 연주, 노래, 토의하는 과정을 통해 자발적이고 적극적인 대화와 소통이 이루어지며 자신의 소리를 찾을 수 있는 용기를 얻게 된다. 또한 노래 가사를 통해 타인에 대한 이해와 자기반성, 감정과 관계를 회복하려는 화해와 용서를 표현할 수 있는데, 특히 노래와 랩은 언어 리듬과 음악 리듬을 통합하여 자신의 솔직한 이야기를 표현하도록 돕는다(정해숙, 2010). 음악감상은 감정표출, 자기이해를 도모할 수 있으며, 악기 연주와 가사 창작은 자신의 느낌과 생각을 언어(가사)와 비언어(음악)로 보다 효율적으로 표현하게 한다.

(4) 공감

공감은 타인의 생각이나 경험을 나의 것처럼 느끼는 것으로(김광수, 김해연, 2009), 넓은 의미에서 공감은 대인관계를 형성하는 기본바탕이며, 공감효과는 청소년의 사회적 능력을 발휘하는 데 영향을 주어 공감능력이 높을수록 사회적인 상황에서 사회적 능력을 더 잘 발휘하게 한다.

이에 대해 음악을 통한 공감은 동질감을 주어 타인의 처지를 쉽게 이해하고 이타적 행동에서 돕는 행동을 나타낼 수 있게 한다. 즉, 음악적 의사소통을 통해 서로 간에 친밀한 관계가 형성되고 긍정적인 대인관계를 향상시킨다. 또한 음악을 통한 정서적 공감과 감정적 동일시 경험은 자신에 대한 이해, 타인과의 상호작용을 촉진시킬 뿐 아니라 나아가서 감정적 동일시를 경험하게 한다. 악기를 통한 상호교류적인 음악적 활동은 그룹의 다이내믹을 주며, 소리의 발성과 노래를 통한 싱어롱(Sing a long)은 정서적인 교감을 나누게 한다. 음악의 강한 비트감이나 느린 템포는 신체적, 정서적인 일치감을 제시하고, 노래 토론은 그들의 생각을 담아내며 지지하여 그룹 간의 공감력을 높이게 한다. 가사창작은 표현하고자 하는 메시지와 스스로에게 각인시키고자 하는 메시지를 음악의 형태로 만들어 표현하고 그룹 안에서 관계회복과 그룹원 간의 동일시(identification) 경험을 통해 공감성을 높인다.

3) 청소년 학교폭력 감소를 위한 음악치료 프로그램의 실제

본 음악치료 프로그램은 가해학생의 외현적 행동인 공격성 감소, 피해학생의 내재적 감정의 우울 감소, 가해 · 피해 경험을 가진 중첩학생의 낮은 자아존중감 회복, 문제적 상황에 대해 방관자적 태도를 보이는 학생의 공감력 향상을 위한 음악프로그램으로 구성하였다.

(1) 가해학생을 위한 음악치료 프로그램: 공격성향을 보이는 학생들을 위한 전체 회기 구성(충동성/공격성 감소: 8회기)

가해학생들은 충동적이며 분노조절에 어려움을 나타내고, 자신의 주장을 일방적으로 내세우며 상대방에 대한 인정 · 수용력이 낮아 공격적인 행동에 대해 정당화하려는 경향이 있다.

이에 본 프로그램은 음악을 통해 폭력적 상황과 가해적인 자신의 감정을 표현하고 인식하게 하여 상호교환을 통한 외현적인 분노와 공격성, 충동성에 대해 내면적인 인식을 제시한다. 음악은 감정에 주요하게 초점을 두며 다양한 감정을 경험하고 표현하여 상호 간의 교류를 통한 감정을 조절 · 정리 · 점검하도록 한다. 감정표현에 대한 소리를 밖으로 표출하고 이를 통해 조절하여 일방적인 형태가 아닌 상호 간의 협력을 경험하게 한다. 상호관계적인 활동을 통해 정서 · 행동적 이슈인식과 해결을 위한 적용을 갖도록 한다.

회기	목적	프로그램명	내용	준비물
1	관계형성	I & You	-프로그램에 대해 소개한다. -Favorite Thing과 연결하여 자신 및 서로를 알리는 소개 내용을 작성한다. -나의 뇌/하트 구조를 시각화하고 이를 소리와 연결하여 자신의 생각과 감정을 표현한다.	사운드 오브 뮤직 (Favorite Thing 음원), 악보, 낱건반, 하트와 뇌구조가 그려진 도화지, 필기구
2		Music Imagery (MI)	-수용적 음악을 통해 호흡조절과 소 · 대근육 조절 이완을 경험한다. -현재 나의 이미지를 시각화하여 표현한다.	음악(「Secret Garden」 음원), 만달라 자료 (색연필, 크레파스, 물감, 도화지), 매트

3	다양한 감정경험	내 안의 나	–감정카드, 감정차트를 사용하여 자신에게 있는 감정들을 나열하고 시 · 공간적 의미를 연결하여 표현한다. –「인사이드 아웃」(영화)장면에서의 감정들을 구체적으로 연결 지어 장면과 장면, 이와 연결되는 음악을 찾아서 나만의 스토리를 구성한다.	리듬패턴 및 「인사이드 아웃」 영상, 감정카드, 감정차트, 필기도구, 도화지
4		복면가왕	–「오페라의 유령」 음악감상과 악기를 통해 감정을 연결하고 대조적인 음악제시에 자신의 양면적 감정을 연결하여 표현한다. –「복면가왕」 영상 및 소리적 양면성을 가면 안과 밖의 시각화로 나타낸다.	리듬악기, 멜로디악기, 「오페라의 유령」 CD 및 영상, 「복면가왕」 영상, 가면, 크레파스
5	감정조절	Go & Stop	–미니멀한 음악구조 안에서의 리듬패턴을 유지하며 멜로디 라인과 구조를 경험한다. –감정과 연결되는 즉흥연주에서 질서와 규칙적인 리듬패턴을 유지하고 확장하여 소리적 변화를 나타낸다.	미니멀 음원(필립글라스: Einstein on the Beach-01 knee play 1) 타악기(리듬스틱, 패들드럼, 봉고드럼, 젬베, 북), 비트 CD
6	감정교류	두드림	–음악 역할극을 통해 방어적/공격적 악기로 감정을 표현하여 상호 간의 소리적 연결을 나타낸다. –학교생활 및 상황제시에 대해 주제와 연결하여 악기로 표현하고, 그룹의 소리적 역할을 제시하여 다이내믹을 경험한다.	큰북, 작은북, 패들드럼, 심벌즈, 리듬스틱, 벨 등의 타악기
7		에~요~!	–학교상황과 연결되는 단어와 이미지를 선택하고 이와 연결하여 반복되는 리듬비트와 멜로디 라인을 연결한다. –노래가사를 랩으로 표현하며 한 마디 가사 이상을 자신의 이야기를 넣어 멜로디 라인을 그룹에서 찾아 표현한다.	리듬비트, We Will Rock You(MR), 리듬스틱, 마이크, 필기도구, 포스트잇, 화이트보드, 감정카드
8	감정정리와 점검	인생 그래프	–음악의 변화를 통해 리듬, 멜로디, 템포의 변화를 '과거–현재–미래' 자신의 감정 · 행동의 변화선과 연결하여 표현한다. –자신이 선호하는 곡을 선택하여 미래의 자신의 삶에 대한 그래프를 음악과 함께 스토리화하여 완성한다. –음악 경험에 대해 소감을 나눈다.	음악패턴 CD (리듬, 멜로디, 템포), 도화지, 펜, 잡지, 풀

(2) 가해학생을 위한 음악치료 프로그램: 공격성향을 보이는 학생들을 위한 구체적 활동내용 및 방법 예시(충동성/공격성 감소)

〈4회기〉

1. 제목: 복면가왕
2. 목적: 다양한 감정경험

3. 내용 및 절차

〈프로그램에 대해 소개〉

1) 「오페라의 유령」 음악감상 및 영상시청을 한다.

2) 「오페라의 유령」 스토리를 설명하고, 가면을 쓴 또 다른 인물, 캐릭터들을 살펴본다.

예: 반인–반수, 지킬박사–하이드, 헐크 등의 변신 전 · 후

3) 자신과 연결하여 언제 자신이 양면성을 가지고 있는지와 변화의 전 · 후에 대해 악기로 나타내고 그룹 간에 나눈다.

4) 프로그램 '복면가왕'에서 가면을 벗는 편집된 영상을 시청한다.

5) 가면 속에 숨겨져 몰랐던 복면가왕의 모습들을 보며 자신의 반전이 있는 모습을 그룹 간에 나눈다.

6) 자신의 모습과 가면 쓴 자신의 모습을 연결하여 반전 있는 모습을 시각적으로 나타낸다.

예:

7) 자신의 가면에 대해 설명하고, 그룹 간의 가면을 썼을 때와 그렇지 않을 때의 서로를 바라보며 상대에 대한 느낌을 나눈다.

〈음악경험에 대해 소감 나눔〉

4. 소요시간: 50분

5. 준비물: 리듬악기, 멜로디악기, 「오페라의 유령」 CD 및 영상, 「복면가왕」 영상, 가면, 크레파스

6. 치료적 의미: 자신의 내면적 소리를 가면을 시각화하여 표현하는 것은 스스로에 대한 인식과 교류성을 높인다.

7. 기타: 가면에 그림으로 표현하는 것에 어려움을 나타내는 경우, 단순한 스티커를 붙이는 작업을 제시한다.

〈5회기〉

1. 제목: Go & Stop
2. 목적: 감정조절
3. 내용 및 절차

〈프로그램 진행에 대해 소개〉

1) 반복적인 리듬패턴을 먼저 듣고 음악구조 안에서의 단순하고 고정적 리듬 패턴을 유지하며 박의 개념을 익히며 규칙성을 지킨다.

   예: ♩♩ → ♩♩♩ → ♩♩♩♩

   2박 3박 4박

2) 반복적/고정적 리듬패턴에서 부분적 비트의 변화를 제시하여 음악구조를 만든다.

   예: ♪ ♪ ♪ ♪ ♩ ♩ ‖ ♪ ♪♩ ♪ ♪♩ ‖ ♪ ♪ ♪ ♪ ♩ ♩ ‖ ♩ ♩ ♩ ♩ ‖

   따 따 따 따 따~따~ 따 따따~ 따 따 따~ 따 따 따 따 따~따~ 따~따~따~따~

   (리듬패턴을 확장하고 자유롭게 변형)

3) 자신이 만든 리듬패턴을 유지하고 그룹원들이 함께 소리를 따라 하여 그룹 간의 소리적 피드백을 주고받는다.
4) 자신이 만든 리듬패턴에 변화를 주며 확장하여 음악이 끝날 때까지 소리를 유지한다.
5) 즉흥연주 활동을 위해 위의 과정을 통해 소리와 악기의 과정을 자연스럽게 익힌다.
6) 즉흥연주를 위한 주제(학교폭력에 대한 문제)를 정하고 이와 연결되어지는 역할을 음악으로 나타낸다.
7) 즉흥연주를 통해 학생들에게 공격적이며 충동적인 욕구를 직면하게 하고, 부정적 사고 인식에 대해 다양한 소리의 변화와 조절, 확장을 경험하도록 한다.
8) '방어적/공격적' 감정 표출에 타악기(패들드럼, 봉고드럼, 젬베, 북) 등을 서

로 교환하여 상대적 역할을 경험하고, 내면의 소리를 다양한 악기로 표현한다.

〈음악경험에 대해 소감 나눔〉

4. 소요시간: 50분
5. 준비물: 미니멀 음원(필립글라스: Einstein on the Beach-01 knee play 1), 타악기(리듬스틱, 패들드럼, 봉고드럼, 젬베, 북), 비트 CD
6. 치료적 의미: 타악기를 통한 소리적 표현 및 조절성은 음악적 구조 안에서 안전하게 자신의 무의식적인 욕구를 표현하도록 한다. 이를 통해 자신의 감정과 행동을 연결 짓게 함으로, 주제에 따른 상황인식, 상태, 기대감 등을 불러와 자신이 직면하고 있는 현실적인 문제적 상황을 돌아보게 한다.
7. 기타: 음악 구조적인 규칙 안에서 소리를 유지하고, 반복적인 패턴을 익힐 때 자신의 순서와 차례를 지키기 위한 지속성 유지를 우선시한다.

〈7회기〉

1. 제목: 에~ 요~!
2. 목적: 감정교류
3. 내용 및 절차

〈프로그램에 대해 소개〉

1) 학교와 연관되는 단어를 떠오르는 대로 나누며 선택한다.
   예: '학교' 제시에 공부, 시험, 친구, 책상, 쉬는 시간, 급식……
2) 꼬리에 꼬리를 무는 연결 단어들을 나열하고, 이와 연결하여 감정카드를 선택한다.
   예: 공부-짜증 난다, 시험-불안하다, 친구-외롭다, 수업시간-힘들다, 쉬는 시간-기쁘다, ……
3) 「We Will Rock You」 MR 리듬 비트를 제시하고, 리듬스틱 악기를 이용하여 리듬패턴을 익힌다.
4) 리듬패턴과 단어들을 연결 · 확장하여 랩 가사들을 한 소절씩 만든다.
5) 그룹원들이 만든 가사를 전체 노래가사로 만들고 리듬비트와 함께 연주한다.
6) 리듬비트 제시에 자신의 이야기를 넣어 랩 가사로 자유롭게 만든다.

예: 8비트, 16비트(pop, soul, shuffle 등 다양하게 제시)

7) 표현하는 랩으로 전체의 가사를 만든다.

〈음악경험에 대해 소감 나눔〉

4. 소요시간: 50분
5. 준비물: 리듬비트(8비트, 16비트: pop, soul, shuffle), 「We Will Rock You」(MR), 리듬스틱, 마이크, 필기도구, 포스트잇, 화이트보드, 감정카드
6. 치료적 의미: 랩을 통한 말의 의미와 감정의 자유로움 속에서 표현 · 전달되어지는 교류적 과정을 경험한다. 반복적 리듬비트 제시는 자유롭게 시작하고 끝마칠 수 있는 열린 공간적 의미를 주어 교류적 형태의 접근성과 지속성을 준다.
7. 기타: 즉흥적으로 떠오르는 생각들을 Rhyme(라임)을 맞춰서 즉석에서 랩을 하는 Freestyle Rap(프리스타일 랩)으로 즉흥성을 높여 한 소절씩 말하듯 돌아가며 표현한다.

(3) 피해학생을 위한 음악치료 프로그램: 우울성향을 보이는 학생들을 위한 전체 회기 구성(불안/우울 감소: 8회기)

피해학생들은 폭력경험으로 인해 감정의 기복이 크며 불안과 우울감으로 인해, 자기비하나 패배감, 열등감을 가지고 있다. 내재적인 분노를 가지고 있으나 표출함에 있어서 방어적이며 무기력한 태도와 행동을 보이거나 사람들과 관계 맺는 것을 두려워한다.

이에 본 프로그램은 수용적이며 안정된 음악적 환경에서 위로받고, 안정된 구조 안에서 긍정적인 경험을 통해 자신의 소리를 다양하게 표현하며, 자신을 억누르며 하지 못했던 아픔과 슬픔을 자신의 소리로 나타내도록 한다. 이러한 음악과정은 솔직한 자신의 감정에 직면하게 하여 내재적 동질감과 정서적인 위로, 격려를 갖게 한다. 또한 음악을 통해 외부적인 긴장감과 불안감이 감소하여 수용적인 경험을 하도록 하고, 내재적인 슬픔과 우울한 정서는 안전하게 자신의 소리를 내도록 하여 상호 간의 교류적 과정을 이끈다.

회기	목적	프로그램명	내용	준비물
1	관계형성	오늘 이곳에	-프로그램에 대해 소개한다. -새로운 환경과 관계형성을 통해 악보에 '자신의 이름'을 넣어 음악적 환경에서 그룹원의 일원임을 경험한다. -음악감상을 통한 수용성과 안정감을 위한 상호 간의 긴장이완을 경험한다.	차임, 매트, 부드러운 담요, 안대, 필기도구, 포스트잇
2		Music Imagery (MI)	-수용적 음악을 통해 호흡조절과 소·대근육 이완·조절하여, 안정된 구조 속에서 음악을 받아들이는 경험을 한다. -음악을 통해 자신이 수용되어진 경험을 시각화하여 표현한다.	배경음악(「Secret garden」), 매트, 도화지, 필기도구, 파스텔, 크레파스, 물감
3	소속감	Face book	-미완성된 다양한 얼굴표정 그림을 제시하고 이를 완성 짓게 함으로 표현되지 못했던 감정·기분·느낌·상황을 음악으로 연결하여 그룹원들과 완성한다. -열린 구조로 진행된 음악적 구조에서 그룹과 그룹들이 악기를 통해 하나의 동질감을 소리로 연결 지어 나타낸다.	리듬악기, 타악기, 악보, 얼굴표정 그림, 종이, 크레파스, 포스트잇
4		즉흥연주	-리듬모방과 소리모델링을 통해 그룹 간의 자유로운 리듬패턴을 교환하며, 그룹 간의 즐거웠던 시기와 어려웠던 시기를 즉흥연주로 나타낸다. -주제를 정하여 그룹 간에 즉흥연주를 하거나, 자유로운 즉흥연주 후 그룹은 연주한 것에 대해 제목이나 주제를 정한다.	드럼악기, 타악기, 리듬악기
5	상호 수용성	러브 액츄얼리	-선호하는 음악을 서로 표현하고 '선물'과 연관되어지는 노래를 부르며 자신의 장점을 음악으로 표현한다. -음악 제시에 따라 스케치북 영상을 만들고 자신의 상황, 강점과 약한 점을 외현적으로 나타낸다.	「러브 액츄얼리」 ost 영상, 타악기, 키보드, 기타, 멜로디악기
6		소리쳐	-학교폭력에 대한 문제를 직면하여 학생들은 내면의 억압되었던 감정을 표현한다. ('No, 아니, 싫어, 안 돼'와 같은 거절어휘) -주제상황을 정하여 부분적 소리를 그룹에서 가사, 리듬, 멜로디, 화성을 넣어 완성된 형태의 곡을 만든다.	다양한 리듬비트 CD, 타악기(리듬스틱, 패들드럼, 북, 개더링드럼), 마이크
7	상호존중	My Soul	-뉴스(청소년 자살 관련) 영상과 스토리를 제시하고, 「눈물」 영상을 시청한다. -또래가 겪은 사건들의 이야기를 연결하여 노래 가사를 탐색하다 -자신이 추천하는 노래가사를 그룹토의하고 치료적 노래 만들기를 통해 서로 간의 문제적 이슈와 해결적 제안 등을 나눈다.	뉴스 영상, 「My Soul」 (July) 음원, 「눈물」 (차쿤/에네스) 영상, 카드, 포스트잇, 화이트보드, 필기도구
8		음악극: 너를 보여 줘	-랩과 리듬 비트를 연결하여 소리 내며 연결성을 익힌다. -음악극에서의 주제역할을 통해 자신이 경험했던 아픔을 서로 간에 나누고 하나의 주제로 멜로디 라인을 만든다. -음악을 완성한 뒤 전체 그룹 시각화로 표현한다. -음악경험에 대해 소감을 나눈다.	키보드, 기타, 리듬악기, 차임, 배경음악, 리듬비트 종류(8beat, 16beat), 화이트보드 2절지, 필기구

(4) 피해학생을 위한 음악치료 프로그램: 우울성향을 보이는 학생들을 위한 구체적 활동내용 및 방법 예시(불안/우울 감소)

〈2회기〉

1. 제목: Music Imagery(MI)
2. 목적: 관계형성
3. 내용 및 절차

〈프로그램에 대해 소개〉

1) 음악이 시작되기 전 편안한 자세를 찾으며, 자신의 숨을 들이쉬고 내쉬는 호흡을 한다.

   예: 매트를 깔고 눕거나, 의자에 앉아서 편안한 자세를 유지

2) 수용적 음악(「Secret garden」)을 들으며 호흡에 집중하고 편안한 자세를 유지한다.

   예: '호흡을 들이쉬고~ 내쉬면서 편안한 자세를 찾아봅니다.' 등의 치료사의 지시에 따름

3) 자신의 호흡을 집중 · 유지하며 이와 함께 소 · 대근육의 긴장감을 이완 · 조절한다.

   예: 발끝부터 시작하여 다리 배, 가슴, 어깨, 머리 등의 순으로, 아래에서 위의 방향으로 긴장감을 이완

4) 음악의 크기는 공간을 덮을 수 있을 정도의 볼륨을 유지하여 음악을 들으며 음악적 경험을 한다.

5) 수용적 음악을 통해 경험한 시각적 이미지를 그림으로 나타낸다.

   예: 음악을 들으며 경험했던 이미지가 있다면 시각적으로 자유롭게 그림으로 표현하고, 없다면 음악을 들은 느낌에 대해 표현하도록 하여 자신이 나타낸 그림에 대해 제목을 붙이도록 함

6) 음악을 통한 자신의 경험 및 그림으로 나타낸 것에 대해 그룹 간에 나눈다.

〈음악경험에 대해 소감 나눔〉

4. 소요시간: 50분
5. 준비물: 배경음악(「Secret garden」), 매트, 도화지, 필기도구, 파스텔, 크레파

스, 물감

6. 치료적 의미: 음악을 통해 상징적 이미지를 경험하는 것은 낯선 환경과 익숙하지 않은 관계 속에서 시 · 공간적인 편안함과 수용적인 경험이 되도록 돕는다.
7. 기타: 수용적 음악을 감상하는 부분에서 학생들이 눕거나 편안한 자세를 할 때 잠을 자거나 장난을 치는 행동이 나타날 수 있으므로 사전에 의자 간격이나 위치, 핸드폰 등 방해가 될 수 있는 환경적 요소를 차단하여야 한다.

〈6회기〉

1. 제목: 소리쳐
2. 목적: 상호수용성
3. 내용 및 절차

〈프로그램에 대해 소개〉

1) 다양한 감정그림이나 영상에서의 표정이 나타내는 시각적 자료 제시와 소리 제시를 듣고 감정을 맞추어 보며 이를 악기소리로 모델링하여 나타낸다.
2) 자신의 목소리를 이용하여 악기소리를 낸다. 이와 같은 발성을 통해 안의 소리를 밖으로 표출하게 함으로 눌린 감정을 나타낸다.

예: 소리적 연결: 아~~~, 악~~~, 오~~~ 에~~

〈웃는 얼굴〉

〈우는 얼굴〉

〈화난 얼굴〉

〈슬픈 얼굴〉

3) 모음으로 시작하여 → 단어 → 문장의 형태가 되도록 그룹의 일원들이 돌아가며 감정과 연결되는 소리적 연결을 나타낸다.

예: 왜~ 좋아~ 웃겨 ~ 대단해~ 뭐야~ 웬일이야~~ 정말 멋지십니다~

4) 학교폭력에 대한 상황제시와 문제를 직면하게 하여 학생들이 내면의 억압되었던 감정을 악기와 자신의 말로 나타내도록 한다.

예: 북을 치며 'No, 아니야, 싫어, 저리가, 안 돼' 와 같은 거절어휘

5) 그룹에서 주제적 상황을 구성하여 부분적 소리를 가사, 리듬, 멜로디, 화

성을 넣어 곡을 만들거나, 자신의 경험 및 바꾸고 싶은 상황을 스토리로 만든다.

〈음악경험에 대해 소감 나눔〉

4. 소요시간: 50분
5. 준비물: 다양한 리듬비트 CD, 타악기(리듬스틱, 패들드럼, 북, 개더링드럼), 마이크
6. 치료적 의미: 상호수용적인 역할에 따른 소리적 패턴 및 변화는 억눌렸던 내면의 소리를 밖으로 표현하여 그룹 간의 동질감을 경험한다. 그룹 간의 수용적 경험은 실제적인 상황에서 하지 못했던 슬픔과 분노를 안전히게 표출하어 그룹원에게 지지와 강화를 받고 긍정적인 에너지를 경험하게 한다.
7. 기타: 소리 발성에 대해 어려워할 경우, 가면이나 반가면을 쓰고 할 수 있도록 하며, 소리의 크기에 대해서는 마이크를 이용하여 볼륨을 조절할 수 있도록 한다.

〈7회기〉

1. 제목: My Soul
2. 목적: 상호존중
3. 내용 및 절차

〈프로그램에 대해 소개〉

1) 남녀고등학생이 원치 않는 임신으로 인해 자살한 내용의 뉴스 영상과 스토리를 제시한다.
2) 위의 뉴스를 바탕으로 만들어진 「눈물」 음악 영상을 감상한다.
3) 「눈물」 영상과 함께 제시된 가사를 함께 탐색한다.
4) 이에 대해 자신의 느낌을 표현한 카드를 작성하고 자신 및 또래가 겪은 경험들에 대해 그룹 간에 나눈다.
5) 그룹 간에 나눈 느낌의 부분을 하나로 종합하고, 상호 간에 추천해 주고 싶은 노래를 제시한다.
6) 추천한 음악을 들으며 노래가사를 그룹토의하고 치료적 노래 만들기를 통해 서로 간의 문제적 이슈와 해결적 제안 등을 나눈다.

〈음악경험에 대해 소감 나눔〉

4. 소요시간: 50분
5. 준비물: 뉴스 영상, 「My soul」(July) 음원, 「눈물」(차쿤/에네스) 영상, 카드, 포스트잇, 화이트보드, 필기도구
6. 치료적 의미: 음악적 영상을 통해 자신을 드러내는 것에 어렵고 두려움을 갖는 학생들에게 접근성을 높이고, 음악을 통해 동질감을 경험할 수 있도록 하여, 자신의 문제에만 집중하지 않고 서로 간의 아픔을 나누며 상호 간의 해결을 위한 다양한 제시로 발전시킨다.
7. 기타: 자신의 스토리가 안전한 가운데 나올 수 있도록 비밀보장 등과 같이 그룹 간의 응집력을 높일 수 있는 제안을 초기에 하여 안전한 음악적 환경 구조가 되도록 한다.

(5) 가해 · 피해 중첩학생을 위한 음악치료 프로그램: 자아존중감 향상을 위한 전체 회기 구성(낮은 자존감의 회복)

가해 · 피해 중첩학생들은 불안정하게 행동하고, 또래들로부터 호감을 받지 못하며, 쉽게 화를 내고, 피해와 가해적 폭력에서의 이중적인 고통과 양가적 감정(공격성, 피해의식)과 혼란, 위축, 낮은 자아존중감으로 인해 그룹 안에서 상호 간의 교류에 어려움을 나타낸다.

이에 본 프로그램은 음악을 통해 자신의 느낌과 생각을 노래가사와 연주를 통해 보다 효율적으로 표현할 수 있도록 하며, 소리에 대한 주체적 역할을 경험하게 한다. 음악구조 안에서 리더의 긍정적이며 성공적인 경험은 음악을 통해 자기 주장을 적절하게 표현할 수 있도록 하여, 참여를 통한 그룹원들 간의 상호관계성을 이끈다. 이와 함께 악기소리는 자신의 내면적 소리를 표현하고 감정을 발산하게 하며, 그룹에서의 음악적으로 담아 주는 Container 경험은 안정감과 상호존중감을 경험하게 한다.

회기	목적	프로그램명	내용	준비물
1	관계 형성	Hey Hey Hey	–프로그램에 대해 소개한다. –자신을 나타내는 색깔카드, 악기와 연결하여 악기 탐색 및 자기 소리를 찾아 표현한다. –「Hey Hey Hey」 음악에 자신의 악기로 연주하며 그룹과 함께 곡이 완성되도록 한다.	키보드, 악보, 벨, 리듬스틱, 색깔카드
2		Music Imagery (MI)	–수용적 음악을 통한 긴장 이완으로 호흡 조절과 소 · 대근육을 조절한다. –음악감상을 통해 긍정적이고 수용적인 경험을 한다. –차임합주를 통해 그룹의 소리로 나타낸다.	Music Imagery 음악 (「Secret Garden」), 키보드, 차임
3	동질감	Heart & Soul	–「Heart & Soul」(하트 앤 소울) 낱건반 리듬연주를 통해 시각적 자료와 청각적 진행의 연결성을 높여 그룹을 하나로 맞춰 간다. –화음과 화성을 넣어 각각의 악기를 대표하여 소리의 독특성을 표현한다.	키보드, 낱건반, 벨, 자일로폰, 「Heart & Soul」 영상 및 CD, 아이패드
4		드럼서클	–양가감정(가해/피해)을 악기로 나타낸다. –양가감정을 악기와 음악역할로 드럼서클을 통해 표현한다. –그룹원들이 하나가 되어 즉흥적으로 소리를 만들고 다이내믹한 경험을 한다.	키보드, 타악기, 드럼, 크레파스
5	관계 교류성	어느 멋진 날	–일상의 사소한 일들, 여행 등과 관련된 노래의 의미를 알아보고 가사탐색을 한다. –음악을 통해 경험한 이미지를 음악 콜라주로 시각화하여 나타낸다.	음원: 「벚꽃엔딩」(버스커버스커), 「Viva 청춘」(딕펑스), 「여행」(김동률), 잡지, 풀, 필기도구
6		마인드맵	–부정적 단어와 감정에 대해 꼬리에 꼬리를 무는 단어들을 연상하고 이를 노래가사로 만든다. –가사토의를 통해 타인에 대한 이해와 자기반성, 감정과 관계를 회복하려는 화해와 용서의 경험을 노래가사로 만들어 완성한다.	도화지, 필기도구, 포스트잇, 단어카드, 끈
7	성공적 경험	Come on	–「젓가락 행진곡」을 아카펠라곡으로 돌아가며 각각의 음을 연주하고, 리더 역할을 맡아 곡을 완성한다. –「난타」(영상)와 연결하여 모델링을 경험하고 이와 연결하여, 리더는 빠른 비트의 음악과 반복적인 리듬패턴을 통해 그룹의 다이내믹을 이끈다.	타악기(리듬스틱, 패들드럼, 봉고드럼, 개더링드럼), 카우벨, 마라카스, 에그셰이커, 마이크, 리드미컬 음원
8		버킷 리스트	– '나는 ~하고 싶어요' 주제를 가지고 버킷리스트를 작성한다. –버킷리스트를 통해 가사를 만들고, 펜타토닉 스케일(도레미솔라)의 음악적 진행에 따라 컬러벨 연주와 함께 Song-writing을 한다. –음악경험에 대해 소감을 나눈다.	키보드, 톤차임, 컬러벨, 자일로폰, 배경음악, 스케치북, 필기구

(6) 가해 · 피해 중첩학생을 위한 음악치료 프로그램: 자아존중감 향상을 위한 구체적 활동내용 및 방법 예시(낮은 자존감의 회복)

〈3회기〉

1. 제목: Heart & Soul
2. 목적: 동질감
3. 내용 및 절차

〈프로그램에 대해 소개〉

1) 「Heart & Soul」(하트 앤 소울) 피아노 연탄곡을 감상한다.
2) 아이패드를 통해 음을 터치하며 「Heart & Soul」 멜로디 라인 진행을 익힌다.

예: 아이패드(애플) 유튜브(Piano Duet, Hoagy Carmichael)

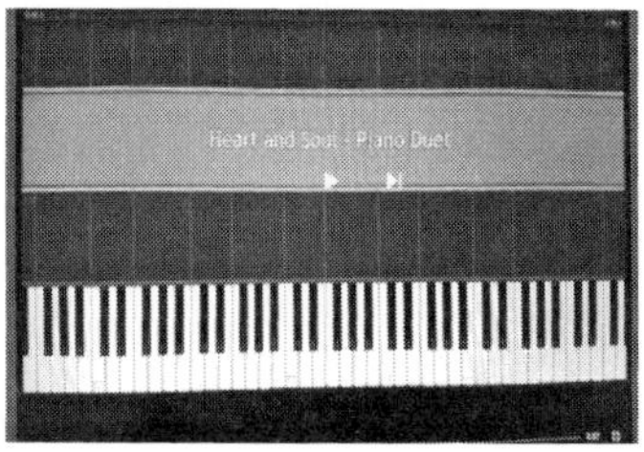

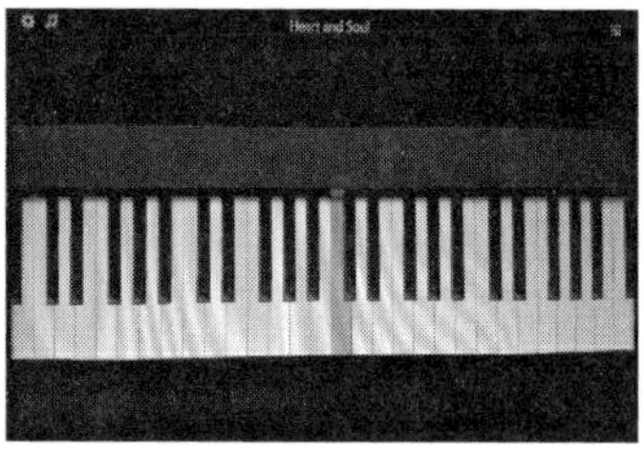

3) 낱건반의 음을 하나씩 선택하고, 지침에 따라 자신의 음이 지시될 때 음을 연주한다.
4) 리더가 되어 「Heart & Soul」 낱건반 연주 지시를 한다.
5) 리더는 순서를 정하여 키보드, 핸드벨, 자일로폰, 낱건반 등의 멜로디 악기를 연주하도록 지시한다.

예: ① 키보드, ② 핸드벨, ③ 낱건반, ④ 자일로폰

순서: ① → ② → ③ → ④ → ② → ① → ④ → ② → ③ → ③ → ②

6) 리더는 2개 이상의 악기가 함께 연주되도록 지시하고, 그룹은 화음 및 하모니를 넣어 연주한다.

〈음악경험에 대해 소감 나눔〉

4. 소요시간: 50분
5. 준비물: 키보드, 낱건반, 벨, 자일로폰, 「Heart & Soul」 영상 및 CD, 아이패드
6. 치료적 의미: 음악구조 안에서 리더역할, 주도적인 경험을 통해 그룹 안에서

성취도와 긍정적인 동질감을 경험한다.

7. 기타: 아이패드 같은 단순한 터치만으로도 음이 연주되고 완성도를 높일 수 있는 다양한 애플(피아노, 기타, 드럼) 등을 사용하여 접근성을 높인다.

〈5회기〉

1. 제목: 어느 멋진 날
2. 목적: 관계 교류성
3. 내용 및 절차

〈프로그램에 대해 소개〉

1) 일상의 사소한 일상들, 여행 등에 대해 그룹 간에 자연스럽게 나눈다.
2) 치료사가 준비한 음악('벚꽃엔딩' , '청춘' , '여행')을 감상한다.
3) 일상의 사소한 일들, 여행 등과 관련된 노래의 주제와 의미를 알아보고 가사탐색을 한다.
4) 음악을 통해 경험한 이미지를 시각화하여 나타낸다.
5) 음악을 통해 경험한 이미지를 그룹 간에 나눈다.

예:

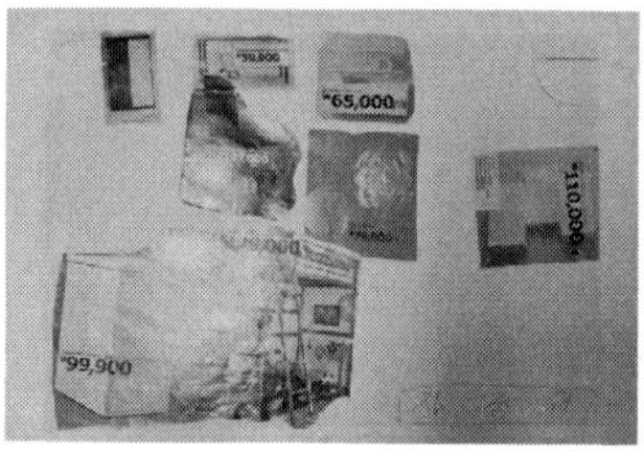

〈음악경험에 대해 소감 나눔〉

4. 소요시간: 50분
5. 준비물: 음원: 「벚꽃엔딩」(버스커버스커), 「Viva청춘」(딕펑스), 「여행」(김동률), 잡지, 풀, 필기도구
6. 치료적 의미: 음악감상 후의 이미지나 느낌을 시각화로 표현하는 비언어적인 형태는 정서적인 상태와 내면의 감정을 드러내고, 자아감정을 인지하고 구별하게 한다. 자신의 내면세계를 인식할 수 있는 음악감상과 시각적 표현의 미적 경험을 통해 그룹 간의 감정과 감각을 통합하게 한다.

7. 기타: 대중음악은 학생들에게 어렵지 않고 쉽게 다가갈 수 있으며, 그들이 선호하는 음악을 선택하고 자유롭게 표현하도록 하여 상호 간의 교류성을 높이게 한다.

〈7회기〉

1. 제목: Come on
2. 목적: 성공적 경험
3. 내용 및 절차

   〈프로그램에 대해 소개〉

   1) 단순한 멜로디와 반복적인 비트를 제시하는 「젓가락행진곡」을 리듬스틱으로 연주한다.
   2) 그룹원들은 자신의 역할과 마디의 순서, 음의 소리를 각각 정하고 자신의 목소리를 발성하여 아카펠라로 소리 낸다.

      예: 랄랄라 랄랄라~ 랄랄라 랄랄라~ 랄랄라 랄랄라~ 랄랄라~

      뚜뚜뚜 뚜뚜뚜~ 빠빠빠 빠빠빠~
   3) 리더의 지시에 따라 그룹원들은 리듬스틱을 소리 내고, 음들이 더해지며 확장하여 그룹 전체의 소리가 되는 템포와 비트감을 경험한다.
   4) 다양한 패턴과 소리크기 제시를 통해 자유롭게 소리 낸다.
   5) 「난타」(영상)와 연결하여 모델링을 경험하고 타악기와 리듬악기로 소리를 연결하여 표현한다.
   6) 리더는 그룹 안에서 돌아가며 역할을 진행하고 그룹의 다이내믹을 이끈다.

   〈음악경험에 대해 소감 나눔〉
4. 소요시간: 50분
5. 준비물: 타악기(리듬스틱, 패들드럼, 봉고드럼, 개더링드럼), 카우벨, 마라카스, 에그셰이커, 마이크, 리드미컬 음원
6. 치료적 의미: 자신의 소리를 악기로 표현하고 그룹 간의 소리 응집력으로 표현된 연주는 성공적인 경험을 이끈다. 직·간접적인 그룹 간의 다이내믹 경험은 음악적 폭을 점차적으로 넓혀 그룹 안에서 카타르시스를 경험하게 한다.
7. 기타: 다양한 형태의 생활용품을 이용하여 각자 자신이 원하는 타악기를 만드

는 초기 단계부터 시작할 수 있다.

예: 페트병, 물통, 바가지, 냄비, 빨래판, 플라스틱통 등을 자르거나 연결하여 재활용품을 악기로 만듦

(7) 방관자 학생을 위한 음악치료 프로그램: 공감력 향상을 위한 전체 회기 구성(공감과 상호지지)

방관자 학생들은 가해자들의 보복에 대한 두려움, 자신의 일이 아니면 신경 쓰고 싶지 않다는 무관심과 수동성, 공감력의 결여, 문제해결 방안의 부재 등을 나타낸다.

이에 본 프로그램은 음악을 통해 단순하고 반복적인 박자의 한 음에서 시작하여 그룹 간의 음의 상호작용을 통한 소리 확장 및 그룹의 다이내믹을 경험한다. 그룹 간의 상호작용을 통해 대인관계에서 문제가 되는 영역을 파악하고, 자신과 타인 간의 유사점과 차이점을 수용하는 자기성장의 기회를 갖게 한다. 소속감과 그룹의 협동을 통한 활동은 학생 간의 공감력과 수용성을 높여 그룹의 응집력 강화를 긍정적으로 이끈다.

회기	목적	프로그램명	내용	준비물
1	관계 형성	I know, We Know	–프로그램에 대해 소개한다. –자신을 나타낼 수 있는 닉네임을 정하고, 그룹이 함께 Hello-Song을 만든다. –자신들의 이름을 넣은 음악의 스토리를 악기로 연주하여 곡을 완성한다.	가사악보, 명찰, 포스트잇, 필기구
2		Music Imagery (MI)	–수용적 음악을 통해 호흡 조절과 소·대근육 이완을 조절하고, 안정된 구조 속에서 음악을 받아들이는 경험을 한다. –음악을 통해 자신이 수용되어진 경험을 시각화하여 표현한다.	매트, 만달라 자료 (색연필, 크레파스, 물감, 도화지)
3	상호 관계성	에너지 전달	–배경음악에 따라 자신의 강점/약점을 나누고 채울 수 있는 단어와 문장을 만들고 교류한다. –각각의 가사에 자신이 맡은 부분을 채워 곡을 완성한다. –배경음악과 완성된 곡을 그룹 간에 연주하고 곡에 대해 스토리텔링한다.	배경음악 CD (비틀스, 아바), 다양한 악기, 2절지, 필기구
4		타타타	–제시된 비트와 영상을 통해 리듬감을 익힌다. –한 명 → 두 명 → 네 명 → 그룹 전체 등으로 확장하여 리듬의 비트를 일치하게 연주한다. –리듬 비트를 변화, 확장하여 그룹 간에 상호교류한다.	배경음악(「Secret garden」 music), 「When I am gone」 영화 ost, 「베토벤바이러스」 음원, 리듬스틱, 플라스틱컵

5	상호 지지	음악 콜라주	–자신을 둘러싼 관계와 상황에 대해 주제적 이미지를 연상하며 음악을 감상한다. –음악을 통해 경험한 상징적 이미지를 그룹원들 간에 나눈다. –시각화하여 표현하고, 이를 그룹 전체의 이미지로 나타낸다.	배경음악 CD, 필기구, 크레파스, 2절 도화지
6		Big Box	–음악적 제시에 따라 선택한 감정과 연결하여 원하는 것과 버릴 것을 적어 각각의 바구니에 넣는다. –음악 게임을 통해 비구니에 넣었던 여러 감정을 악기소리 표현에 따라 맞춘다. –음악게임을 통해 완성된 「쇼스타코비치 왈츠 2번」을 그룹연주하여 다이내믹을 경험한다.	「쇼스타코비치 왈츠 2번」 음원, 다양한 리듬/멜로디 악기(펜타토닉, 낱건반, 자일로폰, 키보드, 리듬스틱, 벨), 포스트잇, 색종이, 펜, 바구니
7	공감성	불의 전차	–두 명씩 짝꿍이 되어 퍼즐의 일부분(승리자에 대한 다양한 감정과 단어 및 행동)을 맡아 퍼즐을 완성한다. –제시된 퍼즐의 주제, 감정, 행동을 그룹과 그룹으로 연합하여 가사 퍼즐을 만든다. –그룹이 하나가 되어 음원 및 가사 구성, 화음을 넣어 곡을 완성한다.	「불의전차(Chariots of Fire)」 ost, 마이크, 퍼즐카드, 필기구
8		We One	–두 팀으로 나누어 치료사가 제시하는 노래의 일부분(14개 가사마디)을 듣고 곡을 연상한다. –두 팀은 제시된 14개의 가사마디를 첫 음과 끝 음을 연결하여 하나의 곡이 되도록 완성한다. –음악경험에 대해 소감을 나눈다.	톤차임, 심벌즈, 가사마디 카드

(8) 방관자 학생을 위한 음악치료 프로그램: 공감과 상호지지를 위한 구체적 활동내용 및 방법 예시(공감과 상호지지)

〈4회기〉

1. 제목: 타타타
2. 목적: 상호관계성
3. 내용 및 절차

〈프로그램에 대해 소개〉

1) 「When I am gone」 영화에서 컵을 사용한 리듬패턴 영상을 시청한다.
2) 플라스틱컵 2개를 각각 제시하고 리듬패턴을 익힌다.
3) 컵을 이용한 리듬패턴을 익힌 후 두 명이 짝이 되어 함께 연주한다.

예: 딴따 따다다 딴다다, 딴따딴따 딴따다

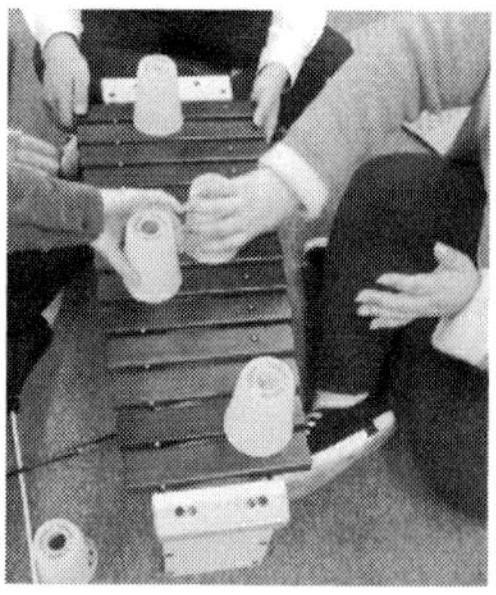 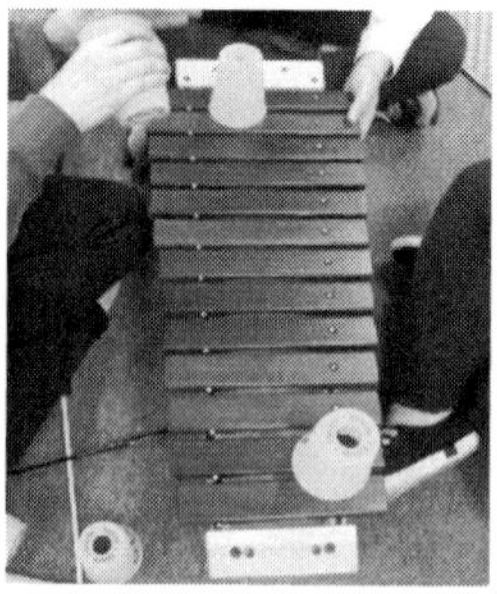

4) 두 그룹으로 나누어 리듬패턴을 주고받으며 연주한다.

5) 그룹 전체가 리듬패턴을 하나가 되어 일치하게 연주한다.

6) 그룹 간에 새로운 아이디어를 교환하며 리듬패턴과 비트를 변화하여 상호 교류한다.

〈음악경험에 대해 소감 나눔〉

4. 소요시간: 50분

5. 준비물: 배경음악(「Secret garden」 music), 「When I am gone」 영화 ost, 「베토벤바이러스」 음원, 리듬스틱, 플라스틱컵

6. 치료적 의미: 단순하고 반복적인 패턴의 지속은 집중도를 높이며, 개개인의 패턴의 연결과 지속적인 유지를 통해 성공적인 경험을 갖게 한다. 또한 그룹이 하나가 되어 반복적인 패턴을 경험하는 것은 그룹의 응집력을 가져오며, 그룹 간의 친밀도를 높인다.

7. 기타: 반복되는 리듬패턴 변화 확장을 위해 템포 순서의 변화나 새로운 리듬패턴을 만들도록 하여 그룹 간의 아이디어를 교환한다.

〈6회기〉

1. 제목: Big Box

2. 목적: 상호지지

3. 내용 및 절차

〈프로그램에 대해 소개〉

1) 배경음악으로 「쇼스타코비치 왈츠 2번」을 들으며 음악에 익숙하게 한다.

2) 「쇼스타코비치 왈츠 2번」을 들으며 선택한 악기로 자유롭게 연주하며 멜로

디를 익힌다.

3) 치료사는 바구니에 「쇼스타코비치 왈츠 2번」 멜로디가 그려진 카드를 넣어 준비한다.

4) 학생들은 바구니에서 멜로디가 그려진 카드를 1개씩 뽑는다.

5) 자신이 선택한 멜로디 카드의 순서에 따라 연주한다.

6) 바구니에는 동료들과 멜로디 카드가 겹칠 수 있도록 같은 멜로디를 여러 개 넣는다.

예: 어느 부분은 3~4명 이상이 연주를 하고 어느 부분에서는 독주 혹은 침묵일 수 있음

7) 「쇼스타코비치 왈츠 2번」을 그룹연주 한다.

〈음악경험에 대해 소감 나눔〉

4. 소요시간: 50분

5. 준비물: 「쇼스타코비치 왈츠 2번」 음원, 다양한 리듬/멜로디 악기(펜타토닉, 낱건반, 자일로폰, 키보드, 리듬스틱, 벨), 포스트잇, 색종이, 펜, 바구니

6. 치료적 의미: 단조로운 멜로디와 왈츠풍의 박자로 반복적인 멜로디 라인의 음은 기억하기 쉽고, 연주를 통한 그룹 간의 상호적 안정성과 공감성을 갖게 한다.

7. 기타: 펜타토닉 스케일인 '도레미솔라' 혹은 왈츠의 선율적 경험을 먼저 익히는 것도 합주의 접근성에 긍정적인 결과를 가져온다.

〈8회기〉

1. 제목: We One

2. 목적: 공감성

3. 내용 및 절차

〈프로그램에 대해 소개〉

1) 두 그룹의 팀으로 나누어 치료사가 제시하는 14개 노래의 일부분을 듣고 곡명을 맞춘다.

예: 첫 음, 1마디, 가사, 노래의 특징, 스토리 등의 연상퀴즈 형식

2) 두 그룹은 각각 그룹이 퀴즈를 맞혀 획득한 노래마다 카드의 일부분의 번호를 채워 가며 악보를 완성해 간다.

3) 음악퀴즈를 통해 맞춘 노래의 끝 음과 다른 노래의 첫 음이 자연스럽게 연결되도록 팀원들과 의견을 나눈다.
4) 1~14번호(마디의 순서)를 채워 가며 각각의 14개의 노래가 하나의 곡으로 이어지도록 곡 전체를 구성한다.
5) 그룹이 함께 완성하여 만든 노래를 부르고, 악기로 파트를 나누어 연주한다.
〈음악경험에 대해 소감 나눔〉

4. 소요시간: 50분
5. 준비물: 톤차임, 심벌즈, 가사마디 카드
6. 치료적 의미: 노래 만들기는 치료적 맥락에서 다루어진 주제를 비탕으로 멜로디, 가사, 노래의 전반적인 분위기, 자신의 생각과 정서, 개인적 경험을 담아내도록 한다.
7. 기타: 모든 그룹원들의 참여를 위해 순서를 정하여 의견을 제시하거나 이를 게임 형식에 활용하여 팀워크를 갖게 한다.

※ 학교폭력은 청소년 한 개인의 문제로 혹은 개인과 집단 간의 문제로 끝나는 것이 아닌, 한 사람의 인생 전반에 영향을 끼치게 되는 사회 전반의 문제로 확대되기에 매우 중요하다. 성장기의 청소년들에게는 폭력상황이 직·간접적으로 노출되어지는 상황만으로도 엄청난 공포와 불안, 충격과 고통을 주기 때문이다. 또한 청소년기의 예측 불가능한 상황 속에서 언제든지 누구나 가해와 피해 및 방관 학생이 될 수 있기에 이에 대한 다각적 측면의 예방과 개입, 실제적 적용이 요구되는 상황이다. 이에 대해 본 음악치료 프로그램은 학교폭력 감소를 목적으로 학교폭력 가해, 피해, 가해·피해 중첩 및 방관적 학생들을 대상으로 나타나는 주된 특성을 중점화하였다. 학교폭력 가해학생의 외현적 행동인 공격성 감소, 피해학생의 내재적 감정의 우울 감소, 가해·피해 경험을 가진 중첩학생의 낮은 자아존중감 회복, 방관자적 태도를 보이는 학생의 공감력 향상을 위한 프로그램으로 실제적 상황에 적용할 수 있도록 구성하였다.

이와 같은 음악치료 프로그램을 통해 학교폭력에 직·간접적 개입이 되는 가해, 피해, 가해·피해 중첩, 방관 학생들에게 학교폭력에 대한 올바른 인식을 제시하여 이에 대한 실제적인 적용을 통해 상호 간의 관계회복적인 교류를 경험하게 하는 것은 학교폭력 감소를 위해 중요한 의미를 갖게 한다.

이를 통해 앞으로도 음악치료가 통합적이며 폭넓은 연구와 임상적인 실제를 통해 학교폭력 감소를 위한 효과적이며 다양한 제안들을 할 것을 기대한다.

4) 청소년 학교폭력 감소를 위한 음악치료 프로그램 사례

프로그램 명: 학교부적응 청소년들을 위한 음악치료

글: 음악치료사 고은진

기간: 2015년 9월 4일~11월 27일

치료사 소개: 주치료사 고은진은 현재 인천의 고은뮤직앤마인드 음악치료소 연구소장으로 고은여성병원과 도담아동 · 청소년센터 음악치료사로 근무하였다.
보조치료사 최인희는 인천교육청 Wee Center에서 음악그룹프로그램을 진행했고, 현재 보건복지부 교육복지사업 아동정서발달 강사로 활동하고 있다.

참여기관 및 참여자: 인천 ○○학교/학교부적응 중 · 고등학생 15명

주요내용: 청소년의 건강한 학교생활을 위한 정서적 안정 및 회복을 목표로 다음과 같이 음악프로그램을 진행했다. 학생과의 관계형성과 참여성 및 관심도를 높이기 위해 익숙한 노래를 함께 부르며 연주하거나 새롭게 가사를 만드는 그룹 간의 표현활동을 했다. 다양한 악기(타악기 및 멜로디)를 사용하여 그룹 간의 역동성을 경험하는 드럼서클과 즉흥연주를 통해 감정적 표출과 해소 및 그룹 간의 다이내믹을 경험하도록 했다. 수용적 음악감상을 통한 긴장이완 및 자아탐색 활동은 심리적인 부분과 연결하여 상징적 이미지를 시각적으로 표현하고 이를 통해 내적 변화에 대한 기대 및 그룹 간의 공감대 형성을 경험하도록 했다.

진행과정: 도입 단계에서 학생들은 자연스럽게 서로의 근황을 나누며 관계성을 갖는다. 치료사는 앞으로 진행될 프로그램에 대해 소개하고 활동에 대해 모델링(modelling)을 보인다.
활동 단계에서는 치료적 관계성(1~2회기), 음악적 구조 안에서 자신의 감정 변화에 대해 표현(3~4회기)하고, 수용적인 음악을 통해 긴장을 이완하며 내적인 자신의 내면을 바라보고(5~6회기), 다양하게 인식되는 내면적 감정의 변화(7~8회기)를 음악으로 나타낸다. 또한 그룹 간의 악기를 통한 역동성과 응집력을 경험(9~10회기)하고, 음악을 통해 공감과 지지 및 변화(11~12회기)에 대해 나타낸다.

마무리 단계에서는 진행된 프로그램에 대해 소감을 나누고 서로 간의 피드백(feedback)을 준다. 치료사는 프로그램 및 학생들의 반응과 요구를 점검한다.

나는 모든 것을 경계하지만 소리에 목마르다

프로그램 첫 시작으로 두 음악치료사가 세미나실에 들어섰을 때, 학생들의 시선은 생각보다 따가웠다. 전반적으로 진행될 프로그램에 대해 설명할 때, 학생들은 관심 없는 듯 행동하며 경계의 눈빛을 보냈고, 다른 한편으로는 새로운 사람들과 악기에 대한 호기심의 눈빛으로 빛나 보였다. 서로를 소개하며 학생들이 어떤 것을 원하는지 자유롭게 나누는 시간 중에 한 학생은 "뭘 할 건데요? 선생님들이 원하는 것만 하는 거 아니에요?" 하며 신경질적으로 말했다. 그중에서 특히 A는 1회기 시작부터 '어디서 왔냐, 왜 하느냐, 어떤 것을 할 거냐, 얼마나 할 거냐……' 등 화를 내듯 질문을 쏟아 냈다. 프로그램 중에도 계속해서 손으로 바닥을 치며 '왜 해야 하느냐, 이것은 뭐냐, 사진을 찍지 마라.' 등의 분노와 공격성도 드러냈다. A는 프로그램 도중 갑자기 일어나 드럼을 치며 화를 이기지 못하는 모습을 보였고, 프로그램 중간중간 혼잣말로 '어른을 믿을 수 없어.' 하며 웅얼거리곤 했다. 무엇보다도 A와의 신뢰적 관계를 쌓는 것이 우선적으로 필요했고, 음악프로그램과 연관되는 A의 의견에 대해 치료사는 경청하고 공감대를 형성하려 했다. 프로그램을 통해 A는 다양한 드럼패턴을 알기 원했고, 자신의 화와 분노를 드럼을 치며 방어적으로 나타냈다. 치료사는 안전한 음악구조 속에서 수용적인 경험을 하도록 도왔으며, 자신의 여린 마음을 감추려고 강하게 보이려 했던 A를 격려하였고, 소리적인 조절을 통해 자신의 소리가 한 방향으로 전해지는 것이 아닌 다양한 채널이 있음을 인식하고 찾아가게 했다. 이를 통해 A는 건반악기로 다양한 리듬패턴을 제시하게 되었고 다른 동료의 솔로(solo) 연주에 리듬패턴을 유지해 주며 동료 학생들의 참여도 독려하는 리더 역할까지도 나타냈다.

건반악기를 연주하는 A

자일로폰을 연주하는 A

A는 간혹 얼굴이 발갛게 달아오르며 화가 난 표정을 보이기도 했지만, 프로그램 중에 자리를 떠나지 않았으며, 프로그램 처음부터 마지막 날까지 참여하였다. 첫 만남에서 분노 가득한 눈으로 쏘아보던 A의 모습과 마지막 시간에 랩을 하며 자유롭게 노래(도끼의 「내가」)하며 춤추는 모습을 본 사람이 있다면 "같은 친구예요?"라고 반문하여 놀라움을 나타낼 것이다. 또한 A는 가장 많이 치료사의 진행에 도움을 주고 함께한 최고의 학생으로 기억되기에 웃음 짓게 된다.

바람과 함께 사라지나 소리로 흔적을 남기다

B는 프로그램 초기부터 진행 중에 "그게 뭐예요? 나 먼저 할래요!" 하고 나서다가도 밖으로 나가 버리고, 다시 돌아와서 "나도요, 나도요……." 하며 간헐적으로 참석하는 모습을 계속적으로 나타냈다. A는 교실 밖에 있다가 어느새 다가와서 참여하며 "이게 맞아요? 맞아요?" 계속 확인하며 자신이 있다는 것을 알리곤 했다. 한번은 동료들과 차임악기로 곡을 만들어 가는 활동에서 자신의 자리를 지키며 "와~ 꼭 크리스마스 같아요." 하며 만족감을 드러냈고 그러곤 사라져 버렸다. 프로그램 중반 악기를 정리하는 시간에 상담 선생님이 오시며 "B는 모든 것에 관심 없어요. 학교 수업을 거부하고 교실에 들어오지 않고 있는데요, 음악프로그램에는 참여하는 것을 보니 놀랍네요." 하며 말을 건네셨다. "여기서는 B가 자신을 조금이라도 나타내는 것 같아 다행이에요." 하시며 웃음을 지으셨다.

B는 프로그램 중반기에 악기를 준비하느라 잠시 악기장으로 간 선생님을 찾으며, "선생님, 왜 있잖아요. 다른 아줌마 선생님…… 안 왔어요? 왜 안보여요?" 하며 시선을 살피며 질문을 던졌다. "저기서 악기 준비하고 계시는데……, 왜 물어볼 게 있니?" 하자 악기장에 계시던 선생님께서 얼굴을 빼꼼히 드러내며 "나 여기 있어~ B야~ 멋진 B! 잘 지냈어? 오늘도 멋진데~ B는 오늘도 잘 생겨 보이네?" 하며 엄지 척을 들었다. 그러자 언제 찾았냐는 듯 시선을 돌리며, 관심 없는 표정으로 모자를 눌러쓰고, 자리로 돌아갔다. B는 관심 없는 듯, 참여하지 않는 듯 보였으나 확실히 음악 안에 있었고 치료사의 모습도 하나하나 살피며 모두와 함께하고 있었다. 바람 같은 B가 오늘도 자신의 역할 부분만을 참여하고 바람처럼 사라졌다. B는 프로그램 중 동료들을 끝까지 기다려 주지 않고 자신의 소리를 내고 사라지지만, B가 참여할 수

컵타를 통한 리듬패턴 활동에서 집중하는 B의 모습

있고 함께하며 교류하는 통로는 음악이었다. 다시 말해서, 음악에서 바람 같은 B는 짧은 시간이지만 자신의 역할을 찾았고, 음악 안에서 품어지는 긍정적인 경험을 하며 동료들과 음악적으로 나누었다고 확신한다. 그런 B에게 음악의 바람이 계속 지속되길 소망한다.

내면의 소리를 내다

처음에 C는 그룹에서 말 없이 핸드폰만을 만지작거리며 동료 학생들과 대화가 없었다. 치료사들이 프로그램을 시작하는 같은 날 처음으로 학교에 위탁되어 왔기에 C도 학교환경과 동료들이 많이 어색했던 것이다. C는 치료사 주위를 맴돌다가 건반악기 쪽으로 다가와서 조심스럽게 멜로디 몇 개를 치다가 다시 제자리로 돌아가곤 했다. C는 어려서 피아노를 배운 적이 있었고, 특히나 멜로디 악기에 관심을 보였다. 프로그램 안으로 불러들이기 위해 C에게 반주를 부탁했고 C는 못한다고 뒤로 물러나거나 손을 뒤로 감추는 모습을 보이다가 프로그램에서 들려준 멜로디에 집중하며 "아, 저 할 수 있어요…… 저 알아요…… 어디서 들어 봤는데……." 하며 적극적 모습을 나타냈다. 치료사는 조심스럽고 수줍음이 많아 보이는 C에게 리더의 역할을 제시하였고, 활동 중에 동료들이 자신의 지시에 따라 음을 연주하는 부분에서는 얼굴이 벌겋게 달아올라 부끄러워하면서도 동료들과 눈을 맞추며 끝까지 수행했다. 또한 선호하는 멜로디 악기뿐만 아니라 다양한 리듬 악기에서도 모델링을 하면서 자신의 소리를 점차 키워 나갔다. C는 치료사와의 리듬교환을 통해 리듬을 오가며 감정을 드러냈고, 억눌렸던 내면의 소리를 밖으로 표출하여 자신을 나타냈다. 또한 버킷리스트와 꿈을 나누는 활동에서 C는 "음악으로 사람들을 기분 좋게 해 주고 싶어요."라고 말하며, 음악치료를 하고 있는 우리와 함께 음악의 힘을 믿는 것 같아 왠지 모를 고마움이 들었다.

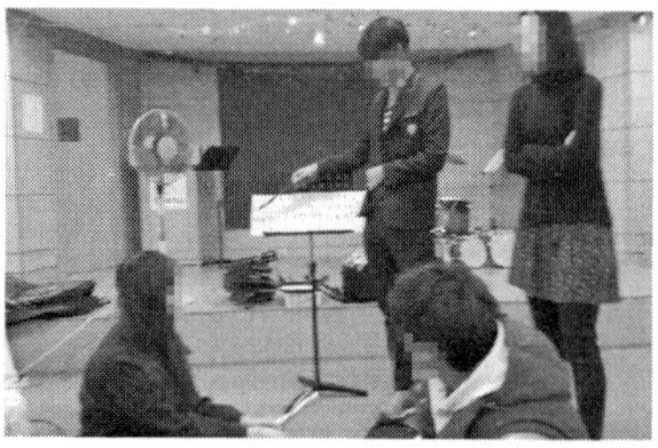

치료사와 리듬패턴을 연주하며
표현하는 C의 모습

버킷리스트와 꿈에 대해
자신을 표현하는 C의 모습

※ 방관자 학생을 위한 음악치료 프로그램 8회기: We One(연결악보카드: 1~14)

1. 〈Beautiful〉

Beautiful girl oh oh oh oh oh oh 시간이 지나도 누구보다

내가 더더더 너를 아껴 줄게 my girl

2. 〈I don't care〉

I don't care e e e e I don't care e e e e

I don't care e e e e I don't care e e e e

3. 〈Tell me〉

Tell me Tell me Te te te te Tell me

나를 사랑한다고 날 기다려 왔다고

Tell me Tell me Te te te te Tell me

꿈이 아니라고 말해 말해 줘요

4. 〈거짓말〉

I'm so sorry but I love you 다 거짓말이야 몰랐어 이제야 알았어

I'm so sorry but I love you 다 거짓말이야 몰랐어 이제야 알았어

5. 〈Sorry, sorry〉

Sorry Sorry Sorry Sorry 내가 내가 내가 먼저 네게 네게 네게 빠져 빠져 빠져

버려 baby

Sorry Sorry Sorry Sorry 내가 내가 내가 먼저 네게 네게 네게 빠져 빠져 빠져

버려 baby

6. 〈Run Devil Run〉

You better Run run run run run 더는 못봐 걷어 차 줄래

You better Run run run run run 붙잡아도 관심 꺼 줄래

7. 〈하루하루〉

돌아보지 말고 떠나가라 또 나를 찾지 말고 살아가라 너를 사랑했기에 후회

없기에 좋았던 기억만 가져가라

8. 〈소녀시대〉

어리다고 놀리지 말아요 수줍어서 말도 못하고 어리다고 놀리지 말아요 스쳐 가는 얘기뿐인 걸

9. 〈외톨이야〉

외톨이야 외톨이야 다리다리다라두
외톨이야 외톨이야 다리다리다라두
외톨이야 외톨이야 다리다리다라두
외톨이야 외톨이야 다리다리다라두

10. 〈Nobody〉

Nobody Nobody but you I want Nobody Nobody but you
Nobody Nobody but you I want Nobody Nobody but you

11. 〈Mr. Simple〉

봐라 Mr Simple Simple 그대는 그대는 그대로 멋져 봐라 Mr Simple Simple 그대는 그대는 그대로 멋져
봐라 Mr Simple Simple 그대는 그대는 그대로 멋져 봐라 Mr Simple Simple 그대는 그대는 그대로 멋져

12. 〈Hoot〉

너 때문에 내 마음은 갑옷 입고 이전 내가 맞서 줄게 네 화살은 trouble trouble trouble
나를 노렸어 너는 shoot shoot shoot 나는 hoot hoot hoot

13. 〈붉은 노을〉

난 너를 사랑해 이 세상은 너뿐이야
소리쳐 부르지만 저 대답 없는 노을만 붉게 타는데

14. 〈아리랑〉

아리랑 아리랑 아라리요

아리랑 고개를 넘어간다

3. 위기청소년

1) 개 요

청소년 시기는 내적 · 외적인 변화가 왕성하게 이루어지는 시기이므로 청소년들은 '위기'를 겪게 되는데, 이 위기를 어떻게 보내느냐에 따라 개개인의 일생에 큰 영향을 미칠 수 있다. 청소년들에게 '위기'라 함은 일반적으로 육체적 · 감정적 · 관계적 손상에 대한 위험 가능성을 말한다(홍인종, 2004). 청소년들은 가족, 또래 친구, 사회 등으로부터 많은 유해환경에 노출되어 있으며, 가정폭력 및 학대, 부모의 이혼, 학교부적응, 교내 · 외 폭력서클, 왕따 등을 비롯하여 사회성 범죄를 일으킬 만한 다양한 위기상황에 놓여 있다. 이와 같이 현대사회는 청소년의 발달과 적응에 장애가 될 수 있는 다양한 위기상황이 존재하므로, 개인의 내적인 위기상황과 외적인 위기상황의 적응에 어려움을 호소하는 위기청소년을 지칭하는 경향에서 오늘날은 사회안전망에서 일탈할 가능성이 있거나 이탈한 청소년을 지칭하는 보편적인 용어로 사용되고 있다(박민경, 2007).

OECD가 정의한 바에 따르면 위기청소년(At-Risk Youth)이란 '학교생활에 적응하지 못함으로 인해 직업이나 성인으로서의 삶을 성취해 내지 못할 것 같은 사람, 그 결과 사회에 긍정적으로 기여하지 못할 것 같은 청소년'을 말한다. 즉, '학교생활에의 적응 여부'가 위기청소년의 개념정의에 상당히 중요한 역할을 하고 있다(홍봉선 외, 2010).

우리나라에서는 「청소년복지지원법」 시행령(제7조 및 시행규칙 제8조)을 기초로 위기청소년을 세 가지로 범주화하고 있다. 첫째는 보호자가 없거나 보호자의 실질적인 보호를 받지 못하는 청소년들이고, 둘째는 학업중단 청소년들이며, 셋째는 교육적 선도대상 청소년 중 비행예방의 필요성이 있는 청소년들이다(이배근, 2004). 여기서 보호자가 없거나 보호자의 실질적인 보호를 받지 못하는 청소년들이란 가출청소년, 소년소녀가장, 빈곤계층가정의 청소년, 요보호청소년 등을 말한다. 학업중단청소년이란 고등학교 이하의 학교에서 학업을 중단한 청소년을 말하며, 교육적 선도대상 청소년 중 비행예방의 필요성이 있는 청소년이란 학교폭력 피해 및 가해 청소년, 집단따돌림 피해 및 가해청소년, 비행청소년, 범죄 가해 및 피해 청소년, 우울 및 자살위험이 있는 청소년 등을 지칭한다(홍봉선 외, 2010).

선행연구를 통한 우리나라 위기청소년의 정의를 살펴보면 파괴적 행동을 보이지는 않지만 가정과 학교로부터 적절한 보호와 돌봄의 기회를 제공받지 못함으로 인하여 가출, 학업이나 훈련의 중단, 신체장애, 폭력이나 성매매 등의 비행에 빠질 가능성이 높은 청소년들을 위기청소년이라고 한다. 한편, 위기청소년이 위기상태에 이르는 데에는 학교뿐 아니라 만성적인 가정불화, 부모의 이혼, 자녀에 대한 낮은 관여 등의 가족요인, 또래의 비행 여부, 또래와의 관계 문제 등 물리적으로 낙후된 환경, 범죄 관련 환경, 낮은 사회적 유대감 등의 지역사회 요인이 관여되며, 청소년 개인의 정신건강 및 낮은 자존감과 같은 심리적인 요인도 영향을 미치는 것으로 나타나고 있다(한국청소년상담원, 2009).

따라서 이런 '위기'는 고정적인 상황이나 상태라기보다는 연속선상에 있는 발달적이고 단계적인 개념을 보이며 현재 위기청소년에 대한 다양한 지원 사업들에서도 '위기'에 대해 단계적인 개념으로 접근하고 있음을 알 수 있다. 결국 위기청소년이란, 청소년 개인과 청소년들을 둘러싼 가족, 학교, 또래, 지역사회에서 다양한 수준의 문제가 존재하고 이러한 문제들이 서로 상호작용을 통해 더욱 발달되거나 완화될 수 있는 상태에 있는 청소년을 지칭하는 것으로 볼 수 있다(국가청소년위원회, 2005).

한상철(1998)은 위기상황에서 청소년들의 심리상태를 설명하며, 이러한 심리상

〈표 4-7〉 위기 상황에서 청소년들의 심리상태

정서 상태	불안, 충격, 부정, 불편감, 피로, 불확실한 느낌, 공포, 우울, 무력감, 두려움, 혐오감, 죄의식, 억제력 상실, 비애, 격노, 좌절, 부적절한 느낌, 꽉 막힌 것 같은 느낌, 분노, 안절부절 등
인지 상태	혼란한 상태, 주의력결핍 상태, 집중력결핍 상태, 신뢰감 상실, 결정능력 곤란, 문제해결능력 상실, 불면 등
행동 상태	위축, 수면상태, 화를 내고 소리 지름, 행동의 변화, 식욕의 변화, 피로감 누적, 낮은 병결상태, 흥미 감소, 알코올/약물 중독, 안절부절못한 행동, 비정상적인 행동, 반사회적인 행동, 폭력, 공격적 행동, 퇴행적 행동, 의사소통의 결여, 히스테리성 반응, 무반응적 행동, 생활의 다른 문제에서도 위기문제로만 집약되는 행동 등

태는 잘못된 행동, 즉 문제행동으로 표출되고 아래와 같은 상태에 있는 청소년을 위기청소년이라 정의하고 있다.

위험요소를 경험하게 되는 위기청소년의 심리적 특성을 살펴보면, 자기에 대한 만족 및 수용 정도가 낮아 자신이 못나고 열등하며 쓸모없고 사랑받을 만한 존재가 아니라고 느끼고 자신의 가정에 대한 만족도가 낮다. 또한 자신의 감정이나 욕구를 충분히 경험하거나 조절하는 데 어려움이 있어, 자신이나 환경에 대해 무관심한 듯이 보인다. 이는 반복된 욕구좌절로 인해 자신의 감정을 수용할 수 없기 때문이라고 볼 수 있다. 따라서 자신의 감정이나 욕구를 무시하거나 때로는 감정이나 욕구를 조절하지 못하고 상황을 고려하지 못한 채 행동으로 옮기게 된다(한국청소년상담원, 2009).

(1) 위기요인과 위기수준

청소년 자신의 상황적 요구 및 발달적 필요를 충족시키기 위해 갖추어야 할 개인적 특성, 가정의 양육능력, 그리고 학교 및 기타 환경적 요소 중 어느 하나에서의 결핍 또는 둘 이상의 결핍에서 위기청소년이 나타난다고 볼 수 있다. 여기서 상황적 요구란 청소년 개인이 직면하고 있는 상황적 그리고 발달적 위기 해소의 필요성을 말하며, 발달적 필요란 청소년이 사회에 공헌하는 성인으로 성장·발달하기 위해 필요로 하는 지식, 기술 및 태도의 습득 필요성을 말한다. 이러한 청소년의 요구와 필요가 가정, 학교 및 기타 환경적 제재가 제공하는 공식적 그리고 비공식적 보호·교육 기능에 의해 적절히 지원받지 못하면 청소년은 점차 문제행동의 빈도와 정도를 증가시켜 가게 되고 그 결과로 필요한 지식, 기능, 태도를 습득할 수 있는 기회를 잃어버리게 되는 결과를 낳게 된다.

여기에서 거론되는 위기는 연속선상에 있는 발달적·단계적 개념으로 보아야 한다. 맥휘터 등(McWhiter, McWhiter, McWhiter, & McWhiter, 2007)이 정의하는 바에 따르면 위기(At-Risk)란 '현재 나타나고 있지는 않지만 적절하게 개입하지 않을 경우 미래에는 청소년에게 부정적인 결과를 가져올 위험성이 있는 상황'이다. 일례로 흡연은 음주의 위기, 음주는 마약복용의 위기로 발전할 수 있다. 초등학생 때 행동장애, 공격성, 학업부진 등을 보인 학생이 이후 청소년기에 반사회적 행동과 비행의 위기에 처하게 될 것이라고 예측할 수 있다고 한다.

〈표 4-8〉 위기 관련 위험요인

위험요인군	위험요인
개인요인	• 낮은 자존감 • 충동성 • 반사회적 성향 • 자극추구 성향
가족요인	• 구조적 결손 • 가정불화 • 비합리적 양육태도 • 문제행동에 대한 부모의 허용태도 • 부모의 자녀교육 기대수준 • 낮은 사회 · 경제적 지위 • 부모 감독 소홀, 부모의 위험행동, 가족해체
교육요인 및 또래요인	• 낮은 학업성취도 • 학업성취에 대한 낮은 기대 • 학교에서의 지지 • 잦은 결석, 전락 • 또래의 비행 여부 • 또래와의 관계 • 성적 행동 시작 • 약물 사용 • 교사들의 낙인/ 무관심 • 동료의 위험행동 수용
사회적 요인	• 물리적 환경 • 범죄 관련 환경 • 낮은 사회적 유대감

출처: 홍봉선 외(2010).

위기상황에 처해 있는 청소년은 어느 특별한 집단이 아니며, 위기의 유형, 발달단계의 위기수준에 따라 차이가 있을 뿐 청소년 누구에게나 해당될 수 있다. 청소년의 위기상황은 청소년을 둘러싼 가족, 학교, 또래, 지역사회에서 다양한 수준에서 존재할 수 있으며, 이러한 문제들이 서로 상호작용하여 위험행동으로 더욱 발달되거나 혹은 완화될 수 있는 상태로 이끌 수 있기 때문이다(전학열, 2011). 따라서 많은 경우 위기청소년은 한 가지 문제보다는 몇 가지의 문제를 동시에 안고 있음을 고려할 때 위기청소년이 처해 있는 위기상황은 여러 문제들의 조합된 결과로 파악

되어야 할 것이다.

위기상황들의 조합에 의한 위기청소년 분류는 청소년들이 어느 한 가지 이상의 복수의 위기상황에 처할 수 있다는 것을 나타내며, 이는 또한 청소년들이 나타내는 문제들이 상호 연관되어 있다는 것을 의미한다. 말하자면, 한 가지 문제를 가지고 있는 청소년은 다른 문제에 관련되기가 더 쉬우며, 이들이 서로 작용하여 제3의 문제를 연쇄적으로 파생시킬 수 있다는 것이다(한국청소년상담원, 2009). 따라서 이들에 대한 개입은 어느 한 영역에 대한 것이 아니라 청소년이 처한 복수의 위험요인에 대한 것이어야 한다.

청소년들이 경험하는 위기수준에 따라 '고위험군'과 '잠재적 위험군' '일반군'으로 구별할 수 있다. 국내 연구(배주미, 김동민, 정슬기, 강태훈, 박현진, 2010)에 따르면 우리나라 전체 청소년들 중 '고위험군'에 속하는 청소년이 2.0%, '잠재적 위험군'은 13.5%에 이르는 것으로 추정되고 있다. 이들 연구에 따르면 청소년들의 15% 정도가 심각한 수준의 발달적 위기상황에 있다고 볼 수 있다.

위기청소년에 대한 대표적인 영국의 코넥션즈(Connexions) 사업에서도 위기를 3단계로 설정하고 있다. 높은 단계는 이미 다양하고 복합적인 문제를 드러내고 있는 청소년 집단을 의미하며, 이들은 전문가에 의한 지속적이고 집중적인 개입을 필요로 하게 된다. 중간단계는 복합적인 위기상황은 아니지만 앞으로 복합적인 위기상황이 될 가능성이 있는 집단을 말한다. 이 단계의 위기청소년은 교육과 훈련을 통해 이 시기를 잘 극복하여 안전하고 평화롭게 성인기로 넘어갈 수 있는 집단이다. 낮은 단계의 청소년은 별 문제가 없으며 학업성적도 우수한 청소년 집단이며, 학업과 진로상담이 필요한 수준으로 나누고 있다(윤철경, 2005).

(2) 위기 가정의 청소년

위에서 살펴본 위기요인 중 앞 장에서는 학교 및 또래 위기요인인 '학교폭력'을 다루고 있으므로, 이 장에서는 가족 위기요인을 중심으로 위기 가정을 범주화하고 이에 따른 청소년의 특성을 살펴보고자 한다.

위기 가정은 양극화와 빈곤, 가족해체가 급증하면서 그 수가 크게 증가한 가족형태로 빈곤가정, 편부모가정, 소년소녀가장 가정, 조부모가 자녀세대 없이 미성년인 손자녀의 양육에 일차적 책임을 맡고 있는 조손가정 등을 포함한다(최해경, 2006). 이러한 위기 가정은 아동 · 청소년의 성장을 지원하는 데 구조적, 기능적으로 취약함을 고려해야 할 것이다.

2014년 통계청 조사에 따르면, 전체 18,457,000 가구 중 한부모 가구(일반가구 중 한부모와 미혼자녀로만 구성된 가구)는 1,749,000(9.4%) 가구다. 그중 저소득 한부모 가족(「한부모 가족지원법」상 「한부모 가족+국민기초생활보장법」상 한부모 가족)은 225,000가구이며, 한부모 가족(「한부모 가족지원법」상 보호대상자)은 142,000가구다. 한부모 가구는 2005년 1,370,000가구에서 2010년 1,594,000, 2014년 1,749,000가구로 증가하고 있다. 한부모 가구의 형성원인 중 사별이 29.7%, 이혼 32.8%, 미혼모(부)가 11.6%로, 사별 외의 요인으로 한부모 가구의 형성 비율이 점차 높아지고 있는 추세다(통계청, 2015).

많은 연구에서 부모의 사망, 이혼, 별거, 가출 등으로 인한 부모 결손은 자녀의 성격형성 및 사회적응에 있어 많은 문제를 야기하는 것으로 보고되고 있다. 특히 적응문제와 공격성, 우울, 불안, 과잉행동, 자아존중감, 자아정체성 등의 문제를 보이는 것뿐 아니라(김순애, 1989; 이정이, 2007), 가정, 학교, 친구, 지역사회에서의 사회적 지지기반이 약하다는 공통적인 문제를 지니는 것으로 나타나고 있다(이혜연, 이용교, 이향란, 2009).

가족, 학교(교사 및 또래관계), 지역사회와 같은 사회 · 환경적 특성 요인들 중에 청소년들의 적응에 영향을 미치는 대표적인 것이 가족 환경이다. 가족 구성원 간의 응집성, 부모-자녀의 의사소통(공감능력), 부모의 양육태도 등의 가족 특성과 관련하여, 부모의 공감능력이 높고 부모와의 의사소통이 자유롭고 가족의 건강성이 높을수록 학교생활에 잘 적응하였고(신혜정, 2014; 양점미, 2011; 이지미, 2010; 최미숙, 2014), 가족의 정서적 유대와 지지가 높고 부모와 관계가 우호적이며 지지적일수록 학교생활에 잘 적응하고 있음이 많은 연구들을 통해 밝혀지고 있다(문은식, 김충회, 2002; 박민영, 2009; 송희원, 최성열, 2012; 유안진, 이점숙, 서주현, 2004). 이러한 점을 고려하여 위기 가정의 유형에 따라 가정 및 학교 사회에서 나타나는 청소년의 특성을 살펴보고자 한다.

① 모자가정 청소년의 특성

모자가정은 부의 상실로 인한 소득의 감소 문제뿐만 아니라 주택문제 그리고 모의 취업문제 등을 갖게 된다. 절대소득이 낮음에도 불구하고 외부 지원체계가 매우 부족하여 여성 한부모의 건강이나 생존전략에 따라 빈곤가족으로 전락할 가능성이 높다(이혜연 외, 2009).

여성 한부모는 생계를 위한 직업에 전념하게 되면서 더욱 과중한 역할 수행으로 자신이 지칠 뿐 아니라 자녀에 대해 충분히 돌보아 주지 못한다는 죄책감 때문에 자녀양육에 있어 감정적으로 흐르기 쉽고 일관성을 기대하기 힘들다. 특히, 빈곤 모자가정의 경우에는 일반여성 한부모에 비해 더욱 복합적인 스트레스에 많이 노출되고 있다(민가영, 2004).

한부모가정의 청소년은 한쪽 부모의 상실로 인해 부모역할의 질적 · 양적 부족으로 적절한 보살핌을 받지 못하는 경우, 양부모가족의 청소년에 비해 학교성적과 관련된 부분에서 부적응을 초래하기도 한다. 부의 결손은 여성 한부모가정 자녀들의 학업성취와 지적능력의 저하를 초래한다는 연구결과가 있다(김정자, 1984). 부의 결손으로 인해 남아에게는 남성답기보다는 여성적이고 사회생활의 적응에 있어서 복종적이며 헌신적인 면이 있고 여성과의 관계에 있어서도 상당히 여성적인 특성이 있으며(유경애, 1985), 여아에게는 부결손이 남성과의 대인관계에 혼란을 빚는 것으로 나타나 여자청소년들은 남자 앞에서 억압적이 되고 딱딱하고 회피적이 되거나 반대로 남성에게 주의를 끌려는 경향이 강하게 나타났다고 한다(유재선, 1989).

또한 모자가정의 원인에 따라 자녀에게 미치는 영향이 다르게 나타난다. 이혼이나 별거에 의한 가정의 자녀들이 정서적 불안이나 열등감이 심한데, 이는 이혼 이전에 부모들 간의 갈등이나 불화를 경험해 왔고 그 여파가 계속되기 때문이라는 견해가 있다. 반면, 신뢰를 가진 한쪽 부 또는 모만 있음으로 인해 일관성 있게 양육할 수 있다는 견해도 있다(안진희, 2005).

② 부자가정 청소년의 특성

부와 자녀 관계에서 부는 경제적 담당자로서 생활비를 조달하고 자녀들의 사회적 지위의 표본이 된다. 그리고 자녀들의 좋은 동료적 역할을 하며, 아버지는 이성적이고 공정한 판단자의 역할을 한다. 부의 결손으로 인한 감독관 및 동일시 대상의 상실, 그리고 사회적 통념과 편견에서 오는 압박감과 열등감이 자녀에게 영향을 주는 것으로 나타났다. 부의 자녀에 대한 통제와 감독이 하루아침에 사라짐으로써 자녀는 자기 자신에 대한 통제력을 상실할 수 있다. 그리고 이러한 자기 자신에 대한 통제력의 상실은 가정의 어려움 및 주변사람의 편견과 함께 작용하여 자녀의 부적응이나 문제를 가져올 수 있다.

이혼이나 가출, 유기와 같은 사회적 요인에 의한 부자가정이 늘어나면서 부자가정의 아버지는 경제적인 문제, 자녀양육과 가사역할에 대한 부담감, 심리적인 불안감 등으로 인해 힘든 상황을 경험하게 된다. 즉, 부자가정에서의 문제는 직장생활과 부재한 모를 대신하여 가사와 아동양육을 병행하는 데서 발생한다. 전통적으로 여성의 책임으로 되어 온 가사노동과 자녀양육을 갑자기 맡게 된 아버지의 경우, 직장에서 많은 시간을 보내는 만큼 가사를 돌볼 수 있는 시간이 줄어들게 되고, 반대로 직장에서 시간을 적게 보내고 가사에 더 많은 시간을 보내면 직장에 충실할 수 없게 되는 등 이중의 책임으로 갈등을 겪을 수 있다. 특히, 저소득층 부자가정의 경우에는 저학력, 기술부족 등의 이유로 대부분이 단순노무나 일용직에 근무하고 있으며(신수자, 1995), 이러한 직업들은 임금수준이 낮을 뿐만 아니라 일하는 시간이 일정하지 못하므로 가정의 어려움을 더욱 가중시킬 수 있게 된다.

모자가정보다는 부자가정이 일반적으로 더 많은 어려움을 겪는 것으로 나타나는데, 자녀들의 입장에서 아버지는 감성적인 표현과 애정표현 등이 어머니보다 못하다는 것이다. 어머니는 인성형성 과정, 심리적 문제해결, 건강문제 등 자녀의 제반사에 도움을 주며, 자녀가 독자적인 사고와 태도를 갖기 시작하는 아동 후기부터의 자아형성 과정과 자기수용의 태도 및 사회적 적응에 많은 영향을 미치므로, 자녀에게 있어서 어머니와의 이별은 절대적인 대상의 상실이라는 충격적인 경험이 될 수 있다. 이는 곧 모성실조현상을 수반하여 유아에게는 신체발달지연현상을 보이거나 반응을 나타내지 않는 자기고립상태와 같은 심리적 증후를 일으키기도 한다. 자녀의 동일시대상 상실로 인한 역할수행상의 혼란, 심리적 고독감, 애정결핍, 사회적 위축감, 감정표현 및 수용의 좌절, 친구관계의 어려움 등 정서적 문제를 야기시킬 수 있다(안진희, 2005). 여성에게 필요한 상식을 주지 못하는 한계에 부딪혀 아버지가 양육하는 딸은 아버지가 양육하는 아들보다 사회적응에 어려움이 있으며, 일탈행위가 비교적 많이 나타난다는 보고가 있다(신건희, 1995; 오승환, 2001).

양부모가정, 부자가정, 모자가정 중 위축과 우울, 불안 영역에 있어서 부자가정 자녀의 점수가 가장 높게 나타났으며 특히, 부자가정의 여자아동들은 남자아동들보다 사회적 적응에 더 많은 어려움을 겪고 있으며, 낮은 자아존중감을 보여 주고 있다.

③ 조손가정 청소년의 특성

노년기에 조부모로서의 역할은 인생에 있어서 새로운 장을 제공하며, 부모로서의 책임을 맡지 않은 채 손자녀와 특별히 친밀한 관계를 가질 수 있는 기회를 제공한다(한국여성복지연구회, 2005). 그러나 이러한 긍정적인 측면에도 불구하고 대부분의 조손가정 조부모들은 자신이 손자녀를 양육해야 할 유일한 혈육이라는 절대적 상황에서 선택의 여지없이 손자녀 양육에 개입하게 된다. 따라서 이들은 노년기에서 겪을 수 있는 외로움, 소외감, 경제적 어려움뿐만 아니라 손자녀를 돌봐야 하는 부담감과 갈등, 신체적인 한계 등의 어려움을 겪게 되는 것이다.

이러한 조부모의 신체적, 정신적 스트레스는 양육 및 훈육행동의 질을 저하하게 하고, 손자녀에게 심리적 · 정서적으로 부정적인 영향을 주어 성격적, 정서적 결함이나 비행과 같은 문제를 야기시킬 수도 있다(이화진, 2004). 실제로 조손가정의 손자녀에 대한 연구를 보면 조손가정 손자녀는 낮은 자아존중감과 함께 우울, 불안 등의 부정적 정서를 경험하고 있고 가족기능에 대해 낮게 지각하고 있는 것으로 나타났다(성지혜, 2001; 신은정, 2004; 정효미, 2006).

그리고 아동들은 조손가정이라는 이유로 친구들에게 비웃음을 받아(Rogers & Henkin, 2000) 적응에 어려움을 가지는 등 사회적응에의 문제를 보이며, 낮은 인지적 및 사회적 능력(Fordhand, Middleton, & Longo, 1987)과 낮은 자아존중감을 가진다고 한다. 또한 비행과 일탈 그리고 반사회적 행동 등의 문제로 인해 높은 공격성 및 행동장애 등 행동적 문제를 경험하고(Peterson & Zill, 1986), 학교생활에도 적응하지 못하는 것으로 보고되고 있다.

부모의 적절한 도움이나 지원을 제공받지 못하면서 위기상황에 처해 있는 청소년들은 다양한 어려움에 직면하게 된다(구본용 외, 2005). 양육자의 연령과 건강상의 문제 및 경제생활의 어려움으로 인하여 안정적인 가정 분위기 속에서 성장하기 어려운 아동청소년은 부모의 사망, 이혼, 별거, 가출 등 1차 양육자의 결손경험과 조부모의 건강 악화로 인하여 2차 양육자마저도 사망할 수 있다는 불안감, 이에 더해지는 경제적 어려움, 지지체계의 부재로 인한 상실감 등 다양한 요인의 심리적인 불안정감을 경험하게 된다. 이러한 불안정감은 우울 및 불안, 공포에 대한 감정을 낳게 되고 이는 학업 부진, 공격, 도벽, 사회적 위축 등과 같은 여러 가지 부적절한 행동문제를 표출시킬 수 있는데, 이러한 부적응의 징후는 결코 일시적인 것이 아니고 어른이 되어서까지 심각한 장애로 진전될 가능성이 높기 때문에 간과될 수 없는 부분이다(성지혜, 2001).

종합해 보면 모자가정, 부자가정, 조손가정과 같은 위기 가정들은 부성실조, 모성실조, 모성과 부성의 실조라는 각기 다른 결핍에 의해 서로 다른 양상의 문제와 욕구를 보이고는 있으나, 모든 유형의 가정들이 자아존중감, 우울, 공격성, 불안, 자아정체성, 인지적 발달, 성정체성, 학교부적응, 폭력, 아동학대와 방임 등의 문제가 두드러진 반면, 가정, 학교, 친구, 지역사회에서의 사회적지지 기반이 약하다는 공통적인 문제를 지니고 있다(이혜연 외, 2009).

빈곤과 관련된 다양한 위험요소가 부정적 · 갈등적 가족 과정을 가속화하고 궁극적으로는 빈곤아동 · 청소년의 심리사회적 적응에 부정적인 영향을 미치지만 학교 · 지역사회 등으로부터 적절한 지지와 관심은 심리사회적 적응에 긍정적인 영향을 미칠 수 있다(박현선, 1998). 따라서 건전한 발달과 성장이 어려운 상황에 처해 있는 위기청소년들 중에 부모의 적절한 보호나 지원을 제공받지 못하는 청소년들에게 부모를 대신해서 국가나 지방자치단체가 부모의 보호와 지원을 제공하여 위기청소년들의 건전한 발달과 성장을 촉진시켜 주어야 할 것이다. 다양한 문제를 경험하고 있는 위기청소년들이 이러한 위기를 극복하기 위해 다양한 도움이 제공되어야 할 것이며 특별히 학업지원이나 상담지원, 활동지원 등의 도움과 빈곤 아동 · 청소년에 대한 사회적 지원 또한 필요할 것이다.

2) 위기청소년을 위한 음악치료의 목적

음악치료는 치료사와 환자 간의 직접적이고, 지속적인 창조적 대화를 포함한다. 이는 두 사람이 다른 한 사람과 관계없이 분리되어 무엇인가를 하는 것이 아니라 함께 무언가를 이루어 내는 과정이다. 학대받고 무관심하게 내버려졌거나 깊은 외로움을 경험한 사람들에게 음악치료의 과정은 고립된 감정적 문제의 깊은 뿌리를 건드리고 더 나아가 새로운 관계를 형성할 수 있는 가능성을 제시할 수 있다(권혜경, 진혜경, 2000).

음악심리치료(music psychotherapy)는 청소년들에게 부적절한 언어를 사용하거나 누구를 모욕하지 않고서도 실제 경험하고 있는 감정들에 대해 진실하게 행동할 수 있는 기회를 제공한다. 예를 들어, 드럼은 분노나 다른 감정들을 해소하는 데 주로 쓰이는 유용한 악기로, 크고 강한 북치기를 통한 카타르시스는 품행장애 청소년에게서 많이 나타나는 현상이고 이들의 연주는 음악치료사의 도움으로 시끄럽거나 혼돈스럽지 않고 조직적인 음악으로 표현될 수 있다(Le, 1997).

청소년의 발달에 있어서 보호요소는 긍정적인 발달을 증진시키는 기능을 함으로써 위험요소의 영향을 완화시키는 작용을 한다. 외부환경에서 주어지는 보호요소는 청소년의 자기인식과 동기부여적 양상에 영향을 미침으로써 스트레스를 주는 환경을 개선하고자 노력하게 하는 적극적인 역할을 하거나 환경에서의 부정적인 경험으로부터 주의를 다른 곳으로 돌리게 하여 문제해결의 대안을 찾도록 하는 간접적인 역할을 한다(박현선, 1998).

음악치료는 신체적 · 정서적으로 안정되지 못한 청소년기의 학생들에게 자기 자신과 주위의 세계를 이해하고 통찰하는 안목을 갖도록 도와준다. 또한 자신을 이해하고 통제할 수 있도록 이성을 길러 주고 감동을 주어 정서를 변화시키는 데 효과가 크다. 따라서 위기청소년의 문제 해결과 예방을 위하여 음악치료는 청소년들의 지적 · 정서적 치료를 위해 효율적이고도 필수적인 접근이 될 수 있다.

이 장에서는 위기청소년의 긍정적인 심리내적 기능을 강화하기 위하여 자아존중감, 자아탄력성, 사회적 상호작용 향상, 그리고 우울 및 불안 감소를 음악치료의 목적으로 다루어 보고자 한다.

(1) 자아존중감 향상

자아존중감은 개인이 자기 스스로를 얼마나 가치 있고 유능한 존재로 믿고 느끼는가에 대한 주관적이고 긍정적인 자기평가의 개념으로 자기존경의 정도와 자신을 가치 있는 사람으로 생각하는 정도를 의미한다.

자아존중감은 개인이 어떤 집단이나 관계에 소속되어지는 정도로 개념화될 수 있으며 집단과정 안에서 자신을 확인하는 것과 연관된다. 그렇기 때문에 다른 사람들로부터의 사회적 지지는 자아존중감 형성의 중요한 결정요인이 된다. 사회인지론에서는 사회적 지지에 대한 조직화된 신념이 자신에 대한 지각을 구성한다고 본다. 예를 들어, 긍정적인 평가를 받는 사람은 사회적 관계망의 타인들에 의해 형성된 긍정적 시각을 내재화하게 되어 높은 수준의 자아존중감을 갖게 된다(정기원, 2006). 즉, 자아존중감은 주변 환경과의 상호작용을 통해 형성되고 발달된다. 따라서 청소년에게 부모, 교사, 또래의 교우 등 의미 있는 타인들과의 상호작용은 중요하다고 볼 수 있다. 이는 청소년들이 그들에게 받는 존중과 수용, 관심에 의해서 자기의 가치를 확인하게 되며 이런 대인관계 속에서 학습이나 경험을 통해 자아존중감이 발달되고 행동특성에 영향을 주기 때문이다. 청소년기는 신체적 성숙, 교육적 환경의 변화, 친구관계에서의 변화가 생기고 사회에서 그들의 가치나 지위에 관한 자기판단을 설정하는 단계에서 새롭게 발달된 인지적 능력을 이용할 기회가 나타나므로 이 시기의 자아존중감은 성취의 중요한 표시가 될 수 있다(김재옥, 2006).

낮은 자아존중감을 가진 청소년에게 음악은 자기성찰을 통한 자아존중감의 증진을 가져올 수 있으며, 비경쟁적 성취를 허용하는 음악활동을 통해서 자신에 대한 바람직한 자아상을 갖도록 도와줄 수 있다(Gaston, 1968). 뿐만 아니라 음악활동에서 주어지는 만족감의 기회와 보상의 결과가 자신의 가치를 높이는 자긍심의 향상으로 이어지게 할 수 있다(Gibbons, 1977). 또한 성공적인 경험을 가질 수 있는 환경을 제공해 주는 음악활동은 참여하는 과정 속에서 자아존중감이 증진될 수 있으며, 활동과정 중에 얻어지는 자부심은 긍정적 자아개념을 향상시키는 데 중요한 역할을 할 수 있다. 이렇듯 음악은 자기표현과 의사소통에 영향을 미침으로써 자아존중감을 형성하는 데 중요한 역할을 하므로, 위기청소년에게 음악치료를 통해 가족이나 사회생활에서 경험하지 못한 공백감이나 부족을 채울 수 있는 기회를 제공하고 적극적이고 긍정적인 자아존중감을 높여 주는 일은 중요하다.

청소년의 문제행동은 자기욕구조절 기능이 낮고, 대인과의 갈등이 심하여 다른 사람을 난처하게 하는 행동으로 나타난다. 위기상황을 겪는 청소년들의 분노조절을 위해 드럼연주와 같은 음악활동은 억눌린 정서를 배출하고 자아개념과 자신감의 회복에 영향을 줄 수 있으며(Slotoroff, 1994), 이러한 자기표현은 정서적 안정성과 자아존중감을 이끌 수 있음이 여러 연구결과로 나타나고 있다(김재옥, 2006; 김정은, 2003; 지은미, 2002).

그룹에서의 악기연주활동은 청소년 한 사람이 연주를 하고 다른 청소년들이 그의 연주를 경청하며 연주를 듣는 다른 사람들과 새로운 관계를 가지는 경험을 제공한다. 또한 다른 사람들로부터 칭찬을 들음으로써 청소년 스스로 자신이 특별한 사람이라는 자존감을 형성하고 긍정적인 자아감과 만족감을 경험할 수 있다.

(2) 탄력성 증진

위기청소년들의 학교적응을 높여 주는 데 중요한 역할을 하는 것으로 밝혀져 온 것이 탄력성이다. 탄력성(resilience)이란 개인이 어려움에 처했을 때 평균 이상의 적응 수준을 유지하고, 개인이 스트레스 상황으로부터 회복하여 스트레스 이전의 적응수준으로 회복할 수 있는 힘이나 능력이며, 좌절되고 스트레스를 야기하는 상황에 마주했을 때 경직되기보다는 유연하게 반응하는 것을 의미한다(김계정, 2015; Bonano, 2004; Garmezy, 1993에서 재인용). 위험에 노출되어야 하며 이러한 역경에도 불구하고 긍정적 발달 산물을 보여야 '탄력성이 높다.' 혹은 '탄력적이다.'라고 말할 수 있다(좌현숙, 2010; Masten, 2001).

연구자들에 따라 탄력성을 개인적 특질로 정의하기도 하고 역동적 과정으로 보기도 하지만(좌현숙, 2010), 탄력성에 대한 이해방식에 관계없이 위기청소년이 위기를 극복하는 데 탄력성이 필요하다. 탄력성을 개인의 특질로 바라보는 관점은 탄력성의 특성을 개인적 속성의 개념으로 규정하고 개인의 성격유형으로 정의한다. 탄력성은 개인의 특성이나 개인의 일반적인 능력으로 개인의 특성에 초점을 맞추어 변화하는 상황적 요구나 스트레스가 많은 환경에 융통성 있게 반응하는 경향성으로 정의한다(Block & Kremen, 1996; Garmezy, 1971). 반면에 탄력성을 역동적 과정으로 바라보는 관점은 탄력성의 특성을 중대한 위험, 역경, 스트레스에도 불구하고 성공적으로 적응하여 긍정적 결과 또는 유능성을 이루는 변화하는 역동적인 개념으로 본다(Luthar, Cicchetti, & Becker, 2000; Masten & Wright, 2010; Naglieri, Goldstein, & LeBuffe, 2010). 역동적인 과정으로 탄력성을 바라보는 관점은 위험요소와 보호요소들 간의 탄력성의 역동적인 상호작용 관계를 찾아내는 것에 관심을 갖는다(Cicchetti & Valentino, 2006; Prilleltensky, Nelson, & Perison, 2001; Wilkes, 2002).

탄력성은 한번 성취하면 항상 존재하는 것이 아니라, 시간이 지나면서 변화할 수 있기 때문에 특정 시기에 탄력적인 사람도 다른 시기에서는 탄력성이 떨어져 취약해질 수 있다(Luthar et al., 2000). 특히 청소년기는 발단단계상 개인 내적인 특질에 의한 영향보다는 사회·환경적 요인에 의한 영향을 많이 받는 시기이므로 탄력성을 증진시킬 수 있는 사회·환경적 조성이 어느 때보다 필요할 것이다. 또한 탄력성의 동태적·과정적 특성을 고려하고 탄력성의 영역을 개인 내적 특성과 외적 보호요인이 상호작용하여 위험요인들을 중재한다고 보는 관점에서(Cicchetti & Garmezy, 1993; Masten, Best, & Garmezy, 1990; Masten & Garmezy, 1985), 탄력성은 개인의 선천적인 특질만이 아니라 심각한 역경상황에서도 긍정적으로 적응하는 역동적 과정이다. 따라서 교육과 상담을 통하여 언제든지 발달 가능한 능력임을 시사한다(김미경, 2014; Gillespie, Chaboyer, & Wallis, 2007).

청소년의 탄력성과 관련한 개인 내적 특성과 외적 요인을 중심으로 탄력성의 구성요소를 네 가지로 구분하면 살펴보면 다음과 같다(김계정, 2015).

첫째, 자기조절능력이다. 이는 스스로의 감정을 인식하고 그것을 조절하는 능력(김주환, 2011)으로 개인의 성격적 특성을 나타내는 요인이다(Constantine & Bernard, 2001). 세부적인 구성요소로는 감정조절력과 충동통제력, 원인분석력이 있다(김주환, 2011). 감정조절력은 어려운 상황이나 스트레스 상황에서 자기 자신의 부정적인 감정을 통제하고 긍정적 감정과 건강한 도전의식을 일으키는 것이다. 충동통제력은 단순히 충동을 억제하는 능력을 일컫는 것이 아니라 자신의 동기를 자기 스스로 부여하고 조절할 수 있는 능력과 관계되는 것으로 자율성을 바탕으로 고통의 과정을 즐겁게 겪어 내는 능력이다. 원인분석력은 자신에게 닥친 문제를 긍정적인 관점으로 바라보면서도 문제를 제대로 해결하기 위해 원인을 정확하게 진단하는 능력을 말한다. 즉, 자신에게 주어진 사건들에 대해 긍정적이면서도 객관적인, 정확한 이야기를 만들어 낼 수 있는 능력이다.

감정조절과 충동조절은 심리적 압박하에서도 적절한 정서표현을 통해 평온을 지키거나 부적 정서체험 후에도 곧 회복할 수 있는 능력을 말한다. 탄력적인 청소년들은 적절한 정서표현이나 통제력을 통해 자신의 정서나 주의, 행동을 통제할 수 있는 기술이 발달되어 있으며(이해리, 조한익, 2006), 스트레스 상황에서 정서표출을 더 잘 조절할 수 있다(Revich & Schatté, 2002).

둘째, 대인관계능력이다. 이는 다른 사람의 마음과 감정 상태를 재빨리 파악하고 깊이 이해하고 공감함으로써 원만한 인간관계를 맺고 유지할 수 있는 능력으로 타인의 공감성, 관계성, 커뮤니케이션 능력을 말한다(신우열, 최민아, 김주환, 2009; 이신숙, 2013). 가족이나 친구 등과 긍정적 지지 관계를 맺고 있는 청소년은 동일한 위험상황에 처하더라도 이를 극복하고 적응할 수 있는 탄력적인 사람으로 성장한다(김택호, 2004; 주소영, 이양희, 2011). 이와 같이 청소년이 긍정적인 지지 관계를 맺고 있으면 어려운 상황에 직면했을 때 이를 극복하고 적응할 수 있는 능력이 향상되며, 이러한 대인관계능력이 높은 청년일수록 탄력적이라고 볼 수 있다.

셋째, 문제해결능력이다. 이는 인지적, 사회적 문제 상황에서 인과론적으로 융통성 있게 사고하고 대안들을 시도해 보며, 필요한 경우 사회적 지지와 외적 도움을 추구하는 능력들을 말한다(이해리, 2007). 탄력적인 청소년들이 문제에 집중적 대처전략을 가지고 효율적으로 문제를 해결하는 경향이 있으며(Dumont & Provost, 1999), 문제상황에서 능동적으로 대처한다. 스트레스 대처 능력의 소유, 원인 분석력, 통찰력 등을 가지고 있는 청소년을 탄력적이라고 한다(신우열 외, 2009; 임순선, 2013; Herman-Stahl & Petersen, 1996). 즉, 문제해결능력은 청소년이 위기에 직면했을 때 대처전략을 가지고 있으며 통찰력을 가지고 상황에 대응하는 능력이라고 할 수 있다. 이러한 문제해결능력이 높을수록 탄력적인 청소년이라고 볼 수 있다.

넷째, 학업적 유능감이다. 학업적 유능성이 학업적 성공을 이끌어 내며, 학업적 성공은 유능성을 만들어 낸다(Cicchetti, Rogosch, & Holt, 1993). 그러므로 학업적 영역은 청소년들의 발달과정에서 매우 중요한 환경이므로 학업적 유능감을 청소년의 탄력성 평가를 위한 주요 차원으로 고려될 수 있다(이상준, 2006). 많은 청소년에게 학교는 중요한 심리 · 사회적 환경이며, 학교에서의 긍정적인 경험은 학생들에게 자신감을 갖게 하고, 학교 내에서의 적극적인 교육활동은 미래에 대한 목표설정과 희망을 갖게 한다. 탄력적인 청소년들은 강한 성취동기와 교육적 열망을 가지고 학업에 임한다. 그러므로 청소년의 학업적 유능감을 살펴보는 것은 청소년의 탄력성을 가늠하는 중요한 기준이 될 수 있으며, 학업적 유능감이 높은 청소년일수록 탄력적이라고 볼 수 있다.

탄력성은 청소년들이 직면하는 스트레스에 성공적으로 대처하는 능력을 키워 주며, 그로 인해 청소년들의 유능감과 적응능력을 극대화시키는 데 영향을 준다. 역경수준과 무관하게 탄력성이 클수록 심리적 안녕을 유지하며, 학교생활에 긍정적으로 잘 적응해 가며, 친사회적으로 행동하는 것으로 나타났으며(이해리, 2007), 탄력성이 높은 학생들이 학업수행을 잘하고, 친구 또는 교사와 우호적 관계를 잘 형성하며 학교환경 등에 잘 적응하고, 탄력성의 하위변인인 대인관계, 낙관성, 활력성이 학교적응에 대한 설명력을 높인다고 하였다(김민정, 2005; 진애선, 2007). 탄력성이 높은 청소년들은 학교적응 척도에서 높은 점수를 보였으며(김계정, 2015; 이해리, 조한익, 2006), 탄력성의 구성요소인 자기조절능력, 대인관계능력, 긍정성은 학교생활의 적응성뿐만 아니라 사회적 유능성, 스트레스와 사회적 지지에 따라서도 영향을 수는 것으로 밝혀졌다(이신숙, 2013).

음악은 자아를 강화시키는 역할을 해 줄 수 있으며(Smeijster, 1999), 인지적 왜곡으로 인한 부정적 생각을 긍정적 생각으로 바꾸어 주기도 한다. 음악이 자극과 강화의 역할을 하여 왜곡된 인지적 신념을 학습으로 변화시킬 수 있다(Maultsby, 1977).

자기통제력이 부족한 청소년은 충동성과 자기중심적인 성향을 보인다. 음악의 다양한 요소 중 리듬을 이용한 합주는 음악적 구조 안에서 리듬이 명백히 나타날 수 있게 됨으로써 자기가 연주하는 부분을 인식할 수 있게 하며, 그룹의 전체적인 연주에서 자기 연주의 의미와 중요성을 느낄 수 있게 된다. 리듬을 연주함으로써 질서를 배우며 자신의 리듬과 다른 사람의 리듬을 들으면서 합주하는 과정에서 상호교류와 의사소통을 강화하여 타인과의 관계를 증진시킬 뿐 아니라 행동의 조절, 사회성 훈련, 현실인식 및 자기를 통제하는 능력을 기르게 한다(나유미, 2002). 희망적이고 낙관적인 의미가 담긴 노래를 부르며 긍정적 감정을 표현함으로 긍정적 정서를 갖고, 타인과의 비언어적 상호교류를 통해 집단에서의 유대감을 경험한다. 또한 노래 만들기 작업을 통해 자신의 행동을 통찰하며 활동에 몰입하도록 도우며(정현주 외, 2006), 그룹 안에서 함께 악기를 연주하는 것은 개인의 내적 욕구 통제 능력과 긍정적인 상호관계를 만든다(양은정, 2008). 이렇듯 음악은 자기통제성이나 긍정성, 사회성이 낮은 청소년에게 자신을 성찰하는 시간 동안 통제력을 기를 수 있고, 비경쟁적 성취를 허용하는 음악활동을 통해 자신과 타인에 대한 바람직한 인간상을 갖도록 도와줄 수 있다.

위기 가정의 청소년을 대상으로 한 음악과 탄력성의 관계를 밝힌 선행연구를 살펴보면, 그룹합주활동이 한부모 가정 청소년들의 자아탄력성과 사회성 증진에 긍정적인 영향을 주었으며(김경은, 2014), 그룹음악심리치료가 저소득층 청소년의 자아탄력성과 학교적응에 긍정적인 영향을 주었다는 결과가 있다(조경애, 강경선, 2014). 또한 음악치료는 학교 부적응 청소년들의 자아탄력성과 학교 적응에 긍정적인 영향을 주었다(홍소정, 2015).

(3) 불안 감소

불안이란 매우 불쾌하며 막연히 불안한 느낌으로 가슴이 두근거리거나 진땀이 나는 등 신체증상과 관련이 되며 과민성, 안절부절못하는 증상 등을 동반한다. 불안은 친숙하지 않은 환경에 적응하고자 할 때 나타나는 가장 기본적인 반응 양상이다. 정상인도 위험이나 고통이 예견될 때 또는 예기치 않은 상황에 직면했을 때 불안현상을 경험하게 된다. 불안은 대체로 어릴 때 부모와의 관계에서 가장 큰 영향을 받게 되므로 이 시기에 부모의 결손은 심리적 안정의 상실로 부모가 있는 아동보다 더 큰 불안을 경험하게 된다(이애재, 2000; 최선애, 1984).

음악치료는 음악을 통한 불안 감소와 긴장이완을 돕는 기법들을 사용하여 정서적 부하 상황에 취약하고 쉽게 긴장하며 동기유발이 어려운 비행청소년들에게 보다 편안한 치료환경을 제공해 줌으로써 효과적인 접근법이 될 수 있다(지은미, 2002).

제이콕스(Jacox, 1977)는 음악감상을 포함한 음악의 사용은 인지적인 전략, 기분전환(distraction)의 한 유형으로서 부정적인 양상에서 좀 더 긍정적인 자극으로 재초점화되는 것에 의해서 수반되는 불안과 고통의 지각을 약화시킨다고 하였으며, 친숙한 음악을 감상하는 것은 스트레스를 감소시키며 걱정과 불안에서 벗어나게 하고 통증으로부터 주의를 돌릴 수 있게 한다고 하였다(지은미, 2002; Walters, 1996에서 재인용).

또한 음악감상은 긴장이완의 방법으로써 감정 조절과 스트레스를 관리하는 데 유익하게 사용될 수 있다. 대부분의 사람들에게 음악은 긴장을 풀고 환기를 시킬 수 있는 도구로 사용될 수 있고, 음악의 기본적인 역할은 스트레스와 불안을 감소시키고 긴장을 이완시키는 것이라 할 수 있다(Standley, 1991). 특히, 청년기의 주요 스트레스 처리 전략으로 음악감상과 독서, 운동 등의 방법을 사용할 수 있다(지은미, 2002; Thomas, 1987에서 재인용).

청소년에게 사회적 지지의 한 요인인 가족이 청소년의 우울과 불안에 중요한 요소라고 밝힌 선행 연구들 중 시설 청소년들이 일반청소년 집단에 비해 불안의 수준이 유의하게 높게 나타났으며, 음악을 통한 정서 불안 청소년의 정서순화에 있어 고전음악 감상을 통해 안정성과 사회성이 증대되고, 불안 성향과 우울 성향, 공격 욕구가 감소되었다는 연구(조민행, 1991)를 볼 때, 위기 가정 청소년들의 우울과 불안 감소에 음악이 효과적으로 사용될 수 있음을 시사하고 있다.

(4) 우울 감소

우울은 슬픈 감정, 외로움 등의 정서적 증상과 죄의식, 무가치감, 사고력 및 주의력 저하, 자살에 관한 생각과 같은 인지적 증상, 불면증, 식욕감퇴와 체중감소, 피로감 등의 생리적 증상을 포함하는 일련의 심리상태를 말한다. 우울은 대부분의 사람들이 일상생활에서 경험하는 정서이지만, 병적인 수준의 우울은 특히 청소년기와 중년기의 연령에서 많이 발병하며 남자보다 여자에게 더욱 많이 나타난다고 보고되고 있다(민성길, 2015).

청소년기의 우울은 성인층보다 약간 높은 경향을 보이고 있으며(권석만, 2003), 청소년기의 우울은 은폐된 상황에서 예측할 수 없는 충동적이고 파괴적인 행동표현으로 발현되는 경향이 있다. 이러한 청소년기의 우울은 '가면 우울(masked depression)'이라 하여 성인들의 우울증상과는 달리 우유부단, 음주, 약물사용, 집중력 저하, 두통이나 복통 등의 신체증상, 가출과 같이 우울과는 직접적으로는 상관없어 보이는 충동적인 행동이나 급작스런 분노, 또는 비순응적이고 반항적인 행동 등으로 숨겨진다는 것이다. 따라서 진단하기가 어렵고, 경우에 따라서는 전혀 다른 문제로 인식되는 경우가 많다(김민정, 2003). 청소년들이 우울해하는 요인으로는 심리적 요인, 인지적 요인, 가정환경 요인, 친구관계, 학업 요인, 스트레스 등이 있으며 우울 성향이 높은 사람은 낮은 사람보다 그들이 직면하고 있는 가정환경, 특히 부모들과의 관계가 원만하지 못했거나 부모들에 대하여 부정적으로 평가하고 있다. 이은숙(2002)의 연구에서도 청소년기의 우울은 흔히 가족 및 친구관계 손상과 빈약한 학업수행을 포함한 정신사회적 이환과 관련이 있음을 밝히고 있으며, 가정의 무력화, 고립화, 무절제, 참된 애정과 권위의 결여, 핵가족화에 따른 과보호나 과잉기대, 모친의 취업진출과 같은 가정요인이 청소년들의 부적응을 낳고 이것은 비행으로 이어지는 경우가 많다(김문희, 2008에서 재인용).

청소년은 자신이 경험하는 우울감정을 해소하기 위해 비행행동을 하는 경우가 있으며, 이는 청소년들이 자신의 감정을 제대로 표현하거나 효과적으로 전달하지 못하는 데 원인이 있다. 음악은 언어보다 효과적으로 타인과 교류할 수 있는 감정 표현 방법으로서의 기능을 가지고 있어 청소년의 감정표현을 도울 수 있으며, 음악활동을 통해 감정에너지를 신체적으로 해소함으로써 우울감정의 해소와 기분전환에 영향을 줄 수 있다(Albersnagel, 1988). 또한 청소년이 겪는 경험을 어떤 형태로든 배출하려고 하면 걷잡을 수 없는 혼란에 빠지는데 청소년 나름대로 방법을 구축해 가면서 혼란을 창조적으로 경험하고 극복하는 도구로 악기를 사용할 수 있다. 일종의 '배출기능'을 담당하는 악기연주를 사용하고, 억눌린 정서의 배출과 그것을 통해 긍정적인 체험을 하도록 도울 수 있다(Meyberg, 1989). 중학교, 부적응학생을 대상으로 리듬악기연주와 노래만들기를 활용한 음악치료 연구에서 억눌린 감정표현과 효과적인 의사소통의 방법으로 음악활동이 사용되어 우울감에 효과가 있음을 보여 주고(김정은, 2003), 빈곤한 조부모손자녀세대의 손자녀를 대상으로 우울 및 불안 수준을 파악하고 특히 사회적 지지가 우울 및 불안에 미치는 영향에 대해서 연구한 결과, 이들의 불안수준은 일반가정의 아동과 비교적 차이가 없지만 우울수준은 더 높은 것으로 나타났다.

(5) 사회적 상호작용 향상

음악치료는 상황을 만들고 참여를 유도하기 위해서 음악과 관련된 활동을 사용하며, 적절한 행동에 강화를 제공하는 음악치료사의 도움을 받아 사회적 상호작용을 학습하도록 한다(최병철 외, 2015).

그룹 내에서의 음악경험은 개인을 다른 사람과 관련시켜서 하나의 그룹으로 통합시키는 역할을 하여 공통된 활동으로 이끌고, 안전하고 지지적인 상호작용 내에서 감정이입을 경험하고 친밀한 관계형성을 이루도록 하며 행동에 대한 적절한 피드백과 강화를 통해 대인 간 행동에 대한 교훈을 받게 한다.

음악적 자극은 인간을 집단에 결속시키며, 각자의 감각, 힘, 감정, 사회적 영향 등에 총체적인 경험을 제공한다. 그룹 음악활동은 타인과의 상호적인 관계 속에서 상호작용기술을 익히고, 내적 욕구 통제능력을 발달시키며, 타인을 존중하는 자세를 갖게 한다. 공통된 음악활동을 통한 음악적 교류는 자신과 타인을 향한 긍정적 태도를 형성하며, 그룹원의 대인적 역량강화가 이루어지도록 한다. 타인과 함께 공유하는 음악적 환경은 그룹 구성원 간의 사고 일치감과 지지를 통해 자신감을 향상시키고, 타인에 대한 관심을 고양시키고, 삶이 가치 있다는 신념을 제공한다. 이는 사회적 기술 습득, 타인과의 교류기회 제공, 새로운 외부세계에 대한 자신감과 흥미를 갖게 하는 긍정적 의미가 있다.

프리드(Freed, 1987)는 노래 만들기로 개인의 자기노출과 사회적 상호작용을 증가시켰다고 하며, 신뢰가 바탕이 된 그룹원 간의 긍정적인 피드백으로 인해 자신의 표현이 자신과 타인 모두에게 인정받을 필요가 있는 가치와 의미를 가지고 있음을 인식할 수 있도록 하는데, 이러한 지지와 강화를 통한 만족감은 활동의 참여를 촉진시킨다고 하였다(Baker & Wigram, 2005/2008).

3) 위기청소년을 위한 음악치료 프로그램의 실제

(1) 전체 회기 구성(8회기)

회기	목적	프로그램명	내용	준비물
1	치료적 관계 형성	나무 하나	• 자기소개 • 나 사용설명서	셰이커류, 색지, 사인펜
2		두드림	• 재창조 연주 • 드럼서클	드럼류, 리듬악기, 그림 악보
3	감정 탐색	Happy things	• 감정 카드 • 지금의 감정을 표현해요	감정카드, 리듬악기류
4		웃으며 넘길래	• 뮤직 콜라주 • 「웃으며 넘길래」 듣고 연주하기	음원, player, 잡지, 풀, 필기류, 공명실로폰
5	공감 및 지지	우리 함께	• 음악게임 • 다른 사람에게 관심 가지기	리듬악기류, 공명실로폰
6		내 마음속 풍금	• 「노래할게」 노래 토의 • 공감과 위로의 말 전하기	음원, player, 화이트보드
7	자아 존중감	꽃들에게 희망을	• 화음 앙상블 • 음악극 「꽃들에게 희망을」	그림 동화 ppt, 효과악기류
8		노래할게요	• 「노래할게요」 송라이팅 • 나에게 쓰는 편지	음원, player, 노래가사, 편지지, 필기도구

(2) 구체적인 활동내용 및 방법 예시

〈4회기〉

1. 제목: 웃으며 넘길래
2. 목적: 감정 탐색
3. 내용 및 절차
   1) 음악을 들으며 지난 시간에 나눈 여러 가지 표정과 감정의 단어들을 떠올린다.
   2) (잡지, 사진 등에서) 마음에 드는 표정이나 포즈의 모델을 골라 콜라주를 만든다. 이때, 말풍선을 넣어 마음속 기분이나 생각들을 표현해 보도록 한다.
   3) 노래 「웃으며 넘길래」를 듣는다.
   4) 마음에 들거나 공감되는 가사를 선택하고 노래에 대한 느낌, 생각 등을 나눈다.
   5) 노래 가사를 통해 나누고 싶은 경험에 대해 이야기 나눈다.
   6) 노래에 맞추어 공명실로폰 또는 톤차임 악기로 코드 연주를 한다.
   7) 앞에서 활동한 콜라주에 추가 작업을 한다. 대화하는 말풍선을 넣어 보거나 제목을 붙여 본다.
   8) 각자가 표현한 것에 대해 소개하거나 전시하여 나눈다.
4. 소요시간: 50~60분
5. 준비물: 음원, player, 잡지 또는 여러 표정의 사진들, 풀, 필기류, 공명실로폰 또는 톤차임
6. 치료적 의미: 음악은 스트레스와 불안을 감소시키고 긴장을 이완시키며, 감정을 불러일으키고 정서적 환기를 가져오는 데 유용하다. 청소년들에게 음악감상은 긴장 이완의 방법으로써 감정을 조절하고 스트레스를 관리하는 데 사용될 수 있다. 긴장이 이완된 상태에서 자신의 현재 감정을 드러내고 인식할 수 있도록 음악은 안전한 환경을 제공해 준다. 또한 노래부르기와 악기연주를 통하여 정서적 경험을 제공하고 그룹원과의 공감을 형성할 수 있다. 이러한 과정은 정서적 환기와 순화의 과정을 거쳐 감정적 변화를 유도하며 긍정적 정서를 경험하도록 도울 수 있다.

7. 기타: 노래부르기나 악기연주 시, 자신이 원하는 파트(가사 또는 멜로디)를 지정하여 노래를 부르거나 원하는 악기를 연주하여 메들리 형식으로 곡을 완성할 수 있다. 이때는 효과악기를 추가하여 곡의 분위기를 표현할 수 있도록 제시한다.

〈8회기〉

1. 제목: 노래할게요
2. 목적: 자아존중감
3. 내용 및 절차
   1) 「노래할게요」를 들어 본다.
   2) 노래를 듣고 난 후 여러 가지 느낌에 대해 나눈다(예: 외로움, 슬픔, 희망참, 밝음, 두려움, 자신감 등).
   3) 공감되는 가사(단어, 문장 등)에 대해 이야기 나눈다. 이때 마음에 드는 가사에 표시하고 그 파트를 돌아가며 노래 전체를 불러 볼 수 있다.
   4) 선택한 단어에서 연상되는 단어를 떠올려 본다.
   5) 준비된 노래 가사지에 자신만의 가사 채우기(fill in the blank)로 노래를 만들어 본다.
   6) 완성된 가사로 노래를 불러 본다.
   7) 희망, 기쁨, 꿈 등을 주제로 하여 자신에게 긍정의 메시지를 담은 편지를 써 본다.
   8) 각자의 편지를 낭독하고 서로를 응원하는 한 줄 댓글을 화이트보드에 적어 본다.
   9) 응원의 메시지들을 구호 또는 챈트로 만들어 함께 샤우팅해 본다.
   예)

너		의		꿈	을	향	해	달려		달려		오	~~	~~	~~	얍			
♩	𝄽	♩	𝄽	♩	♩	♩	♩	♪♪	𝄽	♪♪	𝄽	♩≡				♩			

4. 소요시간: 50분
5. 준비물: 음원, player, 노래가사, 편지지, 필기도구

6. 치료적 의미: 노래 부르기는 대상자가 노래가 담고 있는 상황을 직접 목소리로 연주하는 경험을 통해 그것에 대한 대상자 내면의 목소리를 들을 수 있는 좋은 방법이다. 청소년들은 노래를 통해 자신을 동일시하거나 공감하고 노래에 자신을 투사할 수 있으므로 노래를 들은 후 가사의 의미를 생각하거나 분석하며 함께 나눌 수 있다.
7. 기타: 응원의 메시지들을 나열하여 노랫말을 한 사람씩 리듬악기를 선택하여 챈트로 응원리듬을 연주할 수 있다. 또는 챈트에 멜로디를 넣어 노래만들기(songwriting)로 확장하고 노래제목을 정하여 곡을 완성할 수 있다. 노래를 만들고 해결하는 과정을 통해 완성감과 성취감을 경험할 수 있으며 자신감을 경험하는 기회를 제공할 수 있다.

4) 위기청소년을 위한 음악치료 프로그램 사례

프로그램 명: 학교부적응 청소년을 위한 음악치료(어머니와 함께)

글: 음악치료사 백경실

기간: 8회기

치료사 소개: 음악치료사 백경실은 현재 창조음악치료센터의 센터장으로 음악치료의 전 연령대를 대상으로 일하고 있다. 백석대학교에서 기독교상담학으로 박사학위를 받고, 현재 백석대학교 아동복지학과 겸임교수로 재직 중이며, 학부와 대학원에서 강의를 하고 있다. 개인적으로 '마음이 따뜻한 치료사'를 꿈꾸면서 방학을 이용하여 해외에 음악치료봉사를 꾸준히 다니고 있으며, 사회의 다양한 소외계층과 만나는 것을 즐겨 한다. 특히, 인간에 대한 애정을 가지고 있으며, 사람의 배경이 아닌 사람 그 자체를 만나는 것을 매우 귀하게 여기며 행복하게 음악치료사로 일하고 있다.

참여자 소개: 대상자는 학교폭력의 피해자로 상담실을 통해서 치료센터를 소개받고 방문하였다. M은 중학교 2학년의 단정한 외모와 작은 체구의 여학생으로 학교에서 발생한 문제로 인해 등교거부를 하고 있었다. 특히 교내 집단따돌림과 관련된 폭력문제가 심각해지면서 학교 상담실에서 상담을 받았으나, 보다 근본적인 치료가 필요하다고 여기신 상담교사에 의해 음악치료를 권유받고 어머니와 함께 치료실을 방문하였다. 음악치료 초기에는 학생에게 집중하여 치료가 진행되었고, 이후 어머니와의 문제가 심각하게 부각되면서 어머니도 개별 음악치료를 진행하였다. 총 8회기 동안 진행된 사례이지만 어

머니와 동시에 치료한 결과 그 효과가 빠르게 나타나면서 단기적으로 해결된 사례다.

주요내용: 음악치료는 재창조 연주와 송라이팅, 즉흥연주와 음악과 심상(Music & Imagery)의 방법을 사용하여 진행하였다. 또한 내담자의 주호소 문제인 학교적응에 초점을 맞추어 치료목적을 설정하였다. 감정적인 표현은 재창조 연주와 송라이팅을 주로 사용하였으나, 심리 내면적인 접근은 송라이팅과 음악과 심상을 주로 사용하며 진행하였다. 또한 치료과정 초기에 어머니와의 관계에서 문제가 나타나면서 어머니를 대상으로 음악심리치료를 진행하였다.

진행과정: 1~2회기: 내담자에 대한 배경과 친구관계를 비롯한 학교부적응의 문제를 다루고 치료사와의 친밀감 형성을 위주로 진행하였다.

3~4회기: 내담자의 시급한 문제를 중심으로 내담자 스스로 문제에 대처할 수 있는 심리 내면에 초점을 맞추어 진행하였다. 이 과정에서 어머니와의 심각한 문제가 드러나면서 어머니를 대상으로 음악심리치료를 진행하였다.

5~8회기: 학교생활과 친구관계 및 가족관계를 중심으로 치료가 진행되었으며, 내담자 스스로 학교에 등원하는 등 주 호소 문제가 해결되어 조기 종결하였다.

사례

말로 하는 상담 말구요

M과의 첫 만남은 4월의 따뜻한 봄날이었다. M의 어머니가 "우리 아이가 학교에서 왕따를 당했는데, 치료가 가능한가요?"라고 전화로 문의를 하셨고 음악치료사와 만나기로 예약한 시간에 M과 함께 치료실로 오셨다. M은 첫 만남에서 음악치료를 선택한 이유가 자신이 학교 상담센터에서 상담선생님과 의논하던 중 말로 하는 상담 말고 음악이나 미술로 하는 상담을 하고 싶다고 말씀드렸고, 상담교사가 음악치료를 추천해서 오게 되었다고 하였다. M은 매우 단정하고 예쁘게 생긴 교복차림의 모습으로 치료실에 왔으며, 학교에서 몇몇 친구들 사이에 왕따를 당했노라며, 그 때문에 학교에 안 가고 있다고 하였다. M과 치료를 하면서 생각보다 M이 건강한 사고방식과 친구들과의 대인관계에도 별 문제가 없음을 알게 되었다. 그래서 부모님과의 관계를 질문하던 중에 엄마에게 계속해서 폭행을 당하고 있는 것에 대해 알게 되었다. 심지어 일주일에 5~6번은 하루 두세 시간씩 폭행을 당하고 있었다. 폭행의 형태는 닥치는 대로 아무것이나 잡고 때리는 형식이었다. 치료사는 너무 마음이 아파서 M에게 참 수고했노라고, 지금까지 잘 참고 살아와 줘서 고맙다고 하였다. 이어서 아빠와의 관계를 물으니 아빠는 더 심하게 자신에게 욕하고 무섭다고 표현하였다. 우리는 현재의 기분을 풀어낼 수 있는 즉흥연주로 세션을 마무리하였다.

죄를 짓지 않고 죽고 싶어요

치료사는 두 번째 만남에서 단기해결 중심의 심리치료에서 자주 사용하는 기적질문을 하였다. “만일에 기적이 있어서 한 가지 소원이 이루어진다면, 무엇을 바라니?”라는 질문에 M은 “죄를 짓지 않고 죽고 싶다.”고 하였다. 자신이 초등학교 때 자살을 시도한 적이 있었는데, 종교적인 이유로 자살을 하면 안 된다고 배웠다는 것이다. 그래서 M은 죄를 짓지 않고 죽을 수 있다면 그냥 이대로 죽고 싶다고 하였다. 그 이유는, 엄마에게서 더 이상 맞고 싶지 않다는 것이다. M은 학교 등교거부 때문에 치료를 받고 있는데, 죽고 싶다니……. 보다 자세한 얘기를 들으니 M의 어머니는 M이 등교한 후에 학교에서 일어나는 모든 일에 지나친 관심을 가지고 정보를 듣고 계시다고 했다. 수업시간의 모든 행동들, 친구들 사이 등에 초점을 맞추고 행동 하나하나마다 M이 집에서 어머니에게 매를 맞는 이유가 되고 있었다. 그러다가 마침 학교에서 친구들 사이에 왕따 문제가 생기자 그 일을 핑계로 등교를 거부하고 있었던 것이다. 왜냐하면 M이 학교를 가면 그 모든 행동들이 집에서 매를 맞는 이유가 되고 있으니까. 이후 치료사는 어머니를 치료에 참여시키기로 결정하고, M과 다른 시간에 어머니의 개인 음악심리치료를 병행하여 진행하였다.

자기가 뭐가 부족해요?

M의 어머니와 M에 대해 이야기할 때 자주 쓰시던 표현이다. 자기가 뭐가 부족해서 이렇게 일을 벌이느냐는 것이다. 치료사는 M의 어머니가 자주 사용하시는 표현에서 “부족하다.”는 것이 무엇인지 설명을 요청하였다. M의 어머니는 M이 부모도 있고, 자신이 스스로 돈을 벌어야 하는 것이 아니니 부족한 것이 뭐가 있겠냐고, 그런 의미라고 하셨다. 그러면서 어머니 자신은 아버지께서 일찍 돌아가셔서 어린 시절부터 고생을 많이 하며 성장했다고 하였다. 그러면서 M이 다 잘되라고 야단치는 거라며……, 다른 부모들도 다 그 정도는 체벌하면서 자녀들을 키운다고 하였다. 그러면서도 M의 어머니는 자녀를 위한 것이라면 무엇이든 자신이 함께 협조하겠노라고 하였다. 즉, 최대한 M이 빨리 학교에 등교할 수 있도록 도와 달라고 도움을 요청했다. 특히, M의 아버지가 이 상황을 모르는 상태에서 M의 학교 등교문제가 해결되기를 바라고 계셨다. 우선 긴급한 대로 치료사는 M의 어머니에게 이 시간 이후 치료과정 중에 절대로 M을 구타하지 말 것과 M의 이야기를 들어 주고 감정적으로 공감해 주면서 정서적인 지지를 포함한 친밀감을 유지하는 것을 약속하였다.

제가 문제였나요?

M의 어머니와 MI 작업을 하던 중에 어머니는 아주 크고 무거운 바위의 이미지를 떠올리셨

다. 그리고 그 속에 아주 뜨거운 불 같은 것이 있다고 하였다. 겉의 검은색 부분은 커다란 바위가 자신을 짓누르고 있는 것 같고, 가운데 불은 뭔지 모를 분노가 치민다고 하였다. 치료사가 어머니의 기억 속에 이렇게 무거운 경험이 있는지 질문하자, 어머니는 어린 시절 자신의 아버지의 갑작스런 죽음을 떠올렸다. 어린 시절에 너무 갑작스런 일이어서 동생이 "아빠가 돌아가셨다."고 말하는 그 소리를 자신을 "아빠가 여행가셨어."라고 들었으며, 아버지가 돌아가시고 나서 3년간은 아빠가 여행에서 돌아오시기를 기다렸다고 하였다. 그 이후 자신은 아버지가 계시지 않는 집에서 경제적으로 그리고 정신적으로 매우 어렵게 성장했으며 특히 자신의 일에 대해 철저하게 책임지는 삶을 살았노라고 하셨다. 그런데 그런 삶이 당연하다고 여기며 살고 있었는데, 자신의 마음 깊숙이 이렇게 뜨거운 분노가 활활 타오르는 것은 몰랐다고 하였다.

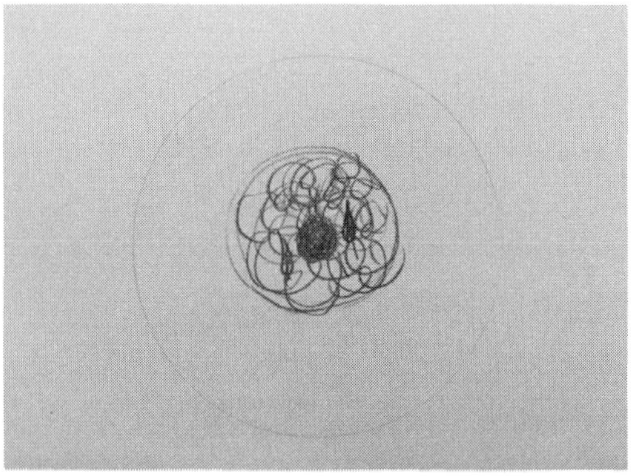

M의 어머니는 처절하게 오열하였고, 자신 안에 있는 해결되지 않는 분노의 감정이 결국 M을 향해 쏟아 내고 있음을 알게 되었다. 이후 음악치료는 너무 빠르게 해결을 향해 달려갔다. M에게 향한 분노를 쏟아 내지 않게 되자 M은 스스로 학교에 등교하였으며, 오히려 자신에게 왕따를 시켰던 가해자 아이들을 선처해 달라고 학교에 부탁하기까지 하였다. M은 빠르게 회복되었고, M의 행동 하나하나마다 감시하듯 집착을 보였던 어머니의 태도가 달라져 갔다. 그리고 M을 자신이 아닌, 다른 인격체로 받아들이기 시작했다. 놀라운 것은 M의 어머니는 자신 안에 해결되지 않은 어린 시절의 트라우마를 인식하게 된 것만으로도 자신뿐 아니라 자녀의 삶까지 놀라운 변화를 가져오게 된 것이다.

이후 음악치료는 종결하게 되었고, 이 모든 과정은 4주 동안 8회기에 거쳐 일어났다. 초기에 'M이 학교에 다시 다닐 수 있도록' 하는 목적을 이루게 되었으며, 추후 M의 어머니는 다시 상담을 계속하기로 하고 일차적인 음악치료를 종결하였다.

제5장

ADHD 및 장애청소년을 위한 음악치료

1. ADHD

1) 개요

ADHD(Attention-Deficit/Hyperactivity Disorder: 주의력결핍 과잉행동장애)는 신경발달장애로 분류되는 복합적인 기능장애로 지속적인 부주의 또는 과잉행동과 충동성이 정상적인 발달이나 기능을 저해하는 장애를 말한다. ADHD의 원인에 대해서 아직까지 명확하고 충분하게 밝혀진 바는 없으나 유전적, 생리적 요인 및 기질적 요소에 환경적 요소가 복합적으로 작용하여 발생하는 것으로 보고 있다. ADHD는 과잉행동–충동성 유형과 부주의 유형으로 나뉘는데 두 증상은 동시에 나타날 수도 있고 한 가지만 나타나기도 한다. 개정된 DSM–5(정신질환의 진단 및 통계 편람)의 ADHD에 대한 진단기준에 의하면 다음에 제시된 것 중 6가지 또는 그 이상이 발달 수준에 적합하지 않으면서 6개월 이상 이러한 행동이 지속되어 사회, 학업, 직업적 활동에 부정적인 영향을 미치게 될 때는 부주의 유형(집중력/주의력 결핍)으로 진단된다.

- 종종 다른 사람의 말을 경청하지 않는 것처럼 보인다.
- 종종 세부적인 면에 면밀한 주의를 기울이지 못하거나 학업, 일 또는 다른 활동에서 부주의한 실수를 저지른다.
- 종종 지속적인 정신적 노력을 요하는 일에 참여하기를 기피하고 싫어하거나 저항한다.
- 종종 지시를 따르는 데 어려움을 느끼고 과제나 일, 임무를 수행하지 못한다.
- 종종 일상적인 활동을 잊어버린다.
- 과제나 활동에 필요한 물품을 자주 잃어버린다.
- 종종 과제나 활동을 체계화하는 데 어려움을 느낀다.
- 종종 외부자극에 의해 쉽게 산만해진다.
- 종종 과제나 놀이를 할 때 지속적으로 주의집중을 할 수 없다.

다음에 제시된 행동 중 6가지 이상의 행동이 6개월 이상 지속될 때는 과잉행동–충동성 유형으로 진단된다.

- 종종 부적절하게 뛰어다니거나 기어오른다. 청소년 또는 성인에서는 안절부절못하는 듯한 행동에 국한될 수 있다.
- 종종 끊임없이 움직이거나 쫓기듯 행동하며 뛰어다닌다.
- 종종 지나치게 수다스럽다.
- 종종 다른 사람의 말을 끝까지 듣지 못하고 성급하게 대답한다.
- 종종 차례를 기다리지 못한다.
- 종종 다른 사람의 일에 지나치게 참견하고 방해한다.
- 종종 놀이나 여가활동에 조용히 참여하지 못한다.
- 종종 앉아 있어야 되는 교실이나 여타의 상황에서 착석을 유지하지 못하고 자주 자리를 이탈한다.
- 종종 손발을 가만히 두지 못하고 만지작거리며 의자에 앉아서도 수시로 몸을 움직인다.

위와 같은 증상은 적대감이나 반항적 행동, 과제의 내용이나 지시를 이해하지 못해서 나타난 것이 아니어야 하며 17세 이상의 후기 청소년이나 성인의 경우는 적어도 다섯 가지의 기준을 충족해야 한다.

이같이 DSM-5에서는 ADHD를 신경발달장애의 하나로 포함시키고 있으나 국내외 많은 전문가들 사이에 ADHD를 바라보는 관점과 진단에 있어 의견차이가 존재한다. 임상 장면에서는 ADHD를 소아정신과적 장애 중 유병률이 높은 장애의 하나로 보고 있는 반면(조수철, 신민섭, 2006) 특수교육 장면에서는 ADHD를 장애로 분류하는 것과 특수교육 대상자에 포함시키는 것에 유보적인 입장을 보인다. ADHD는 아동의 연령과 성별, 평가가 이루어지는 사회적 맥락에 따라 증상의 차이가 크기 때문에 정확한 진단이 매우 어렵다(Dumas & Nilsen, 2005). ADHD를 명확하게 판별하는 표준화된 검사도구가 없고 자폐나 지적장애 등 여타의 발달장애와 달리 기능적, 행동적 특성이 뚜렷하게 드러나지 않을 수 있으며 교사나 보호자의 주관적 관찰과 의견에 따라 치료에 의뢰되는 경우가 대부분이므로 이들이 보이는 다양한 증상과 진단준거에 대한 충분한 이해가 필요하다. 특히, 정신·신체적으로 예민한 청소년들에게 '장애'라는 꼬리표는 심각한 정서적 위축을 가져오거나 반대로 강한 저항감을 불러일으켜 정작 꼭 필요한 치료를 아예 거부하게 만들 수 있으므로 조심스럽게 평가하고 접근해야 한다. 과잉활동, 주의산만, 충동성, 반항, 학습문제 등은 여러 전문가들이 공통적으로 인정하는 핵심 증상으로 간주되는데, 이는 ADHD뿐 아니라 다른 장애군 또는 정상발달 과정에 있는 아동 및 청소년들에게서도 관찰될 수 있는 증상이다(조수철, 신민섭, 2006). 따라서 이들에게 어려움을 주는 주요한 증상을 중심으로 신중하게 감별·진단해야 한다.

과잉행동-충동성 유형은 보통 유치원과 같은 집단생활을 시작하게 되는 학령전기나 초등 저학년 때 발견된다. 이들은 과한 활동성과 짧은 주의력으로 인한 행동통제의 어려움으로 학습과제를 비롯하여 가정 및 학교생활 전반에 필요한 규칙 등을 잘 수행하지 못한다. 이들의 과잉행동 상태는 기질적인 것이지만 이로 인해 불안, 좌절감과 무력감, 공포, 열등감과 부정적인 자아상을 갖게 되는 등 심리·정서적 문제들이 파생되고 공포에 대처하고 불안을 완화시키기 위해 과잉행동을 지속하면서 악순환이 이어진다(Boxill, 1985/1994). 아동기에 나타난 ADHD 증상은 대개 청소년기를 거쳐 성인기까지 남아 있게 된다. 청소년기로 접어들면서 일부 자연스럽게 호전되는 경우도 있으나 행동적인 면에서 과잉행동이 사라지더라도 주의집중력의 지속적인 결함과 감정 기복을 보이거나 공격성, 폭력성 등으로 변형되어 나타나며 약물남용의 문제가 동반되기도 한다.

부주의 유형은 보다 어렵고 복잡한 과제가 주어지는 상급학교 입학시기와 청소년기의 정신 · 신체적 변화가 맞물려 더 많은 스트레스를 받게 되면서 비로소 진단되기도 한다. 이들은 과잉행동을 보이지 않아 표면적으로 눈에 띄는 문제가 발견되지 않더라도 무기력, 손상된 지각-운동속도, 불안장애를 겪으면서 멍한 상태로 생활하게 된다.

ADHD는 여아보다 남아에게서 더 흔히 발견되고 있다. 특히 청소년 남학생의 경우 과잉행동이나 충동성이 행동장애나 품행장애와도 연관되어 나타나 치료에 더 많이 의뢰된다. 반면, 여학생은 대부분 주의력 결핍을 나타내며 인지적인 측면에 손상된 경우가 많아 수업에 집중을 못하거나 지속력이 부족하여 학업문제로 인한 불안이나 우울과 같은 정서적 증상을 더 많이 겪는다.

청소년기는 사춘기를 거치면서 신체적 · 정신적 발달에 급격한 변화가 나타나는 시기다. 그러나 신체와 정신적 발달이 균질하게 일어나는 것은 아니어서 외면적으로 아이의 모습을 벗었을지라도 정신적으로는 아직 미성숙하다. 특히, ADHD 청소년들은 또래에 비해 중요한 의사결정능력이나 과업에 대한 조직화능력이 부족하여 더 심화되고 복잡해진 내외적 문제들을 잘 감당하지 못하고 이에 대한 스트레스를 위협적이고 폭력적인 형태로 발전시킬 수 있다. 아동기부터 학업 및 대인관계의 실패 경험이 축적되어 있는 데다 청소년기에 접어들어 주위 반응과 또래와의 '다름'을 더 예민하게 의식하게 되면서 고립감을 느끼기도 한다. 지속적인 학업에서의 좌절과 부모, 교사로부터 받은 부정적인 피드백은 자신감 저하, 대인관계에 대한 두려움, 우울증 등 ADHD의 전형적인 증상을 넘어서는 이차적인 문제를 발생시킨다. ADHD 청소년에게서 흔히 발견되는 공존장애는 품행장애와 반항성장애, 우울증, 기분부전장애, 양극성장애, 정서장애, 불안장애, 약물남용, 중독, 학습장애 등이다. 충동성은 성에 대한 호기심과 이와 관련한 무절제한 행동, 무단결석, 약물시도, 폭력조직에 가담하는 등의 행동으로 표출된다. 다수의 문헌에서 ADHD 청소년들이 일반 청소년들에 비해 약물 및 게임, 알코올 중독 문제를 더 자주 일으키는 경향이 있으며 ADHD로 진단되지 않은 채 사춘기에 들어선 많은 부주의 유형 청소년들은 학교생활의 실패와 부모와의 갈등에 의한 기분, 불안 장애를 겪을 뿐 아니라 넓은 범위의 약물남용에도 빠지기 쉽다고 보고하고 있다.

2) ADHD 청소년을 위한 음악치료의 목적

ADHD 청소년에 대한 치료에는 약물, 심리 · 교육적 상담, 인지행동치료, 가족치료, 사회기술 훈련 등이 있는데(이영식, 방양원 1998) 최근에는 음악치료 또한 ADHD 아동청소년들의 행동 및 정서 조절을 위한 좋은 치료적 도구로 여겨지고 있다. 에이드슨(Eidson, 1989), 몬텔로와 쿤즈(Montello & Coons, 1999), 모턴, 커쉬너와 시걸(Morton, Kershner & Siegel, 1990) 등은 연구를 통해 음악치료가 감정, 학습, 행동조절에 어려움을 겪는 아동 및 청소년들의 기억력과 집중력, 행동조절, 사회기술 향상에 효과가 있음을 보고하였다. 또 문장원과 홍화진(2001), 성인영(1999), 이은희(2000) 등도 치료적 음악활동이 ADHD 아동 및 청소년들의 주 증상인 충동성, 과잉행동을 감소시키고 집중력과 친사회적 행동을 증가시켰음을 보여 주었다. 이들은 특히 행동이나 집중력에 문제가 있는 경우 2~3명 정도의 소그룹으로 치료하는 것이 바람직하다는 견해를 밝히고 있다.

ADHD 청소년을 위한 치료목적은 그들로 하여금 자신이 처한 상황을 이해하고 긍정적 자아상을 갖게 하며 자신의 행동을 스스로 의식하고 적절히 통제하면서 적응적인 행동으로 전환할 수 있도록 돕는 것에 초점을 둔다. 학업이 중요한 시기이므로 실패에 대한 두려움과 좌절감을 극복하고 학업에 필요한 조직화 능력 및 과제수행능력을 길러 주는 것도 중요하다. 가정이나 학교 이외의 다른 공간에서 새로운 일들을 접하면서 에너지를 적절히 발산하고 충동성과 공격성을 재조정할 수 있도록 하며 성취의 경험을 쌓을 수 있는 기회를 제공하면 에너지 전환과 자기통제력 획득에 도움이 될 것이다.

창조적이고 역동적인 활동은 그들로 하여금 자신도 알지 못했던 능력을 찾고 새로운 시도와 행동을 할 수 있게 한다. 창조성과 역동성을 특징으로 하는 음악은 ADHD 청소년들에게 새로운 자극이 되고 풍부한 정서를 경험하게 하여 다양한 방식으로 감정과 에너지를 표출하도록 돕는다. ADHD의 독특한 특성 중 한 가지에 과도하게 집중하는 경향(hyperfocusing)이 있는데 이러한 능력을 활용하여 긍정적 측면의 자산으로 삼을 수도 있다. 예컨대 드럼과 같은 악기나 좋아하는 음악을 마음껏 배우고 노래하면서 에너지를 충분히 발산함과 동시에 음악적 기술을 향상시키도록 함으로써 긍정적 성취를 이끌어 낼 수 있을 것이다. 에버렛 등(Everett & Volgy-Everett, 2001/2005)은 이러한 과초점을 자원으로 활용하여 청소년기의 난해한 ADHD 증상을 긍정적 성과들로 재구조화할 것을 제안하면서 이러한 전략은 청소년기 행동의 긍정적 측면을 탐색하고, 구체화, 강조하는 형식으로 진행될 수 있다고 하였다.

이상의 내용을 기반으로 한 ADHD 청소년을 위한 음악치료의 목적은 다음과 같다.

(1) 인지 · 학습 영역

인지 · 학습 영역에서의 치료목적은 주의집중력 및 지속력, 과제수행력, 조직화 능력, 문제해결능력 향상 등이다.

ADHD 청소년들에게는 자신이 속해 있는 주변상황에 주의를 기울여 적절한 행동과 부적절한 행동을 분별하여 부적절한 행동은 최소화면서 적절한 행동에 대한 경험치를 늘려 갈 수 있는 기회가 필요하다. 구조화된 환경 안에서 규칙을 지키고 유지하는 구체적인 방법에 대한 교육과 경험을 통해 학업 및 생활 전반에 필요한 행동 목표와 계획을 스스로 세울 수 있도록 발전시켜야 한다.

주변 환경을 통제하고 주어진 과제를 분석하며 전경과 배경을 구분하여 선택적으로 주의를 집중할 수 있는 능력은 학습과정 및 과제성취의 중요한 요소다. 어떤 과제가 주어지든 이를 두려워하거나 거부하지 않고 찬찬히 들여다보면서 성공적인 수행을 위해 필요한 것이 무엇인지를 판단하여 작은 성취부터 이루어 나가는 경험이 축적되도록 해야 한다. 한번에 모든 것을 이룰 수 없으므로 꾸준한 반복과 연습이 필요함을 먼저 이해시키고 이에 적응할 수 있도록 돕는 것이 좋다. 시도하지 않고 쉽게 포기하려 들며 때때로 냉소적이거나 부정적인 태도를 보이기도 하는 청소년들의 마음을 열어 흥미를 가지고 스스로 참여할 수 있도록 하는 것이 중요하다. 이때 다양하게 구성된 음악활동은 무엇보다 즐겁고 편안하게 그들에게 접근할 수 있다는 장점이 있다. 음악은 시간의 흐름을 따르며 박자, 리듬, 프레이즈, 마디, 형식에 기반한 구조화된 예술양식이다. 따라서 편안한 음악적 환경 안에서 노래나 연주, 감상 등 음악적 결과물을 만드는 과정을 통해 자연스럽게 조직화된 행동을 하게 되며 인지적 과제에 대한 도전과 성취를 이루어 낼 수 있다.

피아노나 기타, 드럼과 같은 타악기 등 특정악기를 배우는 것 또한 ADHD 청소년들의 에너지를 긍정적인 방향으로 전환하고 자기 자신을 통제하고 한 가지에 집중하는 능력을 기르는 데 도움이 된다. 이는 규칙적이고 계획적인 작업습관을 기르고 여가시간을 건설적으로 사용할 수 있도록 하며, 우울함 등의 부정적 정서에서 벗어날 기회를 제공한다.

(2) 심리 · 정서 · 행동 영역

심리 · 정서 · 행동 영역에서의 치료목적은 자신감과 자존감 증진, 에너지 전환 및 발산, 행동조절능력 향상, 긍정적 자아상 및 정체성 확립, 정서적 안정 등이다. 행동적 증상들로 파생된 심리정서적 문제들, 특히 거듭된 부정적 피드백과 학업에서의 좌절감으로 인해 생겼을지 모르는 우울감과 무기력을 극복하고 손상된 자존심을 회복하도록 돕는 데 주력한다.

레이티, 그린버그와 린덤(Ratey, Greenberg, & Lindem, 1991), 콜먼과 레빈(Coleman & Levine, 1988) 등은 약물과 상담을 병행할 때 가장 좋은 효과를 보이며 한 가지보다는 복합적이고 다각적인 치료를 장기간에 걸쳐 제공하는 것이 효과적이라고 하였다(이영식, 방양원, 1998). 하지만 또래의 시선과 평가에 민감한 청소년들은 약물복용이나 치료중재의 역할을 이해하지 못하거나 강한 거부감을 나타낼 수 있다. 따라서 약물이나 치료에 대한 부정적인 감정을 걷어 내고 각각의 중재가 그들이 가진 문제의 여러 측면들을 다루는 데 어떤 역할을 하는지 분명하게 설명하고 이해시켜 치료의 과정을 수용하고 지속적으로 참여하도록 이끄는 것이 중요하다. 또한 그들이 가진 문제가 자신의 잘못 때문이 아니라는 것을 깨닫게 하여 자존감을 회복하고 자기 자신을 긍정적으로 인식할 수 있도록 해야 한다. 음악치료는 치료적 중재에 대한 거부감을 약화시키고 자연스럽게 치료 과정에 흡수될 수 있도록 하는 데 도움이 될 수 있다. 좋아하는 노래나 춤, 연주 활동을 함으로써 자신이 치료 받고 있다는 느낌을 갖지 않으면서 치료적 환경에 자연스럽게 흡수되도록 하는 것이다.

청소년기는 변화무쌍한 몸과 마음의 변화가 일어나는 시기인 만큼 에너지 분출의 기회를 제공하면서 감정조절능력을 기를 수 있도록 돕는 것 또한 중요한 치료

목적이 된다. 성장과 함께 감정의 분화가 일어나지만 아직 다양한 감정의 종류와 깊이를 충분히 이해하는 데는 미숙하다. 특히, ADHD 청소년들은 부정적인 피드백에 익숙하며 내면에 쌓인 채 표현되지 못한 감정의 정체를 스스로 알아차리거나 분별하지 못하여 자신도 모르는 사이에 이를 부적절한 행동으로 표출하게 된다. 따라서 이들에게는 다양하고 건전한 방법으로 부정적 감정과 에너지를 마음껏 분출할 수 있는 환경이 필요하다. 다이내믹, 강도, 템포, 리듬, 화성변화 등의 음악적 요소들과 서로 다른 음색과 연주방법을 지닌 악기들은 다양한 감정과 정서를 표현하고 에너지를 분출하는 데 좋은 도구가 될 수 있다. 또 기존 노래를 듣고 부르면서 간접경험을 하거나 직접 자신의 마음을 담은 노래를 만드는 가운데 숨어 있는 생각과 감정을 표면화하고 해소할 수 있게 된다. 음악이 가진 역동성을 적절히 활용하여 ADHD 청소년들의 정서와 행동을 조절하고 성취의 경험을 축적시키게 되면 자신감과 자존감의 향상은 자연스럽게 뒤따를 것이다.

(3) 사회기술 영역

사회기술 영역에서의 치료목적은 자기표현능력, 의사소통기술, 대인관계기술 향상, 집단응집력 강화 등이다.

청소년기는 부모로부터의 독립을 추구하고 친구들과의 관계는 더욱 긴밀해지며 또래집단으로부터 인정받으려는 욕구가 강한 시기다. ADHD 청소년들은 자신의 과잉행동 또는 부주의한 행동으로 또래집단으로부터 부정적 시선을 받거나 다른 존재로 취급받는 것을 두려워하며 진단받는 것에 대한 저항감과 위축감을 느낄 수 있다. 따라서 서로 이해하고 공감할 수 있는 또래집단을 형성하고 집단 내에서 충동적으로 나서거나 과격하게 행동하지 않으면서 다른 사람과 에너지와 호흡을 맞춰가며 협동하는 경험을 쌓아 주는 것이 좋다. 집단구성원으로부터 지지와 도움을 주고받으며 다른 사람의 시선에 덜 위축되는 한편, 동료들로부터 거부당하거나 무시당하는 상황이 발생할 경우 이에 대한 자신의 감정을 적절히 표현하고 대응하는 능력을 키워 줄 필요가 있다.

노래가사 분석과 토의, 가사 및 곡 만들기, 음악극을 통한 역할 경험, 악기 합주 등은 비언어적인 자기표현뿐 아니라 언어 · 비언어의 다층적인 접근을 통해 갈등과 해결, 화합 과정을 경험할 수 있게 한다. 그룹 안에서 성공적으로 음악을 만들고 함

〈표 5-1〉 ADHD 청소년을 위한 음악치료의 목적

영역	목적	구체적 목표 또는 필요한 기술
인지 · 학습	주의집중력 향상 지속력 증진 과제수행력 향상 조직화능력 향상 문제해결능력 향상	시청각적 주의집중 자발적인 참여 및 과제 수행 과제 분석 및 조직화 기술 착석유지 적절한 참여태도 지시이해 및 수용
심리 · 정서 · 행동	행동조절능력 향상 긍정적 자아상 형성 정체성 확립 자존감 및 자신감 증진 에너지 전환 및 발산 정서적 안정	자기 자신 및 치료에 대한 이해 감정 확인 및 식별 감정 표현 및 분출 충동성 인식 및 조절 공격행동 인식 및 감소 우울감 및 무력감 극복
사회기술	자기표현력 향상 의사소통기술 향상 대인관계기술 향상 집단응집력 강화	적절한 참여 태도 및 참여행동 증가 대처기술, 공감기술 협동심과 팀워크 리더십 기술 지시수용 태도

께 즐길 수 있으려면 충동을 조절하여 순서를 기다리고 다른 사람과 협조하면서 자신에게 주어진 역할을 수행할 수 있어야 한다. 함께 노래를 부르거나 악기를 합주하는 과정은 이에 필요한 감정과 행동의 절제, 협동심을 배울 기회가 된다.

3) ADHD 청소년을 위한 음악치료 프로그램의 실제

다음은 ADHD 청소년을 위한 그룹음악치료 프로그램의 예로 전체 구성과 구체적인 활동내용을 제시한 것이다. ADHD 청소년이 활동에 대한 흥미를 잃지 않도록 하면서 필요로 하는 목적을 효과적으로 적용하기 위해 치료목적을 주기적으로 반복 배치하여 구성하였다. 그러나 각 그룹구성원의 특성 및 그룹 분위기에 따라 목적에 따른 회기 순서는 조정 가능하다.

(1) 전체 회기 구성 예시

회기	목적	프로그램명	내용	준비물
1	관계 형성	너와 나, 우리의 시간	-자기소개 및 구성원 인식 -음악시간 소개 및 규칙 정하기	필기도구, 반주악기(기타, 키보드, 피아노 등)
2	주의 집중	소리와 침묵	-침묵타임과 음악감상 -자신을 둘러싼 환경 인식 -시청각적 주의집중 연습	음원, 악기 그림 및 실제 악기들
3	행동 조절	숫자를 세어라	-감상을 활용한 음악게임 -청각적 주의집중력과 실행력	필기도구, 음원, 리듬악기
4	자기표현 및 그룹응집력	따로 또 같이	-재창조 및 지시적 악기연주 -다른 사람과의 관계 안에서 자신의 역할을 찾고 화합하는 과정	멜로디 악기 및 리듬 악기, 피아노 등
5	주의 집중	내가 들은 것	-가사 퍼즐 활동 -시청각적 주의집중 연습 -가사 기억과 내용 이해	가사조각, 전체가사보, CD 플레이어, 음원
6	행동조절	나를 따르라	-노래 부르기 또는 악기연주 -리더 되기 또는 지시 따르기 -자기 자신 및 다른 사람의 행동을 이끌고 조절하기	훌라후프 또는 방석, 지휘봉, 가사보, 반주악기
7	그룹응집력	음악의 모든 것	-재창조 및 지시적 악기연주 -감상과 연주, 그리고 노래 -합주 과정에서 다양한 역할 수행. 지휘자, 연주자, 감상자	가사보, 지휘봉, 리듬, 효과음, 멜로디 악기 등
8	자기표현 및 정서적 발산	우당탕탕 야단법석	-난타 및 즉흥연주 -다양한 자기표현 방법 및 소리 탐색하기 -억압된 감정과 행동을 마음껏 발산한 후 정리하는 과정	장구, 북, 소고, 각종 리듬악기 및 난타도구

(2) 구체적인 활동 내용 및 방법 예시

〈2회기〉

1. 제목: 소리와 침묵(침묵타임 A, B, C)
2. 목적: 주변 환경 탐색 및 그룹 구성원 인식, 주의집중력 향상

3. 내용 및 절차

* 침묵타임 A (주변 환경 탐색 및 타인 인식)

1) 그룹구성원들은 치료사가 제시한 시간 동안 조용히 주변 공간을 둘러보거나, 동료들 또는 자신의 모습을 말없이 관찰한다.
2) 눈을 감고 조금 전에 보았던 공간이나 동료들의 모습을 떠올린 후 기억나는 대로 설명해 본다.
3) 한 사람을 제외하고 모두 눈을 뜬다. 제외된 한사람은 눈을 계속 감은 채 자신이 눈을 감기 전 관찰했던 동료나 치료사, 자신의 모습을 떠올리며 기억나는 대로 말해 본다.

* 침묵타임 B (소리탐색 및 음악감상)

1) 그룹구성원들은 치료사가 제시하는 시간 동안 눈을 감고 자신의 호흡소리, 주변에서 들리는 소리를 집중하여 듣는다. 이때 구성원들의 주의집중 시간을 고려하여 처음에는 눈 감는 시간을 초단위로 짧게 조정한다.
2) 제시된 시간이 경과한 후 그룹구성원들은 눈을 뜨고 자신이 들은 소리에 대해 서로 이야기를 나눈다.
3) 위 1), 2) 번 과정을 2~3번 반복하면서 점차 시간을 늘려 본다.
4) 침묵타임에 해당하는 길이만큼 음악을 집중해서 감상해 본다. 초기에는 침묵타임의 길이만큼 감상하기 위해 음악을 중간에 끊었다가 다시 이어 들어야 하나 나중에는 한 곡을 끊지 않고 들을 수 있을 만큼 침묵타임에 집중하는 시간도 늘어난다. 이렇게 함으로써 시간과 음악의 흐름에 대한 감각을 일깨우고 소리의 공간과 침묵의 공간에 대한 분별력과 예민한 감각을 기를 수 있다.

* 침묵타임 C (악기소리 탐색 및 음악 감상)

1) 정해진 시간 동안 치료사는 그룹구성원들이 눈을 감도록 한 후 다양한 음색의 악기소리를 들려준다. 처음에는 짧게 조정된 한 번의 침묵타임 동안 한 개의 악기소리를 들려주다가 회기가 반복되어 그룹원들이 눈 감고 집중하는 것에 익숙해지면 시간을 점차 늘리면서 악기소리를 추가한다.

2) 그룹구성원들은 눈을 뜬 후 악기소리에 대해 묘사하거나 그 소리에 대한 느낌, 생각 등을 이야기한다.
3) 치료사는 침묵타임 동안 제시한 악기로 연주된 음악을 그룹원들에게 들려준다.

4. 소요시간: 각 10~15분 내외
5. 준비물: 리듬악기나 효과음악기 소리가 포함된 음악(노래) 또는 기악음악 등 음원에 표현된 악기(악기 그림이나 실제 악기), 음원, 악기그림 및 실제 악기들
6. 치료적 의미: 음악이 효과적으로 적용될 수 있으려면 소리에 대한 예민함도 중요하지만 고요한 침묵의 상황 또한 온전히 느끼고 경험할 수 있어야 한다. 침묵타임은 준비의 중요성을 일깨우는 활동으로 자신의 감각과 내면에 먼저 집중하도록 하고 동료 및 자신이 속한 환경에 주의를 기울이도록 준비시키는 과정이다. 본격적인 활동에 앞서 몸과 마음을 충분히 준비하도록 유도함으로써 주요 활동과제를 성공적으로 수행할 수 있도록 하는 것이다. 주변 환경이나 상황에 따라 주의가 쉽게 분산되고 선택적 주의집중을 어려워하는 내담자들을 위해서는 시공간적으로 충분히 안정되고 구조화된 환경을 먼저 조성한 후 주요 활동과 과제를 제공하는 것이 필수적이다. 음악은 소리와 침묵의 연합으로 구성되어 있으며 시간의 흐름을 따르는 것을 전제로 하는 매체다. 곡이 한번 시작되면 중간에 쉬지 않고 끝까지 진행되어야 음악이 완성된 것이라 할 수 있으므로 침묵타임을 통해 시간의 흐름과 고요한 공간에 대한 감각을 길러 주는 것이 우선된다.
7. 기타: 활동 A, B, C는 청각적 주의집중력을 위한 하나의 활동으로 적용해도 되고 각 회 기마다 본격적인 활동에 앞서 예비 활동으로 적용하는 것도 좋다.

〈5회기〉

1. 제목: 내가 들은 것
2. 목적: 시청각적 주의집중력 향상
3. 내용 및 절차
   1) 노래가사의 주요 부분을 군데군데 비운 가사보를 제시한다.

2) 가사를 잘 보고 노래를 들으면서 비어있는 곳의 가사가 무엇인지 알아내도록 한다.
3) 처음에는 마디나 프레이즈별로 곡을 끊어서 지나쳐 간 부분의 가사를 떠올리거나 유추할 수 있도록 돕는다.
4) 곡을 끊는 지점의 간격을 점차 늘려 긴 프레이즈를 듣고 기억할 수 있도록 한다.
5) 위의 단계까지 잘 진행되면 가사를 단어 또는 문장별로 조각 낸 가사퍼즐을 제공한 후 전체 가사를 조합하여 노래를 완성하도록 한다.

〈가사퍼즐 예시〉

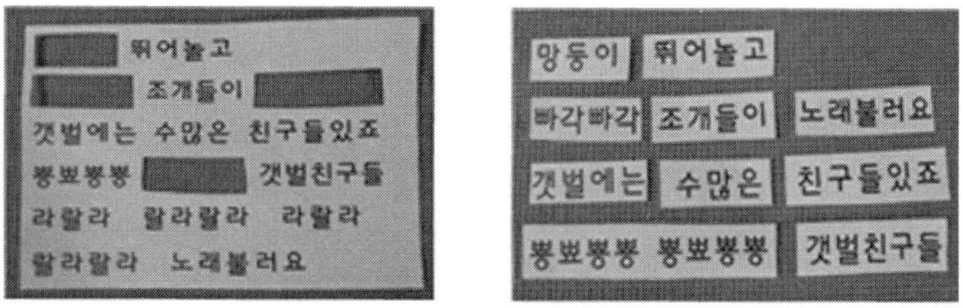

「갯벌 친구들」(이성관 작사, 류정식 작곡)

4. 소요시간: 50분
5. 준비물: 가사조각, 전체가사보, CD 플레이어, 음원
6. 치료적 의미: 본 활동은 곡의 흐름에 지속적으로 주의를 기울이면서 비어 있는 곳의 단어나 문장을 알아내게 함으로써 지속적인 참여와 주의집중력을 유도할 수 있다. 곡의 흐름을 따르고 내용을 유추하거나 기억하여 가사를 내용에 맞게 조합하도록 함으로써 기억과 가사이해, 언어 등 인지적 과정을 자극하는 데도 도움이 된다.
7. 기타
   1) 구성원의 기능에 따라 가사를 비워 두는 부분의 수나 가사 조각수를 조정한다.
   2) 구성원의 기능에 따라 가사 내용의 복잡성을 조절한다(지적장애 청소년을 위한 활동으로도 활용 가능하다)

2. 지적장애

1) 개요

지적장애(Intellectual Disability, Intellectual Developmental Disorder)는 지적 · 인지적 능력에 뚜렷한 결핍을 보여 일상생활을 수행하는 데 어려움을 보이는, 18세 이전에 시작된 발달상의 장애를 말한다. 개별적으로 실시된 지능검사에서 70 이하의 점수를 보여 평균 이하의 지적기능을 가지며 의사소통, 자조기술, 일상생활, 자발성, 학업기술, 대인관계 및 사회기술, 지역사회 자원의 활용, 건강관리, 안전관리 영역에서 부적응 또는 결함을 보일 때 지적장애로 진단한다.

아동기를 거쳐 십대에 이르는 성장과정에서 인지발달의 지체로 인해 여러 가지 제한된 상황과 부정적 경험에 노출되어 온 지적장애 청소년들은 정신 · 신체적으로 큰 변화를 겪는 시기에 돌입하게 되면서 감정, 의사소통, 또래관계, 학업 등에서 아동기 때와는 차원이 다른 문제들에 직면하게 된다. 신체적 변화와 더불어 정신적으로 혼란을 겪으면서 자신의 정체성에 대한 고민을 하게 되고 자신이 또래 친구들과 다르다는 사실을 인식하기 시작한다. 비장애 청소년들과 마찬가지로 자기 자신 및 외부세계에 대한 관심이 증가되고 예민해져 자신의 다름, 즉 제한된 정신 · 신체적 기능과 타고난 생리적인 감각의 차이를 아동기보다 더 크게 지각하게 된다(조인수, 2005). 이러한 상황에서 학업이나 일상생활에서의 잦은 실패로 긴장과 불안, 위축감을 갖게 되고 자존감이 낮아져 자아에 대해 부정적으로 인식하게 되는데 이는 부적절한 감정표출과 행동, 공격성, 비행 등으로 이어지게 된다.

지적장애 청소년들의 특징을 구체적으로 살펴보면 다음과 같다.

(1) 인지 · 학습 영역

지적장애 청소년의 인지적 특성으로는 주의집중력, 조직화 능력, 기억력, 일반화의 어려움을 들 수 있다(김지현, 김화수, 이근용, 2014). 낮은 인지능력은 주의집중력과 연관된다. 전경과 배경에 대한 분별력이 부족하여 사소하고 엉뚱한 곳에 주의를 잘 빼앗겨 정작 중요한 곳에 주의를 기울이지 못하는데 이는 관찰이나 모방을 통해 배우는 모방학습 능력의 저하로 이어진다. 학습동기가 낮은 것도 문제가 되는데 처음부터 학습에 대한 관심이 없는 경우도 있으나 거듭된 실패의 경험으로 하고자 하는 의욕을 상실하고 '학습된 무기력' 상태가 되어 버린 경우도 많다(장진아, 2008). 게다가 제한된 능력에 대한 선입관으로 이들이 스스로 할 수 있는 기회를 차단하고 주위에서 대신해 줌으로써 학습된 무기력이 강화된다. 결국 이들은 비장애 청소년들의 학습속도를 따라가지 못하여 힘들어하다가 학습동기를 아예 잃어버리고 멍하게 있거나 쉽게 접근할 수 있는 게임 등 다른 것에 몰두하게 된다. 그러나 학습능력과 발전속도가 비장애 청소년에 비해 제한적이고 느리다고 해서 이들의 능력 자체를 아예 부정하거나 소외시켜 다양한 학습의 기회를 제한하는 것은 바람직하지 않다. 이는 여전히 발달과정 중에 있는 지적장애 청소년들의 아직 발견되지 않았을지도 모르는 잠재력과 발전 가능성을 차단하는 것이 될 뿐 아니라 가지고 있던 기능마저 저하시키는 결과를 초래하게 될 것이다.

(2) 신체발달 · 운동 영역

지적장애 청소년들도 또래 비장애 청소년들과 마찬가지로 급격한 신체적 변화와 성적인 성숙 과정을 거치면서 자신의 외모에 관심을 갖게 된다. 그러나 자조기술의 부족으로 자신의 몸을 잘 관리하지 못하고 서툰 행동을 함으로써 또래 청소년들에게 거부감을 일으키기도 한다. 이들의 낮은 지적능력은 운동능력에도 영향을 미친다. 정확한 몸놀림과 방향전환 등 몸의 움직임과 위치에 대한 인식은 자신의 몸에 대한 이해와 예민한 감각 기능을 필요로 한다. 이들은 손발 움직임, 앉기, 서기, 걷기, 뛰기 등의 대소근육 운동에서의 민첩성이나 유연성을 비롯하여 반응성, 협응, 방향 감각, 지구력 등이 또래에 비해 느리거나 둔하고 정확도가 떨어지는 등 낮은 수행수준을 보인다.

(3) 심리 · 정서 · 행동 영역

지적장애 청소년들의 심리 · 정서적 특징 중 주목해야 할 것은 그들이 자기 자신에 대해 장애의식을 갖는다는 점이다. 장애의식이란 일부 신체 · 정신적 기능의 한계로 일상생활이나 사회생활에 제약을 느끼는 것을 말한다(문길연, 2003). 지적장애 청소년들은 비장애 청소년들과 마찬가지로 신체적 · 정신적 변화에 민감하게 반응하는 이 시기에 자신의 인지적 능력의 결함으로 한계에 부딪히고 욕구의 좌절을 경험하면서 무력감과 열등감을 키우게 된다. 언어구사력의 제한으로 자신의 욕구와 감정, 생각 등을 표현하는 데 어려움을 느껴 움츠러들고 소극적이 되며 학교에서는 또래집단의 놀림감이나 따돌림의 대상이 되거나 또래와의 관계 형성에 실패하여 소외감과 불안감을 갖게 된다. 의사소통능력의 결함으로 충분히 표출되지 못한 감정이나 욕구들이 문제행동으로 표출되기도 하고 또래그룹에 속하고자 하는 마음으로 부적절한 행동을 여과 없이 모방하는 등의 행동 문제가 발생하기도 한다.

지적장애 청소년들은 자신이 또래 비장애학생들과 조금 다르다는 것을 스스로 인식할 수 있으며 성장과정에서 축적된 실패의 경험으로 자신에 대한 부정적인 감정과 자아상을 형성할 가능성이 높다. 이러한 생각은 스스로 사고하고 선택하며 자신의 감정이나 의견을 표현하기보다 타인에게 의존하고 따라하는 수동적인 행동 패턴을 형성하게 된다. 특히, 또래관계에 예민한 청소년기에는 아동기 때보다 위축감을 더 크게 느낄 수 있으며 낮은 자존감과 자신감 부족은 학업 및 또래와의 관계에도 부정적인 영향을 미쳐 이로 인해 다시 위축되는 등 악순환이 반복된다.

(4) 사회기술 영역

포터, 콜린스와 맥버(Porter, Collins & McIver, 1965)에 따르면 지적장애 청소년은 비장애 청소년에 비해 실패감을 더 많이 경험하고 자아개념과 동기수준이 빈약하여 사회적 상호작용에서의 결함을 보인다고 한다. 제한된 인지 능력과 의사소통, 원활한 상호작용과 긍정적인 피드백 경험 부족 등이 원인이 되어 사회기술능력 발달에 방해를 받게 된다.

우선 지적기능의 제한은 언어발달에도 영향을 미친다. 부족한 어휘력과 언어구사, 비언어적이고 정서적인 맥락에 대한 이해나 설명력 부족, 적절한 자기표현의 결여 등으로 의사소통에 어려움을 겪는다. 발달상의 이유 또는 심리적인 원인에 의한 말더듬 증상을 보이기도 하고 발음이 정확하지 않거나 적절하지 못한 운율의 사용으로 의사소통 상황을 자연스럽게 이끌거나 유지하지 못한다. 원활한 의사소통을 위해서는 대화 상대에 대한 인식과 그에 대한 다감각적 주의집중이 필요하다. 대화는 상대방의 얼굴을 보면서 눈을 마주치고 표정과 몸짓을 통해 감정과 분위기를 파악하는 가운데 목소리와 대화 내용에 귀를 기울이면서 반응하는 일련의 과정이다. 언어적 · 비언어적 신호들에 주의를 기울이고 그 신호에 담긴 의미와 정서를 파악해야 하는 것이다. 그러나 지적장애 청소년들은 비언어적 신호 및 맥락에 대한 이해와 상대방의 감정을 파악하는 데 어려움을 보이고 충분히 주의를 기울이지 못하여 상대에게 부적절한 반응을 하기 쉬우며 주제를 유지하거나 분명치 않은 정보를 다시 요구해야 하는 상황에서도 소극적인 태도를 보인다.

지적장애 청소년과 비장애 청소년들의 신체적 발달에 있어서의 질적인 차이는 크지 않다. 신체적, 생리적, 기질적 장애를 수반하기도 하나 발달의 방향이나 학습 과정은 일반학생들과 유사하다(김정권, 2003). 다만 인지나 전반적인 발달속도가 느리고 발달수준이 낮기 때문에 또래 비장애 청소년들과 관계를 맺지 못하고 사회적 경험 또한 제한되어 적절한 사회기술을 발달시키지 못하게 된다. 의사소통 및 사회기술을 충분히 갖추지 못한 상태에서 학교와 같은 구조화된 집단생활에 적응하지 못하고 부적절한 행동을 자주 하게 되면 교사나 또래에게 부정적인 피드백을 받게 될 확률이 높아지는데, 이는 또 다른 정서적 · 행동적 문제를 야기하는 원인이 된다. 지적장애 청소년들과 또래 비장애 청소년들과의 상호관계 필요성에 대한 요구로 최근 다양한 통합교육이 이루어져 교류의 기회는 많아졌으나 여전히 지적장애 청소년들이 또래, 교사 등 다른 사람들과 효과적으로 상호작용하는 데 어려움이 있다고 보고된다(김지현, 김화수, 이근용, 2014). 이러한 상호교류의 결핍은 결국 학교생활에서의 고립을 가져온다.

2) 지적장애 청소년을 위한 음악치료의 목적

음악은 방법을 모르거나 주저하느라 표현되지 못한 감정들을 확인하여 밖으로 표출할 수 있는 통로가 되며 이렇게 표현된 것들은 타인과의 감정적 교류와 관계 형성의 기회를 제공한다. 최병철 등(2015)은 음악적 경험이나 활동은 청소년의 감정을 다루기 위한 좋은 배출구가 되어 보다 성숙한 감정 표현 및 통제력을 발달시키도록 돕는다고 말한다. 음악이 지적장애 청소년에게 미치는 영향을 분석한 연구에 따르면 음악은 지적장애 청소년의 정서순화를 돕고, 산만한 분위기를 차분하게 만들어 주며, 즐거움과 슬픔 등의 정서를 표현할 수 있도록 하여 생활을 밝게 만들 수 있다고 한다(김정은, 2003). 음악치료는 또한 학습효과를 높이고 타교과에 접근하는 긍정적 분위기를 조성하여 참여도가 낮은 학생들에게도 흥미와 관심을 불러 일으킬 뿐 아니라 스트레스 해소, 협동심, 희망감, 표현력, 잠재력 개발 등에 도움이 된다(최애나, 한용희, 정광조, 2009).

지적장애 청소년들의 낮은 지적수준과 사회적응능력의 결함은 부차적인 심리적, 행동적 문제를 발생시킨다. 따라서 언어적 · 비언어적인 자기표현능력을 개발하고 학습과정에서의 어려움과 좌절감을 극복할 수 있도록 하며, 또래와의 원만한 관계 형성과 학교생활 적응에 필요한 의사소통과 사회교류 기술을 연마할 수 있도록 도와주어야 한다.

지적장애 청소년들을 위한 음악치료의 목적을 살펴보면 다음과 같다.

(1) 인지 · 학습 영역

인지 · 학습 영역에서의 치료목적은 현실인식, 학습능력 배양, 문제해결능력, 주의집중력, 조직화능력, 분별력 향상 등이다. 학습속도가 느리고 제한적인 지적장애 청소년들에게 또래 비장애 청소년들과 동일한 수준의 과제를 주거나 반대로 학습 수행 과정에 지나친 도움을 주어 스스로 과제를 성취해 볼 기회를 제한하는 것은 바람직하지 않다. 단계적 수준의 과제와 다양하고 재미있는 교육 내용, 작은 단위에서 큰 단위에 이르는 성취를 경험할 수 있는 장을 마련하여 그들이 가진 잠재력을 이끌어 낼 수 있어야 한다.

인지적 과제 수행이나 학습에는 주의력과 집중력, 지속력 등이 필요하다. 따라서 이러한 기능 향상을 위한 치료목적을 세우는 것은 인지 · 학습 영역에 필수적인 치료계획의 일부가 된다. 집중력 향상과 관련된 선행 연구를 살펴보면, 채민(2008)은 악기연주 활동이 지적장애 아동의 적극적인 참여를 이끌어 냄과 동시에 집중력을 높여 학습 능력의 향상까지 이끌 수 있었고, 김민경(2007)과 김인호(2002)도 악기연주 중심의 음악치료 프로그램이 주의집중 및 지속시간과 학습능력을 증진시켰을 뿐 아니라 주의집중력 향상이 음악활동이 아닌 다른 학습에서의 수행력 향상에도 영향을 미칠 수 있음을 밝혔다. 주의집중력은 추상적으로 개선할 수 있는 것이 아닌 특정과제와 연관시켜 개발해야 하는 기능으로(김민경, 2007; 조인수 2005) 특정 학습과제에 흥미를 가지고 참여하여 그 과제에 주의를 기울이도록 하면서 적절한 학습행동을 익히고 실행할 수 있도록 훈련하는 것이 좋다. 음악은 이를 위한 효과적인 매개가 될 수 있는데 큰 인지적 어려움을 겪지 않고 받아들일 수 있는 수준의 음악적 과제나 좋아하는 악기를 선택하여 배우고 연주하고 감상하는 일련의 활동은 동기를 유발하고 흥미 자극하여 지속적인 참여를 유도하는 데 효과적이다.

학습은 관심을 두는 데서부터 시작되며 오랜 기간에 걸쳐 주의를 집중하는 과정을 반복하면서 어떻게 학습해야 하는지를 알게 된다(Michel, 1985/1997). 학습과정에는 충분한 시간과 반복이 필요하며 추상적이고 복합적인 과제보다는 구체적이고 단순한 과제로부터 시작하여 천천히 수준을 발전시켜 가는 단계가 요구된다. 주의집중 시간을 고려해 가장 중요하고 필요하다고 판단되는 기능이나 개념에 초점을 맞춰 성취하기 쉬운 과제와 흥미로운 매체를 사용하여 되도록 실패를 경험하지 않고 즐겁게 성취할 수 있도록 도와주는 것이 좋다. 실패나 좌절감에 익숙한 지적장애 청소년에게 복잡한 주제나 달성하기 어려운 목표가 있는 프로그램을 제시할 경우 과제를 제대로 이행할 수 없을지 모른다는 불안감을 느껴 쉽게 좌절하고 포기하게 될 수 있다. 같은 지적장애라 하더라도 개인마다 지체의 정도나 발달수준이 다를 수 있으므로 각자의 기능수준을 고려하여 적합한 과제를 제공해야 함은 물론이다.

악기를 배우거나 하나의 음악작품을 완성해 가는 과정은 또 다른 측면에서 인지적 발달을 자극하는 데 도움이 된다. 악기연주는 그 자체로 종합적인 정신 · 신체적 기능을 요한다. 예컨대, 손가락이나 입술, 팔과 다리 등 악기를 연주하는 과정에서의 신체적 움직임 같은 운동기능뿐 아니라, 연습 과정과 연주 시 필요한 인내력, 집중력과 지속력, 악보를 보고 소리를 들으며 시각과 청각적 과제들을 분리하거나 일치시키는 조직화 능력, 음악의 분위기와 흐름을 느끼며 연주하는 표현력 등 감각, 신체, 인지, 정서적 기능이 통합적으로 활용된다.

요약하면 지적장애 청소년들의 인지 · 학습능력 향상과 잠재력 개발은 동기부여, 지속적인 참여유도, 주의집중력 향상, 반복된 연습과 성취의 경험, 이를 통한 자신감 고취 등을 통해 가능할 것이다.

(2) 심리 · 정서 · 행동 영역

심리 · 정서 · 행동 영역에서의 치료목적은 감정 및 행동 조절, 자신감 및 자존감 향상, 정서적 안정, 긍정적 자아상 및 정체성 확립 등이다.

앞서 언급했듯이 지적장애 청소년들은 감정에 대한 인식 부족과 표현의 결여, 적절한 행동에 대한 미숙한 판단력으로 억압된 감정을 부적절하게 표출하고 행동문제를 일으킬 수 있다. 이에 억압된 감정을 적절히 표현하는 방법과 주어진 상황에 필요한 행동을 익힐 수 있는 기회가 필요한데, 음악은 표현되지 못한 감정들을 직간접적인 방법으로 밝혀내며 감정을 드러내는 분출구가 되어 줄 수 있다. 성취감을 경험할 기회를 마련해 주어 자신감과 자존감을 높이고, 독립의식과 정체성을 형성하는 시기인 만큼 자신에 대해 긍정적인 자아상을 가질 수 있도록 돕는 과정이 필요하다. 이러한 목적과 연관된 여러 연구에서 음악을 사용한 신체활동, 자기주장 훈련 프로그램, 타악기를 이용한 난타활동, 구조화된 악기연주 활동, 노래를 중심으로 한 그룹음악치료 활동, 음악극, 피아노를 비롯한 악기교습 중심의 음악치료 프로그램 등이 지적장애 청소년의 자존감 향상에 효과가 있음을 제시하고 있다. 결과물로서의 완성된 음악작품뿐 아니라 작품을 완성해 가는 과정은 일상에서 경험해 보지 못한 독특하면서도 즐거운 환경에서 지적장애 청소년들이 미처 발견하지 못했던 자신의 장점들을 발견하고 창의적이고 다양한 시도를 해 볼 수 있도록 격려한다.

즐거움과 역동성이라는 음악치료의 본질적인 특성을 최대한 활용하고 정답을 요구하지 않는 편안한 환경을 마련하여 지적장애 청소년들의 참여 동기를 자극하고 활성화시킨다면 정서적 안정과 올바른 정체성 형성에 기여할 수 있을 것이다.

(3) 사회기술 영역

사회기술 영역에서의 치료목적은 자기표현력 증진, 의사소통기술 향상, 대인관계 기술 향상 등이다. 이 중 의사소통기술은 관계를 형성하고 유지하기 위해 반드시 필요한 기술이다. 지적장애 청소년들이 자기 자신을 표현하고 다른 사람들에게 적극적으로 반응하도록 하면 그들이 자신의 삶을 영위하는 데 겪는 어려움을 줄일 수 있다(김연숙, 2000; 최애나 외, 2009). 내면의 느낌이나 감정, 요구 등을 언어적으로 적절히 표현하지 못하거나 표현했더라도 부족한 설명력으로 인해 주변사람이 이해하지 못하는 상황이 반복되면 의사소통 욕구가 점차 줄게 된다. 이때 지지적인 그룹음악치료 환경을 제공함으로써 언어적 표현뿐 아니라 비언어적인 표현 능력 또한 향상시킬 수 있다. 그룹 안에서 또래 구성원들의 지지와 협력으로 성공적인 음악적 성취를 이루고 비언어적으로 안전하게 자신의 감정을 표현하며 또래와 선생님의 바람직한 행동을 관찰하고 모방함으로써 다양한 표현 방법들을 익히도록 하면 의사소통기술 향상뿐 아니라 자존감 증진 또한 기대할 수 있다. 최애나 등(2009)은 연구를 통해 그룹음악치료가 지적장애 청소년들의 음성적 자기표현을 비롯한 비언어적 자기표현 능력을 향상시킬 수 있음을 밝히면서, 다양한 소리를 통해 자신의 감정을 자연스럽게 드러낼 수 있도록 한 것이 치료적 효과를 가져왔다고 보고하고 있다. 그룹음악치료 내에서 함께 노래를 부르거나 연주함으로써 언어로 표현하기 어렵거나 미처 깨닫지 못하고 있던 내적 감정과 생각들을 자연스럽게 탐색하여 표현하게 되고 이는 그룹구성원들을 빠르게 결속시키기는 원동력이 된다.

정서기술, 의사소통기술과 더불어 장애청소년을 대상으로 음악치료를 하는 치료사들이 가장 중요하게 생각하는 치료목적 중의 하나가 바로 사회교류기술이다(장문정, 박지선, 황은영, 2012). 자기표현 및 타인이해, 언어 및 비언어적 의사소통 능력과 밀접하게 연관된 사회교류기술을 구체적으로 배우고 경험할 수 있는 기회 제공이 필요하다. 또래로 구성된 그룹음악치료 환경에서의 악기합주 및 가창활동, 즉흥연주, 합창, 노래 만들기 등의 활동은 지적장애 청소년들의 지적인 성취와 함께 사회생활에 필요한 상호 의존과 협력을 경험하게 하고 경쟁에 대한 두려움을 약화시킬 수 있다. 또 언어로 표현하기 어려운 것들을 몸이나 악기 등 다채로운 매체를 통해 표현하게 함으로써 자연스러운 음악적 대화를 이끌고 치료사와 그룹구성원들의 지지와 사회적 수용감을 느끼도록 유도할 수 있다.

〈표 5-2〉 지적장애 청소년을 위한 음악치료의 목적

영역	목적	구체적 목표 또는 필요한 기술
인지 · 학습	현실인식 학습능력 향상 문제해결능력 향상 주의집중력 향상 조직화능력 향상 분별력 향상	눈 마주침, 자세유지 시청각적 변별 및 집중력 판단력/결정력 지시 이해 및 수용 신체인지/자기관리 운동 · 협응 기능 활성화
심리 · 정서 · 행동	감정 및 행동 조절 자신감 및 자존감 향상	감정 식별 및 확인 감정표현

	정서적 안정 긍정적 자아상 형성 정체성 확립	바람직한 행동 인식 및 구별 의존성, 위축감 극복 독립성 성취
사회기술	자기표현력 증진 의사소통기술 향상 대인관계기술 향상	자타 및 환경 인식 수용 및 표현 언어 기술 비언어적 표현 이해 및 수용 다양한 표현 기술 표현하고 반응하기 기술 공감기술

3) 지적장애 청소년을 위한 음악치료 프로그램의 실제

다음은 지적장애 청소년을 위한 그룹음악치료 프로그램의 예로 전체 구성과 구체적인 활동내용을 제시한 것이다. 구조적 환경 안에서 인지적인 과제를 수행해야 하는 프로그램(3, 4, 6, 7 회기) 후에는 좀 더 편안하고 쉬운 과제가 주어지는 프로그램을 배치하여(5, 8회기) 인지적 과제로 인한 부담을 덜어 주고 쉬어 가는 느낌과 성취의 경험을 할 수 있도록 계획한 것이다.

(1) 전체 회기 구성 예시

회기	목적	프로그램명	내용	준비물
1	관계형성	지금 여기	-자기소개 및 그룹구성원 인식 -음악시간 소개 및 규칙 정하기	반주악기 (기타, 키보드 피아노 등)
2	자기표현	음악과 함께 울랄라	-즉흥적 악기연주 -자신이 선택한 리듬악기를 경쾌한 음악에 맞춰 자유롭게 연주하기	리듬악기 반주악기
3	주의집중 및 조직화능력	어떻게 듣나요	-음악감상 및 노래 부르기 -단계적으로 음악을 감상하고 자연스럽게 노래 익히기	음원, 가사보

4	행동조절	점점 빠르게	–동작 및 연주 활동 –박자와 템포의 변화를 인지하고 음악의 변화에 따라 정확히 움직이거나 연주하기	음원 에그셰이크 패들드럼
5	자신감	종을 울리자	–즉흥적 악기연주 –자유롭고 편안하게 연주하는 가운데 음악적 완성감 경험	핸드벨 또는 톤차임
6	학습능력 및 성취감	어떻게 연주할까요	–재창조 연주 –구조적이고 지시적인 악기연주 –순서와 역할 이해하기 –다양한 비언어적 · 음악적 지시를 이해하여 정확히 연주하기	색깔악보, 음원 반주악기 리듬악기 붐웨커 또는 멜로디 타악기
7	주의집중 및 과제수행력	리듬단어	–리듬챈팅과 악기연주를 통한 음악게임 활동 –박자, 리듬, 템포를 인지하여 주어진 과제를 정확히 수행하기	리듬카드 메트로놈 또는 비트박스
8	긍정적 자아상	친구 발견	–송라이팅(Songwriting) –노래를 잘 듣고 가사 내용 대해 그룹구성원들과 이야기 나누기 –자기 자신을 표현할 수 있는 가사를 생각하여 개사하기	가사보, 음원 반주악기

(2) 구체적인 활동 내용 및 방법 예시

⟨6회기⟩

1. 제목: 어떻게 연주할까요
2. 목적: 학습능력 배양 및 성취감
3. 내용 및 절차
   1) 해당 곡(가사가 있는 곡)을 편안하게 들으며 곡의 분위기를 느낀다.
   2) 가사와 연주방법이 표시된 색깔악보를 제공한다.
   3) 가사를 보며 다양한 방법(유니슨, 주고받기, 빈칸 채우기 등)으로 충분히 노래를 불러 본다.

4) 연주 역할을 나누고 각자 표시된 연주방법, 연주순서 등을 확인한다.
5) 반주 없이 색깔악보를 보며 각자의 역할 순서에 악기를 연주해 본다.
6) 노래는 부르지 않고 반주에 맞춰 악기를 연주해 본다.
7) 반주에 맞춰 노래를 부르면서 악기를 연주한다.

〈색깔악보 예시〉

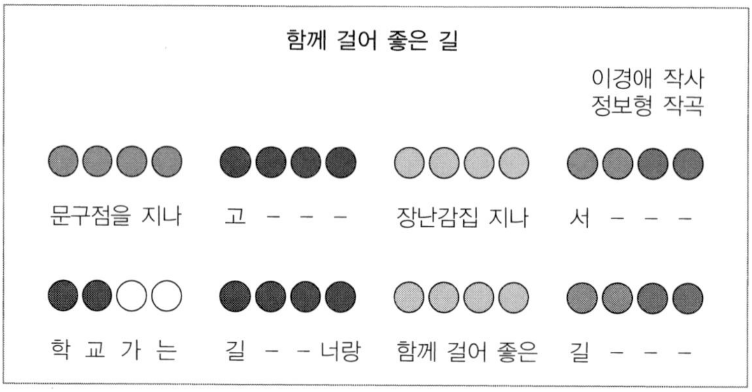

4. 소요시간: 50분
5. 준비물: 색깔악보, 음원, 반주악기(피아노나 키보드), 리듬악기, 붐헤커 또는 멜로디 타악기 등
6. 치료적 의미: 친숙하고 부르기 쉬우며 반복적이고 규칙적인 특징을 가진 곡을 사용하면 그룹구성원들의 흥미를 쉽게 끌 수 있으며, 그들은 즐기는 가운데 단계적인 연습과 연주를 수행할 수 있게 된다. 이러한 과정은 과제 수행에 필요한 절차의 중요성을 알게 하며 완성된 연주는 성취의 경험을 제공한다.
7. 기타
   1) 노래하면서 동시에 연주하는 것을 어려워할 경우 가사가 없는 곡을 먼저 제공하여 같은 방법으로 연주해 본다. 가사 없는 곡 연주에 충분히 익숙해지면 한 단계 발전시켜 노래 부르기와 연주를 동시에 해 본다.
   2) 가사가 있는 곡의 경우 학생들이 좋아하고 익숙한 노래를 제공하면 노래하면서 동시에 연주하는 것을 훨씬 재미있어 할 것이다.

3. 전반적 발달장애

1) 개요

전반적 발달장애(Pervasive Developmental Disorders: PDD, 이하 전반적 발달장애 또는 발달장애로 명명함)는 상동적이고 정형화된 행동패턴, 제한된 흥미와 활동의 반복, 비정상적이거나 지체된 상호작용 등 발달상의 질적 손상과 결핍을 보이는 장애다. 하위유형으로 자폐 범주성 장애(Autistic Spectrum Disorder), 아스퍼거 증후군(Asperger Syndrome), 레트장애(Rett's Disorder), 소아기 붕괴성 장애(Childhood Disintegrative Disorder)가 있다. 이 중 가장 널리 알려져 있으며 음악치료 현장에서도 자주 접하게 되는 자폐 범주성 장애(이하 자폐성 장애)는 원형적인 발달장애로서 언어 발달 지연과 질적 손상, 의사소통 및 대인관계 능력의 결함, 상동적이고 강박적인 행동을 비롯한 전반적 발달장애군의 주요 특성을 가장 두드러지게 나타낸다. 아스퍼거 증후군은 사회적 상호작용 능력의 결함, 제한된 흥미와 특정 행동의 반복적 수행 등의 특성을 보이나 언어 및 인지능력 발달의 지연이 없다는 점에서 자폐성 장애와 구별된다. 원활하지 못하고 어색한 몸짓과 운동 행동을 보이는 것이 또 하나의 특징이며 남아에게서 주로 나타난다. 레트장애는 생후 초기에는 정상 발달을 하다가 7개월에서 24개월 사이 머리둘레가 점점 감소하면서 언어의 부분적 또는 완전한 상실, 획득한 손 사용능력과 운동능력 상실 등의 퇴행과 중증의 정신 발달 지연을 보인다. 손을 비트는 상동적 행동, 과다환기 등이 일어나며 여아에게서만 나타난다는 것이 그 특징이다. 소아기 붕괴성 장애는 출생 후 적어도 2년 동안은 명백히 정상 발달을 하다가 이후 몇몇 영역에서 이미 획득한 기능들을 상실하게 되는 장애 유형이다. 주위 환경에 대한 흥미의 전반적 소실, 상동행동 그리고 의사소통과 사회적 상호작용에 제한된 기능을 보인다. 한편, 자폐성 장애와 그 특성을 공유하나 3세 이전에 시작된다는 진단기준에 부합하지 않으면서 비전형적이거나 뚜렷하지 않은 증상을 보일 경우에는 기타 전반적 발달장애 또는 비전형성 전반적 발달장애(Pervasive Developmental Disorder Not Otherwise Specified: PDD-NOS)로 분류하기도 한다.

인간의 발달은 다양한 영역에서 동시에 진행되며 여러 가지 기능이 상호작용하면서 이루어진다. 그러나 발달장애의 경우 인지적, 신체적, 사회적 발달의 극단적인 불균형으로 각 영역 간 기능에서 심각한 불일치를 나타낼 수 있다(Boxill, 1985/1994). 신체적 발달이나 인지능력, 사회심리 발달 영역에서 또래 일반과 차이를 보이지 않는가 하면 특정 영역에서 심각한 발달지체나 기능장애를 보이기도 한다. 이처럼 발달장애 청소년들은 개인 간 발달 및 기능 수준이 천차만별이며 아동기부터 이어진 장애의 지속, 이로 인해 겪어온 부적절하고 제한된 경험의 축적과 청소년기의 신체 · 생리적 변화가 맞물리면서 특이하고 다양한 양상을 드러내게 된다. 그러므로 이들이 보이는 발달장애의 전형적 특성과 함께 각 개인이 드러내는 기능 수준과 행동문제를 구체적이고 명확하게 파악하는 것이 중요하다.

특별히 관심을 가지고 살펴보아야 할 전반적 발달장애 청소년의 특징은 다음과 같다.

(1) 감각 · 운동 영역

운동발달의 지연은 발달상의 문제를 알려 주는 첫 번째 신호다(Boxill, 1985/1994). 혹 신체발달 및 운동기능에 기질적인 결함이 없어 별다른 이상 징후를 나타내지 않더라도 유연하지 못하고 둔하거나 독특하고 어색한 운동 패턴을 보이며 걷기나 뛰기, 팔 돌리기와 같은 대근육 운동보다 소근육, 미세운동 기능 및 협응 운동에서의 어려움과 자연스럽지 못한 양상을 나타낸다. 또 독특한 감각적 박탈이나 이상을 보이는데 사소한 자극에 민감하게 반응하며 주의를 쉽게 빼앗겨 이를 자기자극 행동으로 삼기도 한다. 행동 강도의 불규칙한 패턴이 발견되기도 한다. 지나치게 크고 강하게 움직이거나 악기를 큰 소리로 두들기고, 반대로 너무 작고 조심스럽게 움직이고 그리 크지 않은 소리에도 깜짝 놀라 귀를 막으며 움츠러들거나 거부하는 모습도 자주 볼 수 있다. 어떤 경우 신체발달은 비교적 정상적으로 이루어져 몸이 성인만큼 커졌음에도 행동의 강도나 범위를 적절히 조절하지 못해 예측할 수 없는 형태의 움직임을 보이기도 하는데 이로 인해 주변사람들에게 위협감을 주기도 한다.

(2) 심리 · 정서 · 행동 영역

발달장애 청소년들이 보이는 심리 · 정서 · 행동 영역에서의 특징은 대부분 아동기 때부터 축적되어 온 것들이다. 아동기 때와 마찬가지로 습관적으로 반복해 온 상동행동을 통해 심리적 안정감을 유지하려 하며 이것이 박탈됐을 경우 심한 불안을 경험하면서 감정폭발과 함께 이상행동을 보인다. 감정표현에 있어 특이한 양상을 보여 감정반응을 하지 않거나 과하게 표현하기도 하며 어색한 표정과 몸짓을 통해 드러내기도 한다. 또 신체 · 생리적 변화에서 기인하는 몸의 감각에 예민하게 반응하면서 신체의 일부를 무의식적이고 지속적으로 만지기도 하며 이성에 대한 관심을 부적절하게 또는 여과 없이 표현하기도 한다. 자신을 둘러싼 주변 상황을 정확히 이해하지 못하고 들어오는 정보의 전경과 배경에 대한 구별, 적절한 행동과 그렇지 않은 행동에 대한 분별력 부족으로 일탈적 행동을 하게 되고 이는 주변 사람들과의 갈등과 부정적 피드백을 야기한다.

(3) 사회기술 영역

타인과의 의사소통과 대인관계 기술의 질적인 결함은 자폐를 비롯한 발달장애 청소년의 주된 특성이다. 다른 사람의 표정과 몸짓에 담긴 의미를 이해하고 모방하며 비슷한 상황에서 적절히 활용하는 능력의 결함은 이들의 원활한 의사소통과 사회교류를 어렵게 한다. 발달장애 청소년들은 편중된 관심사, 집착이나 강박 등 특정한 행동 특성으로 인해 유연한 상황 전환과 대처에 미흡하며 사회적으로 용인된 행동을 수용하고 적용하는 데에도 큰 어려움을 겪는다(장진아, 2008).

어떤 행동이 의사소통 행동으로 간주되기 위해서는 의사소통을 하고자 하는 의도가 명확하게 드러나야 하는데 의사소통 의도가 아예 없거나, 있더라도 이에 필요한 기본적인 규칙과 이해가 결여돼 있어 적절한 방법으로 표현하지 못하고 독특하거나 부적절한 행동을 통해 드러낸다. 사회생활의 기본 수단이 되는 언어 및 의사소통 능력에 결함을 보이는 자폐 아동청소년들은 수용언어적 측면에서보다는 어휘선택, 문법구성, 의사소통 등 표현 언어적 측면에서 두드러진 지체를 보인다(한성은, 2006). 고기능 자폐나 아스퍼거 증후군 청소년의 경우 언어발달이 지체되지 않았더라도 단조롭고 특이한 억양과 과장된 소리로 말하고, 상황에 따라 적절히 음량을 조절하지 못하며 억양을 통해 감정을 전달하지 못한다. 또 특이하고 현학적인 어휘를 사용하고 상대방의 대화 주제에는 관심을 기울이거나 반응하지 않으면서 제한된 자신의 관심사만을 일방적으로 고집하고 이야기한다.

2) 전반적 발달장애 청소년을 위한 음악치료의 목적

전반적 발달장애는 한두 가지 기능적 측면에서 장애를 이해하기보다 사회, 정서적 요소와 연관된 복합적인 문제가 뒤따를 수 있음을 다각적 측면에서 고려해야 한다. 이들의 장애를 다양한 관점에서 이해하고 접근하되 주된 기능장애에 초점을 두면서 치료의 목적과 구체적 목표를 계획하는 것이 좋다.

음악치료의 대상자들 중 자폐성 장애 및 전반적 발달장애 아동청소년들이 많은 비율을 차지하고 있다. 많은 문헌에서 자폐 경향을 가진 아동청소년들의 음악에 대한 특별한 반응에 대해 언급하면서 다른 자극에 비해 음악에 더 많은 관심과 긍정적인 반응을 나타낸다고 보고하고 있다. 연구자들은 음악이 비언어적 의사소통을 촉진하고 자기표현과 상호교류의 기회를 제공하며 집중력 향상에도 도움이 되었음을 밝히면서 음악치료가 자폐 및 발달장애 아동청소년에게 효과적인 치료적 도구임을 제안하고 있다(김경숙, 2008; Cecchi, 1990; Edgerton, 1994; Mahlberg, 1973; Stevens & Clark, 1969). 이와 같은 내용을 바탕으로 발달장애 청소년들을 위한 음악치료의 목적을 살펴보면 다음과 같다.

(1) 인지 · 감각 · 운동 영역

인지 · 감각 · 운동 영역에서의 치료목적은 신체 인식, 인지학습능력 향상, 감각운동 발달 등이다. 음악치료는 다양한 악기의 특성을 활용하여 발달장애 청소년에게 시청각적 감각훈련을 제공할 수 있다. 악기 및 사물을 적절히 다루고 활용하는 방법을 익히도록 한다든가 주어진 음악적 과제를 성공적으로 수행하는 데 필요한 이해력 증진, 또는 불필요한 자극을 통제하고 필요한 자극에는 집중하는 통제력과 집중력 향상 등도 주요한 치료목적이 될 수 있다.

악기를 배우거나 연주하는 과정은 그 자체로 다감각적 접근이 가능하고 대소근육 및 미세운동 기능 향상과 인지 발달에도 큰 도움이 된다. 피아노나 타악기를 배우고 악보나 지휘를 보면서 연주하게 함으로써 시각, 청각, 촉각 등의 감각을 고루 자극할 뿐 아니라 손가락, 손과 팔, 다리 등 신체의 동시다발적 움직임과 협응을 유도할 수 있다. 또 리코더, 혼과 같이 불어서 소리 내는 악기를 활용해 호흡조절, 구강근육 훈련 등도 가능하다. 나무, 금속, 가죽 등 서로 다른 재질로 된 악기들의 각기 다른 무게, 질감, 탄성, 진동을 통해 다양한 촉각경험을 제공할 수도 있다. 악기마다의 독특한 음색과 크기, 모양, 색깔은 호기심을 자극하고 동기를 유발하며 집중을 유지하도록 이끈다. 이때 작고 사소한 자극에도 쉽게 주의를 빼앗겨 집중을 유지하는 데 어려움을 보일 수 있으므로 너무 많은 악기나 소리를 제공하여 과잉자극이 주어지지 않도록 절제되고 안정된 치료환경을 마련하는 것이 중요하다.

(2) 심리 · 정서 · 행동 영역

심리 · 정서 · 행동 영역에서의 음악치료 목적은 정서발달, 정서적안정, 행동조절, 에너지 전환 및 발산 등이다. 발달장애 청소년이 자신의 느낌과 감정을 적절히 표현할 수 있으려면 자신이 처한 상황과 자기 자신에 대한 인식, 감정에 대한 식별력이 필요하다. 다양한 상황에서 일어날 수 있는 감정들을 배우고 스스로 확인하면서 적절히 표현하는 방법을 발전시켜 나가야 한다. 그룹음악치료 활동은 이들이 감정을 배우고 다루며 적절히 배출하기 위한 독특하고도 안정적인 환경이 될 수 있다. 주어진 음악환경에서 다른 사람들의 감정적 반응이나 표현을 관찰하면서 음악이 조성하는 정서적인 분위기와 상황에 자연스럽게 동화될 수 있다. 다양한 수준의 음악적 경험을 통해 정서적인 감수성을 기르며 자유롭게 시도하고 표현하면서 자신감과 만족감, 성취감 등을 경험하게 되는 것이다(정현주, 2002).

저건(Jergen, 2004/2005)은 자신의 저서 『리틀 몬스터』에서 정서적 안정을 위한 적극적인 신체활동의 필요성을 강조하였다. 정서적 안정과 신체활동 수준은 밀접하게 연관되어 있으며 따라서 신체적 변화로 몸과 마음이 예민해진 청소년들에게는 적정수준의 신체적 활동이 필수적이다. 사춘기의 신체변화에 의해 발생하는 발달장애 청소년들의 부적절한 행동 중 하나로 신체 일부에 지속적으로 몰입하거나 만지는 것을 들 수 있는데 신체활동을 중심으로 한 음악활동은 이들의 주의를 다른 곳으로 돌리는 한편 에너지를 분산하거나 전환시키는 데 도움이 된다. 이와 같이 음악적 경험은 청소년들이 느낌과 감정을 배우고 탐색하여 이를 언어화하거나 비언어적으로 표현하도록 하며 무의식적인 해소와 분출을 가능하게 할 것이다.

(3) 사회기술 영역

사회기술 영역에서의 음악치료 목적은 자기 및 타인 인식, 환경 인식 및 적응, 자기 표현력 증가, 의사소통기술 향상, 대인관계기술 향상 등이다. 발달장애 청소년들이 겪는 대인관계와 사회교류의 어려움을 완화시키고 사회에 적응하여 다른 사람들과 조화를 이루며 살아갈 수 있도록 돕는 것이 치료의 주요 목적이 될 것이다. 자폐성 장애아들도 특정한 대인관계 상황을 이해하고 그에 맞게 대처할 수 있는 능력을 가지고 있으며 사회적 관계에서의 성장 가능성을 지니고 있다(정소연, 2011). 장진아(2008)는 발달장애 청소년들의 주된 특성인 의사소통과 상호작용의 결함은 체계적이고 지속적인 훈련과 성공의 경험이 제공이 될 경우 변화 가능하며 점진적인 발전을 기대할 수 있다고 하였다. 많은 경험과 학습을 통해 다른 사람과 관계를 맺고 의사소통할 수 있는 능력을 기르는 것이 가능하다는 것이다. 그룹치료 환경은 다른 사람들의 감정과 행동을 관찰하고 모방하면서 구체적인 행동 기술을 배우고 사회적 관계를 경험할 수 있는 기회가 된다. 그룹 안에서 음악이 사용될 때 그 힘이 극대화되는데, 집단 속에서 개인의 역할과 상호 역동성이 음악으로 강화되기 때문이다(최병철 외, 2015). 따라서 발달장애 청소년들의 사회기술 영역에서의 다양한 치료목적 달성을 위해 그룹음악치료에 참여할 수 있는 기회를 제공하는 것은 매우 중요하고 필요한 일이다.

의사소통은 묻고 대답하거나 표현하고 반응하는 일련의 과정으로 이루어진다. 다른 사람과 주고받는 형태의 연주나 노래는 의사소통을 비언어적이고 상징적인 방식으로 형상화한 것이며 흐름을 놓치지 않으면서 주고받는 과정을 원활하게 따라야 한다. 이를 위해서는 상대방의 연주에 귀를 기울이면서 언제라도 자신의 연주를 수행할 준비가 돼 있어야 한다. 합창이나 합주 등에서의 음악적 성취를 위해서는 주어진 신호를 이해하고 규칙을 지키며 지휘자, 동료와 눈을 마주치면서 소통하고 그들의 노래와 연주방식 또는 표현 등을 자신과 비교하면서 자신에게 주어진 역할과 순서를 놓치지 말고 수행해야 한다.

한편, 치료목적 달성을 위해 환경을 마련했을지라도 청소년들이 관심을 보이지 않거나 참여하지 않으면 그들이 필요로 하는 것을 제공할 수 없다. 타인이나 익숙하지 않은 외부환경에 거부감을 보이는 발달장애인의 경우 주어진 환경에 흥미를 갖도록 이끌어 그 환경에 속할 수 있도록 이끄는 것이 무엇보다 중요한데, 음악은 다른 사람과의 자연스러운 접촉과 만남을 유도하는 좋은 도구다. 집단 안에서 적응적인 행동을 하고 다른 사람과 원활히 교류할 수 있으려면 다른 사람의 존재와 자신의 역할을 인식하며 타인과의 관계 속에서 자신의 욕구를 적절히 표현하거나 통제할 수 있어야 한다. 이를 자연스럽게 경험할 수 있는 것이 즉흥연주인데, 치료사가 내담자의 몸짓, 목소리, 연주 등을 피아노나 타악기 등으로 모방하고 반영하거나 묘사함으로써 다른 사람을 인식하지 못하거나 접촉을 거부하는 그들을 일깨우고 다가갈 수 있게 된다. 강요하지 않고 기다리며, 모방과 반영, 응답과 제시 등의 음악적 반응을 제공하면서 조심스럽게 다가가는 치료사의 시도는 자기만의 세계에 고립되어 외부세계와의 접촉을 거부하는 발달장애 청소년에게 안정감을 주면서 호기심을 자극하여 외부세계로 눈을 돌릴 수 있게 한다.

마지막으로 성인기 목전에 있는 발달장애 청소년에게는 새로운 흥미를 발전시키고 여가시간을 유용하게 사용할 수 있는 기회를 제공할 필요가 있다. 좋아하는 일에는 엄청난 관심과 집중력을 발휘하기도 하는 발달장애의 특성을 활용하고 특히 음악에 대한 자폐나 아스퍼거 증후군 청소년들의 특별한 관심과 능력을 진학 및 진로와 연결시켜 발전시킬 기회를 마련하는 것도 그들의 적응적인 사회생활을 돕는데 큰 도움이 될 것이다.

(4) 지역사회 참여(지적장애, 전반적 발달장애 공통)

"지역사회 참여"라는 틀 안에서 성취할 수 있는 음악치료의 목적은 공동체감 형성, 사회적 관계 증가, 자신과 타인에 대한 책임감 증가, 여가선용, 삶의 질 향상 등이다. 미셸(Michel, 1985/1997)은 장애인이나 여타의 문제를 가진 개인들이 지역사회와 동떨어진 병원이나 치료소에만 머무르기보다는 자신이 속한 지역사회에서 치료를 받을 필요가 있으며 그들의 취미에 맞는 활동과 지역사회가 제공할 수 있는 음악활동에 참여하도록 장려해야 한다고 하였다. 루드(Ruud, 2004)는 사회문화적 맥락을 고려한 '연주 중심의 음악치료'를 제안하면서 공연을 통한 공동체와의 상호교류의 의미와 삶의 질 향상의 중요성을 강조하였다. 안스델(Ansdell, 2002) 역시 음악의 가치는 개인적 즐거움에 국한되는 것을 넘어 사회적 참여를 통해 행하는 것(doing)에 있다고 제안한다. 또 구영진 등(2007)은 발달장애 아동이 성장함에 따라 특수교육 이외에 보다 독립적인 성인기의 삶을 준비할 수 있도록 일상생활 훈련이나 공동생활 훈련을 비롯해 지역사회에서의 생활과 직업재활 프로그램 등이 치료계획에 포함되어야 한다고 권고하고 있다. 이러한 관점에서 장애청소년들이 음악

공연에 참여하여 스스로 공연의 주체가 되어 보는 것은 그 자체로 삶의 질을 높일 수 있는 기회가 된다. 지역사회나 문화공동체에 참여하여 합창이나 연주 활동을 하는 것은 집단구성원으로서의 역할을 통해 공동체 전체에 기여하는 자신을 인식하고 한 개인으로서 자신의 가치와 중요성을 깨닫는 시간이 될 것이다. 또 공연이라는 틀 속에서 음악적 완성감과 성취감을 경험하고 가족과 사회의 격려를 받을 뿐 아니라 일반학생들과 함께하는 기회가 될 수도 있다. 장애 청소년들을 한 사회의 일원으로 바라보면서 이들이 소속감을 갖고 자신에게 주어진 역할을 해낼 수 있는 장이 마련된다면 단순히 여가선용의 기회를 제공하는 것 이상의 삶의 질 향상에 기여할 수 있을 것이다.

〈표 5-3〉 전반적 발달장애 청소년을 위한 음악치료의 목적

영역	목적	구체적 치료 목표 또는 필요한 기술
인지 · 감각 · 운동	신체 인식 인지학습능력 향상 감각운동 발달	시청각적 변별력 전경과 배경 구별 균형과 자세 미세운동 기능 대소근육 및 협응 운동 기술
심리 · 정서 · 행동	정서발달 정서적안정 행동조절 에너지 전환 및 발산	감정 식별, 감정 확인 적절한 감정 표현 및 수용 부적응(강박, 자기자극, 상동 등) 행동 감소 자기행동 인식 적응적 행동기술
사회기술	자기 및 타인 인식 환경 인식 및 적응 자기표현력 증가 의사소통기술 향상 대인관계기술 향상	적절한 참여 행동 수용 및 표현 언어 비언어적 표현 이해 및 수용 주고받기(turn-taking) 기술 다양한 표현 기술 반응과 공감기술
지역사회 참여	공동체감 형성. 사회적 관계 증가, 자신과 타인에 대한 책임감 증가 여가선용, 삶의 질 향상	

3) 전반적 발달장애 청소년을 위한 음악치료 프로그램의 실제

다음은 발달장애 청소년을 위한 그룹음악치료 프로그램의 예로 전체 구성과 구체적인 활동내용을 제시한 것이다. 다른 사람과 협동하여 과제를 수행하는 가운데 자신을 표현하고 상대방의 반응을 이해하도록 하는 데 초점을 둔 활동들이다. 효과적인 그룹운영과 치료목적 달성을 위해서는 발달장애 청소년들로만 그룹원을 구성하기보다는 비슷한 인지나 기능수준의 지적장애 청소년들이나 일반 청소년들과 함께할 수 있도록 하는 것이 더 좋을 것이다.

(1) 전체 회기 구성 예시

회기	목적	프로그램명	내용	준비물
1	관계형성 및 환경인식	지금 여기	-자기소개 및 그룹구성원 인식 -음악시간 소개 -친밀감 형성	가사보, 음원, 리듬
2	자기표현 및 상호교류	노래 그리기	-즉흥적 노래 부르기 -소리 표현 방법을 단계적으로 연습하고 확장시키기 -다른 사람과의 호흡 및 소리 연결을 통해 공감하는 경험	반주악기, 소리도형 그림
3		우리 팀 화이팅	-음악 게임 -팀별 게임을 통한 팀워크 형성 및 친밀감 형성	반주악기
4		함께하는 기쁨	-재창조 연주 -구조화된 환경에서 다른 사람과 협동하여 완성한 음악을 통해 성취감 경험하기	리듬악기, 멜로디 타악기, 효과음 악기 등
5	행동조절 및 상호교류	자리를 바꿔라	-음악게임 -비언어적/음악적 신호 이해 -다른 사람을 의식하며 자신의 행동 조절하기	에그셰이크 또는 작은 공 (색깔별로 2개씩)
6	자타인식 및 대인관계	이야기 해 보자	-송라이팅(Songwriting) -표현하고 반응하기 -언어적/음악적 의사소통	가사보, 반주악기

7		무언가 (無言歌)	–즉흥연주 –비언어적 의사소통	톤차임 또는 핸드벨, 반주악기
8	의사소통 및 자긍심	우리가 만든 노래	–노래 만들기 –협동과 팀워크	리듬카드, 도화지, 필기도구

(2) 구체적인 활동내용 및 방법 예시

〈2회기〉

1. 제목: 노래 그리기
2. 목적: 자기표현 및 상호교류
3. 내용 및 절차
   1) 심호흡과 토닝으로 소리를 탐색할 준비를 한다.
   2) 점과 선으로 된 다양한 형태의 도형 그림을 보며 소리로 표현해 본다.
   3) 다이내믹을 변화시켜 소리 내 본다.
   4) 각 소리의 느낌을 탐구하고 좋은 소리를 낼 수 있는 방법을 함께 의논한다.
   5) 한 개의 그림을 골라 그룹구성원들이 함께 소리 내고 치료사는 구성원들의 노래 소리에 다른 형태의 소리를 얹어 본다.
   6) 두 팀 (또는 두 명이) 두 개의 그림을 각각 보면서 자신의 그림대로 노래해 본다.
   7) 그룹구성원 각자가 자신이 원하는 소리로 자유롭게 노래한다.

〈소리도형 그림 예시〉

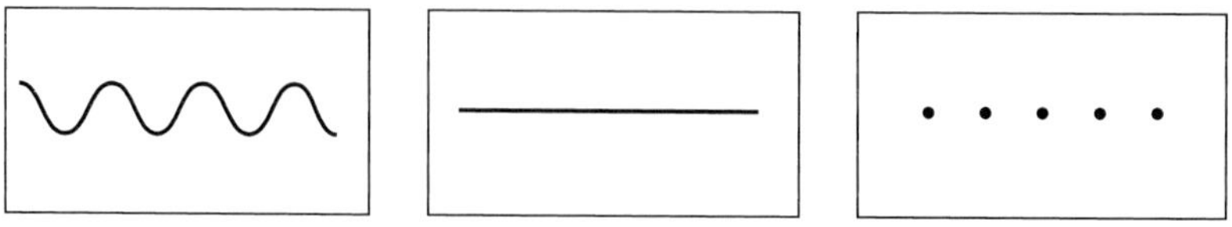

4. 소요시간: 50분

5. 준비물: 반주악기(피아노, 키보드, 기타 등), 소리도형 그림
6. 치료적 의미: 다양한 방법으로 자신의 소리를 탐색하고 이를 단계적으로 발전시킴으로써 음악적 완성감을 경험할 수 있게 된다. 자신의 목소리와 내면에 집중하고 상호 간 소리의 차이와 음성동조를 통해 그룹 안에 숨거나 드러내는 자신을 확인하게 되는 한편 그룹구성원과의 일치감을 경험할 수 있게 된다.
7. 기타: 도형 그림을 다양하게 구성하거나 구성원들로 하여금 표현하고 싶은 소리를 직접 그리도록 해 보는 것도 좋다.

〈7회기〉

1. 제목: 무언가(無言歌)
2. 목적: 자타인식 및 대인관계 기술 향상
3. 내용 및 절차
   1) 펜타토닉 음계로 핸드벨을 준비한다.
   2) 치료사는 내담자들에게 펜타토닉 음계로 구성된 주제 선율을 피아노 연주로 반복해서 들려준다.
   3) 그룹구성원들에게 핸드벨 한 개씩을 제공한다.
   4) 그룹구성원들이 순서대로 한 마디씩 치료사와 번갈아 연주한다.
   (치료사연주 =〉 구성원이 같이 =〉 치료사연주 =〉 구성원이 같이)
   5) 치료사와 각 구성원이 한 사람씩 번갈아 한 마디씩 연주한다.
   (치료사연주 =〉 구성원 A연주 =〉 치료사연주 =〉 구성원 B연주 …)
   6) 각 구성원들은 치료사의 반주에 맞춰 서로의 소리가 겹치지 않도록 다른 사람들을 바라보고 신호를 주고받으며 무작위로 한 사람씩 연주한다.
   7) 두 사람씩 짝을 지어 팀을 이룬 후 치료사와 각 팀이 한 마디씩 번갈아 연주해 본다.
   8) 치료사는 지지적인 반주를 해 주고 그룹구성원들끼리 자유롭게 연주한다.

4. 소요시간: 50분
5. 준비물: 톤차임 또는 핸드벨, 반주악기(피아노나 키보드 등)
6. 치료적 의미: 즉흥적이고 자유로운 음악적 환경 안에서 비언어적이고 음악적

인 방법으로 서로를 의식하고 소통하면서 조화로운 연주를 만들어 가게 된다. 별도의 지휘 없이 구성원들끼리 음악적 맥락 안에서 비언어적인 신호를 주고받으면서 자연스럽게 서로를 의식하고 교류할 수 있으며 이러한 교류가 음악을 만들어 가는 데 직접적으로 연관되어 있음을 경험하게 될 것이다.

7. 기타
   1) 시간이나 그룹 분위기에 따라 4)번 순서는 생략해도 좋다.
   2) 개별 또는 짝꿍 활동으로도 가능하다.
   3) 고기능 내담자 그룹이거나 구성원들이 펜타토닉 음계에 충분히 익숙해졌다면 악기를 사용하지 않고 즉흥적으로 노래를 해 보는 것도 좋다.

4) ADHD 및 장애 청소년을 위한 음악치료 프로그램 사례

글: 음악치료사 김주희

프로그램 명: 지적장애 청소년 사회성 향상을 위한 그룹 음악치료

기간: 2006년 9월~12월

치료사 소개: 음악치료사 김주희는 현재 숙명여자대학교 음악치료 전공 박사과정에 있으며, 굿네이버스 좋은마음센터 음악치료사, 서원대학교 학생상담센터 음악치료사로 근무하고 있다. 전 숙명여자대학교 음악치료대학원 연구원으로 근무하였으며 서원대학교에서 8년간 음악치료를 강의하였다. 장애아동을 8년간 치료하였고, 근 4년간 심리 · 사회 문제를 겪는 비장애 아동들과 대학생들을 치료하고 있다.

내담자 소개: 이은숙(가명)은 중학교 2학년 여학생으로 지적장애 2급을 진단받았다. 당시 일반 중학교에 재학 중이었으며, 특수학급과 일반학급을 번갈아 가며 학습하고 있었다. 서울 시내 B복지관에서 본 음악치료와 사회복지사가 하는 프로그램을 각각 주 1회 40분씩 수업을 받고 있었다. 여동생이 1명 있었고 가정환경은 중산층에 해당되며 좋아하는 가수는 당시 인기 있었던 동방신기였고 이 그룹의 노래들을 좋아하였다.

주요내용: 내담자는 지적장애 청소년으로 중학교 입학 후, 초등학교 때와는 달리 몇몇 학교 친구들의 호의적이지 않은 언행으로 위축이 되어 있는 상태였다. 수업시간에 고개를 푹 숙이고 치료사와 시선을 마주치지 않거나 친구들과 교류하는 데에 있어서 많이 주저하는 모습을 보였다. 본 치료에서는 내담자가 그룹 안에서 자기를 즐겁게 표현하고, 친구들과 악기를 통해 그룹교류를 함으로써 사회성을 향상시키는 것을 주목적으로 하였다. 목적을 달성하기 위하여 다양한 리듬악기, 낱건반, 몸동작을 사용한 올프 즉흥연주와 실험적

즉흥연주를 통해 자기표현을 하는 가운데, 친구들과 자연스럽게 교류하도록 도왔다. 또한 핸드벨 그룹 연주로 「기쁘다 구주 오셨네」를 친구들과 함께 참여하여 연주함으로써 소속감을 느끼고 함께 어울려 연주하는 과정에서 사회성이 향상되도록 도왔다.

진행과정

1회기: 악기와 몸동작을 사용한 자기소개 및 친밀감 형성

2회기: 실험적 즉흥연주를 통해 내담자의 특성 확인 및 치료 목적 설정

3~9회기: 올프 즉흥연주와 실험적 즉흥연주를 통해 자기표현과 그룹교류를 활성화함

10~14회기: 성탄절 공연을 위한 핸드벨 그룹 연주로 그룹교류를 활성화함

사례

몸동작과 악기로 나를 소개합니다!

음악치료사로 활동한 지 2년차 되던 나는 그 당시 특수아동을 주로 치료하였었다. 지적장애 청소년들을 자폐 그룹과 함께 치료한 적은 있었지만, 8명의 지적장애 청소년으로만 된 그룹 세션을 하는 것은 이번이 처음이었다. 과연 어떨까? 장애아동 그룹으로서는 상대적으로 큰 그룹인 8명을 과연 잘 이끌 수 있을까? 등 여러 생각을 하며 서울 시내 B복지관을 찾았다. 상냥한 사회복지사 Y 선생님은 수업 전 20분 동안 아동들 한 명씩에 대한 설명을 해 주었다. 나는 여러 아이들 설명 중 유독 이은숙이라는 아이가 눈에 들어왔다. 이 아이는 수업 시간 내내 고개를 숙이고 있고, 묻는 말에 짧게 '예, 아니오'로 대답을 하며 친구들과 거의 어울리지 않는다고 하였다. 또한 성격이 온순하여 교사에게 순응을 잘 하고 항상 쑥스러운 듯한 표정으로 웃는 얼굴을 하고 있다고 하였다. 이 아이가 복지관에 2년째 다니고 있는데, 어머님의 말씀에 의하면 근래 사춘기에 접어들면서 예민해지고 집에서는 짜증을 내고 반항하는 모습을 종종 보인다고 하였다. 초등학교 시절 학교 분위기가 좋아서 친구들이 많이 도와주는 환경에 있다가 중학교는 심하지는 않지만 몇몇 아이들이 놀리는 분위기가 있어서 위축되어 있는 시간이 많으므로 이 공간에서만이라도 친구들과 어울리고 내면의 감정을 표현했으면 한다고 하였다. 이외에 사회복지사 선생님으로부터 중학교 1학년에서 3학년까지로 구성된 본 그룹의 피아노를 잘 치는 아이, 미술을 잘하는 아이 등의 이야기를 들은 뒤, 간단한 사전정보를 갖고 설레는 마음으로 교실에 들어갔다.

들어서자마자 2명의 아이들이 적극적으로 "선생님 이름이 뭐예요?" "어디에 사세요?" 등의 질문을 하는 것 외에는 대부분 나를 조용히 쳐다보고 앉아 있었다. 그중 한눈에 은숙이를 알아볼 수 있었다. 아주 빨개진 볼에 고개를 숙이고 단발머리를 하고 나를 슬쩍 쳐다보고는 쑥스러운 듯 웃으면서 고개를 숙이고 있었다. 나는 나의 이름과 음악수업을 하는 선생님이라는 것을 간단히 소개한 뒤, 아이들이 유심히 바라보고 있는 악기상자를 열어 악기들을 보여 주었다. 아이들에게 "악기를 연주하기 전에 선생님은 너희들의 이름을 알고 싶은데, 우리 다 같이 굉장히 재미있는

방법으로 이름을 서로 소개해 볼까? 선생님이 먼저 해 볼게."라는 말과 함께 나의 이름을 한 음절씩 챈트하듯 박자를 넣어서 불러 주며 한 음절에 한 동작씩 몸을 움직였다. 그러고는 모두들 나처럼 따라하도록 하였다. '김~~' 하면서 목을 360도 돌리고, '주~~' 하면서 허리를 돌리고, '희!' 하면서 깡총 뛰었다. "선생님 이름이 뭐라고?" 하면서 다 같이 이름과 동작을 따라하도록 하였다. 대부분은 웃으면서 따라 하였는데, 은숙이를 포함한 몇몇 아이들은 동작을 작게 하거나, 하지 않는 모습이었다. "이젠 너희도 해 보자!"라고 말하며 한 명씩 자신의 이름을 갖고 해 보도록 하였다. 처음 했던 아이들 2명은 재미있어 하며 활동했지만 창의적인 동작 대신 나의 동작을 그대로 따라서 똑같이 자신의 이름에 넣어 표현했다. 나는 다른 예들의 동작들을 보여 준 뒤, 자유롭게 표현하도록 했더니 그 뒤에 하는 아이들은 조금은 더 다양한 방법으로 표현했다. 은숙이 차례가 되었을 때 은숙이는 빨개진 얼굴로 땅만 바라보고 미동도 하지 않았다. 내가 다가가서 "친구 이름은 뭐야?"라고 묻자 작은 목소리로 "이은숙이요!"라고 대답하였다. 은숙이에게 챈트 형식으로 자신의 이름을 말하도록 하면서 나는 은숙이가 조금씩 움직인 동작을 과장되게 모방한 뒤, 나머지 아이들이 따라 하도록 하며 은숙이가 이 과제를 수행하도록 했다. 아이는 하고 난 뒤, 자리에 앉아서 히죽 히죽 웃는 모습을 하며 힐끗 나를 반복해서 쳐다보았다.

이번에는 악기로 이름을 표현한 뒤, 친구들이 따라 하는 활동을 했다. 다양한 악기들을 탐색한 뒤 선택하도록 했는데 은숙이는 레인스틱을 집었다. 그때 옆에 있던 P가 "이것 내가 하려고 했는데…."라고 말하자 아무 말 없이 건네고 우두커니 서 있다가 모두가 선택한 뒤, 남아 있던 악기 중에서 분홍색 에그셰이커 2개를 집어 들고 자리로 돌아왔다. 악기로 자신의 이름을 챈트 형식으로 부르며, 연주하고 모두가 모방하는 것을 해 보았는데, 은숙이에게 차례가 오자 은숙이는 여전히 고개를 숙인 채 히죽히죽 웃기만 하였다. 옆에 앉은 L이 "은숙아, 이렇게 해 볼까?"며 자신의 징글스틱으로 은숙이의 이름을 표현해 주자 머뭇대고는 하지 않았다. 내가 "와~! 너무 좋은데? 한번 해 볼까?"라는 말을 하자 그때야 친구가 제시해 준 리듬으로 연주하며 챈트하였다. 모두가 은숙이의 이름을 챈트하며 소리를 모방해 주자, 얼굴이 더 빨개져서 고개를 숙이고는 있지만 어깨를 약간씩 움직이기도 하며 쑥스러운 듯 웃는 모습을 보였다.

첫 만남에서 우리는 이렇게 악기와 몸동작으로 서로의 이름을 익히며 웃고 즐겼다. 활동을 마친 후 나는 은숙이를 포함한 아이들이 음악을 통해서 비언어적 교류를 하고 안전한 환경에서 내적 에너지를 분출하기를 바라며 다음 세션을 계획하였다. 그리고 너무 예쁘게 교사 지시를 잘 따르는 아이들을 보면서 앞으로의 세션이 참 즐거울 거라는 생각과 함께 복지관을 나섰다.

비언어적으로 어울려요! – 행복한 즉흥연주

두 번째 세션을 하는 날 교실에 도착하니 몇몇 아이들이 환하게 웃으면서 "김주희 선생님, 안녕하세요!"라고 인사도 하고 "오늘은 무얼 할 거예요?"라며 치료사와 악기에 관심을 드러내었다. 은숙이도 들어오는 선생님을 바라보고 살짝 웃더니 다시 고개를 숙이고 있었다. 나는 바로 악기 상자를 열어 보여 주며, "오늘은 여기에 있는 악기들을 마음대로 연주를 할 거야."라며 교실 가운데에 있는 매트 위에 악기들을 놓았다. 모두들 의자에서 나와 매트 위에 올라오도록 한 뒤 원으로 앉아서 가운데에 있는 악기들을 자유롭게 연주하도록 했다. 은숙이는 나와서 만지지는 않고 바라보기만 하였다. 은숙이도 악기들을 만져 보라는 나의 말에 앞의 패들드럼을 만지작거렸지만 선택은 하지 않았다. 아이들은 연주 방법에 대해 내게 물었는데 나는 "여러분들 마음대로 소리 내어 보세요! 어떻게 소리를 내더라도 다 괜찮아요."라고 하자 레인스틱을 위아래로 흔들기도 하고 아고고벨을 주먹을 쥐고 퉁퉁 쳐 보는 등 다양한 방법으로 탐색하였다. 은숙이는 유난히 레인스틱에 관심이 가는 듯 연주하는 친구를 바라보았다. 모두들 가운데에 놓도록 한 뒤, 한 명씩 선택하도록 했는데 시키지 않으면 스스로 선택할 것 같지 않은 은숙이를 제일 먼저 고르도록 하였다. 그러자 은숙이는 빨개진 얼굴로 레인스틱을 선택했다. 모두들 선택한 후 실험적 즉흥연주를 다음의 말을 해 주며 하도록 하였다. "시작과 끝 모두 여러분들 마음대로 연주할 거예요. 하다가 하기 싫으면 멈춰도 좋고, 하고 싶을 때 하면 되어요. 악기를 바꾸고 싶으면 나의 악기를 앞에 놓고 앞에 있는 악기들 중 하고 싶은 것을 갖고 오면 되어요. 하지만 말은 서로 하지 않아요!"라고 한 후 연주를 시작했다. 나도 리듬스틱을 들고 앉았는데, 모두들 눈치를 보고 시작하려 하지 않았다. 그러다가 어깨 벨트가 달려 있는 봉고드럼을 어깨에 사선으로 걸고 있던 K가 손바닥으로 드럼을 치기 시작하였다. 아이들은 웃으며 조금씩 자신의 악기를 연주하였다. 나 또한 리듬스틱으로 고정박을 연주하며 아이들이 연주를 안정적이게 해 나가도록 초반에 도왔다. 은숙이는 바닥을 바라보고 레인스틱을 바닥에서 세워 손으로 잡고는 움직이지 않았다. 나는 일어서서 리듬스틱을 연주하며 은숙이에게 다가가 리듬스틱을 은숙이 옆에서 몸으로 리듬을 타면서 연주를 하고 눈 마주침을 시도하였다. 은숙이는 슬쩍 나를 보고 웃었고, 나는 웃으며 계속 리듬스틱을 연주하였다. 리듬스틱을 가로로 잡고 앞뒤로 흔들 듯이 움직이는 모습을 보이자 아이는 레인스틱을 나의 움직임처럼 앞뒤로 흔들며 마라카스처럼 흔들기 시작했다. 내가 엄지손가락을 들어 웃으면서 잘했다는 표정을 짓자 은숙이는 쑥스러운 듯 마라카스를 연주하듯 레인스틱을 연주하기 시작했다. 6분 정도 흐른 뒤, 연주는 리듬감이 좋은 K의 봉고드럼에 따라 그룹 연주를 해 나가는 양상으로 흘렀다. 한 2분 정도 모두가 하나가 되는 듯 역동적이게 하였고, 은숙이도 이 시간 동안에는 음악에 빠져 있는 듯 K와 친구들을 바라보며 자신의 레인스틱을 열심히 연주하였다. 이 시간이 흐른 뒤 한 명씩 악기 연주를 멈추기 시작했다. 친구들이 악기를 내려놓자 은숙이도 악기를 바닥에 내려놓았다. 아이들에게 어땠냐는 질문에 "재미있어요. 다음에 또 해요!"라고 대답하였다.

본 세션 후 앞으로의 세션에서 즉흥연주를 활용하는 것이 이 아이들의 그룹교류에 상당한 도움이 될 것이라는 판단이 들었다. 그래서 올프와 실험적 즉흥연주를 포함한 즉흥연주들을 통해 내적 에너지를 안전한 환경에서 자유롭게 표출하고 이를 통한 그룹교류를 하는 것으로 나머지 세션들을 계획하기로 했다.

세 번째와 네 번째 세션은 낱건반 온음과 반음으로 올프 형식으로도 하고 자유롭게 즉흥연주를 화성에 맞춰서 하는 실험적 즉흥연주들을 하였다. 실험적 즉흥연주에서 보인 은숙이는 치료사가 쳐다보면 쑥스러워서 멈추다가 보지 않으면 잘 참여하는 모습을 보이기도 하고 은숙이를 동생처럼 도와주려는 친구 L의 도움으로 올프 즉흥연주에서는 자신의 파트에서 연주를 시도하였고, 그 이후의 세션에서는 이 형식이 익숙한 듯 소극적이지만 점차 자발적으로 하기 시작하였다.

다섯 번째에서 아홉 번째 세션까지는 여러 가지 리듬악기를 통한 올프 즉흥연주, 국악기를 통한 올프 즉흥연주, 몸동작으로 하는 올프 즉흥연주 등을 통해 아이들은 웃으며 서로의 동작을 모방하고 자신을 표현하며 그룹교류를 하였다. 은숙이도 점차 학습이 아닌 놀이형식으로 본 활동들을 참여하며 친구들과 교류하고 활동 중 고개를 땅으로 떨어뜨리는 횟수도 현저히 줄었다.

핸드벨로 친구들과 함께 연주해요! – 기쁘다 구주 오셨네.

11월 초반이 되자 사회복지사 선생님이 내게 와서 성탄절 행사에 우리 아이들이 공연을 해야 하는데 연주를 했으면 좋겠다고 하여, 상의 끝에 총 5회 남은 세션 동안에 아이들이 숙지할 수 있는 활동으로 핸드벨 연주 「기쁘다 구주 오셨네」를 연습하기로 했다. 그룹 연주 또한 본 세션의 목적인 사회성 향상에 도움이 된다고 판단되어 이 활동을 진행하기로 했다. 이 노래는 한 옥타브 8개 음으로 구성되어 있고 다장조로 도 3번, 레 6번, 미 12번, 파 8번, 솔 8번, 라 6번, 시 5번, 높은 도가 7번의 빈도로 나온다. 인지가 좋은 아이를 가장 빈도수가 높은 '미'를 연주하도록 하고 가장 집중력이 낮은 아이에게 빈도수가 적게 나오는 '도'를 연주하도록 하였다. 은숙이는 활동 중 고개를 숙이거나 주저하는 모습이 많이 줄고 집중력도 양호한 편이어서 6번 나오는 '레'를 연주하도록 하였다. 이유는 초반에 시작하는 음을 할 경우, 많이 좋아지기는 했지만 은숙이가 혹시 주저하여 연주 시작이 잘 안 될까 봐, 순차적으로 한 아이씩 연주하면서 자연스레 연주하는 타이밍에 나오는 이 음을 주었다.

먼저 첫 시간은 가사로 노래를 불러서 이 노래의 의미를 이해하게 한 뒤, 계이름으로 부르는 것을 연습하도록 했다. 앞에 나와서 부르고 싶은 아이들은 나와서 부르도록 하였다. 여러 아이들이 나와서 부르고 친구들로부터 박수를 받았는데 은숙이는 나오지 않았다. 그래서 L과 함께 나와 불러 보길 제안하였더니 그러겠다고 하고 나와서 불렀다. 중간에 리듬과 계이름을 조금씩 틀리기는 했지만 은숙이를 포함한 아이들은 점점 이 노래에 익숙해지고 즐기는 모습을 보였다. 수업 끝에 각자 연주할 음을 알려 주고 해당 핸드벨을 나눠 주었다. 앞에 나와서 왼쪽부터 오른쪽까지 순차적 음의 진행으로 반원 모양으로 서게 하고 핸드벨로 치료사의 지휘봉을 보고 연주하도록 했다. 아이들은 처음 하는 연주치고는 곧잘 하였다. 이 연주를 한 후 나는 앞으로의 4회 세션 동안에 어쩌면 지휘자 없이도 이 곡을 연주할 수 있겠다는 희망을 잠시 가졌다. 이 활동은 사회복지사 선생님의 지휘로 연주를 하기로 되었던 것이어서 사회복지사 선생님도 매번 세션에 들어와 같이 연습을 하였다. 핸드벨 세 번째 시간에서는 아이들 몇몇이 자신이 나오는 부분을 외워서 지휘자를 보지 않고도 연주를 하는 모습을 보였다. 은숙이도 어느 정도 외웠고 자신이 하는 부분에서 실수 없이 잘하였다. 네 번째 시간에서는 아이들 대부분이 계이름 노래를 부르며 자신의 음에 정확히 연주하였다. 계이름을 속으로 부르게 하며 연주를 하였는데 굉장히 잘하여 지휘자 없이 하는 것도 시도하였다. 그러나 한 아이가 계속 실수를 하여 지휘자가 있도록 하는 것으로 결정하였다. 마지막 연습에서는 입장부터 인사, 연주, 인사, 퇴장까지를 반복 연습하였다. 세션 초반에 고개를 잘 들지도 않고 연주도 스스로 하지 않으려 했던 은숙이가 14회 세션 동안에 친구들과 함께 성탄절 공연을 틀리지 않고 앞을 보며 자신의 부분을 정확히 연주하는 모습에 나는 많은 기쁨과 보람을 느꼈다. 또한 지적장애 청소년만으로 세션을 하는 경험이 처음이었던 나는 세션 시작 전 약간의 걱정이 있었는데 본 세션들을 통해서 은숙이를 포함한 지적장애 청소년들에게 어떻게 그룹교류를 유도하고 사회성을 향상시킬 수 있는지에 대한 소중한 경험도 한 시기였다.

12월 23일 성탄절 공연을 한 사회복지사 선생님으로부터 이메일 한 통이 내게 왔다. "선생님, 아이들이 너무 잘 했고요. 그래서 2번의 앵콜을 받았어요. 부모님들과 저 그리고 다른 선생님들 모두 눈물을 흘렸어요. 정말 감동이었어요. 은숙이도 앞을 쳐다보고 친구들과 함께 연주를 잘 했어요."라는 글을 읽었다.

이것은 음악치료사로 12년 활동을 한 내게 아직도 행복한 경험으로 기억되는 세션이다. 지적장애 청소년들에게 음악으로 행복한 경험을 친구들과 함께 할 수 있도록 도와주고, 그들이 친구와 함께 공연까지 부모들에게 보여 줄 수 있었던 성공적이면서도 즐거운 세션이었다.

글: 음악치료사 김진영

프로그램 명: 소통

기간: 2009~2011년 매주 2회씩 2년간

치료사 소개: 음악치료사 김진영은 숙명여자대학교 음악치료대학원 석사 졸업 후 임상 음악료사와

임상심리사, 진술조력인으로 활동하고 있으며 현재 동대학원 박사과정 중에 있다.

내담자 소개: 고등학교 2학년이었던 영주(가명)는 자폐성 장애로 특수학교에 재학 중인 남학생이다.

주요내용: 다양한 발달의 장애를 가진 청소년 그룹음악치료 프로그램으로 개개인의 기능 및 특성을 고려한 다양한 접근이 필수적인 상황에서 자기만의 세계에 빠져 있는 아이들에게 음악 안에 자발적으로 다가와 자기대상과 음악, 그리고 세상과 소통하도록 하여 사회적인 상황에 다가갈 수 있도록 정서심리적인 자극을 부여하는 매개적 중재활동을 진행하였다. 음악으로 할 수 있는 다양한 모든 방법과 표현 및 자유로운 움직임을 장려하고 장르불문 다양한 소통을 위한 음악을 발견하며 이런 음악을 매개로 사회적인 활동의 연결을 도모하는 것을 목적으로 하였다.

진행과정

1~4회기: 치료적 관계 형성, 기능 · 특성 파악 및 적응을 위한 유도, 규칙 활동

5~8회기: 선호도 파악 및 반응특성을 살피기 위한 다양한 장르의 음악 제시

9~16회기: 호흡 및 발성, 에너지 발산 및 조절 등을 위한 자극 제공

17~24회기: 합주를 통한 상호작용 연습

25~28회기: 리더의 역할을 통한 사회성 함양

29~32회기: 주변 환경, 타인과 자신의 인식을 강화하기 위한 음악 만들기

33~36회기: 자신만의 음악앨범 만들고 나누기

〈2년가량 진행된 프로그램으로 한 학기 분량의 진행 예시를 나타냄〉

사례

작은 공간 안, 현란한 리듬을 자랑하는 듯한 현 시대를 아우르는 귀에 익은 가요들과, 이에 맞춰 저마다의 느낌으로 달리 표현되는 미세한 표정의 변화에서부터 웃음을 자아내는 춤사위까지, 그 순간 교실 밖 아주 작은 문틈 사이로 엿보지 않고는 궁금함을 참을 수 없을 만큼 저들의 마음을 동요시키는 무언가가 있었다. 누구에게나, 아니 대부분의 사람들에게 전달되는 이러한 경쾌한 음악소리는 몸을 들썩이거나 발이라도 까딱거리게 하는 등 신체의 자동반사적인 움직임을 유도하는 자연스러운 매개라 생각되는데 이에 아랑곳하지 않고 교실 한가운데에서 입을 굳건히 닫은 채 흥얼거림이 무엇이냐는 듯한 자세로 전혀 미동도 없이 한곳만 멍하니 응시하고 있는 말끔한 남자아이가 있었다. 처음에는 사춘기의 반항적 행동으로 오해하기도 하고 자폐적 성향이 짙어 자신 내부의 재미있는 세상에서 집중하고 있을 것이라고 단순히 판단하기도 하였으나 영주는 미동만 하지 않았을 뿐 그날의 나와 함께 이루어졌던 모든 것을 아주 세세하게 기억하고 있었다. 노래가사며 사용한 악기에서부터 음악에 맞춰 춤을 춘 다른 친구의 행동묘사까지, 어찌 그리 보지 않은 듯한 무심함 속에 완벽한 재연이 가능할까… 이러한 능력을 오히려 내가 가지면 좋겠다는 생각이 들 정도로 영주의 기억력은 대단했다. 물론 이것 또한 자폐성 장애 특성의

한 부분이겠지만 내가 틀어 준 음악의 생생한 감동에서부터 감정까지, 질문을 하면 마치 생방송 라디오를 틀어 놓은 것 같은 착각이 들 정도로 말로 잘 표현하는 아이가 어떻게 이렇게 현란한 음악 속에서 미동도 없이 숨도 안 쉬는 듯한 모습으로 있을 수 있을까? 나는 내내 이 의구심에서 헤어 나올 수가 없었다. 그래서 하루는 직접 영주한테 음악을 들으면 어떤지, 혹시 신나지는 않는지, 슬프지는 않는지 등을 물었는데 경직된 말투지만 영주는 신나고 즐겁다라고 대답하며 나의 마음을 흔들었고 이에 나는 또 이 아이가 겉으로 보이는 것이 전부가 아닐 것이라고 생각하며 본연의 역할에 전력을 다하였지만 그날 이후로도 아이는 여전히 신나는 표정은 절대적으로 아니었으며 관심조차 주지 않는 무심함으로 나의 의구심을 지속적으로 자극하였다.

음악치료사로서 어떠한 반응이 나오든 간에 음악 안에서 아이들이 요동하는 것을 보며 무엇인가 내가 하고 있구나라는 나름의 예상과 다음 개입의 대한 원동력을 부여받는데, 1년가량을 함께한 영주를 보며 나는 내가 무엇인가 잘못하고 있나라는 회의감을 갖기 시작했다. 그래서 그 무렵 영주를 어떠한 방식으로라도 스스로 움직이게 해야 하겠다는 목표의식이 생겼던 것 같다. 뭔가 지시하지 않으면 다소 과장하여, 눈 깜빡거림 하나 없이 멈춤 버튼을 누른 듯한 모습을 나타내지만 지시를 하면 재빠르게 내가 원하는 것을 척척 제공해 주고 심지어 실수도 거의 하지 않는 이 아이한테는 능동적으로 스스로 움직이게 하는 것이 최선을 목표일 터, 그리고 그것을 아이의 내면 어딘가에서 이끌어 내는 것이 나의 사명이자 치료적 개입의 방향일 것이라고 생각됐다.

영주를 움직이게 하려는 나의 시도는 온갖 악기에서부터 장르 불문의 음악 제시, 철판을 붙인 퍼포먼스와 함께 자연의 힘을 재연시킴과 더불어 온갖 도구들로 과학적인 힘을 빌리는 것에 이르기까지 내가 할 수 있는 안에서는 감히 최선을 다한 듯하다. 또래 친구를 동반하고 동료 치료사의 도움을 얻어 가며, 그리 썩 좋은 방법은 아니지만 먹거리의 자극으로라도 나는 영주의 마음을 사고 싶었던 것 같다. 하지만 이러한 나의 노력에도 불구하고 내가 더 많은 자극을 넣으면 넣을수록 영주는 더욱 더 기계적으로 나의 다양한 정보를 정확히 기억하느라 완벽하게 미동이 없어지는 극적인 행태로 발전하며 나를 깊은 미궁 속으로 빠뜨렸다. 사실 치료사지만 나도 사람인지라 기운이 빠지고 나의 무력감에 감당하기 힘든 고통을 맛봐야 했는데 겉으로 그러한 감정을 노출할 수도 없었고, 이에 대한 원활한 대화가 가능한 것도 아니었기에 이러한 갈등을 혼자 삭히며 회의감과 나의 한계에 점점 더 정신적, 육체적 체력이 고갈되어 가고 있었다. 불가능한 것을 가능하게 하려고 애를 쓰고 있는 것은 아닌가 하는 생각부터 나의 능력의 부족함을 회피하고 있는 것은 아닌지에 대한 혼란감, 치료사로서 이 정도로 무너지는 것에 대한 자책 등으로 나날이 피폐해져 가고 있었다. 그런 나의 마음을 알아 주고 장난처럼 영주가 돌변하기를 기대하기도 한 내 모습이 우스꽝스럽기까지 할 지경이었다.

한동안 내가 정한 목표에 무리하게 달린 대가로 나의 목소리는 성별을 파악하기 힘든 형태로 변하였고 이에 장시간 동안 소근거릴 수밖에 없는 답답함과 신나는 음악에도 마냥 미소만 보일 수밖에 없는 시간을 맞이하게 되었다. 아무리 목소리를 내려고 해도 시원하게 소리가 나오지 않았고 조금만 큰 소리를 냈을 때에는 며칠 동안 아예 입을 열지 못하는 고행의 상태를 맛봐야 했는데 그날도 여전히 눈웃음으로만 영주와 아이들을 반겨야 했다. 방정맞은 건반반주와 상기된 목소리로 인사노래를 해도 부족할 내 맘과 달리 목소리가 안 나오면 반주라도 그대로 신나게 하면 될 것을 참 신기하게도 목 상태와 건반 반주의 형태가 동질감으로 똘똘 뭉쳐 누구랄 것도 없이 내 느낌으로는 참 늘어지고 봄날의 나른함을 넘어 심지어 애절하기까지 했던 것 같다. 하지만 그것이 바로 내가 이렇게 주절주절 한참을 이야기해 온 이유이자 핵심인데 그날의 감동과 통찰, 어마 무시하게 나의 온몸을 자극한 영주의 행동과 나의 치료사로서의 중요한 경험사례를 이야기하고자 한다.

치료사로서 굉장히 안 좋은 습관이자 크게 자책이 필요한 행동 중 일부를 해 왔던 나는 본 서면을 계기로 반성을 하고자 부끄러움을 마다하고 내 부족함을 소개하려고 하며 그 행동으로 좋은 사례를 경험할 수 있었던 계기도 지금부터 함께 나누고자 한다. 평소에도 나는 몸의 상태가 좋지 않아도 책임감이라는 핑계와 스스로 목표 달성이라는 달콤한 만족을 위해 흥을 잘 조절하지 못하고 그 시간만 살고 죽을 하루살이처럼 질주하는 습관을 가지고 있었다. 이는 치료사로서 굉장히 안 좋은 습관이며 그 또한 어떤 측면에서는 역할에 대한 책임이 부족이라 여겨지는데 나의 이러한 특성을 종종 간과하고 본능에 충실했던 시절이 있었다.

그날은 나의 몸 컨디션도 좋지 않았거니와 전에 없이 몸에 모든 힘이 빠져 바람에 흩날리는 민들레 씨앗 같은 형상으로 아이들을 맞았던 것 같다. 전례 없는 나의 모습에 당황할 법도 한데 그럭저럭 나의 뮤직 보물 상자에서 어떤 것이 나올까만 기다리는 아이들을 보며 나름 안도의 한숨을 쉬었지만 이 시간을 어떻게 보내야 할지 참으로 막막했다. 최대한 목소리를 내어 보려 했지만 거친 표면을 긁는 쉰 소리가 작게 튀어나왔고 활짝 웃어라도 보고 싶었지만 쓴 웃음이 지어지지 않았을까 예상되는데 여느 때 같으면 아이들의 춤사위에 나이를 잊은 민망한 반응을 나타냈겠지만 그날은 그조차도 관망할 수밖에 없었던 것 같다. 이 상태에서는 그저 가만히 앉아 허공을 응시하는 영주가 눈에 들어오지는 않았을 터이고 오히려 말 시키지 않고 손 갈 일 없게 만들어 줘서 고마웠을 수도 있었을 것 같다는 생각이 지금에서야 들기도 한다. 근데 그때 나의 눈이 정말 크게 떠지는 사건이라고 해도 부족하지 않은 사건이 발생하였는데 1년 넘게 이름을 부르지 않으면 적절히 시선을 마주치지 않고 자발적으로는 꿈쩍도 하지 않았던 영주가 갑자기 벌떡 일어서더니 나의 자리로 와서 기타는 연주하지 못하지만 비슷하게 잡고 다리를 꼬아 편하게 앉아 기타를 튕기며 노래를 부르기 시작하며 나의 평소의 모습을 그대로 따라 하기 시작하는 것이 아닌가. 그리고 그날 처음 알았지만 영주는 피아노도 아주 간단히 연주할 수 있었고 음악적 소양이 내가 알고 있었던 것 보다 훨씬 더 높은 수준으로 내재되어 있었으며 내가 그동안 말할 시간을 그 아이한테 맞춰서 제공해 주지 못했던 것 같다는 생각이 뇌리를 스쳐 지나갔다. 너무 놀라 나는 입만 쩍 벌리고 심지어 강화나 반응도 하지 못하고 한참을 쳐다만 보고 있었는데 인사 노래부터 자신이 좋아하는 노래를 부르기 시작하더니 키보드에 드럼 버튼을 눌러 박자를 맞추고 아이들에게 내가 자주 하던 질문과 리액션, 칭찬뿐만 아니라 거의 나를 영상으로 보는 듯한 형상을 아주 한참을 재연하고 있었다. 그 반응에 다른 아이들은 더 흥에 겨워 신이 났고 영주를 장난스럽게 선생님이라 부르며 자신들이 좋아하는 노래를 부르고 춤을 추고 여느 때보다 더 격렬히 반응을 시작하더니 신체적 어려움을 가진 아이도 그날따라 흥분하여 불편한 몸을 격렬히 움직이는 것이 아닌가. 그때 나도 모르게 큰 소리로 영주를 부르고 말았고 그제서야 다시 영주는 불현듯 자리로 돌아가서 또다시 허공을 응시하며 늘 그랬던 본연의 모습을 충실히 시작하였다.

도대체 무슨 일이 일어난 것일까, 영주의 마음은 어떤 것이었을까, 내가 아팠던 것이 단순히 맘에 걸렸던 것일까? 온갖 생각들이 머리부터 발끝까지 휘감았는데 다시 영주의 아까와 같은 모습을 보고 싶어 안간 힘을 다 써 봤지만 그날의 기적은 그것으로 마무리됐다. 그 다음 주도 한 달 후에도 영주는 또다시 허공을 응시했고 그런 영주를 또 자극시키기 위해 나는 아픈 척을 해 보기도 하고 조용히 기다려도 보고 아이를 곧추세워 보기도 하였지만 영주는 다시 제자리의 모습에서 꿈쩍하지 않았고 내가 지시하는 것에만 또박또박 명확하게 딱딱 맞춰 해 주는 모습으로 돌아갔다. 딱 한 번만 그 모습을 더 보면 치료사로서 능동적인 행동을 잘 이끌어 줄 수 있을 것 같고 왠지 팡! 하고 요술 상자처럼 변할 것 같은 생각에 나는 또다시 영주를 향해 질주하기 시작하였고 보란 듯이 이후 여러 달 나는 또 지쳐 가기 시작했다. 한 번만 스스로 뭐 하나 해 주는 것이 그렇게 어려운가 하는 치료사로서 어처구니없는 생각과 괜히 나 혼자 달린 것에 대한 보상심리가 작동하여 괜스레 영주에게 가지는 관심을 조금씩 조금씩 내려놓기 시작하였는데, 아… 아… 그곳에 내가 원하는 황금 열쇠가 예쁘게 꽂혀 있었다.

내가 범한 영주에 대한 과한 관심과 집중된 시선, 부여된 부담감, 내가 스스로 만든 목표 시간에 아이를 끼워 맞춰 아이를 멈추게 만들었던 것이다. 굉장히 단순하고 간단하며 쉬운 방법에 내가 간과한 이 부분은, 바로 내가 필요 이상 과욕 능동적이었던 것이고 내 스스로 틀에서 벗어나지 못하며 조절을 하지 못하고 있었던 것이었다. 그날 영주는 또다시 일어서, 나의 말로 표현하자면, 기적의 행동을 보여 줬는데 밖에서 들리는 지나가는 차의 「One Way Ticket(한국; 날 보러 와요」(방미)이라는 노래에 맞춰 몸을 흔들며 스스로 흥얼거리는 노래 끝자락에 "저 노래 틀어주세요."를 외치며 나를 뚫어지게 쳐다보는 것이었다. 나중에 알게 된 이야기이지만 영주는 할머니 손에서 자라다가 기관으로 옮겨져 생활하는 아이로 요즘 세대의 가요보다, 또 요즘 유행하는 트로트나 방송 제작 노래, 동요나 교과 음악보다는 올드 팝이나 민중가요, 찬송가 등 영주를 키워 주신 할머니의 취향에 익숙함이 묻어났다. 수없이 많은 곡을 들려줬건만 참… 고정관념 안에 미처 생각지도 못한 부분이 있었고 무엇보다 중요한 것은 나의 과한 시선이 아이의 경직을 불러일으켰던 것이다. 영주를 스스로 움직일 수 있게 만드는 것은 그 아이를 자유롭게 놔두는 것!이었다.

긴 이야기에 중요한 핵심을 정리하면 영주는 내가 들려주는 새로운 노래를 나의 질문에 명확히 대답하기 위해 아주 정확하고 세밀하게 입력을 해야 했고 그렇게 영상을 틀어 놓은 듯 대답하는 영주를 보는 나의 놀라움의 시선이 그 행동을 더 강화시켰으며 내가 쳐다볼 때마다 아이는 대답할 준비를 하며 경직됨과 더불어 연주를 해도 노래를 불러도 무엇을 해도 그 음악 안에서 자유로워지는 것이 아니라 저장을 하느라 끊임없이 바빴던 것이다. 그 와중에 나의 상황으로 영주에게 시선을 다소 덜 집중시키는 순간이 왔을 때 아이는 스스로 일어섰고 자신이 좋아하는, 그리고 익숙한 그 음악에, 그 누구도 몰라 반응하지 못하는 그 음악에 스스로 자유함을 느끼게 된 것이다. 이후 영주의 반응을 아주 만족할 만큼까지는 끌어내지 못했으나 역시 올드 팝이나 자신이 좋아하는 노래에 자유함을 나타냈고 나의 과하지 않은 기대감과 관심이 영주의 몸을 움직이게 했다. 예를 좀 소개하자면 나의 얼굴을 잡고 눈에 눈도장을 찍는 행동이나 스스로 원하는 것을 요구하는 행동, 그리고 가끔은 나대신 나처럼 인사노래를 해 주거나 아무도 모르는 민중가요를 독창하며 설명하는 모습은 나에게도 큰 정보를 주는 아주아주 사랑스러운 모습들이다. 또한 옆 반 다른 사람에게 가서도 자기가 좋아하는 노래를 불러 주거나 나에게 설명하듯 그들에게 설명하는 행동이 비록 타인은 크게 공감하거나 관심을 보이지 않더라도 아이한테는 즐거움의 한 요소이자 소통의 첫걸음이 되지 않았을까 생각된다.

음악치료사로서 다시 한 번 느꼈던 것 하나가 무엇보다, 무슨 노력보다 자신이 좋아하는 음악 하나가 아이를 벌떡 일으킬 수 있는 가장 큰 힘의 원동력이었다는 것, 청소년 시기 아이들의 정서가 불안정하여 다루는 것 자체가 쉽지 않을 것이지만 어떻게 보면 조금만 더 내 생각이 아닌 그 아이의 입장이 된다면 한 걸음 더 다가갈 수 있는 문이 좀 더 열릴 수 있다는 것, 그리고 사사로운 편견을 버려야 한다는 것, 내가 지닌 시선의 폭을 치료사로서 그 이상으로 넓혀야 한다는 것 등, 영주와 함께하며 아이도 조금씩 세상을 향해 나아가지만 나 또한 또 한 번 성장하게 된 것 같다. 그리고 마지막으로 음악은 음악 자체로 '자유로워야 한다는 것' 을 강조하고 싶고 언제가 다시 만나게 될 수 있다면 영주의 그 노래를 꼭 한 번 다시 듣고 싶다.

제6장

탈북청소년을 위한 음악치료

1. 탈북청소년

1) 개요

북한은 90년대 중반 자연재해와 1994년 김일성 사망, 국제사회와 교류의 어려움을 경험하며 경제적으로 어려움을 겪게 된다. 그 이후 북한이탈주민의 국내 유입이 증가하기 시작하였으며 국가와 지역사회는 북한이탈주민의 건강한 적응을 위해 많은 노력을 기울이고 있다. 2005년 통일부는 탈북자라는 용어가 부정적인 이미지를 가지고 있다고 하여 탈북자 대신 '새터민(새로운 터전에서 삶의 희망을 가지고 사는 사람이라는 순우리말)'이라는 명칭을 사용할 것을 권장하였다. 그러나 북한민주화위원회는 '새터민'이라는 용어가 김정일 정권을 반대하는 의미를 담고 있지 않아 부적절하다고 주장하여 2008년부터 '새터민'이라는 용어는 가급적 쓰지 않기로 하였다. 최근에는 법률용어인 '북한이탈주민'으로 전체 탈북주민을 칭할 때 사용하며 청소년은 교육부와 통일부에서 '탈북청소년'으로 명칭사용 원칙에 따라 대부분 사용하고 있다(한만길, 윤종혁, 이향규, 김일혁, 이관형, 2009).

탈북청소년은 「북한이탈주민의 보호 및 정착지원에 관한 법률」에 '부모 중 한 사람 이상이 북한이탈주민이며 북한을 벗어난 후 외국 국적을 취득하지 않은 사람'으로, 국내 중 · 고등학교에 입학 또는 편입한 만 25세 미만인 자'로 규정되어 있다. 탈북청소년은 탈북과정에서 제3국(중국, 태국, 러시아 등)에서의 생활을 통해 어머니가 제3국 남성과 결혼하여 외국 국적을 갖는 등 다양한 변수가 증가하여 북한이탈주민과 탈북청소년에 대한 규정이 만들어졌다.

탈북청소년은 중 · 고등학생 중 20대도 포함되어 있는 경우가 많은데 이는 북한에서 생활고로 인하여 적절한 교육을 받지 못하였고 탈북과정에서는 타국에서 오랜 기간 동안 숨어 지내는 등의 환경적 요인으로 인해 대부분 교육을 제대로 받지 못하였기 때문이다. 남한 입국 후 '하나원' 및 '하나둘학교'에서 남한을 이해하기 위한 짧은 교육이 진행되었고 이후 정착과정에서는 남한 학교에서의 학업부진, 이해력 부족, 의사소통 어려움 등의 문제를 발견하고 이를 해결하기 위해 탈북청소년들만을 위한 대안학교가 생겨나기 시작했다.

(1) 탈북청소년의 특성

① 신체적 특성

탈북청소년은 극심한 기근과 사회적 혼란 속에서 성장하여 영유아기 때 대부분 영양실조를 경험하였으며 재북 당시, 그리고 탈북과정에서 적절히 영양공급을 받지 못하여 남한 학생들보다 신체적으로 발달이 늦거나 왜소한 것을 볼 수 있다. 박순영(2003)은 1990년에서 2003년 남한에 입국한 어린이 및 청소년 283명을 조사한 결과. 탈북청소년은 남한청소년에 비해 키는 남자는 약 3~20cm, 여자는 2~8cm 차이가 나는 것으로 보고했다. 이러한 탈북청소년의 왜소한 체구와 발달부진은 사회심리적으로 위축감을 주는 것으로 나타났으며 선행연구들을 통해 남한 부적응의 요소로도 나타났다(강효림, 2008; 이기영, 2002).

또한 신체적으로는 2차 성징이 나타나고 호르몬의 변화가 급격히 나타나며 신체적으로는 성인이 될 준비를 하고 있지만 적절한 교육과 양육의 부재로 인지와 신체가 균형 있는 성장을 이루지 못한 경우가 많다. 연령에 따른 사회적 기대와 학교에서의 역할 및 수준에 미치지 못하여 스트레스를 받고 적응을 어렵게 한다.

② 인지적 특성

청소년의 인지발달 단계를 피아제(Piaget)는 형식적 조작기로 보고 새로운 지식을 획득하고 재구성하며, 생각하고 발견하는 일들이 활발해지는 시기라고 하였다. 지능은 12~14세기경에 급상승하다가 17~18세에 느려지며 정점에 달한다. 이러한 지능의 발달은 적응능력, 상황대처능력에 차이를 보이기도 한다(한상철, 1998).

탈북청소년은 형식적 조작기의 중요한 시기에 적절한 교육을 받지 못하였다. 재북 당시 사회주의체제의 주입식 교육과 노동에 투입되는 등 발달 단계에 따른 적절한 교육을 받지 못하였고 탈북과정에서는 숨어 지내거나 시장에서 일을 하는 등 생계를 유지하기 위해 살았기에 남한 학생들보다 2~5세 정도 기초수준이 떨어지는 것으로 나타났다(정병호, 2005). 또한 언어의 차이, 사투리 사용 등의 언어적 특성으로 인해 이해도가 부족하고 학교적응에도 어려운 것으로 나타났다(김애진, 2011; 박윤숙, 윤인진, 2007).

③ 심리적 특성

청소년기는 감정의 격변기이며 '질풍노도의 시기'다. 이는 전두엽의 성장시기로서 정서 조절 및 문제해결능력 등이 불완전한 상태이며 감정기복이 심하고 불안정한 정서적 변화를 경험하는 시기다. 또한 청소년기에는 자아정체성, 진로 등 성취하여야 하는 발달과제가 많아 여러 가지 적응상의 어려움에 직면하게 된다. 전두엽의 건강한 성장을 위해서는 다양한 자극과 교육의 경험이 중요하나 탈북청소년들은 재북, 탈북과정을 겪으며 적절한 교육을 받고 경험을 하기 어려웠다. 남한 입국 후에는 새로운 문화, 사회, 학교, 언어 등 적응해야 하는 많은 과제들 속에서 가장 중요한 정서적인 부분을 놓치는 경우가 많다. 사회 및 문화적 도움과 더불어 건강한 성장을 위해 다양한 교육과 경험을 통해 정서능력도 함께 성장하도록 도움이 필요하다(고명한 외, 2014; 변보기, 강석기, 2002).

또한 탈북청소년은 재북, 탈북 과정 속에서 비인격적인 대우, 잔인한 처형 목격, 가족의 해체 등 다양한 외상을 경험한다. 이로 인한 억울함, 분노, 불안 등의 부정적인 정서들은 생활과 적응의 이슈들로 인해 건강하게 해소되지 못하고 내재되어 있는 경우가 많다. 분노와 같이 해결되지 않은 부정적인 요소는 부적응행동으로 나타나 사회적인 문제가 되기도 하여 건강하게 분노 및 부정적 정서를 해결하고 조절할 수 있는 대처능력이 취약한 편이다(노공순, 2003; 전우택, 2005).

청소년기는 내면세계의 탐색을 시작하며 자아를 찾고 자아정체성 확립의 과정과 독립적인 자아형성이 중요한 시기다. 자아정체성과 독립성이 형성되고 발달되는 중요한 시기에 적절한 발달과정을 거치지 못하면 혼란을 경험하게 되고 때론 비합리적 집단행동을 하게 된다.

자아정체성 및 심리적 성장이 중요한 시기에 탈북청소년들은 재북 당시 적절한 교육을 받지 못하고 노동에 투입되는 경우가 많았으며 탈북과정에서는 숨어 지내는 시간들 동안 자신을 돌아보고 정체성을 위한 고민과 교육을 적절히 받지 못하였다. 남한적응 생활을 하며 학생의 신분인 탈북청소년들은 자아정체성과 자신을 탐색해야 하는 시기에 새로운 문화와 사회의 적응과 남한 학생들과의 경쟁 및 학업을 따라가느라 또 중요한 심리적 성장의 시기를 놓치기도 한다.

④ 사회적 특성

청소년시기가 되면 신체적 · 인지적 · 정서적 변화와 더불어 사회적 역할과 지위에 있어서도 커다란 변화를 겪는다. 특히 청소년기는 또래집단을 형성하고 상호작용하는 특성이 있어 또래를 통하여 사회관계를 배우고 확장시켜 나가며 가정의 테두리를 벗어나게 된다. 건강한 또래관계는 심리적으로 안정감과 정서적 유대관계를 가져다주는 한편, 불완전한 청소년들 관계에서 부적절한 행동을 야기하기도 한다. 그렇기 때문에 청소년들이 주로 생활하는 학교에서 건강한 또래관계에 대한 교육과 사회관계에 대한 프로그램은 매우 중요해지고 있다.

탈북청소년은 탈북과정에서 가족의 해체를 대부분 경험하며 부모가 없거나 형제와 헤어져 남한에 입국하는 경우들이 많다. 작은 사회라 불리우는 가정의 역할이 깨지며 적절하게 가정 안에서 사회기술을 배우기 어려웠고 탈북과정을 통해 또래와의 교류 및 교육의 경험이 어려워 사회성이 부족한 경우도 있다(김재엽, 최지현, 유원정, 2012). 또한 서로를 의심하고 감시해야 하는 공산주의 체제에서 자란 청소년은 공동체를 이루고, 공동체 안에서 건강하게 교류하는 방법들에 대해 취약한 편이다.

(2) 탈북청소년의 성공적인 정착

북한이탈주민은 남한입국 후 정착과정에서 여러 가지 부적응 및 문제들을 경험한다. 특히, 탈북청소년들은 예민한 사춘기 시기이면서도 남한적응, 자아정체성을 찾아가야 하는 여러 가지 과제들로 인해 더욱 부적응적인 현상을 보이며 혼란을 경험한다. 또한 입시 위주와 경쟁구도를 가진 남한사회에서의 학교생활은 더욱 적응을 어렵게 한다. 이러한 문제들을 해결하기 위해 국가와 지역사회, 학교에서는 먼저 탈북청소년들의 실태와 적응상태, 부적응 요소들을 파악하였고 탈북청소년을 위한 교육 프로그램을 연구하였다. 더욱 체계적인 교육을 위해 대안학교를 만들고, 일반학교에 있는 아이들은 방과 후 활동을 통해 교육 및 정서심리 지원을 진행하고 있다.

또한 건강한 정착을 위해 북한이탈주민의 외상 후 스트레스 장애에 대한 3년간 추적연구가 이루어졌는데, 남한 적응 3년 후 88.8%는 건강하게 회복되었음을 근거로 북한이탈주민의 회복가능성에 대해 이야기하였다(오수정, 김희경, 김석웅, 최영미, 김해숙, 정명인, 2008; 홍창형 외, 2006). 외상 후 성장 요소에 대한 연구에서는 도움이 되는 남한사람이 있는지, 종교여부, 자기성찰, 과거의 고통을 심리적 에너지로 전환, 긍정적 관점 형성과 의미회복 등이 중요함을 설명하였다. 특히, 청소년에게는 건강한 지지체계가 중요하여 건강한 그룹 및 공동체와의 관계유지, 지속적으로 건강하게 성장하도록 관심이 필요하며 정서 · 심리적으로 안정적이면서도 스트레스를 건강하게 풀고 조절할 수 있도록 도움이 필요하다(김현경, 2007; 박윤숙, 윤인진, 2007).

탈북청소년을 위한 예방적 접근을 위해 몇 가지 제안(박선영, 2013)을 살펴보면 첫째, 탈북청소년의 특징을 고려하여 학습만을 위한 교육이 아닌 잠재력을 촉진할 수 있는 다양한 문화활동이 필요하다. 성장하는 시기에 있는 탈북청소년들이 교육과 하업, 하습에 집중할 수밖에 없는 현실이지만 입시와 학습 위주의 교육에 대부분 적응을 하지 못한다. 이들에게 좀 더 입체적이며 다감각적인 문화예술을 통한 교육 및 정서지원이 먼저 필요해 보인다.

둘째, 탈북청소년의 다양한 문화를 수용하면서도 잠재력을 발견해 주고 개발을 도울 수 있는 전문가 양성이 필요하다. 탈북청소년을 위한 교육 프로그램과 정서 · 심리를 위한 치료프로그램에 관련하여 장기적인 전문가 양성은 매우 중요하다. 재북, 탈북과정의 다양한 경험에 대한 이해가 없이는 오히려 탈북청소년들에게 상처를 주거나, 실수를 하게 될 수 있다.

셋째, 소수인 탈북청소년이 연구의 대상이 되는 것은 지양해야 하지만 건강한 성장을 위해 프로그램을 개발하고 연구하는 것은 지속되어야 할 필요가 있다. 대부분의 연구가 정착과정에 대한 조사연구, 부적응 요소 분석 등에 초점이 맞춰지고 있다. 남한 정착 초기에는 이러한 연구와 조사도 필요하지만 이들을 위한 맞춤형 교육과 정서지원을 위한 실질적이면서도 실천적인 프로그램의 개발에 더욱 힘써야 할 것이다.

2) 탈북청소년을 위한 음악치료의 목적

(1) 정서조절

탈북청소년은 재북, 탈북과정을 경험하며 자신의 기분과 느낌을 자유롭게 표현하기를 억압당하는 구조에서 자랐다. 강한 사회주의 구조에서 자신의 의사를 표현할 수 없었고 표현하는 방법을 억제당했기에 자신을 표현하고 주장하는 것이 매우 어려운 것을 볼 수 있다. 또한 재북, 탈북과정을 통해 비인격적이고, 억압당했던 삶과 말할 수 없는 외상들로 인해 해결되지 않은 분노와 억울함이 많은 심리적인 특징을 가지고 있어 정서조절이 어려운 것으로 나타났다. 이에 음악활동에서는 음악과 악기라는 매체를 통해 자신의 정서를 투사하여 안전하면서도 자연스럽게 표현하는 방법을 배우고 음악치료의 즉흥연주 방법을 활용하여 자신의 감정을 표현하고 조절하기, 재창조 악기연주를 통해 자연스럽게 구조 속에서 적응하며 건강한 역할을 조절해 나가는 것을 도울 수 있다.

(2) 자신감

남한 입국 후 학교적응, 사회적응을 하며 많은 스트레스를 받고 있는 탈북청소년은 기대했던 삶뿐 아니라 언어의 다름, 경쟁구조, 차별 등의 적응에 있어서 여러 어려움을 경험하고 있다. 특히, 발달과정에서 적절한 영양을 섭취하지 못해 남한 학생들보다 왜소한 키와 학습부진의 요소들은 더욱 위축되게 하며 전체적으로 자신감이 부족한 것으로 나타났다. 이에 음악활동에서 긍정적인 성공적인 경험을 통해 자신감을 회복하고 무엇인가 도전하고 새롭게 할 수 있는 원동력을 가질 수 있도록 도울 수 있다.

(3) 대인관계

북한사회는 사회주의 국가로 굉장한 통제를 받을 수밖에 없었고 주민들은 서로 의심하고 신고하는 특징을 가지고 있다. 이러한 환경 속에 자란 탈북청소년들은 대인관계 속에서 서로 의심하거나 건강한 소통을 배우기에 부적절한 생활 속에 있었다. 또한 탈북과정에서는 탈북자라는 신분을 숨기고 숨어 살아야 했기에 더욱 다른 사람에 대한 경계가 큰 편이다. 남한에서 새로운 공동체 속에서 적응하며 건강하게 살아가기 위해 건강한 대인관계의 경험이 필요하다. 다 함께 연주하는 음악활동은 함께하는 즐거움을 새롭게 경험하도록 도우며 기다리고, 연주하며, 함께 배려하는 것을 자연스럽게 경험하도록 촉진시켜 준다. 건강하고 성공적인 대인관계의 경험은 남한 사회와 새로운 대인관계에 대한 긍정적 인식을 심어 줄 수 있다.

3) 탈북청소년을 위한 음악치료 프로그램의 실제

〈임파워먼트 증진〉

임파워먼트(empowerment)는 긍정심리의 강점의 개념 중 하나로 능력이나 권위를 부여하는 것을 의미한다. 수동적인 것이 아닌 가능케 할 능력을 말하며 내적인 힘을 가진 상태로 나아가는 것을 이야기한다. 개인이 가진 내적인 강점을 발견하고 활용하여 개인내적, 대인관계적인 힘을 갖게 하는 것을 말하며 개인내적인 요소에는 자아존중감, 자신감, 자기조절 등의 내용이 있으며 대인관계적인 요소에는 의사수통, 사회성, 리더십 등의 내용이 있다

탈북청소년의 성공적인 정착요소로 앞에서 건강한 지지체계, 자신감, 긍정적인 관점 등이 언급되었다. 사투리의 사용, 왜소한 체구, 남한 학생들보다 낮은 학습능력 등의 어려움들을 스스로 이겨 낼 수 있도록 탈북청소년들의 강점을 발견하고 스스로의 힘으로 문제들을 해결하도록 도움이 필요하다. 건강한 자아상과 자신감, 임파워먼트를 갖는 것은 남한사회에서 겪어야 하는 다양한 상황에서 좀 더 긍정적인

적응을 할 수 있도록 도울 것이다.

(1) 전체 회기 구성(8회기)

회기	목적	프로그램명	내용	준비물
1	관계형성	너는 무슨 음악을 좋아하니	선호곡을 나누며 서로가 좋아하는 것을 알아 가기	스피커
2	개인내적 임파워먼트	나의 다양한 소리	블루스 구조적 즉흥연주	리듬악기 공명실로폰
3		나의 장점은	나의 장점을 노래 속에서 찾아보기	스피커
4		단점이 장점이?	노래 토의를 통해 나의 단점 강점화시키기	스피커, 키보드 콰이어차임, 컬러악보
5	대인 관계적 임파워먼트	함께 연주하는 즐거움	비오케스트라 합주	스피커, 리듬악기 북악기, 오션드럼
6		서로 나누는 기쁨	합주 구성 함께 만들기	리듬악기, 북악기 컬러벨
7		함께 가자	친구와 건강하게 지내기 위한 솔루션을 노래로 만들기	화이트보드, 녹음기 키보드
8	마무리	음악극	「너는 특별하단다」 음악극	콰이어차임, 리듬악기 북악기, 레인스틱

(2) 구체적인 활동내용 및 방법 예시

〈2회기〉

1. 제목: 나의 다양한 소리
2. 목적: 즉흥연주 안에서 나의 소리를 자유롭게 표현하여 개인 임파워먼트를 증진한다.
3. 내용 및 절차
   1) 치료사가 연주하는 블루스 음계를 들어 본다.
   2) 블루스 음계가 어떤 느낌인지 함께 나눈다.

3) 다시 한 번 들으며 떠오르는 색깔을 고른다.
4) 같은 음악을 들어도 다 다르게 느끼고 표현할 수 있음을 나눈다.
5) 블루스 음계에 대해 소개하며 악기로 연주해 보자고 한다.
(블루스 음계 소개: 흑인들이 일상생활에서 느끼는 다양한 희로애락의 느낌을 표현하다 발전된 음계)
6) 우리도 악기로 우리의 다양한 희로애락을 표현해 볼 것이라 안내한다.
7) 악기를 소개한다.
-악기 소개 시 소리를 먼저 들려주고 어떤 소리 같은지 함께 나눈다.
-원하는 악기를 선택한다.
-악기 탐색할 시간을 주어 자유롭게 연주해 보도록 한다.
8) 치료사가 연주하는 블루스 음계와 함께 자유롭게 연주를 한다.
9) 반복되는 구조에 따라 A-B-A 구조를 인식하도록 연주를 유도한다.
-구조에 따라 치료사의 손 지시를 통해 반복 연주를 한다.
-A: 다 같이 연주 / B: solo / A: 다 같이
10) 연주의 느낌에 대해 나눈다. 느낌에 대해 나눌 시 '좋아요.'라는 대답만 나오지 않도록 주의한다. 치료사가 그룹원의 연주에 대해 리듬 패턴, 강약, 음색 등을 구체적으로 표현해 주며 서로의 다른 연주를 인식하도록 돕는다.
11) 선호하는 악기와 연주 패턴, 특징이 서로 다룰 수 있음을 알고 이해하는 과정을 갖고 마무리한다.

4. 소요시간: 60분
5. 준비물: 리듬악기, 공명실로폰, 키보드
6. 치료적 의미
1) 자유로운 구조를 가진 즉흥연주 활동을 통해서 자신이 표현하고 싶은 것을 자발적이면서도 다양하게 표현할 수 있다.
2) 악기를 이용하는 연주는 자신의 다양한 정서를 악기에 투사하여 표현할 수 있으며 만들어진 연주는 음악적으로 전치되어 아름답게 승화의 과정을 촉진시켜 준다.
3) 함께 연주하고 기다리며, 자신의 순서에 혼자 연주하는 구조적 즉흥연주는 다른 사람의 연주와 표현에 집중하게 하여 서로의 다른 연주를 이해할 수

있도록 돕는다.

4) 함께 연주하는 tutti 연주에서는 동질감, 하나 됨을 경험하게 하여 대인관계의 긍정적인 경험을 촉진시킨다.

7. 기타

1) 즉흥연주가 정박이나 고정박으로만 연주되지 않도록 한다.

2) 다양한 연주기법, 형태, 리듬을 소개하여 자신만의 스타일로 연주하고 발전할 수 있도록 한다.

3) 자신의 연주에만 집중하는 것이 아니라 다른 그룹원의 연주에도 귀 기울일 수 있도록 돕는다.

〈4회기〉

1. 제목: 단점이 장점이?

2. 목적: 나의 단점을 강점화 작업을 통해 새로운 관점을 갖게 하여 개인내적 임파워먼트를 증진한다.

3. 내용 및 절차

1) 「My Best」(존박, 허각) 음원을 감상한다.

2) 곡을 듣고 느낌을 나눈다. 구체적으로 이야기하기 어려워할 시 곡의 분위기, 가사내용, 빠르기, 스타일 등에 대해 나눈다.

3) 가사를 보여 주고 다시 한 번 노래를 감상한다. 따라 부르고 싶으면 자유롭게 불러도 된다고 안내를 해 준다.

4) 마음에 와 닿는 가사에 대해 나눈다.

5) 청각장애인 야구단의 실화를 담은 영화 OST인 것을 소개하며 후렴구 노래를 반복해서 함께 부른다.

6) 나의 단점에 대해 생각해 보고 적는다.

7) 기록한 나의 싫은 점, 단점을 강점화하는 작업을 한다.

－맨 위에 적힌 단점 밑에 그 단점이 장점이 될 수 있는 것들을 적는다.

－예를 들어, '소심한 내가 싫다.'

→소심하다는 것은 조심성이 많다는 것이니 섬세한 것이나 신중한 일에 적합하다는 게 장점이다.

→소심하기에 일을 함에 있어 많은 생각을 할 것이고 이러한 것은 실수를 줄여 줄 것이다.

8) 내가 적은 노트를 옆으로 돌려 서로에게 단점이 강점이 될 수 있는 것들을 한 자씩 적어 준다.
9) 나의 단점을 강점화한 내용을 후렴구 가사에 넣어 가사를 완성해 본다.
10) 새로 만든 가사의 후렴구를 노래한다(내재화작업).
11) 새로 만든 노래에 콰이어차임으로 화성연주를 하며 노래를 반복적으로 불러 서로의 격려하고 클라이맥스를 충분히 경험하고 강점화 관점이 내재화되도록 안내한다.
12) 장점과 단점 모두 우리에게 소중한 것임을 인식하고 마무리한다.

4. 소요시간: 60분
5. 준비물: 스피커, 키보드, 콰이어차임, 컬러악보
6. 치료적 의미
   1) 존박과 허각의 「My Best」는 청각장애인이 자신의 한계를 극복하고 장점을 강화하여 일어나는 긍정적인 가사로 구성되어 단점강점화 작업하기에 좋음
   2) 피아노와 노래 멜로디는 매우 선율적으로 정서를 자극하여 가사를 더욱 깊이 생각할 수 있도록 돕는다.
   3) 반복되는 후렴구는 강점화관점을 내재화하기 용이하다.
   4) 피아노 반주로 시작하는 본 곡은 선율적인 멜로디와 가사를 충분히 느끼고 집중할 수 있도록 도우며 2절이 시작되며 나오는 드럼과 현악기는 더욱 풍성하게 확장하여 음악을 경험하도록 촉진한다. 클라이맥스로 갈수록 풀 오케스트레이션된 풍성한 현악기는 격려하는 곡의 가사를 더욱 강화한다.
   5) 노래를 통해 도출되는 단점이야기는 편안한 구조에서 저항 없이 발견될 수 있다.
   6) 성공적인 음악경험은 긍정적 인식을 강화하여 자신감을 형성하게 하고 자신에 대한 가능성을 발견하게 한다.
   7) 단점을 강점화하는 인지작업을 그룹 안에서 함께하며 더 큰 지지를 경험하게 한다.
7. 기타

1) 가사토의가 자연스럽게 일어나도록 치료사는 기다림을 가지고 활동을 안내한다.
2) 대상자들의 다양한 의견들을 수용하고 너무 깊은 이야기나, 당황스러운 이야기, 너무 부정적인 이야기들이 나올 시 음악으로 다시 돌아가 노래를 듣고 주제를 이끌어 간다.
3) 활동 중간중간 대상자의 장점을 발견하여 구체적이며 지속적으로 강화한다.

4) 탈북청소년을 위한 음악치료 프로그램 사례

프로그램 명: 탈북청소년을 위한 음악치료

글: 음악치료사 이은선

기간: 2015년 9~12월

치료사 소개: 음악치료사 이은선은 숙대 음악치료대학원 석사 졸, 박사학위를 받았으며 연세신경정신과, 명지병원 등에서 음악치료사로, 현재 '드리미문화예술심리연구소' 소장으로 있다. 숙대와 성신여대 대학원에서 음악치료전공 임상실습 슈퍼바이저로 있으며 아동청소년, 성인 정신과 부분에서 다수의 음악치료를 진행하였고 특별히 탈북청소년을 위한 음악치료에 힘쓰고 있다.

참여자 소개: 대안학교 탈북청소년 10대(12명/17~22세)

탈북청소년들을 보호하고 교육하는 대안학교들은 국가와 지역의 많은 후원을 받고 있지만 정서, 심리지원이 지속적으로 이루어지지 않아 예술치료 및 활동을 시작하는 것에 조심스러움을 나타내었다. 그간 예술치료 수업을 진행해 왔으나 상처들을 다루는 과정에서 아이들이 오히려 마음을 닫거나 더 상처를 받는 등의 모습들이 많이 나타났다고 한다. 따라서 본 프로그램은 탈북청소년의 문제나 외상에 집중하는 것이 아니라 문제를 해결할 수 있는 내적인 힘을 기르고 자존감을 높일 수 있도록 강점관점으로 구성하였으며 음악이라는 안전한 구조 안에서 긍정적인 사고를 촉진하는 것에 초점을 맞추었다.

주요내용

1. 다양한 음악치료 방법(재창조경험, 즉흥경험, 창조경험, 감상경험)을 경험하도록 하였다. 이는 재북, 탈북 과정을 경험하며 적절한 교육을 받지 못한 탈북청소년을 위해 다양하고, 다감각적인 경험을 촉진하기 위한 것이다.
2. 강점관점의 임파워먼트 증진을 위한 목적으로 음악치료 프로그램이 구성되었다. 이는 그동안 진행되어 왔던 심리치료에서 탈북청소년의 외상 및 문제에 초점을 맞춘 프로그램에 대한

부정적 효과 및 피드백을 고려하였다. 탈북청소년의 문제에 초점하는 것이 아니라 강점을 강화하고 내면적 힘을 증진하여 문제를 스스로 해결할 수 있는 독립적인 인격체로서의 성장을 돕기 위한 것이다. 재창조 연주를 통해 긍정적이고 성공적인 경험을 통해 자신감 및 성취감을 경험하게 하였고 노래토의 과정을 통해 강점관점을 촉진하였다.

3. 구조적이면서도 자율적인 구조적 즉흥연주를 통해 정서를 자유롭게 표현하고 조절하도록 하였다. 사회주의 공산국가에서 자란 탈북청소년은 자신을 표현하기를 어려워하여 안전한 구조를 제공하여 안정감을 하면서도 즉흥연주를 통해 표현을 촉진하도록 하였다. 또한 구조 안에서 기다리고 연주하기를 통해 사회 안에서 지켜야 할 사회적 기술 및 요소들을 자연스럽게 경험하고 행동 및 정서가 조절될 수 있도록 하였다.

진행과정

–1~3회기: 라포 형성 및 강점과 정서확인을 위해 음악선곡 나누기, 노래토의를 통한 개인내적 임파워먼트 증진

–4~7회기: 단점강점화, 표현력과 조절을 위해 재창조, 즉흥연주, 드럼서클을 통한 대인관계적 임파워먼트 증진

–8~10회기: 성공적 경험과 정서조절방략 탐색, 꿈 탐색을 위해 재창조, 치료적 노래 만들기, 음악극 등의 내용으로 사회적 임파워먼트 증진하도록 하였다.

사례

긴장, 설렘, 탐색을 모두 하나로 담아 준 음악

세계 유일의 분단국가인 한국과 북한! 외할머니의 고향인 북한의 이야기는 어려서부터 자주 들어 항상 가깝게 느껴졌다. 나의 가족이며 한민족이지만 분단의 아픔으로 떨어져 지내야 하며 공산주의 체제 속에 어렵게 살아가는 북한 친구들에 대한 응원의 마음은 항상 가득했다. '내가 도울 수 있는 일은 없을까? 그들을 위해 기도하며 응원하는 방법 외에 직접적으로 도울 수 있는 일은 없을까?' 고민하던 중 탈북하여 한국에 정착하고 있는 청소년들에 대한 소식들을 들을 수 있었다. '북한에 갈 순 없지만 지속적으로 늘어나고 있는 남한의 탈북아동, 청소년들을 위해 할 수 있는 일이 있지 않을까?' 내가 가지고 있는 음악이라는 재능과 음악치료에서 배운 많은 임상적 · 이론적 · 치료적 방법들과 치료사로서 10여 년의 임상경험들이 조금이나마 도움이 될 수 있을까?'

탈북청소년들과의 첫 만남을 잊을 수 없다. 설레면서도 긴장이 가득했던 시간은 음악이 충분히 다양한 정서들을 긍정적으로 담아 줄 수 있었다. 전 세계인의 공통언어인 음악은 문화와 상관없이 모두가 하나가 될 수 있으며, 음악 안에서 자신의 이야기를 저항 없이 자유롭게 표현할 수 있는 강력한 도구다. 안전하면서도 창의적으로 내재되어 있는 잠재력을 끌어올릴 수 있는 것이

음악이다. '이러한 음악을 치료적 매개체로 사용하는 음악치료야말로 우리와 수십 년 떨어져 그들만의 사회적 특성, 그리고 재북, 탈북과정에서 겪은 탈북청소년의 많은 이야기들을 담을 수 있지 않을까…….'

내가 가지고 있는 긴장감과 다르게 친구들은 호기심 가득한 눈으로 나를 반겼다. 선호하는 곡을 나누며 자신을 소개하는 활동에서 어떻게 해야 하며, 어디까지 이야기를 나눠야 하는지에 대해 눈치를 많이 보는 모습이었다. 모델링을 보이며 나는 이런 곡을 좋아하고 이 곡을 좋아하는 이유에 대해 설명하며 곡을 감상하였다. 청소년 또래들이 많이 감상하는 최신 가수의 곡을 치료사가 들려주자 자신이 선호하는 곡에 대해 조금씩 이야기를 해 나가기 시작했다. 그 곡이 가요이든, 팝이든, 힙팝이든, 찬송가든 아이들이 선곡하는 곡을 그대로 틀어 주고 함께 감상하였다. 감상하는 과정들을 통해 아이들은 조금씩 표정이 밝아지고 적극적으로 참여하기 시작했다. 북한에서 몰래 들었다는 가요, 부모님이 틀어 놓으셔서 좋아하게 되었다는 곡, 남한에 와서 들었는데 멜로디가 좋다는 곡, 가사가 마음에 든다는 곡 등 다양하게 자신이 선택한 선호하는 곡에 이야기를 담아 나누었다. 선호곡을 나누는 활동에서 편견 없이 아이들의 의견을 수용하고 함께 공유하는 경험은 라포 형성이 중요한 청소년들의 마음을 열기에 충분했다. 탈북청소년이 선곡한 곡들은 7~80대 곡부터 최신가요까지 다양했으며 남한청소년들과 크게 다르지 않았다. 선호곡을 선곡하는 과정을 통해 자발적인 선택과 표현을 존중하고 자신의 이야기를 안전한 노래에 투사하여 편안하게 시작할 수 있었다. 그렇게 우리의 다양한 이야기는 인지적 요소인 가사와 정서적 요소인 멜로디를 가지고 있는 노래 안에서 다양하게 표현될 수 있었다.

악기를 들고 만난 2번째 세션에서 친구들은 나를 보자마자 여기 앉으시라며 의자를 챙겨 주었다. 악기, 나의 목소리와 피아노 연주에 관심이 가득했다. 순수하면서도 호기심 가득한 그들의 초롱초롱한 눈망울을 잊지 못한다. 남한에서는 유치원 때부터 흔하게 경험해 볼 수 있는 악기들도 마냥 신기하게 쳐다보았다. 재북 당시 졸업장은 받았지만 일이나 노동에 투입되거나 사회주의 사상에 집중된 교육만 받는 등 제대로 된 교육을 받을 수 없었던 탈북청소년들은 음악수업을 받지 못한 친구들이 대부분이었다. 사회주의 체제에 자신의 의사를 표현할 수 없었던 탈북청소년들은 자신을 표현하는 것을 가장 어려워했다. 자신에 대한 표현을 어색해하며 조심스러워하는 아이들의 모습이 안쓰러웠다. 그러나 쑥스럽고 어색해하면서도 악기들에 호기심을 나타내며 탐색하듯 참여하였다. 자신을 표현하는 즉흥연주에서 표현된 소리는 서툴고 둔탁하며 다듬어지지 않은 바위와 같기도 하고 또 반대로 아주 작고 미세하게 연주하는 상반된 모습을 보였다. 다듬어지지 않은 소리도, 매우 작은 소리도 그들의 모습이며 표현이고 소리임을 수용하고 받아 주며 음악 안에서 편안하게 표현하도록 하였다. 우리가 만들어 가는 소리들에 우리의 다양한 모습은 녹아들어 표현되었고 우리 모두는 편견 없이 그 소리들을 받아 주고 인정해 주려고 하였다.

그렇게 음악은 우리의 다양한 소리를 그대로 수용해 주고 담아 주었다.

자신의 장점과 매력을 찾는 활동에서 노래의 가사를 통해 이들의 이야기를 촉진하는 과정은 언어를 통해서만 이루어지는 프로그램보다 훨씬 입체적이고 다감각적으로 다가가게 된다. 노래의 가사 중 마음에 드는 가사에 대한 토의를 하며 자연스럽게 자신의 의견을 나누었다. 기본적으로 주어진 노래는 안전한 구조로 인식되기 충분했고 나의 이야기를 노래에 한 번 더 투사하여 표현할 수 있도록 하여 더욱 자신을 표현하는 것을 안전하게 느끼도록 하였다. 친구들은 자유롭게 가사들을 탐색하고 자신의 장점을 찾았다. 또한 그룹원이 서로의 장점과 매력에 대해 이야기해 주는 과정 속에서 적극적이면서도 다양한 의견들을 제시하였다. 처음에는 자신의 장점을 이야기하고 서로의 장점을 이야기하는 것에 대해 부끄러워하였지만 한두 명이 이야기를 시작하자 다들 적극적으로 참여하였다. "잘생겼다. 공부를 잘한다. 마음이 넓다. 친구를 잘 도와준다. 영어를 잘한다. 모든 열심히 한다. 열정이 있다……." 등 서로를 격려하며 강한 긍정적인 피드백을 주었다. 또래관계가 중요해지는 청소년기에 또래들로부터 받는 긍정적인 피드백은 긍정적 자아인식에 도움이 되며 선생님이나 어른들의 피드백보다 더 강한 영향을 줄 수 있다. 자발적이면서도 능동적인 참여를 촉진해 주는 노래토의 활동 안에서 아이들은 서로를 격려하며 표현하며 자연스럽게 음악 안에 녹아들었다.

소중한 선물 1: 나와 너 함께하는 음악

그룹 안에서 함께 경험되어지는 즉흥연주와 재창조 연주에서 아이들은 함께 만들어 가는 음악경험에 몰입을 하였다. 혼자 연주하는 solo와 함께 연주하는 tutti 구조를 몇 번 반복하자 구조를 쉽게 인식하여 더욱 적극적으로 참여하였다. 악기 탐색 시 치료사의 피아노 연주가 자신의 연주패턴을 반영하고 모방하는 과정을 신기해하며 더욱 몰입하였다. 연주가 반복되며 tutti에서의 연주강도는 점차적으로 강해졌으며 solo 연주 시에는 친구들의 연주에 집중하는 모습을 보였다. 음악이 주는 다양한 다이내믹 안에서 처음 작은 소리로 눈치를 보며 연주하던 패턴에서 과감하게 자신을 표현하고 리듬을 변화시켜 확장시키는 시도들도 증가하였다. 아이들에게는 악기를 선택하는 과정을 통해 자발적으로 상황을 컨트롤하고 선택할 수 있는 기회를 주어 자발성, 선택권, 자유성, 책임성 등을 자연스럽게 경험하도록 하였다. 음악은 함께 연주하는 과정들을 통해 서로 다른 그룹원의 소리들을 수용하고 인정하며 맞추어 가는 과정들을 경험하도록 하였다.

노래토의를 통한 단점강점화 활동에서는 자신의 단점을 강점으로 전환하는 작업을 하였다. 약점을 강점으로 바꾼 장애인 야구단의 이야기를 담은 노래를 함께 부르고 연주하는 과정에서 아이들은 서로 후렴구를 부르며 즐거워하였다. 따라 부르기 쉬운 멜로디는 긍정적인 가사에 더 집중할 수 있도록 도왔으며 아이들은 쉽게 따라 부르고 익힐 수 있는 노래에 자신감 있게 하나

되어 노래를 불렀다. 함께 부르는 노래에 대해 특별히 소리를 더 높이는 친구들의 목소리는 소속감과 하나 됨에 대한 소리로 느껴지기도 했다. 자신의 단점에 대해 나누고 다른 그룹원이 그것이 단점이 아니라 장점인 것에 대해 나누는 단점 강점화 작업에 아이들은 매우 진지하게 참여하였다. '나는 잠이 많다.' 라는 단점에 '미인은 잠꾸러기래. 잠이 많지만 일어나 있을 때 열심히 지내잖아. 잘 자는 것도 행복이야.' 등 이야기들을 나누며 서로를 격려하였다. 단점강점화의 시각을 아이들이 이해할까 하는 염려와 다르게 친구들은 활동의 목적을 이해하고 적극적으로 참여하였다. 북에 있을 때 생활총화를 통해 서로의 문제를 지적하고 감시하는 것에 익숙해진 탈북청소년들에게 서로의 단점이 아닌 장점과 긍정적인 사고로 서로를 인식하고 바라보는 것은 매우 중요해 보였다. 다행히도 성장하는 탈북청소년들은 쉽게 이해하고 스펀지처럼 받아들였다. 자동적 사고로 자리 잡은 부정적인 인식과 불신들이 긍정적인 노래와 단점강점화를 자극하는 가사들을 통해, 그리고 그룹원의 긍정적인 피드백과 격려를 통해 유연해지는 순간이었다.

함께 연주하는 재창조연주에서 탈북청소년들은 다양한 악기를 연주하며 멋진 오케스트라 곡을 완성해 나가는 것에 대해 높은 성취감을 보였다. 악기선택 시 자신이 원하는 악기를 선택하기 위해 뛰어드는 모습들이 자주 보여 연주 후 서로 바꾸어 가며 연주하는 등 양보하고 기다리면서도 자신이 원하는 것을 지속적으로 표현하도록 하였다. 악기 구성에 따라 악기를 선택하고 연주하는 비오케스트라 악기합주를 완성해 나가며 아이들은 흥분하는 모습이었다. "와 이거 되네. 이거 신기하네."라고 이야기하며 연주를 이어 갔다. 또한 서로 연주를 놓치는 부분이 있으면 순서를 알려 주기도 하며 함께 연주하는 모습을 보였다. 기본 곡의 구조와 리듬, 악기는 치료사가 준비하였지만 곡을 완성해 나가는 과정에서 아이들이 자발적으로 참여하며 곡의 다이내믹을 변경하거나 악기구성을 조금씩 수정하기도 하며 완성해 나가도록 하였다. 모든 아이들이 집중하여 참여하였으며 다소 소극적이었던 남학생들에게 중요한 북을 맡겨 책임감과 음악적 강화를 동시에 경험되게 하였다. 남학생들의 힘찬 북소리에 여학생들을 깔깔 웃으며 서로의 연주를 즐겼고 할 수 있다는 자신감, 해냈다는 성취감이 아이들을 하나로 만들었다. 그룹음악경험에서 경험할 수 있는 조율과 화합, 협동 등을 자연스럽게 경험하면서도 함께하는 음악경험을 즐겼다.

소중한 선물 2: 새로운 꿈으로의 출발

정서조절 방법을 찾기 위한 치료적 노래 만들기를 활동에서 친구들은 자신들의 이야기를 조금 더 편안하게 표현하였다. 회기가 반복돼서일까. 라포가 잘 형성돼서일까. 음악이 안전하게 우리들의 다양한 이야기를 담아 주고 표현하도록 경험이 반복되어서일까. 처음 만났던 모습과 다르게 굉장히 적극적인 모습으로 서로 아이디어를 주며 가사를 만들어 나갔다. 다른 그룹원이 문제를 해결하는 과정에 대해 의견을 나누는 과정에서 아이들은 '이렇게 가사를 바꾸자, 멜로디는 이렇게 하자. 이것보다는 이게 더 좋다.' 고 의견을 적극적으로 표현하였다. 창조적인 작업에 매우 적극적이며 다양한 표현을 이야기하고 조율하는 과정을 즐기는 듯했으며 그동안 표현하지 못했던 이들의 창조성과 자율성이 폭발하는 듯했다. 우리 모두에게는 음악에 반응하는 '음악아(music child)' 가 있다는 말과 같이 기다렸다는 듯이 표현되는 친구들의 다양한 표현이 뭉클했다. 나를 자유롭게 표현하는 것에 멈추는 것이 아니라 조절해 나가는 방법들에 대한 탐색을 담은 노래 만들기 작업은 탈북청소년 친구들을 한 단계 더 강하게 하였다. 함께 만든 노래들에 대해 학교 선생님들은 학생들이 노래를 만든 것에 대해 신기해하였다. 신기한 우리들이 노래! 숨겨져 있던 탈북청소년들의 자율성과 창조성!

> 슬플 때나 외로울 때 우리 함께 ~
> 동행하는 친구가 있다는 것이 얼마나 행복한지
> you know?
> 물이 흐르듯 슬픔도 흘러갈 거야
> 나비가 꽃을 좋아하듯 기쁨이 찾아올 거야
>
> 슬픔을 감추려 하지마
> 노 메이크업도 괜찮아
> 그 모습 그대로
> 분노를 억제하지 말고 고백해
> 강철이 단단하듯 너도 강한 사람이니까
>
> 기분이 안 좋을 땐 좋은 공기를 마셔
> 친구와 수다 한 판, 운동을 해
> 이 노래가 너의 슬픔에 힘이 될 수 있을 거야
> 내 안에 나를 달래 함께 힘내

탈북청소년들의 새로운 시작과 출발을 위해 꿈을 탐색하고 격려하며 모든 회기는 마무리되었다. 작은 씨앗을 꿈에 표현한 노래를 통해 꿈을 탐색하고 꿈을 구체화하기 위한 방법을 자연스럽게 찾아가는 활동에서 노래는 자연스럽게 청소년들에게 질문을 던져 준다. 그 질문에 친구들은 노래에 응답하듯 활동에 참여하였다. 나의 꿈이라는 씨앗이 자랄 수 있게 필요한 물과 비료, 햇빛은 무엇인지에 대해 나누었다. 꿈이 구체화되어 있는 아이들은 그 꿈을 이루기 위해 지금 준비할 수 있는 것에 대해 '공부, 독서, 운동' 등 방법들에 대해 이야기하였으며 꿈을 찾지 못한 친구들은 자신이 좋아하고 잘하는 것이 무엇인지를 탐색하게 하였다. 무엇보다 성장해 나가는 미래의 통일의 주역인 탈북청소년에게 "꿈"은 매우 중요한 동기부여와 힘을 주며 이를 지지하는 노래 안에 친구들의 꿈은 가득하게 담겼다.

> 꿈이 가득한 탈북청소년들의 그 꿈을 누가 막았는가
> 만나면 만날수록 보석처럼 빛나는 아이들의 행복한 미소와
> 그 소중한 존재감을 누가 눌러 버렸는가

말로 다 표현할 수 없는 아이들의 이야기들은 음악이라는 도구 안에서 모두 녹아들었다. 음악이 주는 안전한 구조 안에 쉽게 들어올 수 있었으며 자신을 표현해 나갔다. 음악이 주는 다양한 다이내믹의 경험들은 내면의 부정적 정서와 에너지를 표출하기에 충분했으며 정화와 함께 음악의 미를 경험하게 하는 승화도 함께 경험시켜 주었다. 이미 이들에게는 음악 안에서 자신을 표현하고 조절하고 음악을 창조해 낼 잠재력이 가득했으며 삶을 주도하고 꿈을 향해 달려갈 열정이 가득했다. 단지 이러한 아이들의 잠재력과 내적인 힘을 음악이 건드려 주었고, 담아 주었고, 촉진시켜 주었다.

10회기 종결 후 이 학교에서는 그동안 없었던 음악수업을 만들어 음악치료를 정규수업으로 편성하였고 지속적으로 탈북청소년들과 만나고 있다. 탈북청소년을 만나면 만날수록 '음악치료를 하기 잘했다. 이래서 내가 음악치료를 하게 되었나 보다. 역시 음악치료' 라는 생각이 가득하다. 분단을 통해 오랜 시간 떨어져 지낸 탈북청소년들과 우리가 차이가 있을 것이라는 생각과 달리 남한청소년들과 다르지 않은 사춘기의 평범한 학생들이었다. 그러면서도 이들만의 아픔과 어려움, 문화를 이해해 주고 수용해 줄 수 있는 우리의 모습이 탈북청소년들이 건강하게 남한에 적응하도록 도울 수 있지 않을까.

더 나아가 적응을 넘어 미래 통일의 주역이 될 탈북청소년들을 위해 문화가 달라도, 언어가 달라도, 개인의 특성이 달라도 모든 것을 담을 수 있는 음악을 매개체로 하는 음악치료가 더욱 힘을 내어야 할 것이다.

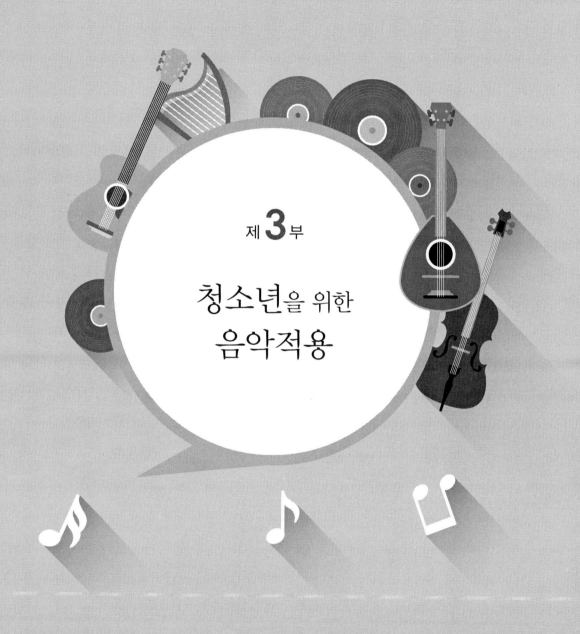

제 3 부

청소년을 위한 음악적용

제7장

청소년을 위한 추천음악과 음악극*

청소년들이 가장 쉽게 사용하고 있는 음악의 형태는 '듣기' 다. 좋아하는 가수의 노래를 듣고, 부르며 친구들과 음악을 공유한다. 대중음악의 중심에 있는 청소년들은 늘 음악과 함께 한다고 해도 과언이 아니다. 따라서 좋은 음악을 듣는 것은 청소년들에게 좋은 영향을 줄 수 있을 것이다. 이러한 견지에서 이 책의 저자인 6명의 음악치료사들은 청소년들에게 도움이 되는 음악목록을 제공하고자 한다. 단순한 '듣기' 를 넘어 청소년들에게 필요한 도움을 줄 수 있는 곡들을 추천하고 설명도 간략히 제공하고자 한다. 가사를 통해 격려를 받을 수도 있고, 위로가 필요할 때는 편안하게, 지쳐 있을 때에는 에너지를 받을 수도 있을 것이다. 음악 안에 있는 시간 동안 잠시의 휴식을 얻거나 행복함을 느낄 수도 있을 것이다. 추천목록의 음악을 들을 때뿐만 아니라 청소년들이 음악을 들을 때, 음악이 줄 수 있는 다양한 힐링의 요소들을 생각하며 청소년들만의 좋은 음악듣기를 의미 있게 이어 가기를 바란다. 또한 함께하는 음악극은 청소년들이 함께 음악적 공연을 함으로 성취감을 경험할 수 있으며 또한 자긍심을 향상시킬 수 있다는 점에서 좋은 활동이 될 것이다.

---

* 제7장의 음악극은 남진이 창작 작품에 관한 사용승인을 받아 수록하였음.

1. 청소년을 위한 추천음악

1) 가사가 있는 곡

가 수	제목	설 명
곽진언	자랑	서정적인 곡으로 따뜻한 사람이 되고 싶다는 내용의 곡이다. 가수 곽진언의 오디션 프로그램에서의 인생 스토리와 노래에 담긴 이야기들은 청소년들의 이야기들을 담을 수 있도록 돕는다.
김동률	출발	여행에 대한 다양한 이야기를 나눌 수 있는 곡이다. 잔잔하면서도 리드미컬하고 김동률의 저음은 풍성함을 더한다.
김필, 곽진언	걱정 말아요 그대	살아온 시간을 격려하고 걱정 말라고 지지해 주는 가사, 김필의 찌르는 듯한 음색과 저음의 편안한 곽진언의 음색이 삶에 있어서의 양가감정을 함께 느낄 수 있도록 하여 큰 공감을 줄 수 있다.
박새별	노래할게요	청소년의 꿈을 성장하게 하는 과정을 지지해 줄 수 있는 곡을 매우 서정적이며 세련된 곡이다.
버스커버스커	벚꽃엔딩	멜로디의 진행이 편안함을 주며 벚꽃이 날리는 듯한 시각적인 연상을 주어 '봄'의 계절성 연결을 준다. 곡의 마지막 부분에 여운을 주는 끝맺음은 열린 구조를 제시한다.
러브홀릭	Butterfly	영화 「국가대표」의 ost로 잘 알려진 곡, 나직한 도입부에서 시작하여 상승하는 멜로디와 음폭이 도약감을 주며, 상승하는 에너지를 느낄 수 있도록 해 준다.
산울림	청춘	1981년 곡으로 지친 청춘들에게 바치는 응원가라고 불리우는 곡이다. 「응답하라 1988」 드라마의 ost(김필)로 다시 재조명되었다. 35년 전 청춘시절을 보낸 어른들과 현재의 시대를 사는 청춘들이 느끼는 '아프고도 아름다운 시절'을 가사에 담고 있다.
십센치	아메리카노	타악기를 통한 리듬의 비트 형식이 강한 곡으로 은근히 신나고 흥얼거릴 수 있는 리듬패턴을 가지고 있다.
스윗소로우	노래할게	화음과 함께 격려를 느낄 수 있다.
스윗소로우	사랑해	세상에서 듣고 싶은 말, 사람을 살리는 말이라는 설명적 가사와 후렴에서는 고백적인 부분이 경쾌한 리듬과 함께 지속된다. 마치 듣는 이에게 누군가 '사랑해'라고 말하는 느낌을 주어 정서적으로 충분히 지지가 될 만한 곡이다.

아웃사이더	외톨이	청소년들에게 익숙한 랩은 음악 반주에 맞춰 리듬감과 운을 살려 이야기하듯 노래하는 음악 형식이다. 빠른 템포의 랩으로 가사전달 표현이 직접적/직설적이며, '외톨이'라는 가사에 대한 정서적 동질감이나 대리만족감을 경험하게 한다.
어반자카파	위로	서정적인 멜로디와 왈츠형식의 음악이 가볍게 슬픈 감정을 해소할 수 있으며 이를 통해 위로와 편안함을 줄 수 있는 곡이다.
SES	달리기	강조되는 당김음이 에너지를 주면서 열심히 하면 목표에 다다를 때가 있다는 내용의 가사가 강화를 준다. 가사의 상징적인 부분이 청소년들에게 격려가 된다.
옥상달빛	괜찮습니다	'힘내라' 이런 말보다 옆에 있는 것만으로도 힘이 된다는 곡으로 직접적인 표현을 어색해하는 청소년들에게 공감을 주고 격려할 수 있는 곡이다.
옥상달빛	달리기	힘들고 지치지만 시작했으니 끝까지 달리고 쉬자라는 가사로 용기를 주는 곡이다.
옥상달빛	선물할게	기타로 시작되는 이곡은 노래를 선물한다는 내용으로 청소년들이 원하는 것들을 담아 표현할 수 있는 곡이다.
옥상달빛	수고했어, 오늘도	수고했다는 것을 말해 주는 가사 자체가 주는 지지적인 느낌과 후렴부의 상승멜로디는 기분을 고양시켜 준다. 하루를 마칠 때, 위로가 필요할 때 들으면 좋다.
옥상달빛	없는 게 메리트	매력은 없지만 젊음이 있어 할 수 있는 것이 많다는 곡이다. 청소년들의 흥미를 유발하면서도 가능성을 발견할 수 있는 곡이다.
YB밴드	나는 나비	애벌레가 나비가 되어 가는 과정을 묘사하고 과정을 거치면 성장한다는 교훈과 함께 강한 사운드가 에너지를 준다.
윤도현	흰수염고래	두려움 없이 세상을 나아갈 수 있는 도전을 줄 수 있는 가사이며 초반에는 서정적인 멜로디로 시작되며 후반부에 강한 밴드 음악으로 청소년들에게 희망과 에너지를 줄 수 있는 있는 곡이다.
윤상	한 걸음 더	뭔가 계속 떠밀려 가듯 바쁜 학생들에게 잠시 쉬고, 천천히 가면서 자신을 살필 수 있도록 하는 가사, 바운싱이 느껴지는 리듬에서 에너지도 함께 느낄 수 있다. 뒷부분 반주부에서 한 음씩 상승하는 부분은 격려하는 듯한 느낌을 충분히 준다.
이적	걱정말아요 그대	「응답하라 1988」 드라마의 ost로 다시 유명해진 곡으로, 2004년 들국화의 전인권이 부른 곡이다. 느린 템포의 서정적인 멜로디로 음이 물 흐르듯이 표현된다. 노래가사에는 지나간 것에 대한 아쉬움을 받아들이고 무거운 짐을 진 것이 있다면 내려놓도록 힘을 주는 가사를 담고 있다.

이하이	한숨	힘든 몸과 마음을 위로해 줄 수 있는 가사를 가진 곡이며 실제 가사에 따라 호흡을 해 볼 수 있는 곡이다.
이한철	슈퍼스타	지금의 현실이 어떻든 받아들일 수 있도록 하며, 잘될 거라고 말해 주는 가사는 매우 격려가 된다. 타악기의 후반 강세는 이러한 에너지를 더해 준다.
자이언티	꺼내먹어요	매우 고백적인 가사로, 마음에 복잡한 생각들, 외로움들이 있을 때에 들으면 도움이 된다. 슬플 땐 초콜릿을 먹고, 음악을 듣고, 일상에서 스트레스를 해소할 수 있는 친숙한 방법들을 진짜로 해 보고 싶은 생각을 주는 곡이다.
자이언티	양화대교	독특한 음색과 특유의 그루브를 느낄 수 있는 곡으로, 현실적인 가사와 삶(부모, 가정)에 대해 "행복하자 행복하자 아프지 말고"라고 표현하여 희망적인 요소를 담고 있다.
정민아	Lullaby	경쾌한 재즈에 가야금 연주를 더한 곡으로 자장가의 가사이지만 조용하고 다독여 준다는 느낌보다는 등을 토닥여 주는 느낌으로 들을 수 있다. 가야금의 선율이 보컬의 음색과 매우 어울려서 음악적으로도 좋은 느낌을 준다.
정인	오르막길	사랑에 관한 가사이지만 인생에는 오르막길이 있고, 힘든 과정을 거치지만 그 끝에 중요한 무언가가 있음을 기대하게 한다. 지쳤을 때, 뭔가 어려운 것을 견뎌야 할 때 들으면 공감을 얻을 수 있다.
제이레빗	내 모습 이대로	서정적인 선율을 가진 곡으로 나의 있는 모습 그대로를 사랑하자는 긍정적인 가사로 구성되어 있다.
제이레빗	쉬어	바쁜 일들에 대해 격려하고 조금 쉬어 가자는 보사노바의 흥겨운 곡이다.
제이레빗	웃으며 넘길게	살면서 일어나는 크고 작은 일들을 웃으며 넘기고, 지나가는 것으로 여길 수 있는 여유를 노래 안에서 느낄 수 있으며, 그것이 공감을 줄 수 있다.
제이레빗	좋은 일이 있을 거야	실수와 힘든 일들에 대해 다 지난 일이니 좋은 일들을 기다리고 다시 시작하자는 가사의 내용으로 청소년들의 예민한 일들에 대해 사고의 변화를 도울 수 있는 노래다.
제이레빗	Happy Things	여성보컬의 부드러운 음색이 친근한 느낌을 주고 주로 피아노로 연주되는 재즈반주에서 기분 좋은 역동을 느낄 수 있다.
조동익	혼자만의 여행	힘겨워하는 이들을 이해하는 마음과 용기를 주고자 하는 소망을 담은 가사를 기타반주에 맞춰 잔잔하게 노래한다.

커피소년	내가 니편이 되어줄게	외롭거나 힘들어하는 이들에게 힘이 되어 주겠다는 매우 지지적인 곡이다.
커피소년	장가갈 수 있을까	멜로디의 진행이 단순하고 '남녀' 의 묻고 대답하는 형식과 노래 가사가 재미있게 구성되었다. 자신의 상황으로 바꿔서 '~할 수 있을까' 하는 대체적인 질문과 답을 주는 곡이다.
하연수, 강하늘, 김초은	아틀란티스 소녀	청소년이 좋아할 만한 스타일리시한 곡 스타일이며 아이들의 목소리가 청아하면서도 청소년들에게 필요한 성장에 관련된 가사로 구성되었다.
허각, 존박	my best	글러브 영화 주제가로, 장애청소년 야구부가 단점을 극복하고 성장하는 내용의 가사로 구성되었다. 허각의 고음과 존박의 저음이 음악의 가사를 더욱 풍성하게 한다.
황태지	맙소사	무한도전 가요제를 통해 광희와 GD, 태양이 만든 노래로, 또래 친구들과 함께 악기를 연주하며, 그룹응집력을 키우는 데 활용할 수 있다.
Amanda Seyfried (아만다 사이프리드)	Thank you for the music	음악의 소중함을 노래한 곡으로 청소년들의 친구가 되어 주는 음악에 대해 생각해 볼 수 있는 곡이다.
Billy Joel (빌리 조엘)	Piano man	3박자의 리듬과 한 음씩 내려가고 오르는 베이스 런이 지친 하루에 힘을 줄 수 있다. 하모니카의 솔로가 나오는 부분에서는 호흡에서 느껴지는 에너지도 함께 얻을 수 있다.
Jason Mraz (제이슨 므라스)	Lucky	경쾌한 리듬과 단순하고 반복적인 멜로디, 남 · 녀 음색의 조화로운 harmony는 부드러우며 편안함을 준다. 아름다운 가사에 나오는 'luck'라는 단어의 의미를 연상하게 하는 곡이다.
Jason Mraz (제이슨 므라스)	I'm yours	감미롭고 아름다운 멜로디는 마치 외국여행을 온 듯한 느낌을 준다. 가볍게 바운스가 있는 기타는 경쾌함을 주며, $B-F^{\#}-G^{\#}_{m}-E$ 코드의 반복되는 진행은 편안함을 제시한다.
Paul Buchanan (폴 부케넌)	Mid Air	영화 어바웃타임 ost로, 따뜻한 느낌을 주면서 속삭이듯 부르는 가수의 음색이 지지감과 위로를 준다
Sarah McLachlan (사라 맥라클란)	Answer	느린 순차진행의 화성이 안정감을 주면서 사라 맥라클란의 음색이 편안함을 준다.

2) 연주곡

가 수	제목	설 명
김영우	Lullaby	느린 3박자의 피아노와 허밍이 어우러진 자장가로 들릴 듯 말 듯 낮게 읊조리는 남성 보컬의 허밍이 바로 옆에서 토닥이며 자장가를 불러주는 듯하다.
놀이터	아침향기	해금, 대금, 가야금, 타악 등의 연주가 어우러진 크로스오버 국악곡이다. 경쾌하고 리드미컬한 퓨전 국악으로 청소년들이 부담없이 우리 음악을 접할 수 있다. 편안함을 주면서 기분 전환과 활력을 불러일으킬 수 있다.
양방언	Swan Yard ~Homo Again~	맑은 피아노 음색이 인상적인 곡으로 찬찬히 이야기 하듯 연주된다. 주제가 반복되며 조금씩 변화하다가 주제로 되돌아와 사라지듯 마무리되어 편안함을 준다.
염평안	봄. 오후	느린 3박자와 멜로디혼(Melodihorn)의 음색이 포근하게 감싸주는 느낌의 곡이다. 마음의 여유와 휴식이 필요할 때 들으면 좋다.
이루마	Wait There	피아노 연주곡으로, 높은 피아노의 주선율이 물방울이 떨어지듯 맑고 청아한 느낌을 준다. 종결부는 점차 조용히 사라지면서 음악을 감상하는 동안 느꼈던 감정과 생각들을 정리할 수 있도록 여운을 준다.
정재형	바람에 이는 나뭇가지	일정한 형태로 반복 또는 변형되는 반주와 고음부와 저음부를 오가며 연주되는 멜로디가 바람을 연상케하는 피아노곡이다. 가만히 쉬고 싶을 때나 음악을 통해 간단한 이미지를 떠올리고자 할 때 도움이 된다.
Alan Silvestri	Suite From Forrest Gump	피아노의 차분함과 오케스트라의 웅장함이 교차되어 함께 경험할 수 있는 곡이다. 피아노의 선율이 이곳에 머물게도 하지만, 오케스트라의 연주는 대지가 눈앞에 펼쳐지듯 나아가게도 한다. 후반부에는 긍정 에너지를 불러일으키며 힘과 지지를 받아 피아노 연주와 함께 안착하게 돕는다.
Andre Gagnon	Un Piano Sur La Mer (바다 위의 피아노)	피아노로 연주된 곡으로 잔잔한 물결을 연상시키는 듯하며 감각적으로 다가온다. 피아노의 맑은 음색이 마음을 여유있게 하고 차분하게 가라앉게 해 준다.
Bill Evans	Peace Piece	단순하고도 규칙적인 반주위에 예측할 수 없게 간헐적으로 나타나는 멜로디가 단조로움과 변화무쌍한 느낌을 동시에 제공한다.

Bill Douglas	Hymn	캐나다의 작곡가이며 피아니스트이고 또 바순연주가인 빌 더글라스는 클래식을 비롯하여 재즈, 아프리카와 인도 음악 등 다양한 장르의 음악으로부터 영향을 받아 이를 자기 음악으로 소화한 음악가이다. 피아노 반주에 바순이 주 멜로디를 연주하는 곡으로, 바순의 음색과 반복이 있는 멜로디가 긴장을 이완시키고 안정감을 준다.
Celtic Woman	The Isle of Innisfree	이니스프리 호수의 평화로움을 묘사한 노래로 가사를 이해하지 못하더라도, 충분히 평화로움을 느낄 수 있다. 맑고 투명한 여성 보컬의 목소리가 마음을 정화시켜 준다.
Chole	Sigma	아일랜드 음악 특유의 분위기와 어린아이 같이 투명하면서도 깊은 보컬 음색이 평화롭고 명상적인 느낌을 준다.
Chopin	Berceuse in D Flat Major op.57	쇼팽이 작곡한 유일한 자장가이다. 폭넓은 음역대를 넘나들며 다채롭게 표현되어, 잔잔하면서도 살아 움직이는 듯한 느낌을 준다.
Chuck Mangione	Feel so good	트럼펫 연주의 대가 Chuck Mangione의 곡으로 도입부에서는 5도의 편안한 화성이 진행되다가 기분 좋은 느낌으로 확장된다. 에너지를 충분히 얻으면서도 기분이 좋아지게 한다.
Ennio Morricone	Once upon a time in America OST -데보라의 테마	아름답고 서정적인 곡을 트럼펫으로 연주한 곡이다. 트럼펫 음색이 생각에 잠기도록 하면서 짙은 향수(노스텔지어)를 느끼게도 한다.
European Jazz Trio	Norwegian wood	좁은 음역안에서 진행되는 부드러운 멜로디와 당김음을 사용한 리듬이 기분을 상승시켜준다. 피곤할 때 과하지 않은 에너지가 필요하거나 환기를 시키고 싶을 때 들으면 힘을 얻을 수 있다.
Hans Zimmer	As Good As It Gets	영화 '이보다 더 좋을 순 없다' 에 수록된 곡으로, 도입부에 무언가 흥미로운 일이 생길 것 같은 기분 좋음이 느껴진다. 1분 25초의 짧은 곡이기도 하지만, 현악기의 당김음 연주와 스타카토가 가벼움과 기대감을 갖게 한다.
James Horner	Legends Of The Fall	영화 '가을의 전설' 에 수록된 곡으로, 관악기가 주를 이루고 휘슬류의 소리가 어우러져 자연을 연상시킨다. 깊은 내면을 들여다보게 하고 탁 트인 광야로 데려가주는 듯하다.
Seiko Sumi	Like River Flow	피아노 연주가 느린 템포로 흘러나와 가볍게 들을 수 있는 음악이다. 맑고 깨끗함이 있으며 아기자기함이 있다. 아르페지오 반주가 흘러가듯 마음을 편안하게 해주면서 옥타브의 연주로 다이나믹을 주어 기승전결을 느끼게 한다.

Sheila Ryan	The Evening Bell	여성 보컬의 목소리, 멀리서 들려오는 종소리와 새소리, 아일랜드 전통악기의 독특한 음색 등이 어우러져 몽환적이고 신비로운 느낌을 자아낸다.
Tommy Emmanuel & Martin Taylor	The Fair Haired Child	핑거스타일의 기타 연주가 입체적이면서도 따뜻한 느낌을 동시에 준다.

2. 청소년을 위한 음악극

창작 음악극 『어른이 되었다고 생각했어』

Story & Music by 남진이

1) 작품 소개

이 작품은 어른이 되었다고 생각하는 '16세' 청소년을 주인공으로 한 창작극으로, 실제 청소년 그룹 및 학급에서도 공연할 수 있도록 기본적인 피아노 반주 위에 내레이션과 대화 그리고 노래와 기악 연주로 구성하였으며, 청소년 그룹의 성별과 상관없이 참여하고 공감할 수 있도록 주인공의 성별을 설정하지 않았다. 또한 대상자의 음악적인 수준과 관계없이 누구든지 참여할 수 있도록 곡의 난이도는 중간 수준으로 하되, 청소년들의 음악적 선호를 반영하여 Rap과 Bossa nova rhythm 등 대중음악적 요소들을 사용하였다. 스토리는 '어른이 되었다고 생각했어.' '어른스럽다고 생각했어.' '어른이 될 수 없다고 생각했어.' '어른이 되었어.'의 4가지 막으로 구성되었으며, 그 내용은 다음과 같다.

제1막. '어른이 되었다고 생각했어.'

주인공은 자신을 낳은 뒤 건강을 잃은 엄마와 단둘이 산다. 환경적으로 일찍 철이 들 수밖에 없었던 주인공은 자신을 이미 '어른이 되었다.'고 생각한다. 학교에서는 친구들의 수다와 고민들이 유치하고 한심해 보여 잘 어울리지 않고 주로 창밖을 보며 멍을 때리거나 잠을 잔다. 그럴수록 점점 더 혼자가 되어 간다. 하지만 주인공에게도 마음 편히 쉴 수 있게 해 주는 친구가 하나 있다. 바로 컴퓨터다. 컴퓨터는 주인공에게 안정감을 주고, 삶의 대부분의 시간을 함께한다. 하지만 전원이 꺼지면 주인공은 허무하고, 무기력해진다.

제2막. '어른스럽다고 생각했어.'

컴퓨터 밖 일상은 우울하다. 움직이기도 싫고, 자꾸만 잠이 쏟아진다. 알 수 없는 감정들이 몰려오기도 하고, 습관처럼 한숨만 쌓여 간다. 하지만 어렸을 때처럼 엉엉 울지 않고 마음을 꾹꾹 누를 수 있다. 그래서 주인공은 자신이 '어른스럽다.'고 생각한다. 하지만 사실은 무너지고 있다. 스스로 대견하게 여기면서도 한심스러워하고, 잘 견뎌 내고 있지만 더는 견딜 수 없을 거라 느낀다. 멀쩡해 보이지만 미칠 것 같고, 다 지나갈 것이란 걸 알지만 바뀌는 것은 없을 것이라는 생각에 좌절한다. 친구들과 어른들의 지나가는 작은 말들에도 신경이 곤두서고 날카로워진다. 하지만 그 말들에 직접 대응하고 싶지는 않다. 마음속으로만 그 말들에 리플을 달 뿐이다. 괜찮은 척하지만 괜찮지가 않다. 그냥 모든 게 사라지기를 바랄 뿐이다.

제3막. '어른이 될 수 없다고 생각했어.'

날마다 기도한다. 모든 게 없어지게 해 달라고. 그랬더니, 정말 그렇게 되어 버렸다. 아무 기력 없이 매일 누워 지내던 엄마가 돌아가신 것이다. 엄마의 장례식장에서 주인공은 아주 오랜만에 아빠를 만나게 된다. 생활비만 보내 주던 무책임한 어른을…… 하지만, 아빠는 혼자가 된 주인공의 거취에 대해 관심이 없다. 장례식을 마치고 주인공은 혼자가 된다. 자유의 몸이 된 주인공은 엄마가 떠난 것을 슬퍼하기보단 오히려 해방이라 여긴다. 더 이상 보호해야 할 엄마가 없는 것이, 간섭받을 사람이 없는 것이 좋다. 학교에는 돌아가지 않기로 한다. 혼자만의 새로운 세상이 주어진 것에 설렌다. 일단, 컴퓨터나 한 달 실컷 해 보기로 한다. 그러고 나서는 아르바이트를 시작한다. 하루, 이틀, 늘 똑같은 아침, 점심, 저녁이 반복된다. 엄마가 없지만 생활은 어려울 게 없다. 원래부터 늘 해 왔던 일이었으니까. 학교에 안 가니 너무 편하다. 듣기 싫은 소리 안 들어도 되니까. 하지만 아르바이트는 무척 따분하고 몸이 힘들다. 무의미한 매일이 반복되면서 주인공은 평범했던 모든 것들이 이상하게 여겨진다. "왜?"라는 질문의 연속선상에서 괴로워한다. "왜 살아야 하지?, 왜 일어나야 하지?, 왜 먹어야 하지?, 왜 아르바이트를 해야 하지?……" 반복되는 질문의 끝에서 주인공은 답을 찾는다. 그건 바로 혼자가 되었기 때문이었다. 없는 게 나을 것 같았던 엄마가 고맙게도 없어져 줬는데, 삶이 송두리째 흔들리고 있다. 혼자서는 살 자신이 없어진다. '어른이 될 수 없을 것 같다.'

제4막. '어른이 되었어.'

이렇게 몇 년을 더 살아가야 할까? 어떻게 혼자 살아갈 수 있을까?…… 주인공은 자신이 없어진다. 텅 빈 마음, 표정 없는 순간의 연속이다. 도움을 청할 사람은 아무도 없다. 하지만 꿈속에서만큼은 엄마가 울며 위로해 준다. 그럴수록 엄마, 그 한마디에 사무치는 그리움을 느낀다. 엄마를 부르며 울고, 참회한다. 울다 잠이 깨면 또 아르바이트를 간다. 무의미한 일상이 반복된다. 그러던 어느 날, 일하는 편의점에 한 자폐아이가 나타나기 시작한다. 같은 말을 반복하고, 자기 머리를 때리고, 울며 뛰다가, 지하철 노선도를 몽땅 외워 버리고는, 언제나 라면을 사 간다. 창밖엔 걱정 가득한 아이의 엄마 모습이 보인다. 누군가 아이를 거칠게 대하면, 엄마가 곧 나타나 연신 사과를 한다. "죄송합니다. 우리 아이에게 장애가 있어요." 매일같이 반복되는 일상 속에서 아이의 엄마는 아이에게 잘 대해 주는 주인공에게 고마워하며 맛난 음식을 가져다주시기도 한다. 주인공은 어느새 아이와 아이 엄마를 기다리기 시작한다. 그렇게 하루하루가 조금씩 의미 있어지기 시작한다. 아이에게 도움이 될 만한 것들이 있는지 '자폐'와 관련된 정보들을 찾다 보니 희한한 직업들이 많이 있다는 것을 알게 된다. 그리고 세상엔 아픈 아이들이 정말 많다는 것도…… 또, 나만 아픈 게 아니었다는 것도…….

아르바이트를 해도 시간은 잘 흘러가지만, 이젠 좀 더 의미 있게 살고 싶어진다. 누군가 나를 도와줬으면…… 내 마음의 변화를 나눌 대상이 있었으면…… 하고 바란다. 이렇게 나를 변하게 해 준 아이와 아이의 엄마에게 고마움을 느낀다. 그럴수록 엄마가…… 그리고 나를 또다시 버린 아빠가 생각난다. 하지만 이젠, 아빠가 밉기보다는 나를 한 번만 찾아와 주기를 기대하는 마음이다. 그럴 리는 없지만…….

학교에 돌아가고 싶지만, 중간고사도 날렸고, 장기 무단결석이니 1년 유예될 게 뻔하다. 돌아가기가 겁이 난다. 고민을 나눌 어른은 주위에 아무도 없다. 오랜 고민

끝에 주인공은 용기를 내어 아이의 엄마에게 도움을 요청한다. 아이의 엄마는 주인공을 질타하지 않고, '어른이 되었다.' 고 격려해 주신다. 그리고 너의 아버지도 너를 대견해 하시고, 많이 걱정하시더라고 이야기한다. 주인공은 매우 놀란다. 어떻게 아빠를 아는지 묻자 아이의 엄마는, 매일같이 창밖에서 아이를 지켜볼 때면 어김없이 너의 아버지도 나와 같은 모습으로 너를 지켜보고 있었다고 말한다. 오늘로서 학교에 안 간 지 55일째인 것도 모두 알고 있다고…….

며칠 뒤, 아빠가 다가온다. 주인공은 아빠와 멋쩍게 재회를 한다. 아빠는 주인공에게 용서를 구한다. 그리고 말하기 어려운 사정이 있었노라고 천천히 대화를 나눠보자고 제안한다. 또한, 수업일수의 1/3을 채우지 못하면 진급이 어렵다고, 담임 선생님과 60일 전에 너를 꼭 데려가겠다고 약속했다고 말한다. 구원이었다. 유예를 하지 않아도 된다는 것은! 장기 무단결석을 이해받고 있었다는 것은!

주인공은 이 모든 걸 해결해 준 아빠가, 잃었던 세계를 찾아 준 아빠가 너무 고마워진다. 59일째, 학교에 돌아간다. 그동안 선생님과 아빠가 잘 설명해 주신 덕분에 친구들은 주인공을 진심으로 위로해 준다. 그동안 혼자라고 생각했던 주인공은 친구들의 진심 어린 위로와 격려를 받으며 혼자서 마음을 꽁꽁 닫고 오해했던 시간들을 뉘우친다. 그리고 마음으로 그들을 받아들인다.

다시 돌아온 학교는 모든 게 그대로였지만 주인공은 모든 게 달라졌다고 느낀다. 더 이상 창밖만 보지 않고, 잠만 자지 않는다. 친구들이 하는 대화에 마음속으로만 리플을 달지 않고, 말로 표현한다. 친구들은 주인공에게 달라졌다고 말한다. 찾아와서 말 못할 고민들을 나눈다. 그저 그런 얘기들을…… 그 안에 담긴 고민들을…… 진심을 나누고 위로받기 위해, 아픔을 나누기 위해, 아픔을 겪은 이를 찾아온다. 아직은 열여섯, 그러나, 주인공은 그렇게 어른이 되었다.

2) 목적과 대상

1. 목적

- 음악극 참여를 통해 청소년기의 중요한 이슈인 '정체성 형성'의 경험 및 통찰을 돕는다.
  - '정체성 형성'의 하위개념(McFerran, 2010)

• 자신과 타인을 비교하기
• 타인이 자신을 어떻게 바라보는지를 고려하기
• 또래들에 관한 시각이나 감정을 표현하기
• 가족으로부터의 자율성, 독립성
• 긍정적인 자기-암시나 새로운 행동들을 탐색하기
• 세상과 자신의 한계들을 탐색하기
• 자기반영-나는 누구인가?

-그룹원의 역할 참여를 통한 음악극의 완성으로서 '상호존중' '협력' 그리고 '유대감'을 강화한다.
-교사나 치료사는 협력자의 역할로서, 청소년들의 주도적인 참여를 이끌고 '책임감'을 강화한다.
-교사나 치료사는 음악적 성취, 활약과 기여를 인정해 줌으로써 '새로운 성장'의 기회를 제공한다.
-교사나 부모 그룹의 공연 시, 청소년기를 재경험해 봄으로써 그들의 마음(욕구)를 더욱 깊이 이해하고 성찰할 수 있다.

2. 대상
-청소년 그룹
-중 · 고등학생 학급
-청소년을 지도하는 교사 및 부모

3) 악기 구성 및 배정

1. 악기 및 역할 구성
피아노 반주, 내레이션, 노래, 랩, 연주 파트에 최소 8명, 최대 20명이 참여할 수 있다.

2. 인원 배치 요령
그룹의 규모에 따라서 다음과 같이 최소/최대 인원을 가감하여 진행할 수 있다.

–그룹원이 적을 경우, 1인이 1역할 이상을 중복 참여할 수 있다.

–그룹원이 많을 경우, 아래 구성된 악기별 배치 인원에 더 추가하여 진행할 수 있다.

악기	표기명	기호
봉고드럼	Bongo drums	■
트라이앵글	Triangle	/
징글스틱	Jingle stick	×
심벌즈	Cymbals	§
레인스틱	Rain stick	//
윈드차임	Wind chime	⋀⋀⋀
스네어 드럼	Snare drum	❊
톤차임	Tone chime	♩
실로폰	Xylophone	♩
터치벨	Touch bell	♩
멜로디언	Melodian	♩
개더링드럼	Gathering drum	▯
썬더 드럼	Thunder drum	∾
에그셰이커	Egg shaker	
슬라이드 휘슬	Slide whistle	⌒
우드블록	Wood blocks	X

4) 음악극

제1막 '어른이 되었다'고 생각했어

주인공 & 내레이션

1번 곡

Nar.

내나이 열여섯.
어른이 되었다고 생각했어.

너무 일찍 철들어야 했던,
평범하지 않은 내 얘기…
한번 들어 볼래?

작사 남진이
작곡 남진이

Nar.

엄마는 따뜻하고 명랑한 분이었대.
하지만 나를 낳은 뒤로는 계속 아프셨어.

나로 인해 건강을 잃은 엄마를 보는 건
시간이 지나도 익숙해지지가 않았어.
그래서 난 늘 생각이 많았어.

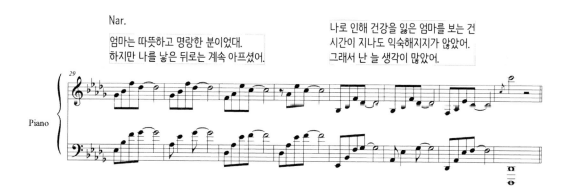

2번 곡

♩=96 Shuffle rhythm

47
Triangle
Jingle sticks
Bongo drums
Nar.
말이야 방구야?
휴~ 지겨워!
그만 좀 하지?
정들도한 심해보였 지 말뿐인 푸념 앓는 소 리 자랑섞인불평들 공 부 패 션 다 이
Piano
52
Cymbals
ff
어트 연 애, 연 예 인 공 부 패 션 다 이 어트 연 애, 연 예 인 그
f
Piano

3번 곡

Nar.

생각들은 날개를 달고 점점 더 멀리 날아다녔어.
그럴수록 나는 점점 더 혼자가 되어 갔지.
내 곁엔 말이 없는 베프뿐이었어.

67
Snare drum
Tone chime
골치아픈일들잠시 잊게해주지 현실에서도피할수 있게해주지 쓸 데 없 는 생 각 들 멈 춰 주 지
Piano
73
Cymbals
Xylophone
음 악 게 임 웹 투드라마 뭐 든 보 여 주 지 궁금한건뭐든지 알려주 지 내가원할때까지 함 께 해 주 지
Piano

♩=80
Nar.
컴퓨터는
내게 안정감을 주었어.
실컷 쉬게 해 줬고,
다른 세상을 엿볼 수 있게 해 줬어.
Xylophone
Tone chime
Piano
dolce
cresc.

내 유일한,
고마운 친구였어.
하지만,
전원이 꺼지면 허무하기 짝이 없었어.
아무것도 하고 싶지 않고,
몸의 여기 저기가 아파 왔어.
Piano
decresc.
f
f
8va

제2막 '어른스럽다'고 생각했어

4번 곡

주인공 & 내레이션 & 친구들 & 어른들

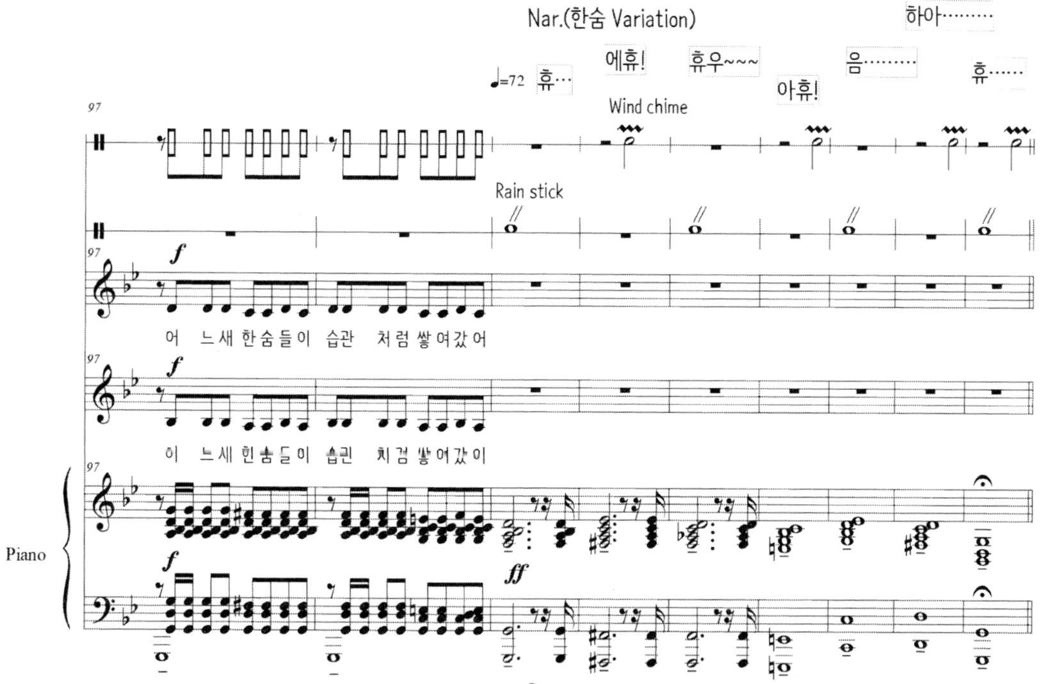

Nar.
하지만 어렸을 때처럼 엉엉 울지 않고
마음을 꾹꾹 누를 수 있었어.
그런 내가 대견했어.
어른스럽다고 생각했어.
106
Piano
p
cresc.

그런데, 그런 생각도 잠시였어.
사실, 나는 무너지고 있었어.
112
Piano
decresc.
rit.

5번 곡

♩=120
116
Wind chime
Touch bell
mf 외면의 노래
f
난 대 견 해
잘 견 디 고 있 어
ff 내면의 노래
ff
아 니 한 심 해
더 는 견 딜 수 없
Piano
a tempo
f
mf
f
mf
f

Nar.

시끄러운 속을 달래줄 사람은 없었어.
그건 순전히 내 몫이었지.

친구들은 너무 쉽게 나를 판단했어.
'그건 내가 아니야!' 말할 수 있는 힘이 내겐 없었어.

그래서 늘,
마음속으로만 그 말들에 리플을 달았어.

Nar. 내면의 응답
'난 심각한 애가 아니야!'
'니들도 내겐 존재감 없어!'
139
Wind chime
Touch bell
mf 친구들의 노래
mf
잰 좀 심 각 해
존 재 감 이 없 어
너
a tempo
mp
f
mp
f
Piano

'안 어울리는 것 뿐이야!'
147
cresc.
무 못 어 울 려
잰 왜 사 는 걸 까
mp
f
decresc.
cresc.
Piano

Nar.
나를 보는 내 마음은
점점 더 짜증과 피곤으로 얼룩져 갔어.
그런데, 무슨 공부를 해?
무슨 꿈을 꿔?
어른들의 조언은 전혀 쓸모가 없었어.
오히려 내 반항심만 일깨웠지.
Gatheraing drum
Piano
rit.
Nar. 내면의 반항
'뭐가 되는데요?'
Wind chime
ff어른들의 조언
maestoso
노 력 하 면 돼!
늦 었
a tempo
Cymbals
'그게 말이 돼요?'
다 고 생 각 하 는 그 때 가 가 장 빠 른 때 란 다
열 심 히

Nar. 내면의 반항
'아… 네…'
Cymbals
Gatheraing drum
170
공 부 를 하 면 성 공 을 할 수 가 있 지
Piano
cresc.
'즐기라구요?… 즐…'
175
피 할 수 없 으 면 즐 겨 라
Piano
Nar.
지나가는 작은 말들에도 내 신경은 곤두섰어.
몸은 무기력했지만, 정신은 날카로웠어.
한가해 보이지만, 쉬지 않고 헤엄을 쳐야만 하는 오리처럼…
괜찮은 척했지만, 괜찮지가 않았어.
그냥 모든 게 사라졌으면… 했어.
모든 게 사라지기를… 기도했어.
179
Piano
rit.

제3막 '어른이 될 수 없다'고 생각했어

주인공 & 내레이션 & 아빠

6번 곡

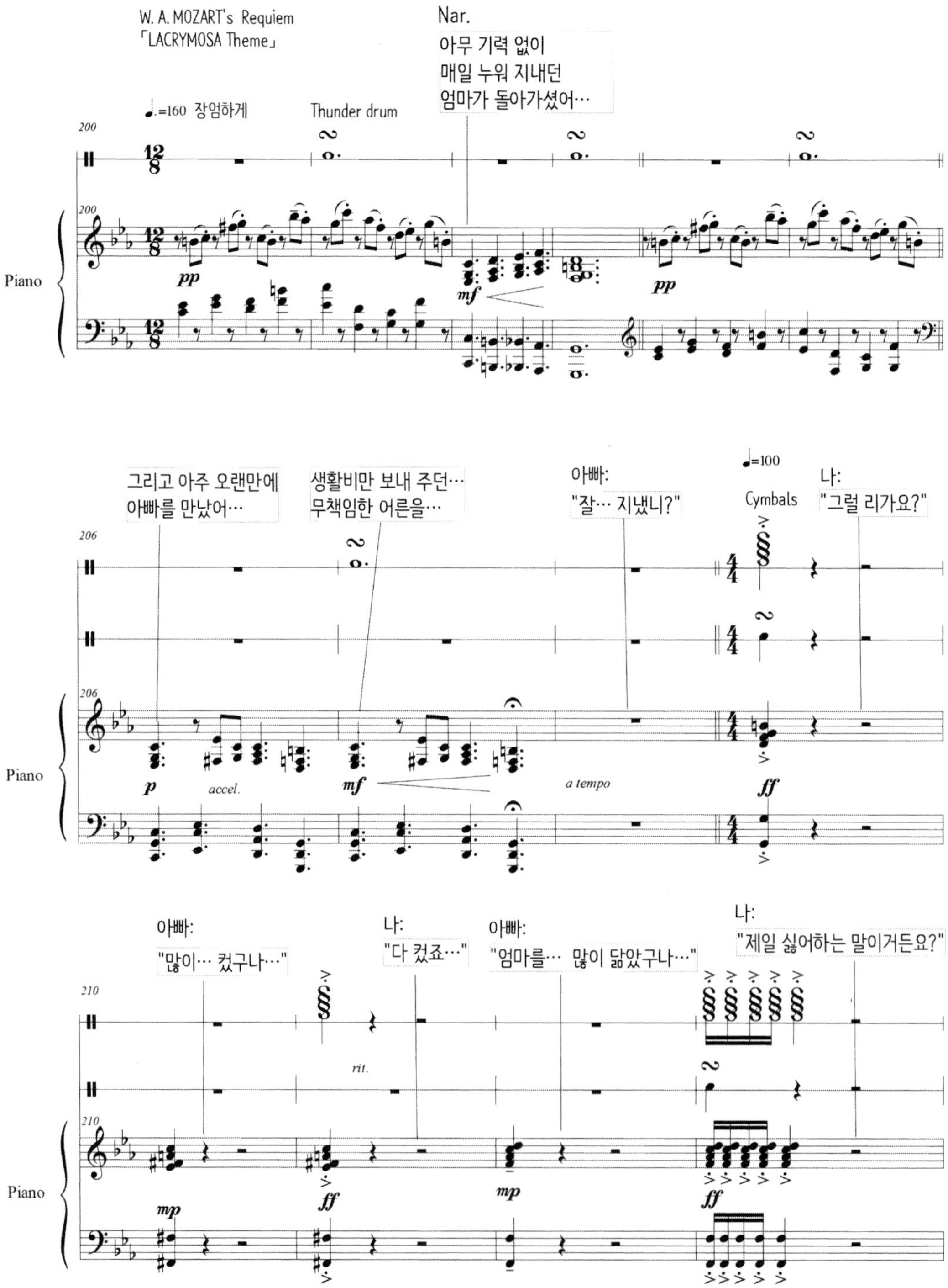
W. A. MOZART's Requiem
「LACRYMOSA Theme」
Nar.
아무 기력 없이
매일 누워 지내던
엄마가 돌아가셨어…
♩.=160 장엄하게
Thunder drum
Piano
pp
mf
그리고 아주 오랜만에
아빠를 만났어…
생활비만 보내 주던…
무책임한 어른을…
아빠:
"잘… 지냈니?"
♩=100
Cymbals
나:
"그럴 리가요?"
Piano
p
accel.
mf
a tempo
ff
아빠:
"많이… 컸구나…"
나:
"다 컸죠…"
아빠:
"엄마를… 많이 닮았구나…"
나:
"제일 싫어하는 말이거든요?"
rit.
Piano
mp
ff

나:
"무책임한 성격이죠…"
아빠:
"성격은 나를 닮았구나…"
"엄마를 그냥 내버려 뒀어요…
외로워서 빨리 돌아가신거죠…"
"차라리 잘 됐지 않아요?"
Cymbals
214
Thunder drum
214
Piano
mp
ff
p
ff

♩=80
Nar.
아빠는 더 이상 대화를 잇지 못했어.
나는 일부러 아주 못되게 굴었어.
그럴 수 있는 유일한 상대였으니까…
눈물이 차올랐지만 참을 수 있었어.
장례식을 마치고, 소원대로 난 혼자가 됐어.
그리고, 학교에 돌아가지 않기로 했어.
219
Piano
mp
rit.

7번 곡

♩.=160
주인공의 노래
226
더 이 상 학 교 에 가 지 않아 도 돼 누
226
Piano
a tempo

231
구 도 나 를 간 섭 하 지 않 아 나 는
Piano
237
더 이 상 집 에 있
자 유 이 제는 비로소 참 자 유 더 이 상 집 에 있
Piano
243
지 않 아 도 돼 누 구 도 나 를 필요 로 하 지 않 아
지 않 아 도 돼 누 구 도 나 를 필요 로 하 지 않 아
Piano

Nar.

엄마가 떠난 것은 슬픔보단 해방이었어.
다른 애들과 달리,
내게 엄마는 있어도 그만인 존재였으니까…

이제, 나 혼자만의 새로운 세상이 주어졌어.
뭘 해 볼까 설레었어.

8번 곡

♩=160
269
Egg shaker
Slide whistle
Xylophone
까
그 러 기 엔 너 무 부 족 한
돈 인 데
뭘 하 면 좋 을 까
Piano

Nar.
일단 컴퓨터나 한 한 달 실컷 해 보지 뭐…
그다음엔 뭘하지?
돈 떨어질 테니까
알바나 슬슬 하지 뭐…
♩=96
274
Wood blocks
Xylophone
그 담엔 뭘
할까
Piano

9번 곡

280
Wood blocks
Xylophone
하루 이틀 어김없이찾아오는 아침 점심 저녁 반복되는 하루의연속들
Piano
286
Swing feel
밥해먹고 치우고 빨래하고 생활은 어려울게없었 어
늘해왔던 일이었으니 까 원래부 터내가하 던일이 었으니 까 학
290
교에있기 니 너무 편했어 든
컴퓨터 로 이곳 저 곳

Nar.(랩하듯이 빠르게 읽기)

그리고 돈을 모으기 위해
알바를 시작했어.

알바는 할만 했어.
왜냐구?

잡생각이 들 틈이 없었어.

하지만 무척 따분했고,
몸이 많이 힘들었어.

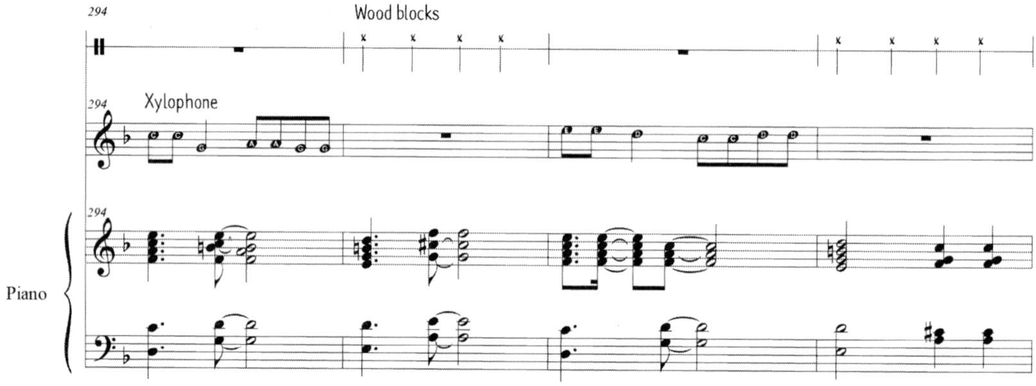

한 달이 지났어.

얼마 되지 않지만
태어나서 처음으로 돈을 벌었어.

하지만,
오히려 내 맘은
조금씩 더 답답해져 가기만 했어.

♩=80

무의미한 매일이
쉬지 않고 반복되었고,

평범했던 모든 것들이
이상하게 생각됐어.

왜? 라는 질문이
쓸데없이 나를 괴롭혔어.

10번 곡

Nar.

반복되는 질문의 끝에서
난, 답을 찾았어.
그거 바로 혼자가 됐기 때무이었어.

차라리 없는 게 나을거라 생각했던
엄마가 고맙게도 없어져줬는데…
내 삶이 송두리째 흔들렸어

혼자서는 살 자신이 없어졌어.
어른이 된 수 없을 것 같았어.

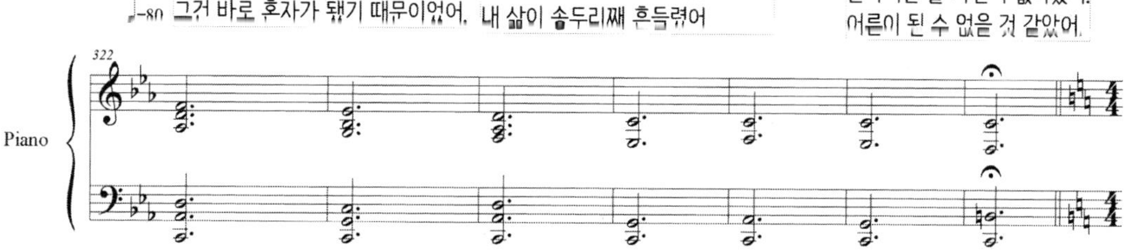

제4막 '어른이 되었어'

주인공 & 내레이션 & 아빠 & 자폐아이 & 아이의 엄마 & 친구들

11번 곡

Nar.

힘에 부쳤어.
어두운 터널에 혼자 남겨진 것 같았어.
여기서 날 꺼내줄 사람은 아무리 생각해도 없었어.

아빠?
그 무책임한 사람한테 연락할 마음은 추호도 없었어.
생활비는 여전히 보내 줬지만
혼자 남겨진 나를 단 한 번도 찾아오지 않았어.

텅 빈 마음,
표정 없는 순간의 연속이었지만
꿈속에서만큼은 활기를 잃은 내가 아니었어.

어떤 날은 화끈하게 알바를 때려치우기도 했고,
어떤 날은 쩔쩔매며 수학시험을 보기도 했어.

또 어떤 날은 건강하고 고운 엄마가
환하게 웃고 있기도 했고,

아프고 늙은 엄마가
슬피 울며 위로해 주기도 했어.

12번 곡

370
♩=80 슬프게
a tempo
Piano
엄 마 가 꿈 에 나 오 면 그 사 무 치 는 그 리 움 엄 마, 그 한 마 디 에 사 무 칠
376
줄 은 몰 랐 었 어 엄 마, 당 신 덕 분 에 살 았 음 을 몰 랐 어 요
Nar.
배 속의 태아처럼 웅크린 채
엄마를 찾았어.
그러곤 울었어.
미안해…
보고싶어…
382
p
엄 마 엄 마 엄
엄 마 엄 마 엄 마

Nar.
나 힘들어…
못 살겠어…
그렇게 울다가 잠이 들기를 반복했어.
잠에서 깨면 또 알바를 갔어.
무의미한 일상의 반복이었어.
그 아이를 만나기 전까진…
388
마
엄 마
엄 마
Piano
rit.
♩=100
어느날 갑자기
일하는 편의점에 한 아이가 나타났어.
아이는 매일 같은 시각에 나타나기 시작했고
언제나 같은 행동을 했어.
394
Wind chime
신비스럽게
a tempo

13번 곡

아이:
"쓰레기 차! 쓰레기 차!"
"떠들면 안돼~ 떠들면 안돼~"
♩=136
398
Triangle
Bongo drums
계 속 같 은 말 을 반 복 해
자 기 머 리 를 때 려
Piano

404 Gathering drum
Bongo drums
아이:
(양손 주먹으로 머리 두드리기)
(두 발로 뛰기)
울 면서 뛰기도 하고
Piano
410
Triangle
쉬 지 않 고 지 하 철 외 워
Piano

아이:

" 4호선! 오이도부터! 시~작!
오이도, 정왕, 신길 온천, 안산, 초지, 고잔, 중앙, 한대앞, 상록수, 반월, 대야미, 수리산, 산본, 금정, 범계 , 평촌, 인덕원, 정부 과천 청사, 과천, 대공원, 경마공원, 선바위, 남태령, 사당, 이수, 동작, 이촌, 신용산, 삼각지, 숙대입구, 서울역, 회현, 명동, 충무로, 동대문역사문화공원, 동대문, 혜화, 한성대입구, 성신여대입구, 길음, 미아사거리, 미아, 수유, 쌍문, 창동, 노원, 상계, 당고개! 다했다! "

VAMP(노선도 외우는 동안 연주 무한 반복)

Nar.
아이의 이상스런 행동 때문에
화를 내거나 욕을 하는 손님도 있었어.
그럴 땐 창밖의 엄마가 나타나 말했어.
엄마:
"죄송합니다.
우리 아이에게 장애가 있어요."
♩=136
434
Thunder drum
Piano
p
accel.
a tempo
mf
Nar.
아이의 엄마는
아이에게 잘 대해 주어
늘 고맙다고 말해 주셨어.
누가 내게
고맙다는 말을 해 주는 게…
누군가 나를 매일 찾아와 주는 게…
443
mp
accel.
낯설지만… 기분 좋았어.
어느새…
아이와…
아이의 엄마가…
기다려지기 시작했어.
449
mf
rit.
mp
rit.

14번 곡

456
♩=136
Gathering drum
Bongo drums
계 속 같은일을 반복 해 그리고 아이를 기다 려 아 이가 좋아
Piano
a tempo

463
하 는 라 면과 음료를 준 비해 오 늘은
Piano

15번 곡 Nar.(랩하듯이 빠르게 읽기)

Nar.

아이와 대화를 하기 시작했어. 지하철뿐이 아니었어. 국가와 도시, 날짜와 요일까지 전부 알고 있었어.

Nar.(랩하듯이 빠르게 읽기)

말도 안 돼.

검색을 해 보면 언제나 정답이었어.

초능력이 있는 건 아닐까?

너무 신기해서, 난 자꾸만 질문을 했어.

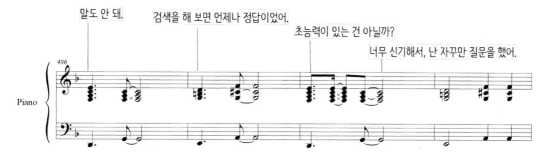

그런 우리를 지켜보던 아이의 엄마는

"오늘은 우리 아이에게 기분을 물어봐 줄 수 있어요?"

"오늘은 칭찬을 조금만 해 줄 수 있어요?" 하시며,

정성이 가득 담긴 도시락을 가져다주시기도 했어.

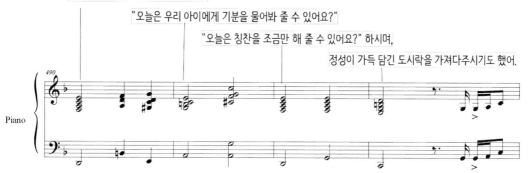

그렇게 내 하루들이 조금씩 의미 있어지기 시작했어.

자폐와 관련된 검색어들을 찾아보는 게 일상이 됐어.

내가 좀 더 도움이 되어 줄 수 있을지도 모르니까.

찾다보니, 아이를 도울 수 있는 희한한 직업들이 많이 있다는 걸 알게 됐어.

그리고 세상엔 아픈 아이들이 정말 많다는 것도…

또, 나만 아픈 게 아니었다는 것도…

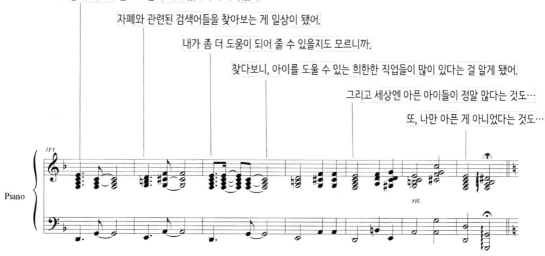

16번 곡

♩=136
501
Gathering drum
Bongo drums
계속 같은일을 반복 해 하지만 너무 바빠 여 러 가지 검색을 하고
Piano
a tempo

509
♩=120
dolce
공 부 를해 고 민 을 해 알바를해 도 시간은
Piano

516
잘 흘 러 가 하 지 만 더 의 미있 게 살 고 싶 어 누 군 가
Piano
522
rit.
나를도 와줬 으면 도와 줬 으면 내마음 의 변화를 나누고 싶 어 이
Piano
rit.
♩=136
531 Gathering drum
Bongo drums
렇게나를변하게해 준 아 이 가너무고마 워 이 렇게나를변하게해 준 아 이 의엄마가너무
Piano
a tempo

538
Gathering drum
Bongo drums
Rain stick
mp rit.
고 마 워 그 럴수록생각나는 사 람 이 젠 만날수없는 사 람 엄 마 엄 마 엄 마
Piano
p rit.
546
Wind chime
a tempo
mf
mp rit.
그 러다문득생각난사 람 아 직 은만날수있는사 람 아 빠 맞 아 아빠가 있었지
a tempo
mp
p rit.
Nar.
그런데,
아빠는 내게 관심이 없지.
애초에 나를 버렸고,
혼자 남겨진 나를 또다시 버렸으니까.
없다고 생각하는 게 나아.
555
♩=90
그 래도내게 와 준다 면 한 번만나를 찾아와주 면 아
a tempo

Nar.
그런 기적같은 일은 일어나지 않았어.
♩.=160
563
Wind chime
Rain stick
563
빠 그 러 면 안 되 나 요
8va
563
accel.
a tempo
Piano

난 여전히 혼자였고
앞날을 의논할 사람은
누구도 없었어…
569
Thunder drum
569
rit.
Piano

Nar.
학교에 돌아가고 싶은 마음도 들었지만
중간고사도 날렸고, 장기 무단결석이니
1년 유예될 게 뻔했어…
Thunder drum
575
Piano
a tempo
accel.
그런데, 무엇보다…
혼자 돌아가기… 겁이 났어…
누구와 얘길하면 좋을까?
아빠처럼 무책임한 나를
모두 비난하지 않을까?
579
a tempo
아! 그 아이의 엄마…
그 아줌마라면… 나를 이해해 줄 수도 있을 것 같았어.
그래서 용기를 내 보았어.
585

나:
"안녕하세요… 아줌마…"
"저는… 열…여섯살인데요…"
사실… 학교를… 안 가고 있어요…"
"왜냐면요…"
Nar.
대화가 시작되었고,
아줌마는 환히 웃으며
589
Piano
p
accel.
mf
내 얘길 들어주셨어.
그러곤 말씀하셨어.
아줌마:
"넌 이미 어른이 됐구나."
"정말 애썼다…"
"네 아버지도 그런 널 대견해 하시더라…"
"걱정도 많이 하시고…"
595
Piano
p a tempo
Nar.
충격이었어...
아줌마가 어떻게 우리 아빠를 알고 있는거지?
도대체 어떻게 아는지 물었어.
아줌마의 얘기는 이랬어…
601
Thunder drum
Piano
mf
accel.
rit.

17번 곡

=90
605
Egg shaker
Xylophone
아줌마의 노래
매일 두 시오 십분 내 아 들을보 러 올 때면 어김 없 이너 를보 러 오 는
Piano
a tempo

=160
613
Slide whistle
한 남 자 가 있지 오 늘 도 올거야 넌 몰 랐 구 나
Piano

나:
"말도 안돼…"
"아빠는 저를 버렸고, 버려진 저를 또 버렸어요."
"제가 여기서 일하는 것도 알 턱이 없구요…"
618
Piano
나:
"헐… 대박…"
♩=90
621
Egg shaker
Xylophone
학 교에안 간지 오 십 오일째 지 넌 학 교에안 가는 너 를
Piano
"정말 우리 아빠라구요?"
♩=160
630
Slide whistle
많 이 걱 정 하 는 많 이 응 원하는 네편인 사 람
Piano

Nar.
한 번만 나를 보러 와줬으면…
소원했는데…
내 무단결석일까지 알고 있었다니…
그런데,
왜 내게 직접 와서 말을 걸진 않은 거지?
♩=80
634
Piano
p

왜 학교에 안 가고 있는 나를
그냥 멀리서만 지켜본 거지?
묻고 싶은 게 많았지만
달려가 아는 체를 할 용기가 나지 않았어.
그렇게 3일이 더 흘렀어…
638
Piano
rit.

18번 곡

♩=136
642
Gathering drum
Bongo drums
계 속 같은일을 반복 해 그리고 아빠를 기다 려 창 밖엔 숨어서
Piano
a tempo

649
Gathering drum
Bongo drums
649
보는 걱 정 가득한 아이의 엄 마 그리고 그 옆엔
649
Piano

656
656
숨어서 보 는 걱 정 가득한 나의 아 빠
656
Piano

Nar.

눈이 마주쳤어.
아빠가 멋쩍게 웃었어.
나도 멋쩍게 웃었어.

아빠의 모습이 가까워지고 있었어.
그리고 내 앞에 아빠가 나타났어.

아빠가 말했어.

19번 곡

아빠:
"우리…"
"천천히…"
679
운 사 정 이 있 단 다 미 안 해
Piano
mp
"대화를 나눠 보면 어떨까?…"
684
mf
이 제 는 학 교 에 가 야 하 지 않 겠 니 육 십 삼 일
이 제 는 학 교 에 가 야 하 지 않 겠 니 육 십 삼 일
Piano
690
이 지 나 면 진 급 을 할 수 없 대 육 십 일 전
이 지 나 면 진 급 을 할 수 없 대 육 십 일 전
Piano

695
에 꼭 데 려 가 기 로 학 교 에 약 속 을 했 단 다
695
에 꼭 데 려 가 기 로 학 교 에 약 속 을 했 단 다
695
Piano

Nar.
아, 그래서 학교에서 나를 내버려 뒀구나…
정학이 아니라니…
돌아갈 수 있다니…
이 모든 걸 해결해 준 아빠에게
너무 고마운 마음이 들었어.
♩.=120
700
Piano

♩=100 나 스스로 버렸던…
그로 인해 잃었던…
내 세계를 찾아 준…
고마운…
아빠…
704
Piano
rit.
8va

Nar.
59일째,
학교에 돌아왔어.
그동안 선생님과 아빠가
친구들에게 내 상황에 대해 잘 얘기해 주셨대.
=120
709
Piano
a tempo

친구들은 나를…
진심으로 위로해 줘어…
713
Touch bell
Piano

20번 곡

친구의 위로:
"소식 들었어…
너무 힘들었지?…"
717
Touch bell
mf
넌 대 견 해
잘 견 디 고 있 어
Piano

친구의 위로:
"넌 꽤 의젓하고 어른스런 아이였어.
분명 잘 이겨 낼 거라고 믿었어."
"나도 작년에 너와 같은 일을 겪었어…"
Touch bell
724
넌 혼 자 가 아 냐
Piano

"너처럼 학교도 안 나오고,
다 떠나 버리려고도 했었어…"
"그런데, 친구들 때문에 이겨낼 수 있었어…"
"이제 내가 너에게 친구가 되어 줄게…"
Thunder drum
729
f
다 지 나 갈 거 야
Piano

응답하는 노래

Nar.
정말 어린 건, 나였는데…
그걸 몰랐었어…

친구들의 위로

"우린… 니가 좀 어려웠어…"
"너무 과묵하고 어른 같아서…"
"이젠… 같이 웃고, 힘내서…"
"이 각박한 세상에서 정신차리고 잘 살아 보자! '

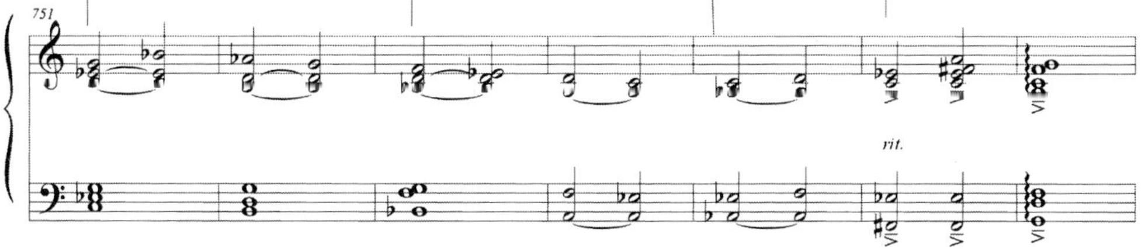

21번 곡

Nar.
♩=96
다시 돌아온 학교,
모든 게 달라졌어.
교실도, 선생님도, 친구들도
모두 그대로지만,
내가 달라졌거든...
어떻게 달라졌냐구?
Jingle stick
758
Triangle
Bongo drums
학
Piano
a tempo
763
교에서창밖만보지 않는아이 엎드려 잠만자지않는아이 친 구들의수다들으며 웃는아이 자리를 피 하지않는아이 보이 는

767
Triangle
Jingle stick
Bongo drums
767
모 습 은 여 전 히 아 이 지 만 이 젠 조 금 더 커 졌 지 친
767
Piano

771
771
구 들 은 달 라 졌 다 했 고 걱 정 들 을 내 게 나 누 었 지 말 뿐 인 푸 념 앓 는 소 리
771
Piano

Triangle
Jingle stick
Bongo drums
Cymbals
자 랑 섞 인 불 평 들 공 부 패 션 다 이 어 트 연 애, 연 예 인 그
Piano
Wind chime
Rain stick
저 그 런 얘 기 들 그 안 에 담 긴 고 민 들 내
Piano
rit.
게 모 두 쏟 아 놔 나 를 찾 아 오 네
Piano

22번 곡

♩=80
786
Melodian
친 구 들 의 고 민
그 리 고 내 고 민
누 구 에 게 나
Piano
a tempo
791
있 는
작 고 큰 상 처 들
나 누 고 싶 지 만
위 로 받 고 싶 지
Piano
797
마
진 심 을 나 눌 대 상 이
없 네
Piano

Rain stick
802
Wind chime
그 래 서 아 픈 나 를 찾 아 오 네
Piano
Rain stick
806
Wind chime
그 렇 게 나 는 어 른 이 됐 네
Piano
Rain stick
810
Wind chime
rit.
엄 마 가 내 게 준 선 물
Piano
rit.

〈부록〉 청소년 관련 기관 및 사이트 안내

• 청소년 관련 기관

기관명	설명
Wee 프로젝트	We(우리들), education(교육), emotion(감성)의 첫 글자를 모은 것으로 청소년들의 고민을 상담해 주는 곳 -Wee클래스(학교단위) -Wee센터(교육지원청 단위) -Wee스쿨(시 · 도교육청 단위)
대한법률구조공단(132)	법률상담, 변호사 또는 공익법무관에 의한 소송대리 및 형사변호 등의 법률적 지원
외부기관 연계	학교폭력에 효과적으로 대처하기 위해서는 지역의 여러 지원체계를 효과적으로 활용해야 한다. 학기 초 각 학교에서는 안전사고예방대책을 세울 때 학교에서 가까운 거리에 있는 지구대, 병원, 법률기관, 상담기관 등과 업무협약을 맺어 평상시 긴밀한 협조체제를 유지하는 것이 좋다. 특히, 성폭력에 대한 즉시 신고, 폭력서클 연계 사안 등을 처리하기 위해 학교전담경찰관(스쿨폴리스)과 긴밀하게 협력한다.
인터넷 사이트 '안전 Dream(www.safe182.go.kr)' 접속	www.safe182.go.kr 접속(또는 '안전드림' 검색) → '신고 · 상담' 탭 클릭
(재)푸른나무 청예단	학교폭력 관련 심리상담, 심리치료를 실시하고 학교폭력SOS지원단 에서는 분쟁조정지원, 자치위원회 자문 및 컨설팅 지원
지역사회 청소년통합지원체계(CYS-Net)	위기청소년에게 적합한 맞춤형 서비스를 제공하는 ONE-STOP 지원센터
청소년 꿈키움 센터	법무부에서 설치한 청소년비행예방센터
청소년전화 1388	청소년의 위기, 학교폭력 등의 상담, 신고 전화
학교전담경찰관	해당 학교의 담당 학교전담경찰관에게 문자 또는 전화로 신고한다.
학교폭력신고센터 117 안내	국번 없이 117을 누른다. 신고센터는 24시간 운영하며, 긴급상황 시에는 경찰 출동, 긴급구조를 실시한다.
휴대전화 문자신고	받는 사람을 #0117로 하여 문자를 보낸다.

• 청소년 관련 사이트

사이트명	사이트 주소
EBS 다큐프라임 학교폭력	http://www.ebs.co.kr/tv/
KBS 추적 60분. 학교가 제일 미워요: 폭력을 방치하는 학교	http://www.kbs.co.kr/2tv/sisa/chu60/
교육부	http://www.moe.go.kr/main.do
국립중앙청소년디딤센터	http://www.nyhc.or.kr/IndexServlet
대한소아청소년정신의학회	http://www.kacap.or.kr/index.asp
법제처	http://www.law.go.kr/main.html
(재)푸른나무 청예단	http://www.jikim.net/
학교정보공시사이트	http://www.schoolinfo.go.kr
한국자폐학회	http://www.autism.or.kr/
한국지적장애인복지협회	http://kaidd.or.kr/wp/
한국청소년상담복지개발원	https://www.kyci.or.kr/userSite/sub01_4.asp

참고문헌

강경미(1994). 소아기 우울증: 소아기 우울증의 개관과 발달학적 측면. 소아 · 청소년정신의학, 5(1), 3-11.

강승희(2010). 중학생의 부 · 모애착, 우울, 심리적 안녕감, 학교생활적응 간의 관계. 중등교육연구, 58(3), 1-29.

강영숙(2002). 초등학생의 자기효능감-진로자아효능감과 진로성숙도에 관한 연구. 건국대학교 교육대학원 석사학위논문.

강인숙, 김지영, 유영금, 정인숙, 정태호(2007). 인간행동과 사회환경. 서울: 태영출판사.

강효림(2008).탈북청소년의 심리사회적 적응에 관한 연구:우울불안 중심으로. 명지대학교 석사학위논문.

강효민(2013). 브랜드 스포츠용품소비에 따른 청소년의 준거집단과 또래 동조성 및 과시소비 행동의 관계. 한국체육학회지, 52(3), 285-297.

고명한, 고은진, 김명신, 박소영, 박지선, 박지은, 위아름, 이은선, 장문정, 황은영(2014). 올댓 음악치료사. 서울: 학지사.

고영삼(2007). 지역사회의 인터넷중독 해소를 위한 거버넌스형 대응방안 연구. 한국지방정부학회 학술대회논문집, 3, 1-16.

고유진, 채규만(2004). 인터넷 중독 집단의 성격특성과 자기개념. 한국심리학회 학술대회 자료집, 1, 365-366.

고은희, 김은정(2014). 청소년의 우울, 사회적 위축, 주의력이 사이버비행에 미치는 영향-애착요인의 매개효과를 중심으로. 한국심리학회 학술대회 자료집, 1, 248.

곽금주(2008). 한국의 왕따와 예방프로그램. 한국심리학회지: 사회문제(특집호), 14(1), 255-272.

곽영길(2007). 학교폭력피해에 대한 인식과 경험에 관한 연구: 서울시 고등학생을 중심으로. 동국대학교 박사학위논문.

교육부(2015a). 2015년 2차 학교폭력 실태조사. 세종: 한국교육개발원.

교육부(2015b). 학교폭력사안처리 가이드북 개정판. 세종: 한국교육개발원.

구영진, 조인희, 유희정, 유한익, 손정우, 정운선, 안동현, 안정숙(2007). 전반적 발달장애의 한국형 치료 권고안: 비약물적 치료. 소아청소년정신의학, 18(2), 117-122.

국가청소년위원회(2005). 청소년 동반자 활동 매뉴얼. 서울: 국가청소년위원회.

권석만(2003). 현대 이상심리학. 서울: 학지사.

권선애(2012). 학교폭력 가해 및 피해학생을 위한 음악치료프로그램 연구. 서울기독대학교 박사학위논문.

권이중, 김용구(2007). 청소년 이해론. 서울: 교육과학사.

권혜경, 진혜경(2000). 품행장애 청소년의 음악치료 사례연구. 소아 · 청소년정신의학, 11(1), 110-123.

김경미, 이진아, 염유식(2013). 한국 청소년의 학교폭력 경험유형별 사회연결망 특성과 자살 충동. 한국사회학회 사회학대회 논문집, 707-718.

김경숙(2008). 전반적 발달장애아를 위한 음악치료 진단평가 도구의 개발 연구. 한국음악치료학회지, 10(1), 1-18.

김경우(2009). 청소년 인터넷중독에 영향을 미치는 요인과 대처방안에 관한 연구. 한국컴퓨터정보학회논문지, 14(9).

김경은(2014). 한부모 가정 청소년의 자아탄력성과 사회성 증진을 위한 태블릿 PC 합주 활동 사례연구. 명지대학교 석사학위논문.

김계정(2015). 청소년의 위기요인과 학교적응과의 관계에서 탄력성과 학교문화의 영향. 강남대학교 박사학위논문.

김광수, 김해연(2009). 공감교육프로그램이 초등학생의 공감능력과 정서지능에 미치는 영향. 초등교육연구, 22(4), 275-300.

김기숙, 김경희(2009). 초등학생의 인터넷게임중독에 영향을 미치는 부모관련 변인. 아동간호학회. 15(1), 24-33.

김대제(2007). 표상매체를 활용한 미술치료가 청소년의 우울증에 미치는 효과. 예술심리치료연구, 3(1), 137-165.

김문희(2008). 청소년 우울과 일탈행동과의 관계. 경기대학교 교육대학원 석사학위논문.

김미경(2014). 공감훈련 프로그램이 한부모가정 청소년의 공감능력, 자아탄력성 및 스트레스 대처방식에 미치는 효과. 경성대학교 교육대학원 석사학위논문.

김미향(2005). 청소년의 감각추구 동기와 대중음악 선호와의 관련성 조사. 숙명여자대학교 음악치료대학원 석사학위논문.

김민경(2007). 자일로폰 악기연주 활동이 정신지체 청소년의 주의집중력 향상에 미치는 효과. 한국음악치료학회지, 9(2), 32-50.

김민정(2003). 게슈탈트 집단치료가 가출청소년의 자기개념, 우울, 불안에 미치는 영향. 성신여자대학교 대학원 석사학위논문.

김민정(2005). 청소년이 지각한 스트레스와 자아탄력성이 가정 및 학교적응에 미치는 영향. 숙명여자대학교 대학원 석사학위논문.

김봉환, 박예진(2010). 청소년 진로지도 목표별 지도방법 탐색. **상담과 지도**, 45, 65-82.

김봉환, 정철영, 김병석(2006). **학교진로상담**. 서울: 학지사.

김상철(2008). 집단음악치료프로그램이 청소년의 스트레스, 문제행동, 분노 및 공격성에 미치는 효과. 영남대학교 박사학위논문.

김석주(2001). 군인.공무원 청소년 자녀의 스트레스와 사회적지지원, 지지유형간의 관계. 한남대학교 석사학위논문.

김순애(1989). 결손가정 아동의 성격 형성에 관한 연구. 성신여자대학교 대학원 석사학위논문.

김순진, 김환(2011). **외상 후 스트레스 장애**. 서울: 학지사.

김애진(2011). 새터민 청소년의 학교적응 과정에 관한 근거이론 연구. 신라대학교 일반대학원 석사학위논문.

김연숙 (2000). 자기표현훈련이 초등학교 아동의 학교생활 적응에 미치는 효과. 한남대학교 교육대학원 석사학위논문.

김용복(2001). 청소년의 스트레스 대처를 위한 프로그램의 개발과 적용. 경성대학교 박사학위논문.

김용석(1999). 청소년의 문제성 음주에 영향을 미치는 결정요인 분석. **청소년학연구**, 16(9). 105-124.

김은영(2012). 전자담배와 일반담배에서 청소년의 흡연행태에 영향을 미치는 요인분석. 연세대학교 석사학위논문.

김은주, 김민경(2009). 중학생의 인터넷 중독 실태와 중독요안에 관한 연구. **대한보건연구**, 35(1), 71-83.

김인호(2002). 음악프로그램 적용을 통한 학습부진아의 학습 능력 향상을 위한 연구. 전주교육대학교 교육대학원 석사학위 논문.

김재엽, 이동은, 정윤경(2013). 학업스트레스가 청소년비행에 미치는 영향에 우울의 매개 효과. **한국아동복지학회지**, 4, 101-123.

김재엽, 최지현, 유원정(2012). PTSD가 북한이탈주민의 남한사회적응에 미치는 영향-자아 탄력성, 사회적 교류의 조절효과를 중심으로. **사회복지연구**, 43(3), 343-367.

김재옥(2006). 음악치료가 그룹 홈 시설청소년의 자아존중감, 우울 및 불안에 미치는 효과. 원광대학교 동서보완의학대학원 석사학위논문.

김정권(2003). **정신지체아 교육과 지도의 실제**. 서울: 양서원.

김정은(2003). 집단음악활동이 학교부적응 청소년의 자아존중감 향상과 우울감 감소에 미치는 영향. 숙명여자대학교 음악치료대학원 석사학위논문.

김정자(1984). **편부모가정의 지원방안에 관한 기초연구**. 서울: 한국여성개발원.

김정희(1982). **현대청년심리학**. 서울: 학문사.

김종범, 한종철(2001). 인터넷 중독 하위 집단의 특성 연구. **한국심리학회지 상담 및 심리치료**, 13(2), 207-219.

김주환(2011). **회복탄력성**. 경기: 위즈덤하우스.

김지현, 김화수, 이근용(2014). 또래대화에 나타난 경중등도 지적장애 청소년의 청자역할 특성. 특수교육재활과학연구, 53(2), 253-272.

김창군, 임계령(2010). 학교폭력의 발생원인과 대처방안. 법학연구, 38, 173-198.

김춘경, 이수연, 이윤주, 정종진, 외웅용(2010). 상담의 이론과 실제. 서울: 학지사.

김태련, 조혜자, 이선자, 방희정, 조숙자, 조성원, 김현정, 홍주연, 이계원, 설인자, 손원숙, 홍순정, 박영신, 손영숙, 김명소, 성은현(2004). 발달심리학. 서울: 학지사.

김택호(2004). 희망과 삶의 의미가 청소년의 탄력성에 미치는 영향. 한양대학교 대학원 박사학위논문.

김현경(2007). 난민으로서의 새터민의 외상 회복 경험에 대한 현상학 연구. 이화여자대학교 대학원 박사학위논문.

김현수(2015). 중2병의 비밀. 서울: 덴스토리.

김현수(2016). 무기력의 비밀. 서울: 에듀니티.

김현주(2003). 집단따돌림에서의 동조집단 유형화 연구. 숙명여자대학교 박사학위논문.

김혜림(2012). 아동 청소년기 외상 경험자의 외상후 스트레스 경향, 강박사고 경향 간의 관계 -초기 부적응 도식을 중심으로-. 덕성여자대학교 석사학위논문.

김화정(2015). 노래중심 음악치료가 고등학생의 진로성숙도에 미치는 영향. 고신대학교 교회 음악대학원 석사학위논문.

나유미(2002). 음악치료가 정신분열증환자의 자기통제력에 미치는 영향. 이화여자대학교 교육대학원 석사학위논문.

나윤영, 손선영(2014). 여중생의 외모관심도가 화장행동 및 화장품 소비성향에 미치는 영향 -광주지역을 중심으로-. 한국과학예술포럼, 18, 221-233.

네이버 지식백과(2016). 정신이 건강해야 삶이 행복합니다: 대한민국의 청소년들을 위하여. 대한신경정신의학회.

노공순(2003). 북한이탈 청소년들의 남한사회 초기적응을 위한 교육방안 연구. 이화여자대학교 석사학위논문.

노석준(2010). 사회 · 심리적 요인이 대학생의 인터넷 중독에 미치는 영향 분석. 한국교육개발원, 37(3), 235-261.

노충래, 김현경(2004). 중학생의 부부폭력 목격경험, 아동학대, 학교폭력 가해여부의 공존성 및 학교폭력 가해 예측요인에 관한 연구. 이화사회복지연구, 5, 79-107.

대검찰청(2002). 2002 청소년 백서. 서울: 문화관광부.

두경희(2013). 가해자와의 관계가 사이버폭력피해자의 정서와 인지에 미치는 영향. 서울대학교 대학원 박사학위논문.

문길연(2003). 음악 표현활동이 중도 정신지체아의 부적응 행동 감소에 미치는 효과. 광주교육대학교 석사학위논문.

문영애(2002). 부적응 학생들의 정서변화를 위한 음악의 치료적 접근: 사례연구를 중심으로. 이화여자대학교 교육대학원 석사학위논문.

문은식, 김충희(2002). 청소년의 학교생활 적응행동에 영향을 미치는 사회 · 심리적 변인들의 구조적 분석. 교육심리연구, 16(2), 219-241.

문장원, 홍화진(2001). 음악활동이 주의력결핍 과잉행동 아동의 주증상 감소 및 친사회적 행동 증가에 미치는 효과. 초등특수교육연구, 3(1), 185-212.

민가영(2004). 저소득 한부모가정 자녀가 지각한 사회적 지지가 적응행동에 미치는 영향. 숭실대학교 대학원 석사학위논문.

민성길(2015). 최신정신의학. 서울: 일조각.

박민경(2007). 위기청소년의 가족건강성과 자아상태가 진로태도성숙에 미치는 영향. 한남대학교 석사학위논문.

박민영(2009). 중학생이 지각한 부모의 양육태도와 자아존중감이 학교생활적응에 미치는 영향. 동국대학교 석사학위논문.

박선영(2013). 탈북청소년의 심리사회적 기능과 강점관점에서의 예방적 사회복지실천. 사회과학논총, 32(1), 467-491.

박순영(2003). 탈북 어린이의 건강문제. 한국방송학회 세미나 및 보고서, 59-65.

박승민(2005). 온라인게임 과다사용 청소년의 게임행동 조절과정 분석. 서울대학교 박사학위논문.

박윤숙, 윤인진(2007). 탈북 청소년의 사회적 지지 특성과 남한사회 적응과의 관계. 한국사회학회, 41(1), 124-155.

박현선(1998). 빈곤청소년의 학교 적응유연성. 서울대학교 박사학위논문.

박희서(2010). 청소년의 인터넷 중독 영향요인과 대처방안에 관한 연구. 한국컴퓨터정보학회, 15(8), 193-200.

배정이, 최숙희(2009). 청소년의 물질남용 실태조사. 정신간호학회지, 18(1), 21-30.

배주미, 김동민, 정슬기, 강태훈, 박현진(2010). 2010년 전국청소년 위기 실태 조사. 한국청소년상담연구 총서.

변보기, 강석기(2002). 청소년의 자아존중감과 적대감에 관한연구. 청소년학연구, 9(3), 2 69-291.

보건복지부(2001). 정신질환실태 역학조사. 서울: 한국개발연구원.

사공미숙(2015). 우울을 겪고 있는 학교폭력 피해 여중생의 미술치료 사례. 한국과학예술포럼, 19, 387-406.

서봉연(1995). 청년심리학. 서울: 중앙적성출판사.

서영석, 조화진, 이하얀, 이정선(2012). 청소년들의 외상사건 경험. 교육심리연구, 26(3), 787-816.

서혜석(2006). 청소년의 자살생각에 영향을 미치는 요인에 관한 연구. 대구대학교 대학원 박사학위논문.

성인영 (1999). 음악활동이 정신지체아의 부적응행동 감소에 미치는 효과. 한국음악치료학회지, 1(1), 63-78.

성지혜(2001). 빈곤한 조부모 손자녀 세대 아동의 우울 및 불안에 관한 연구. 이화여자대학교 석사학위논문.

성지희, 정문자(2007). 학교폭력 피해아동의 학교적응과 보호요인. 한국아동학회, 28(5), 1-18.

손승희(2014). 사회적 사건에 의한 청소년의 간접외상 및 관련요인 연구: 세월호 사건을 중심으로. 청소년학연구, 21(10), 269-294.

송명자(2003). 발달심리학. 서울: 학지사.

송성진(2007). 국제결혼가정 자녀의 사회화 과정이 자아정체감에 미치는 영향: 다문화교육을 위한 시사점을 중심으로. 서울대학교 석사학위논문.

송원영, 오경자(1999). 제1일: 자기효능감과 자기통제력이 인터넷의 중독적 사용에 미치는 영향. 한국임상심리학회 하계학술대회 발표논문집, 127-132.

송정아, 김영희(2001). 학교폭력에 대한 청소년들의 심리적 · 행동적 학교적응 강화 프로그램 효과성 연구. 청소년복지연구, 3(1), 79-94.

송희원, 최성열(2012). 빈곤 여부, 지각된 부모양육태도, 학업동기, 심리적 안녕감과 청소년의 학교적응 간의 구조적 관계. 교육심리연구, 26(3), 651-672.

신건희(1995). 새로운 가정문제 부자가정에 대한 소고. 대전대학교 사회복지연구소, 사회복지논총, 1, 73-116.

신성숙(2014). 어머니 상실 경험으로 인한 PTSD 청소년의 미술치료 사례연구. 예술심리치료연구, 11(2), 63-89.

신성철, 이동성, 장성화, 김정일, 임순선(2014). 청소년 문제와 보호. 서울: 정민사.

신수자(1995). 부자가정의 특성과 대책. 대구효성가톨릭대학교 석사학위논문.

신영훈, 박선영(2016). 청소년의 대인관계 스트레스가 자살생각에 미치는 영향: 자아존중감의 조절효과 검토. 청소년복지연구, 18(1), 235-259.

신우열, 최민아, 김주환(2009). 회복탄력성의 세 가지 요인이 청소년의 온라인게임 중독성향에 미치는 영향. 사이버커뮤니케이션 학보, 26(3), 43-81.

신은정(2004). 조부모손자녀세대의 가족기능과 손자녀의 심리적 특성과의 관계-자아존중감, 우울, 불안을 중심으로. 경북대학교 대학원 석사학위논문.

신태용(2004). 약물오남용. 서울: 도서출판 신일상사.

신혜섭(2005). 중학생의 학교폭력유형에 영향을 미치는 변인-가해경험, 피해경험, 가해, 피해 중복경험에 대한 분석. 청소년학연구, 12(4), 123-149.

신혜정(2014). 청소년이 지각한 부모공감능력과 학교적응 간의 관계에 대한 회복탄력성의 매개효과. 단국대학교 대학원 석사학위논문.

안진희(2005). 한부모가정 자녀양육 지원정책에 관한 연구. 영남대학교 행정대학원 석사학위논문.

양은정(2008). 치료적 유율타악기 합주가 가출 청소년의 사회기술에 미치는 영향. 명지대학교 석사학위논문.

양점미(2011). 가족건강성 및 자아탄력성이 청소년의 학교적응에 미치는 영향. 서남대학교 대학원 석사학위논문.

엄옥연(2010). 청소년의 인터넷 중독에 영향을 미치는 생태체계 요인에 관한 연구. 21세기 사회복지연구, 7(1), 171-190.

여성가족부(2012). 지난 3년간 다문화가족의 초기 한국생활 적응력 진전. 서울: 여성가족부.

여정윤(2012). 음악치료활동이 인터넷 중독 청소년의 회복탄력성에 미치는 효과. 한국음악치료학회지, 14(1), 21-40.

염행철, 조성연(2007). 청소년의 스트레스와 생태학적 변인과의 관계. 청소년복지연구, 9(2), 1-21.

오수정, 김희경, 김석웅, 최영미, 김해숙, 정명인(2008). 북한 이탈주민을 위한 PTSD 극복 프로그램 개발. 통일부 정책연구 결과보고서.

오승환(2001). 저소득 편부모가족의 가족기능과 자녀의 심리사회적 특성 비교연구-양친가족, 편부가족, 편모가족의 비교를 중심으로. 한국아동복지학, 12, 77-107.

우신애(2009). 청소년이 지각한 부모-자녀 간 의사소통이 청소년 또래갈등 우울 및 문제행동에 미치는 영향. 명지대학교 석사학위논문.

유경애(1985). 부친부재가 자녀발달에 미치는 영향에 관한 연구. 오산공업전문대학 논문집, 5, 359-383.

유안진(1999). 아동 발달의 이해. 서울: 문음사.

유안진, 이점숙, 서주현(2004). 청소년의 부모 양육행동 지각과 학교적응과의 관계. 한국가족관계학회지, 9(3), 161-180.

유재선(1989). 결손 및 정상가정 학생의 성격비교. 연세대학교 대학원 석사학위논문.

윤성우, 이영호(2007). 집단 따돌림 방관자에 대한 또래지지 프로그램의 효과. 한국임상심리학과: 임상, 26(2), 271-292.

윤진(1993). 남들과 어울려 살아가려면: 가족, 또래, 그리고 학교 · 일터에서의 인간관계. 청소년심리학. 한국청소년개발원 편. 청소년지도총서, 1, 160-182.

윤철경(2005). 위기청소년 지원시설과 지원정책 현황 및 사회안전망 구축을 위한 정책방안 연구. 청소년위원회 · 한국청소년개발원.

윤혜미, 김용석, 장승옥(1999). 음주효과에 대한 기대와 한국 고등학생들의 음주행위 간 관계. 한국사회복지학, 38, 153-179.

이경님(1997). 아동의 자아존중감, 내외통제신념과 몸의 양육태도와의 관계. 동아대학교 대학원논문집, 22, 403-424.

이기영(2002). 탈북청소년의 남한 사회적응에 관한 질적 분석. 한국청소년연구, 13(1), 175-224.

이난(2011). 청소년 심리상담. 서울: 태영출판사.

이미화(2009). 인터넷 중독 예방프로그램이 초등학교 저학년의 인터넷 게임중독 완화와 자기 조절력에 미치는 영향. 한국외국어대학교 석사학위논문.

이배근(2004). 아동학대의 이론과 실제. 서울: 신홍메드싸이언스.

이상애, 조현양(2007). 독서치료 프로그램이 중학생의 진로성숙도 향상에 미치는 영향에 관한 연구. 한국도서관정보학회지, 38(2), 101-124.

이상준(2006). 가정폭력 경험 청소년의 탄력성과 보호요인. 가톨릭대학교 박사학위논문.

이소래(2014). 외상 후 스트레스장애(PTSD) 치료를 위한 인지행동치료(CBT)의 실제. 한국정신보건사회복지학회 추계학술대회 발표논문집, 363-388.

이신숙(2013). 중학생의 회복탄력성이 학교적응성에 미치는 영향 연구. 조선대학교 박사학위논문.

이애재(2000). 편부모가족 청소년의 부모, 자녀관계와 심리, 사회적 적응에 관한 연구. 청소년학연구, 7(1), 69-93,

이영식, 방양원(1998). 청소년, 성인의 주의력결핍 과다활동장애. 신경정신과학, 37(5), 932-940.

이영자(1995). 스트레스, 사회적지지, 자아존중감과 우울 및 불안과의 관계. 서울여자대학교 박사학위논문.

이완정, 정혜진(2010). 아동청소년기 폭력노출경험과 대학생의 정신건강. 아동과 권리, 14(3), 385-407.

이윤로(1997). 청소년 약물오남용의 원인과 치료. 서울: 도서출판 문음사.

이은숙(2002). 청소년의 소외감, 우울과 자살생각에 관한 구조모형. 경희대학교 대학원 박사학위논문.

이은희(2000). 주의력결핍 및 과잉행동장애 청소년을 위한 음악치료 사례연구. 이화여자대학교 석사학위논문.

이재창(1994). 진로교육 발전방안 탐색에 관한 연구. 진로교육연구, 2, 80-119.

이정이(2007). 조손가정 아동과 일반가정 아동의 행동문제에 대한 사회적지지 지각의 조절효과. 동신대학교 사회개발대학원 석사학위논문.

이지미(2010). 청소년이 지각한 모-자녀 간 의사소통과 자아탄력성이 학교생활적응에 미치는 영향 중앙대학교 사회개발대학원 석사학위논문.

이춘재, 곽금주(1994). 자기상(Self-Image)으로 본 청소년의 심리 · 사회적 발달. 한국심리학회지: 발달, 7(2), 119-135.

이해리(2007). 청소년의 역경과 긍정적 적응: 유연성의 역할. 한양대학교 박사학위논문.

이해리, 조한익(2006). 한국 청소년 탄력성 척도의 타당화 연구. 한국심리학회지: 상담 및 심리치료, 18(2), 353-371.

이현림, 홍상욱, 채선화, 이지민, 김순옥(2015). 청소년 비행과 상담(2판). 경기: 교육과학사.

이혜연, 이용교, 이향란(2009). 위기가정 아동 · 청소년의 문제와 복지지원방안 연구: 빈곤한 한부모

가정 · 조손가정의 아동 · 청소년을 중심으로. 한국청소년정책연구원.
이화진(2004). 조손세대 조부모의 양육스트레스가 조부모의 정신건강에 미치는 영향–사회적 지지 효과를 중심으로. 이화여자대학교 석사학위논문.
임순선(2013). 청소년의 적응유연성과 긍정적 발달의 통합모형 개발. 대구한의대학교 박사학위논문.
임재영(2008). 집단음악치료가 시설아동의 학업적 자기 효능감과 학습동기에 미치는 영향. 한세대학교 일반대학원 석사학위논문.
임현정(2005). 음악활동이 교류분석에 기초한 성인의 자아상태 변화에 미치는 영향. 숙명여자대학교 음악치료대학원 석사학위논문.
장문정, 박지선, 황은영(2012). 주력임상대상에 따른 음악치료 목적과 중재방법 비교연구. **한국음악치료학회지, 14**(3), 55-71.
장윤정(2003). 대도시 중 · 고등학생의 일상생활 스트레스와 보호요인 연구. 중앙대학교 석사학위논문.
장재홍(2004). 부모의 자녀양육태도가 중학생의 인터넷 중독에 미치는 영향: 인터넷 사용욕구를 매개로. **상담학연구, 5**(1), 113-128.
장진아(2008). 발달장애청소년을 위한 강점관점 사례관리모델의 효과성에 관한 연구. 가톨릭대학교 사회복지대학원 석사학위논문.
장환식(2005). 청소년의 흡연태도 및 흡연행동에 영향을 미치는 요인에 관한 연구: 서울 지역 중학교 학생 중심으로. 성균관대학교 석사학위논문.
장희순(2014). 아동기 신체적 학대 경험과 PTSD 증상과의 관계에서 의도적 통제의 매개효과. **놀이치료연구, 18**(2), 19-31.
전경숙(2008). 경기도 지역의 다문화가정과 일반가정 청소년의 생활실태조사–학교생활과 가정생활을 중심으로. **청소년상담연구, 16**(1), 167-185.
전우택(2005). 통일 연구에 있어 사회정신의학 영역. **통일연구, 9**(2), 37-52.
전학열(2011). 청소년 위험행동의 보호요인과 위험행동의 다차원성 모형 검증. 경기대학교 박사학위논문.
전혜경(2007). 청소년의 스트레스 및 성격특성과 가정생활 및 학교생활 적응간의 관계. 단국대학교 석사학위논문.
정기원(2006). 고등학생이 지각하는 사회적 지지와 자아존중감의 관계: 남학생과 여학생간의 차이를 중심으로. **청소년학연구, 13**(1), 165-190.
정병호(2005). 탈북청소년의 현황과 교육지원센터의 필요성. **한국청소년시설환경학회 국제심포지엄 발표논문집**, 134-145.
정보통신부(2008). 정보화실태조사. 정보통신부, 한국인터넷정보센터.
정소연(2011). 통합교육 및 학교환경특성이 자폐성장애나 지적장애를 가진 청소년의사회적 능력에 미치는 영향. 특수교육재활과학연구, 50(4), 79-101.

정순례, 양미진, 손재환(2015). 청소년 상담 이론과 실제. 서울: 학지사.

정옥분(2008). 청년 발달의 이해. 서울: 학지사.

정지민(1998). 학교폭력 가해-피해 유형에 따른 청소년의 학교적응 및 공격성에 관한 연구. 숙명여자대학교 석사학위논문.

정진희(2009). 학교기반 학교폭력 예방프로그램의 효과성 분석에 관한 연구. 한양대학교 석사학위논문.

정해숙(2010). 청소년 랩에 대한 라깡 정신분석적 탐구. 명지대학교 박사학위논문.

정현주 외(2006). 음악치료의 기법과 모델. 서울: 학지사.

정현주(2002). 자폐성 아동을 위한 음악치료적 접근. 자폐성장애연구, 4(1), 57-66.

정현주(2005). 음악치료학의 이해와 적용. 서울: 이화여자대학교 출판부.

정현주, 김동민(2010). 음악심리치료. 서울: 학지사.

정효미(2006). 손자녀 양육에 대한 조부모의 역할조사. 중앙대학교 교육대학원 석사학위논문.

정희태(2011). 학교폭력 예방과 갈등해결 방안: 인성교육적 접근. 한국윤리학회, 83, 123-162.

조경애, 강경선(2014). 집단음악심리치료가 저소득층 청소년의 자아탄력성과 학교적응에 미치는 영향. 예술교육연구, 12(1), 85-103.

조민행(1991). 음악요법을 통한 정서불안 청소년의 정서순화에 관한 탐색연구. 인하대학교 대학원 석사학위논문.

조선화(2009). 청소년의 인터넷중독 예방프로그램이 저소득층 청소년의 인터넷 중독, 자기통 제력, 우울/불안, 지각된 스트레스에 미치는 효과. 중앙대학교 석사학위논문.

조수철, 신민섭(2006). 소아정신병리의 진단과 평가. 서울: 학지사.

조인수(2005). 정신지체아 교육. 경북: 대구대학교 출판부.

조정실(2010). 폭력 없는 평화로운 학교 만들기: 학교폭력, 화해로 이끄는 절차와 대처기술 가이드북. 서울: 학지사.

좌현숙(2010). 빈곤 청소년의 적응유연성 영역간 종단적 상호관계: 심리, 사회, 학교 영역을 중심으로. 서울대학교 박사학위논문.

주광진(2000). 아동의 자기통제력 신장이 도덕적 행위에 미치는 효과. 중앙대학교 석사학위 논문.

주소영, 이양희(2011). 청소년용 탄력성 척도 개발 및 타당화. 청소년학연구, 18(4), 103-139.

주왕기, 최충옥(1999). 청소년을 위한 미국의 약물남용교육-미국교육성의 약물남용예방 교육 과정. 서울: 도서출판 신일상사.

지은미(2002). 음악활동이 비행청소년의 정서적 안정성과 자아존중감에 미치는 영향. 숙명여자대학교 음악치료대학원 석사학위논문.

진애선(2007). 중학생의 탄력성 요인과 학교적응 간 관계 연구. 아주대학교 박사학위논문.

채민(2008). 지적장애청소년을 위한 음악치료 교육적 접근에 관한연구. 대한음악치료학회지, 7(1), 83-92.

청소년위원회 활동복지단 복지자활팀(2005). 위기 (가능) 청소년 지원모델 개발연구. 서울: 국가청소년위원회.

청소년폭력예방재단(2013). 2012 학교폭력실태조사 발표 및 경향. 청소년폭력예방재단.

최미숙(2014). 청소년의 가족건강성, 사회적지지, 자아탄력성, 희망, 또래관계기술 및 문제행동 간의 구조적 관계분석. 동아대학교 대학원 박사학위논문.

최병철(2006). 음악치료 이론의 발달과 치료사의 인식. 한국음악치료학회지, 8(1), 1-12.

최병철, 문지영, 문서란, 양은아, 김성애, 여정윤(2015). 음악치료학(3판). 서울: 학지사.

최선애(1984). 부친부재가 자녀의 정서불안에 미치는 영향. 고려대학교 교육대학원 석사학위논문.

최수미, 김동일(2010). 따돌림 관여 유형에 따른 사회적 기술과 공격적 행동성향. 청소년상담연구, 18(1), 59-72.

최애나, 한용희, 정광조(2009). 집단음악치료가 정신지체 청소년의 자기표현에 미치는 영향. 예술심리치료연구, 5(1), 109-128.

최영자(2013). 한국청소년 약물오남용예방교육에 관한 연구: 부모대상교육 중심으로. 한성대학교 석사학위논문.

최은영(2005). 청소년 비행 및 약물중독 상담. 서울: 학지사.

최해경(2006). 조손가정 청소년의 심리사회적 특성과 적응유연성. 정신보건과 사회사업, 23, 37-58.

통계청(2014). 청소년통계. http://kostat.go.kr/wnsearch/search.jsp

통계청(2015). 인구주택총조사.

통계청, 여성가족부(2014). 2014년 청소년 통계. 서울: 통계청, 여성가족부.

푸른나무 청예단(2014). 2013년 전국 학교폭력 실태조사 결과보고서. 청소년폭력예방재단.

하지현(2012). (청소년을 위한)정신의학에세이. 서울: 해냄 출판사.

한국교육개발원(1998). 학생의 왕따(집단 따돌림 및 괴롭힘) 현상에 관한 연구. 한국교육개발원.

한국드럼써클연구회(2010). 드럼써클이란? www.kdrs.kr

한국보건의료연구원(2012). 국내 정신질환 관련 연구현황 파악 및 우울증 자살에 대한 연구. 한국보건의료연구원.

한국여성복지연구회(2005). 가족복지론. 서울: 청목.

한국인터넷진흥원(2015). 2015년 모바일인터넷이용실태조사.

한국정보문화진흥원 (2007). 인터넷중독 실태. 서울: 한국정조문화진흥원

한국진로교육학회(1999). 진로교육의 이론과 실제. 서울: 교육과학사.

한국청소년개발원(2004). 청소년심리학. 서울: 교육과학사.

한국청소년상담원(2005). 특별지원청소년지원방안연구. 한국청소년상담원.

한국청소년상담원(2009). 전국 청소년 위기상황 실태조사. 한국청소년상담원.

한국청소년상담원(2010). 청소년 위기실태 조사. 한국청소년상담원.

한만길, 윤종혁, 이향규, 김일혁, 이관형(2009). 탈북청소년의 교육실태분석 및 지원방안 연구(연구보고 RR2009-10). 서울: 한국교육개발원.

한상철(1998). **청소년학개론.** 서울: 중앙적성출판사.

한성은(2006). 사회적 상황 중심의 노래활동을 통한 자폐아동의 언어표현 증진에 관한 사례 연구. **음악치료교육연구, 3**(1), 14-28.

한옥영(2012). 고등학생 대상 인터넷 중독 유발 요인 간 영향력 분석. **컴퓨터교육학회, 15**(5), 23-31.

현영미(2000). 사춘기 성숙시기와 부모-자녀 관계에 대한 청소년의 지각과의 관계. 대구대학교 석사학위논문.

홍봉선, 남미애, 원혜욱, 아영아, 전영주, 박명숙, 김민, 노혁, 오승환, 이용교(2010). **청소년 문제론: 위기청소년의 이해와 지원방안.** 경기: 공동체.

홍인종(2004). **청소년 위기상담 어떻게 할까요?** 서울: 장로회신학대학교출판부.

홍창형, 유정자, 조영아, 엄진섭, 구현지, 서승원, 안은미, 민성길, 전우택(2006). 북한이탈주민의 외상 후 스트레스 장애에 대한 3년 추적연구. *Journal of Korea Neuropsychiatric Association, 45*(1), 49-56.

황은영(2012). 청소년대상 그룹음악치료의 효과에 대한 메타분석. **인간행동과 음악연구, 9**(2), 1-17.

황은영, 이유진, 정은주(2014). **음악심리치료의 이론과 실제.** 서울: 학지사.

황희숙, 임지영(2001). 초등학교 학교 폭력의 실태 분석과 대책에 관한 연구. **한국수산해양교육학회, 13**(1), 63-86.

홍소정(2015). 우쿨렐레 연주 중심 집단음악치료가 학교부적응 청소년의 자아탄력성과 학교적응력에 미치는 영향. 성신여자대학교 석사학위논문.

Albersnagel, F. A. (1988). Velten and musical mood induction procedures: A comparison with accessibility of thought associations. *Behavior Research and Therapy, 26,* 76-96.

Allen, J. G. (2010). Coping with trauma. Washington, DC: American Psychiatric publishing Inc.

American Music Therapy Association(AMTA). (2012). What is music therapy? From www.music-therapy.org/about/quotes/.

Ang, R. P., & Huan, V. S. (2006). Academic expectations stress inventory development, factor analysis, reliability, and validity. *Educational and Psychological Measurement, 66*(3), 522-539.

Ansdell (2002). Community music therapy and the winds of change. *Voice: A World Forum for Music Therapy, 2*(2).

APA (2015). 정신질환의 진단 및 통계 편람 제5판(권준수, 김재진, 남궁기, 박원명 공역). 서울: 학지사 (원저는 2013년에 출판).

Baker, F. & Wigram, T. (2008). 치료적 노래 만들기: 음악치료의 임상 및 교육을 위한 지침서(최미환 역). 서울: 학지사(원저는 2005년에 출판).

Bandura, A. (1977). Self-Efficacy: Toward a unifying theory of behavioral change. *Psychological Review. 84*(2), 191-215.

Barnett, M. A. (2008). Economic disadvantage in complex family systems: Expansion of family stress models. *Clinical Child and Family Psychology Review, 11*(3), 45-161.

Baschnagel, J. S., Gudmundsdottir, B., Hawk Jr, L. W., & Beck, J. G. (2009). Post-trauma symptoms following indirect exposure to the September 11th terrorist attack: The predictive role of dispositional coping. *Journal of Anxiety Disorders, 23,* 915-922.

Betz, N. E. & Hackett, G. (1981). The relationship of career-related self-efficacy expectations to perceived career options in college women and men. *Journal of Counseling Psychology, 20,* 399-401.

Betz, N. E. & Luzzo, D. A. (1996). Career Assessment and the Career Decision-Making Self - Efficacy Scale. *Journal of Career Assessment, 4*(4), 413-418.

Block, J. M., & Kremen, A. (1996). IQ and ego resiliency: Conceptional and empirical stress on native mood. *Journal of Personality and Social Psychology, 70*, 349-361.

Bloom, G. E., Cheney, B. D., & Snoddy, J. E. (1986). *Stress in childhood: An intervention model for teacher and other professionals.* (p. 255). Columbia University Press.

Bolock, J., & Kremen, A. M. (1996). IQ and ego-resiliency: Conceptual and empirical connection and separateness, *Journal of Personality and Social Psychology, 70*(2), 349-361.

Bonano, G. (2004). Loss, trauma, and human resilience. *American Psychologist, 59*, 20-28.

Boxill, E. H. (1994). 발달장애인을 위한 음악치료(김태련, 염현경, 정현지, 김현령 역). 서울: 이화여자대학교출판부(원저는 1985년에 출판).

Bruscia, K. E. (1998). 음악치료의 즉흥연주 모델(김군자 역). 서울: 양서원(원저는 1997년에 출판).

Bruscia, K. E. (2003). 음악치료(최병철, 김영신 역). 서울: 학지사(원저는 1998년에 출판).

Burn, E. E., Jackson, J. L., Hilary, G., & Harding, H. G. (2010). Child maltreatment, emotion regulation and Posttraumatic stress: the impact of emotional abuse. *Journal of Aggression, Maltreatment & Trauma, 19,* 801-819.

Cecchi, V. (1990). Analysis of a little girl with an autistic syndrome. *International Journal of Psycho Analysis*, 71(3), 403-412.

Cho, J., Boyle, M. P., Keum, H., Shevy, M. D., McLeod, D. M., Shah, D. V., & Pan, Z. (2003).

Media, terrorism and emotionality: Emotional differences in media content and public reactions to the September 11th terrorist attacks. *Journal of Broadcasting & Electronic Media, 47*(3), 309-327.

Cicchetti, D., & Garmezy, N. (1993). Protects and promises in the study of resilience in maltreated children. *Development and Psychopathology, 9*(4), 797-816.

Cicchetti, D., & Valentino, K. (2006). An ecological-transactional perspective on child maltreatment : Failure of average expectable environment and its influence on child development. In Cicchetti, D. & Cohen, D. J. (Eds.), *Development Psychopathology, 3*, Risk and disorder, adaptation(2 Ed. pp. 129- 201). NJ: John Wiley & Sons.

Cicchetti, D., Rogosch, M. L., & Holt, K. D. (1993). Resilience in maltreated children: Processes leading to adaptive outcome. *Development and Psychopathology, 5,* 626-647.

Coleman, W. L., & Levin M. D. (1988). Attention deficit in adolescents: Description, evaluation and management. *Pediatrics in Review*, 9, 287-298.

Conger, R. D., Wallace, L. E., Sun, Y., Simons, R. L., McLoyd, V. C., & Brody, G. H. (2002). Economic pressure in African American families: A replication and extension of the family stress model. *Developmental psychology, 38*(2), 179-193.

Constantine, N. A., & Bernard, B. (2001). California Healthy Kids Survey resilience Assessment Module Technical report. *Journal of Adolescent Health, 28*(2), 122-140.

Coopersmith, S. R. (1984). Seif-esteem invertories. Palo Alto, consulting Psychologists Press.

Copeland, W. E., G. Keeler, A. Angold., & Costello, E. G. (2007). Traumatic Events and Post Traumatic Stress in Childhood. *Archives of General Psychiatry. 64*: 577-584.

Dishion, T. J., & Kavanagh, K. (2003). *Intervening in adolescent problem behavior: A family-centered approach.* New York: The Guilford Press.

Dumas, J. E. & Nilsen, W. J. (2005). Abnormal child and adolescent psychology. 청소년 이상심리학(임영식, 김혜원, 설인자, 조아미, 한상철 역). 서울: 시그마프레스(원저는 2003년에 출판).

Dumont, M., & Provost, M. A. (1999). Resilience in adolescents: Protective roles of social support, coping strategies, self-esteem, and social activities on experience of stress and depression. *Journal of Youth and Adolescence, 28*, 343-363.

Edgerton, C. L. (1994). The Effect of Improvisational Music Therapy on the Communicative Behaviors of Autistic Children. *Journal of Music Therapy, 31*(1): 31-62.

Eidson, C. E. (1989). The effect of behavioral music therapy on the generalization of interpersonal skills from sessions to the classroom by emotionally handicapped middle school students. *Jounal of Music Therapy, 26*(4). 206-221.

Erikson, E. H. (1963). *Childhood and society.* New York: Norton.

Erikson, E. H. (1968). *Identity: youth and crisis.* New york: Norton.

Everett, C. A., & Volgy-Everett, S. (2005). ADHD 가족치료(김동일 역). 서울: 학지사(원저는 2001년에 출판).

Firth, S. (1981). *Sound effects: Youth, leisure and politics of Rock'n' Roll.* New York: Pantheon.

Fordhand, R., Middleton, R., & Longo, N. (1987). Adolescent functioning and consequence of recent parent divorce and the parent-adolescent relationship. *Journal of Applied Development Psychology, 8,* 305-315.

Freed, B. S. (1987). Songwriting with the chemically dependent. *Music Therapy Perspectives, 4,* 13-18.

Frisch, A. (1990). Symbol and structure: Music therapy for the adolescent psychiatric inpatient. *Music Therapy, 9*(1), 16-34.

Gardstrom, S. C. (1998). *Music therapy with Juvenile offenders. In Wilson, B. (Ed.), Model of music therapy intervention in school settings,* (2nd ed.) (pp.183-195). Silver Spring, MD: American Music Therapy Association.

Garmezy, N. (1971). Vulnerability research and the issue of primary prevention. *American Journal of Orthopsychiatry, 41*(1), 101.

Garmezy, N. (1993). Children in poverty: Resilience despite risk. *Psychiatry, 56*(1), 127-130.

Gaston, E. T. (Ed.). (1968). *Music in Therapy.* New York: The MacMillan Company.

Gelatt, H. B. (1962). Decision making: A conceptual frame of reference for counseling. *Journal of Counseling Psychology,* 9, 240-245.

Gibbons, A. C. (1977). Popular music preferences of elderly people. *Journal of music therapy, 14*(4), 180-189.

Gillespie, B. M., Chaboyer, W., & Wallis, M. (2007). Development of a theoretically derived model of resilience through concept analysis. *Contemporary Nurse, 25,* 124-135.

Goldberg, I. (1996). Internet addiction. Electronic message posted to research discussion list. Retrieved from http://www.emhc.com/mlists/research.html

Gray, J. A. (1987). Perspectives on anxiety and impulsivity: A commentary. *Journal of Research on Personality,* 21, 493-509.

Grocke, D. E., & Wigram, T. (2006). *Receptive methods in music therapy.* London: Jessica Kingsley Publishers.

Hackett, C., & Lent, R. W. (1992). Theoretical advances and current inquiry in career psychology. In S. D. Brown & R. W. Lent (Eds.), Handbook of Counseling Psychology

(2nd Ed., pp. 419=452). New York: Wiley.

Herman-Stahl, M., & Petersen, A. C. (1996). The protective role of coping and social connections for depressive symptoms among young adolescent. *Journal of Youth and Adolescence, 25*, 649-665.

Herrenkohl, T. I., Maguin, E., Hill, K, G., Hawkins, J. D., Abbott, R. D., & Catalano, R. F. (2000). Developmental risk factors for youth violence. *Journal of Adolescent Health. 26*(3), 176-186.

Hill, N., & Hull, A. (2014). **드럼써클 퍼실리테이터 핸드북**(드럼써클 연구회 역). 서울: 한국드럼써클 연구회(원저는 2013년에 출판).

Holmes, E. A., Creswell, C., & O'Connor, T. G. (2007). Post-traumatic stress symptoms in London school children following September 11, 2001: An Exploratory investigation of peri-traumatic reactions and intrusive imagery. *Journal of Behavior Therapy and Experimental Psychiatry, 38*, 474-490.

Jenefer, R. (2005). *Deeper than reason*. Oxford: Oxford University Press.

Jergen, R. (2005). **리틀몬스터-대학교수가 된 ADHD소년**(조아라, 이순 공역). 서울: 학지사(원저는 2004년에 출판).

Jocox, A. K. (1977). *Pain: A sound. Unpublished master's theses.* University of Kansas, Lawrence book for nurses and other health professionals. Boston: Little, Brown and Company.

Johnson, S. L. (2013). **외상 후 스트레스 장애**(유미숙, 천혜숙 역). 서울: 시그마프레스(원저는 2009년에 출판).

Jung, C. G. (1956). *Psychological Types, Collected Works,* Volume 6. London: Routledge.

Klohnen, E. C. (1996). Conceptual analysis and measurement of the construct of ego-resiliency. *Journal of Personality and Social Psychology, 70*(5), 1067-1079.

Laiho, S. (2004). The psychological functions of music in adolescence. *Nordic Journal of Music Therapy, 13*(1), 47-63.

Lawrence, E. S., & Robin, K. S. (2012). **아이들과 부모를 위한 스트레스 이완명상-교사 아동청소년 상담사 명상캠프 지도자 부모를 위한 지침서**(인경스님 역). 서울: 명상상담연구원(원저는 2009년에 출판).

Le, B. A. (1997). How music therapy ameliorates the negative effects of violence on emotionally disturbed and learning disabled children(Master thesis). New York University.

Lomax, A. (1976). *Cantometrics: An approach to the anthropology of music.* Berkeley, CA: University of California.

Luthar, S. S., Cicchetti, D., & Becker, B. (2000). The construct of resilience: A critical evaluation and guidelines for future work. *Child Development, 71*, 543-562.

Macklem, G. L. (2003). Bullying and teasing : social power in children's groups. Kluwer Academic/Plenum Publishers.

Mahlberg, M. (1973). Music therapy in the treatment of an autistic child. *Journal of Music Therapy*, 10, 184-188

Maslow, A. H. (1954). *Motivation and Personality.* New York: Harper and Row, Publishers, Inc.

Masten, A. S. (2001). Ordinary magic: Resilience processes in development. *American Psychology, 56*(3), 227-238.

Masten, A. S., Best, K., & Garmezy, N. (1990). Resilience and Development: Contribution from the study of children who overcome adversity. *Development and Psychology, 2*, 425-444.

Masten, A. S., & Wright, M. O. (2010). *Resilience over the lifespan: Developmental perspectives on resistance, recovery, and transformation.* In Reich, J. W., Zautra, A. J., & Hall, J. S. (Eds.) *Handbook of adult resilience: Concepts, methods, and applications.* New York: John Wiley.

Masten, A. S., & Garmezy, N. (1985). Risk vulnerability and protective factors in developmental psychopathology. In Lahey, B. B. & Kabdin, A. E. (Eds.), *Advances in Clinical Child Psychology, 8*, 1-52. New York: Plenum.

Maultsby, M. (1977). Combining music therapy and rational behavior therapy. *Journal of Music Therapy, 14*, 89-97.

McFerran, K. (2010). *Adolescents, Music and Music Therapy: Methods and techniques for clinician educators and students.* London: Jessica Kingsley Publishers

McGonigal, K. (2015). **스트레스의 힘.** (신애경 역). 서울: 21세기북스(원저는 2015년에 출판).

McWhiter, J. J., McWhiter, B. T., McWhiter, E. H., & McWhiter, R. J. (2007). *At-risk youth: A comprehensive response.* Brooks/cole.

Meyberg, W. (1989). Trommelnderwise, trommeln in therapie und selbsterfahrung. Verlag Mike Behrens.

Michel, D. E. (1997). **음악치료 -특수교육과 음악-**(신현순 역). 서울: 교육과학사(원저는 1985년에 출판).

Miller, S. (2008). 'What is the Secret of their Success?' paper presented at the supershrinks workshop, Melbourne, Australia, 19 November 2008.

Montello, L., & Coons, E. E. (1999). Effects of active versus passive group music therapy on preadolescents with emotional, learning and behavioral disorders. *Journal of Music Therapy*, 35(1). 49-67.

Morton, L. L., Kershner, J. R., & Siegel, L. S. (1990). The Potential for therapeutic applications of music on problems related to memory and attention. *Journal of Music Therapy*, 27(4), 195-208.

Naglieri, J., Goldstein, S., & LeBuffe, P. (2010). Resilience and impairment: An exploratory study of resilience factors and situational impairment. *Journal of Psychoeducational Assessment, 28*(4), 349-356.

Olweus, D. (1993). *Bullying at school: at we know and what we can do.* Combridge, Ma: Blackwell.

Olweus, D. (1994). Annotations: Bullying at school: Basic facts and effects of a school based intervention program. *Journal of Child psychology and psychiatry. 35*, 1171-1190.

Peterson, J. L., & Zill, N. (1986). Marital disruption parent-child relationship and behavior problems in children. *Journal of Marriage and the Family, 49*, 195-307.

Piaget, J. (1969). *The psychology of the child.* New York: Basic Books.

Piaget, J., & Inhelder, B. (1958). *The growth of logical thinking: From Child to adolescence.* (trans.). (A. pearson and S. Seagrin). New york: Basic Books.

Plach, T. (1980). *The creative use of music in group therapy.* Springfield, IL: Charles, C. Thomas.

Porter, R. B., Collins, J. L., & McIver, M. R. (1965). A comparative investigation of the personality of educable mentally retarded children and those of a norm group of children. *Exceptional Children*, 31(9), 457-463.

Prilleltensky, L., Nelson, G., & Peirson, L. (2001). The role of power and control in children's lives: The ecological analysis of pathways toward wellness, resilience and problems. *Journal of Community Applied Social Psychology, 11*, 143-158.

Ratey J. J, Greenberg, M. S., & Lindem, K. J. (1991) Combination of treatments for attention deficit hyper-activity disorder in adults. *J Nerv Ment Dis 179.* 699-701.

Revich, K., & Schatté, A. (2002). *The resilience facto.* New York: Broad Books.

Roe, K. (1987). *The school and music in adolescent socialization.* In J. Lull(Ed.). *pop music and communication.* Thousand Oaks. CA: Sage Publications.

Rogers, A., & Henkin, N. (2000). School-based interventions for children in kinship care. In B. Hayslop, Jr., and R. Goldberg-Glen(Eds.) *Grandparents raising grandchildren. Theoretical, empirical, and clinical perspectives.* 221-238, N. Y. Springer. 265.

Rosenberg, M. (1965). *Society and the adolescent self image.* Princeton, NJ: Princeton University Press.

Rosenberg, M. (1989). *Society and adolescent self-image.* Middletown, Connecticut: Weseleyan

University Press.

Rudd, E. (1997a). Music and identity. *Nordic Journal of Music Therapy, 6*(1). 3-13.

Rudd, E. (1997b). Music and quality of life. *Nordic Journal of Music Therapy, 6*(2), 86-97.

Ruud, E. (2004). Defining community music therapy. *Voices: A World Forum for Music Therapy*. Retrieved December 14, 2012 from httpL//voices.no/?q=content/re-debating-winds-change-communiy-music-therapy-1.

Saarikallio, S., & Erkkilä, J. (2007). The role of music in adolescents' mood regulation. *Psychology of Music, 35*(1), 88-109.

Salmivalli, C., Lagerspetz, K., Björkqvist, K., Österman, K., & Kaukiainen, A. (1996). Bullying as a Group Process: Participant Roles and Their Relations to Social Status Within the Group. Aggressive Behavior. 22, 1-15.

SBS (2009). 긴급출동 SOS 24. 3월 31일 방송.

Schlaug, G., Norton, A., Overy, K., & Winner, E. (2005). Effects of music training on the child's brain and cognitive development. *Annals of the New York Academy of Sciences, 1060*, 219-230.

Selye, H. (1956). *The Stress of life*. New York: McGraw-Hill.

Skånland, M. S. (2009). *Use of MP3 players as a medium for music self-care. paper presentation at the nordic conference of Music Therapy*. Aalborg University, denmark, April/May 2009.

Skewes, K. (2001). *The experience of group music therapy for bereaved adolescents. Melbourne*. Australia: University of Melbourne.

Slotoroff, C. (1994). Drumming technique for assertiveness and anger management in the short-term psychiatric setting for adult and adolescent survivors of trauma. *Music Therapy Perspectives, 12*(2), 111-116.

Smeijster, H. (1999). Music therapy helping or work through grief and finding a personal identity. *Journal of Music Therapy, 36*(3), 222-252.

Standley, J. M. (1991). The effect of vibrotactile and auditory stimuli on perception of comfort, heart rate, and peripheral finger temperature. *Journal of Music Therapy, 28*(3), 120-134.

Stevens, E. & Clark, F. (1969). Music therapy in the of autistic children. *Journal of Music Therapy*, 6, 98-104.

Stige, B., Ansdell, C., Elefant, C., & Pavlicevic, M. (2010). *Where music helps: Community music therapy in action and reflection*. Aldershot: Ashgate Publishing.

Sun, H. M. (2011). The relationship complex PTSD and physical abuse in adolescent, Unpublished master's thesis, Busan University, Korea.

Super, D. E. (1953). A Theory of vocational development. *The American Psychologist, 8*, 185-190.

Super, D. E. (1955). The dimensions and measurements of vocational maturity. *Teachers College Record, 57,* 151-163.

Suvak, M. L., Maguen S., Litz B. T., Silver R. C., & Holman E. A. (2008). Indirect exposure to the September 11 terrorist attacks: does symptom structure resemble PTSD. *Journal of Traumatic Stress 21.* 1, 30-39.

Thomas, E. (1987). *Stress and schooling: A search for profiles adolescent students.* New York: Paper presented at the International Council of Psychologists Annual Convention.

Trainor, L. J,, Shahin, A. J., & Roberts, L. E. (2009). Understanding the benefits of musical training: effects on oscillatory brain activity. *Annals of the New York Academy of Sciences, 1169*, 133-142.

Tuckman, B. W. (1974). An age-graded model for career development education. *Journal of Vocational Behavior, 4*, 193-212.

Walters, C. L. (1996). The psychological and physiological effects of vibrotactile stimulation, via a somatron, on patients awaiting scheduled gynecological surgery. *Journal of Music Therapy, 33*(4), 261-287.

Wheeler, B. L., Shultis, C. L., & Polen, D. W. (2015). **음악치료 전공자를 위한 임상훈련 가이드**(김영신, 김은주 역). 서울: 학지사(원저는 2005년에 출판).

Wilkes, G. (2002). Introduction: A second generation of resilience research. *Journal of Clinical Psychology, 58*(3), 229-232.

World Federation of Music Therapy(2011). *What is music therapy?.* from www.musictherapy-world.net/WFMT/About_WFMT.html

Young, K. S. (1996). "Internet addiction:The emergence of a new clinical disorder." Paper Presented at the American Psychological Association, Toronto, Canada.

Young, K. S. (1998). What is internet addiction? Retrieved from http://www.netaddiction.com

찾아보기

인명

내용

저자 소개

황은영 (Hwang Eunyoung)

숙명여자대학교 음악치료전공 석사졸업/박사졸업

현 숙명여자대학교 음악치료대학원 조교수

장문정 (Jang Moonjung)

숙명여자대학교 음악치료전공 석사졸업/박사수료

현 숙명여자대학교 음악치료대학원, 경기대학교 강사

명지병원 음악치료 및 인턴십 슈퍼바이저

이은선 (Lee Eunsun)

숙명여자대학교 음악치료전공 석사졸업/박사졸업

현 숙명여자대학교, 성신여자대학교 대학원 음악치료 강사

드리미문화예술심리연구소 소장

위아름 (Wee Arum)

숙명여자대학교 음악치료전공 석사졸업/박사수료

현 중곡복지관 음악치료 강사

박지선 (Park Jisun)

숙명여자대학교 음악치료전공 석사졸업/박사수료

현 연세신경정신과의원 음악치료사

고은진 (Ko Eunjin)

숙명여자대학교 음악치료전공 석사졸업/박사수료

현 고은뮤직앤마인드 연구소장

올 댓 청소년 음악치료

All That Adolescents Music Therapy

2017년 4월 16일 1판 1쇄 발행
2024년 1월 25일 1판 4쇄 발행

지은이 • 황은영 · 장문정 · 이은선 · 위아름 · 박지선 · 고은진
펴낸이 • 김 진 환
펴낸곳 • (주) 학 지 사
04031 서울특별시 마포구 양화로 15길 20 마인드월드빌딩 5층
대표전화 • 02) 330-5114　　팩스 • 02) 324-2345
등록번호 • 제313-2006-000265호
홈페이지 • http://www.hakjisa.co.kr
인스타그램 • https://www.instagram.com/hakjisabook

ISBN 978-89-997-1260-9 93180

정가 19,000원